2025 **TERCEIRA** EDIÇÃO

A **CONTINUIDADE** DO **CONTRATO** DE **TRABALHO**

CB042803

SERGIO
PINTO
MARTINS

Dados Internacionais de Catalogação na Publicação (CIP) de acordo com ISBD

M386c Martins, Sérgio Pinto
          A continuidade do contrato de trabalho / Sérgio Pinto Martins. - 3. ed. - Indaiatuba, SP : Editora Foco, 2025.
          424 p. ; 16cm x 23cm.
          Inclui bibliografia e índice.
          ISBN: 978-65-6120-298-5
          1. Direito. 2. Direito do trabalho. I. Título.

2025-436   CDD 344.01   CDU 349.2

Elaborado por Vagner Rodolfo da Silva - CRB-8/9410
Índices para Catálogo Sistemático:
    1. Direito do trabalho 344.01
    2. Direito do trabalho 349.2

TERCEIRA EDIÇÃO

A CONTINUIDADE DO **CONTRATO** DE **TRABALHO**

SERGIO
PINTO
MARTINS

2025 © Editora Foco

Autor: Sergio Pinto Martins
Diretor Acadêmico: Leonardo Pereira
Editor: Roberta Densa
Coordenadora Editorial: Paula Morishita
Revisora Sênior: Georgia Renata Dias
Revisora Júnior: Adriana Souza Lima
Capa Criação: Leonardo Hermano
Diagramação: Ladislau Lima e Aparecida Lima
Impressão miolo e capa: META BRASIL

DIREITOS AUTORAIS: É proibida a reprodução parcial ou total desta publicação, por qualquer forma ou meio, sem a prévia autorização da Editora FOCO, com exceção do teor das questões de concursos públicos que, por serem atos oficiais, não são protegidas como Direitos Autorais, na forma do Artigo 8º, IV, da Lei 9.610/1998. Referida vedação se estende às características gráficas da obra e sua editoração. A punição para a violação dos Direitos Autorais é crime previsto no Artigo 184 do Código Penal e as sanções civis às violações dos Direitos Autorais estão previstas nos Artigos 101 a 110 da Lei 9.610/1998. Os comentários das questões são de responsabilidade dos autores.

NOTAS DA EDITORA:

Atualizações e erratas: A presente obra é vendida como está, atualizada até a data do seu fechamento, informação que consta na página II do livro. Havendo a publicação de legislação de suma relevância, a editora, de forma discricionária, se empenhará em disponibilizar atualização futura.

Erratas: A Editora se compromete a disponibilizar no site www.editorafoco.com.br, na seção Atualizações, eventuais erratas por razões de erros técnicos ou de conteúdo. Solicitamos, outrossim, que o leitor faça a gentileza de colaborar com a perfeição da obra, comunicando eventual erro encontrado por meio de mensagem para contato@editorafoco.com.br. O acesso será disponibilizado durante a vigência da edição da obra.

Impresso no Brasil (2.2025) – Data de Fechamento (2.2025)

2025
Todos os direitos reservados à
Editora Foco Jurídico Ltda.
Rua Antonio Brunetti, 593 – Jd. Morada do Sol
CEP 13348-533 – Indaiatuba – SP

E-mail: contato@editorafoco.com.br
www.editorafoco.com.br

TRABALHOS DO AUTOR

LIVROS

1. *Imposto sobre serviços* – ISS. São Paulo: Atlas, 1992.
2. *Direito da seguridade social.* 42. ed. São Paulo: Saraiva, 2024.
3. *Direito do trabalho.* 40. ed. São Paulo: Saraiva, 2024.
4. *A terceirização e o direito do trabalho.* 17. ed. São Paulo: Saraiva, 2019.
5. *Manual do ISS.* 10. ed. São Paulo: Saraiva, 2017.
6. *Participação dos empregados nos lucros das empresas.* 6. ed. Indaiatuba: Foco, 2025.
7. *Práticas discriminatórias contra a mulher e outros estudos.* São Paulo: LTr, 1996.
8. *Contribuição confederativa.* São Paulo: LTr, 1996.
9. *Medidas cautelares.* São Paulo: Malheiros, 1996.
10. *Manual do trabalho doméstico.* 15. ed. Indaiatuba: Foco, 2025.
11. *Tutela antecipada e tutela específica no processo do trabalho.* 4. ed. São Paulo: Atlas, 2013.
12. *Manual do FGTS.* 6. ed. Indaiatuba: Foco, 2025.
13. *Comentários à CLT.* 21. ed. São Paulo: Saraiva, 2018.
14. *Manual de direito do trabalho.* 11. ed. São Paulo: Saraiva, 2018.
15. *Direito processual do trabalho.* 39. ed. São Paulo: Saraiva, 2017.
16. *Contribuições sindicais.* 5. ed. São Paulo: Atlas, 2009.
17. *Contrato de trabalho de prazo determinado e banco de horas.* 4. ed. São Paulo: Atlas, 2002.
18. *Estudos de direito.* São Paulo: LTr, 1998.
19. *Legislação previdenciária.* 22. ed. São Paulo: Saraiva, 2016.
20. *Síntese de direito do trabalho.* Curitiba: JM, 1999.
21. *A continuidade do contrato de trabalho.* 3. ed. Indaiatuba: Foco, 2025.
22. *Flexibilização das condições de trabalho.* 7. ed. Indaiatuba: Foco, 2025.
23. *Legislação sindical.* São Paulo: Atlas, 2000.
24. *Comissões de conciliação prévia.* 3. ed. São Paulo: Atlas, 2008.
25. *Col. Fundamentos: direito processual do trabalho.* 21. ed. São Paulo: Saraiva, 2018.
26. *Instituições de direito público e privado.* 17. ed. São Paulo: Saraiva, 2017.
27. *Col. Fundamentos: direito do trabalho.* 19. ed. São Paulo: Saraiva, 2018.

28. *Col. Fundamentos: direito da seguridade social.* 17. ed. São Paulo: Saraiva, 2016.

29. *O pluralismo do direito do trabalho.* 3. ed. Indaiatuba: Foco, 2025.

30. *Greve no serviço público.* 3. ed. Indaiatuba: Foco, 2025.

31. *Execução da contribuição previdenciária na Justiça do Trabalho.* 5. ed. São Paulo: Saraiva, 2019.

32. *Manual de direito tributário.* 17. ed. São Paulo: Saraiva, 2018.

33. *CLT universitária.* 24. ed. São Paulo: Saraiva, 2018.

34. *Cooperativas de trabalho.* 8. ed. Indaiatuba: Foco, 2025.

35. *Reforma previdenciária.* 2. ed. São Paulo: Atlas, 2006.

36. *Manual da justa causa.* 8. ed. Indaiatuba: Foco, 2025.

37. *Comentários às súmulas do TST.* 16. ed. São Paulo: Saraiva, 2016.

38. *Constituição. CLT. Legislação previdenciária e legislação complementar.* 3. ed. São Paulo: Atlas, 2012.

39. *Dano moral decorrente do contrato de trabalho.* 6. ed. Indaiatuba: Foco, 2025.

40. *Profissões regulamentadas.* 2. ed. São Paulo: Atlas, 2013.

41. *Direitos fundamentais trabalhistas.* 2. ed. São Paulo: Atlas, 2015.

42. *Convenções da OIT.* 3. ed. São Paulo: Saraiva, 2016.

43. *Estágio e relação de emprego.* 6. ed. Indaiatuba: Foco, 2025.

44. *Comentários às Orientações Jurisprudenciais da SBDI-1 e 2 do TST.* 7. ed. São Paulo: Saraiva, 2016.

45. *Direitos trabalhistas do atleta profissional de futebol.* 2. ed. São Paulo: Saraiva, 2016.

46. *Prática trabalhista.* 8. ed. São Paulo: Saraiva, 2018.

47. *Assédio moral no emprego.* 6. ed. Indaiatuba: Foco, 2025.

48. Comentários à Lei n. 8.212/91. *Custeio da Seguridade Social.* São Paulo: Atlas, 2013.

49. Comentários à Lei n. 8.213/91. *Benefícios da Previdência Social.* São Paulo: Atlas, 2013.

50. *Prática previdenciária.* 3. ed. São Paulo: Saraiva, 2017.

51. *Teoria geral do processo.* 9. ed. São Paulo: Saraiva, 2024.

52. *Teoria geral do Estado.* 3. ed. São Paulo: Saraiva, 2024.

53. *Reforma trabalhista.* São Paulo: Saraiva, 2018.

54. *Introdução ao estudo do Direito.* 3ª ed. São Paulo: Saraiva, 2024.

ARTIGOS

1. A dupla ilegalidade do IPVA. *Folha de S.Paulo*, São Paulo, 12 mar. 1990. Caderno C, p. 3.

2. Descumprimento da convenção coletiva de trabalho. *LTr*, São Paulo, n. 54-7/854, jul. 1990.

3. *Franchising* ou contrato de trabalho? *Repertório IOB de Jurisprudência*, n. 9, texto 2/4990, p. 161, 1991.

4. A multa do FGTS e o levantamento dos depósitos para aquisição de moradia. *Orientador Trabalhista – Suplemento de Jurisprudência e Pareceres*, n. 7, p. 265, jul. 1991.

5. O precatório e o pagamento da dívida trabalhista da fazenda pública. *Jornal do II Congresso de Direito Processual do Trabalho*, p. 42. jul. 1991. (Promovido pela LTr Editora.)

6. As férias indenizadas e o terço constitucional. *Orientador Trabalhista Mapa Fiscal – Suplemento de Jurisprudência e Pareceres*, n. 8, p. 314, ago. 1991.

7. O guarda de rua contratado por moradores. Há relação de emprego? *Folha Metropolitana*, Guarulhos, 12 set. 1991, p. 3.

8. O trabalhador temporário e os direitos sociais. *Informativo Dinâmico IOB*, n. 76, p. 1.164, set. 1991.

9. O serviço prestado após as cinco horas em sequência ao horário noturno. *Orientador Trabalhista Mapa Fiscal – Suplemento de Jurisprudência e Pareceres*, n. 10, p. 414, out. 1991.

10. Incorporação das cláusulas normativas nos contratos individuais do trabalho. *Jornal do VI Congresso Brasileiro de Direito Coletivo do Trabalho e V Seminário sobre Direito Constitucional do Trabalho*, p. 43. nov. 1991. (Promovido pela LTr Editora.)

11. Adicional de periculosidade no setor de energia elétrica: algumas considerações. *Orientador Trabalhista Mapa Fiscal – Suplemento de Jurisprudência e Pareceres*, n. 12, p. 544, dez. 1991.

12. Salário-maternidade da empregada doméstica. *Folha Metropolitana*, Guarulhos, p. 7, 2-3 fev. 1992.

13. Multa pelo atraso no pagamento de verbas rescisórias. *Repertório IOB de Jurisprudência*, n. 1, texto 2/5839, p. 19, 1992.

14. Base de cálculo dos adicionais. *Orientador Trabalhista Mapa Fiscal – Suplemento de Legislação, Jurisprudência e Doutrina*, n. 2, p. 130, fev. 1992.

15. Base de cálculo do adicional de insalubridade. *Orientador Trabalhista Mapa Fiscal – Suplemento de Legislação, Jurisprudência e Doutrina*, n. 4, p. 230, abr. 1992.

16. Limitação da multa prevista em norma coletiva. *Repertório IOB de Jurisprudência*, n. 10, texto 2/6320, p. 192, 1992.

17. Estabilidade provisória e aviso-prévio. *Orientador Trabalhista Mapa Fiscal – Suplemento de Legislação, Jurisprudência e Doutrina*, n. 5, p. 279, maio 1992.

18. Contribuição confederativa. *Orientador Trabalhista Mapa Fiscal – Suplemento de Legislação, Jurisprudência e Doutrina*, n. 6, p. 320, jun. 1992.

19. O problema da aplicação da norma coletiva de categoria diferenciada à empresa que dela não participou. *Orientador Trabalhista Mapa Fiscal – Suplemento de Legislação, Jurisprudência e Doutrina*, n. 7, p. 395, jul. 1992.

20. Intervenção de terceiros no processo de trabalho: cabimento. *Jornal do IV Congresso Brasileiro de Direito Processual do Trabalho*, jul. 1992, p. 4. (Promovido pela LTr Editora.)

21. Relação de emprego: dono de obra e prestador de serviços. *Folha Metropolitana,* Guarulhos, 21 jul. 1992, p. 5.

22. Estabilidade provisória do cipeiro. *Orientador Trabalhista Mapa Fiscal – Suplemento de Legislação, Jurisprudência e Doutrina,* n. 8, p. 438, ago. 1992.

23. O ISS e a autonomia municipal. *Suplemento Tributário LTr,* n. 54, p. 337, 1992.

24. Valor da causa no processo do trabalho. *Suplemento Trabalhista LTr,* n. 94, p. 601, 1992.

25. Estabilidade provisória do dirigente sindical. *Orientador Trabalhista Mapa Fiscal – Suplemento de Legislação, Jurisprudência e Doutrina,* n. 9, p. 479, set. 1992.

26. Estabilidade no emprego do aidético. *Folha Metropolitana,* Guarulhos, 20-21 set. 1992, p. 16.

27. Remuneração do engenheiro. *Orientador Trabalhista Mapa Fiscal – Suplemento de Legislação, Jurisprudência e Doutrina,* n. 10, p. 524, out. 1992.

28. Estabilidade do acidentado. *Repertório IOB de Jurisprudência,* n. 22, texto 2/6933, p. 416, 1992.

29. A terceirização e suas implicações no direito do trabalho. *Orientador Trabalhista Mapa Fiscal – Legislação, Jurisprudência e Doutrina,* n. 11, p. 583, nov. 1992.

30. Contribuição assistencial. *Jornal do VII Congresso Brasileiro de Direito Coletivo do Trabalho e VI Seminário sobre Direito Constitucional do Trabalho,* nov. 1992, p. 5.

31. Descontos do salário do empregado. *Orientador Trabalhista Mapa Fiscal – Suplemento de Legislação, Jurisprudência e Doutrina,* n. 12, p. 646, dez. 1992.

32. Transferência de empregados. *Orientador Trabalhista Mapa Fiscal – Suplemento de Legislação, Jurisprudência e Doutrina,* n. 1, p. 57, jan. 1993.

33. A greve e o pagamento dos dias parados. *Orientador Trabalhista Mapa Fiscal – Suplemento de Legislação, Jurisprudência e Doutrina,* n. 2, p. 138, fev. 1993.

34. Auxílio-doença. *Folha Metropolitana,* Guarulhos, 30 jan. 1993, p. 5.

35. Salário-família. *Folha Metropolitana,* Guarulhos, 16 fev. 1993, p. 5.

36. Depósito recursal. *Repertório IOB de Jurisprudência,* n. 4, texto 2/7239, p. 74, fev. 1993.

37. Terceirização. *Jornal Magistratura & Trabalho,* n. 5, p. 12, jan. e fev. 1993.

38. Auxílio-natalidade. *Folha Metropolitana,* Guarulhos, 9 mar. 1993, p. 4.

39. A diarista pode ser considerada empregada doméstica? *Orientador Trabalhista Mapa Fiscal – Suplemento Trabalhista Mapa Fiscal – Suplemento de Legislação, Jurisprudência e Doutrina,* n. 3/93, p. 207.

40. Renda mensal vitalícia. *Folha Metropolitana,* Guarulhos, 17 mar. 1993, p. 6.

41. Aposentadoria espontânea com a continuidade do aposentado na empresa. *Jornal do Primeiro Congresso Brasileiro de Direito Individual do Trabalho,* 29 e 30 mar. 1993, p. 46-47. (Promovido pela LTr Editora.)

42. Relação de emprego e atividades ilícitas. *Orientador Trabalhista Mapa Fiscal – Suplemento de Legislação, Jurisprudência e Doutrina,* n. 5/93, p. 345.

43. Conflito entre norma coletiva do trabalho e legislação salarial superveniente. *Revista do Advogado*, n. 39, p. 69, maio 1993.

44. Condição jurídica do diretor de sociedade em face do direito do trabalho. *Orientador Trabalhista Mapa Fiscal – Suplemento de Legislação, Jurisprudência e Doutrina*, n. 6/93, p. 394.

45. Equiparação salarial. *Orientador Trabalhista Mapa Fiscal – Suplemento de Legislação, Jurisprudência e Doutrina*, n. 7/93, p. 467.

46. Dissídios coletivos de funcionários públicos. *Jornal do V Congresso Brasileiro de Direito Processual do Trabalho*, jul. 1993, p. 15. (Promovido pela LTr Editora.)

47. Contrato coletivo de trabalho. *Orientador Trabalhista Mapa Fiscal – Suplemento de Legislação, Jurisprudência e Doutrina*, n. 8/93, p. 536.

48. Reintegração no emprego do empregado aidético. *Suplemento Trabalhista LTr*, n. 102/93, p. 641.

49. Incidência da contribuição previdenciária nos pagamentos feitos na Justiça do Trabalho. *Orientador Trabalhista Mapa Fiscal – Suplemento de Legislação, Jurisprudência e Doutrina*, n. 9/93, p. 611.

50. Contrato de trabalho por obra certa. *Orientador Trabalhista Mapa Fiscal – Suplemento de Legislação, Jurisprudência e Doutrina*, n. 10/93, p. 674.

51. Autoaplicabilidade das novas prestações previdenciárias da Constituição. *Revista de Previdência Social*, n. 154, p. 697, set. 1993.

52. Substituição processual e o Enunciado 310 do TST. *Orientador Trabalhista Mapa Fiscal – Suplemento de Legislação, Jurisprudência e Doutrina*, n. 11/93, p. 719.

53. Litigância de má-fé no processo do trabalho. *Repertório IOB de Jurisprudência*, n. 22/93, texto 2/8207, p. 398.

54. Constituição e custeio do sistema confederativo. *Jornal do VIII Congresso Brasileiro de Direito Coletivo do Trabalho e VII Seminário sobre Direito Constitucional do Trabalho*, nov. 1993, p. 68. (Promovido pela LTr Editora.)

55. Participação nos lucros. *Orientador Trabalhista Mapa Fiscal – Suplemento de Legislação, Jurisprudência e Doutrina*, n. 12/93, p. 778.

56. Auxílio-funeral. *Folha Metropolitana*, Guarulhos, 22-12-1993, p. 5.

57. Regulamento de empresa. *Orientador Trabalhista Mapa Fiscal – Suplemento de Legislação, Jurisprudência e Doutrina*, n. 1/94, p. 93.

58. Aviso-prévio. *Orientador Trabalhista Mapa Fiscal – Suplemento de Legislação, Jurisprudência e Doutrina*, n. 2/94, p. 170.

59. Compensação de horários. *Orientador Trabalhista Mapa Fiscal – Suplemento de Legislação, Jurisprudência e Doutrina*, n. 3/94, p. 237.

60. Controle externo do Judiciário. *Folha Metropolitana*, Guarulhos, 10-3-1994, p. 2; *Folha da Tarde*, São Paulo, 26-3-1994, p. A2.

61. Aposentadoria dos juízes. *Folha Metropolitana*, Guarulhos, 11-3-1994, p. 2; *Folha da Tarde*, São Paulo, 23-3-1994, p. A2.

62. Base de cálculo da multa de 40% do FGTS. *Jornal do Segundo Congresso Brasileiro de Direito Individual do Trabalho*, promovido pela LTr, 21 a 23-3-1994, p. 52.

63. Denunciação da lide no processo do trabalho. *Repertório IOB de Jurisprudência*, n. 7/94, abril de 1994, p. 117, texto 2/8702.

64. A quitação trabalhista e o Enunciado n. 330 do TST. *Orientador Trabalhista Mapa Fiscal – Suplemento de Legislação, Jurisprudência e Doutrina*, n. 4/94, p. 294.

65. A indenização de despedida prevista na Medida Provisória n. 457/94. *Repertório IOB de Jurisprudência*, n. 9/94, p. 149, texto 2/8817.

66. A terceirização e o Enunciado n. 331 do TST. *Orientador Trabalhista Mapa Fiscal – Suplemento de Legislação, Jurisprudência e Doutrina*, n. 5/94, p. 353.

67. Superveniência de acordo ou convenção coletiva após sentença normativa – prevalência. *Orientador Trabalhista Mapa Fiscal – Suplemento de Legislação, Jurisprudência e Doutrina*, n. 6/94, p. 386.

68. Licença-maternidade da mãe adotiva. *Orientador Trabalhista Mapa Fiscal – Suplemento de Legislação, Jurisprudência e Doutrina*, n. 7/94, p. 419.

69. Medida cautelar satisfativa. *Jornal do 6º Congresso Brasileiro de Direito Processual do Trabalho*, promovido pela LTr nos dias 25 a 27-7-1994, p. 58.

70. Estabelecimento prestador do ISS. *Suplemento Tributário LTr*, n. 35/94, p. 221.

71. Turnos ininterruptos de revezamento. *Orientador Trabalhista Mapa Fiscal – Suplemento de Legislação, Jurisprudência e Doutrina*, n. 8/94, p. 468.

72. Considerações em torno do novo Estatuto da OAB. *Repertório IOB de Jurisprudência*, n. 17/94, set. 1994, p. 291, texto 2/9269.

73. Diárias e ajudas de custo. *Orientador Trabalhista Mapa Fiscal – Suplemento de Legislação, Jurisprudência e Doutrina*, n. 9/94, p. 519.

74. Reajustes salariais, direito adquirido e irredutibilidade salarial. *Orientador Trabalhista Mapa Fiscal – Suplemento de Legislação, Jurisprudência e Doutrina*, n. 10/94, p. 586.

75. Os serviços de processamento de dados e o Enunciado n. 239 do TST. *Orientador Trabalhista Mapa Fiscal – Suplemento de Legislação, Jurisprudência e Doutrina*, n. 11/94, p. 653.

76. Desnecessidade de depósito administrativo e judicial para discutir o crédito da seguridade social. *Orientador Trabalhista Mapa Fiscal – Suplemento de Legislação, Jurisprudência e Doutrina*, n. 12/94, p. 700.

77. Número máximo de dirigentes sindicais beneficiados com estabilidade. *Repertório IOB de Jurisprudência*, n. 24/94, dezembro de 1994, p. 408, texto 2/9636.

78. Participação nos lucros e incidência da contribuição previdenciária. *Revista de Previdência Social*, n. 168, nov. 1994, p. 853.

79. Proteção do trabalho da criança e do adolescente – considerações gerais. *BTC – Boletim Tributário Contábil – Trabalho e Previdência*, dez. 1994, n. 51, p. 625.

80. Critérios de não discriminação no trabalho. *Orientador Trabalhista Mapa Fiscal – Suplemento de Legislação, Jurisprudência e Doutrina*, n. 1/95, p. 103.

81. Embargos de declaração no processo do trabalho e a Lei n. 8.950/94 que altera o CPC. *Repertório IOB de Jurisprudência*, n. 3/95, fev. 1995, texto 2/9775, p. 41.

82. Empregado doméstico – Questões polêmicas. *Orientador Trabalhista Mapa Fiscal – Suplemento de Legislação, Jurisprudência e Doutrina*, n. 2/95, p. 152.

83. Não concessão de intervalo para refeição e pagamento de hora extra. *Orientador Trabalhista Mapa Fiscal – Suplemento de Legislação, Jurisprudência e Doutrina*, n. 3/95, p. 199.

84. Lei altera artigo da CLT e faz prover conflitos. *Revista Literária de Direito*, mar./abr. 1995, p. 13.

85. Empregados não sujeitos ao regime de duração do trabalho e o art. 62 da CLT. *Orientador Trabalhista Mapa Fiscal – Suplemento de Legislação, Jurisprudência e Doutrina*, n. 4/95, p. 240.

86. A Justiça do Trabalho não pode ser competente para resolver questões entre sindicato de empregados e empregador. *Revista Literária de Direito*, maio/jun. 1995, p. 10.

87. Minutos que antecedem e sucedem a jornada de trabalho. *Orientador Trabalhista Mapa Fiscal – Suplemento de Legislação, Jurisprudência e Doutrina*, n. 5/95, p. 297.

88. Práticas discriminatórias contra a mulher e a Lei n. 9.029/95. *Repertório IOB de Jurisprudência*, n. 11/95, jun. 1995, p. 149, texto 2/10157.

89. Conflito entre a nova legislação salarial e a norma coletiva anterior. *Orientador Trabalhista Mapa Fiscal – Suplemento de Legislação, Jurisprudência e Doutrina*, n. 6/95, p. 362.

90. Imunidade tributária. *Suplemento Tributário LTr*, 34/95, p. 241.

91. Cogestão. *Revista do Tribunal Regional do Trabalho da 8ª Região*, v. 28, n. 54, jan./jun. 1995, p. 101.

92. Licença-paternidade. *Orientador Trabalhista Mapa Fiscal – Suplemento de Legislação, Jurisprudência e Doutrina*, n. 7/95, p. 409.

93. Embargos de declaração. *Jornal do VII Congresso Brasileiro de Direito Processual de Trabalho*, São Paulo: LTr, 24 a 26 jul. 1995, p. 54.

94. Reforma da Constituição e direitos previdenciários. *Jornal do VIII Congresso Brasileiro de Previdência Social*, n. 179, out. 1995, p. 723.

95. Ação declaratória incidental e coisa julgada no processo do trabalho. *Suplemento Trabalhista LTr 099/95*, p. 665 e *Revista do TRT da 8ª Região*, Belém, v. 28, n. 55, jul./dez. 1995, p. 39.

Na guerra da hiperinflação, a primeira vítima é a economia.
A segunda é a cidadania. A terceira é a democracia.

John Kenneth Galbraith

Na guerra do desemprego, a primeira vítima é o trabalhador.
A segunda vítima é a sua família. A terceira vítima é a dignidade da pessoa
humana, balançando o Estado Democrático de Direito e deixando de existir o
Estado do Bem-Estar Social, que não mais atendem a esses objetivos.

SUMÁRIO

TRABALHOS DO AUTOR V

   Livros.. V

   Artigos VI

NOTA DO AUTOR XVII

INTRODUÇÃO XXIX

I
CONSIDERAÇÕES HISTÓRICAS E INTERNACIONAIS

1. CONSIDERAÇÕES HISTÓRICAS... 3

   1.1 Introdução 3

   1.2 Evolução histórica do trabalho em termos mundiais 4

   1.3 Evolução histórica do trabalho no Brasil.. 10

      1.3.1 Introdução 10

      1.3.2 Evolução da legislação brasileira sobre a dispensa do empregado..... 11

2. DISCIPLINA DA MATÉRIA À LUZ DO DIREITO COMPARADO E DO DI-
REITO INTERNACIONAL 25

   2.1 Notas introdutórias.. 25

   2.2 Direito internacional 25

      2.2.1 OIT 25

         2.2.1.1 Convenção n. 158 da OIT.. 27

            2.2.1.1.1 Dispensa 28

            2.2.1.1.2 Aplicabilidade 29

            2.2.1.1.3 Causas justificáveis... 31

2.2.1.1.4	Causas injustificáveis	32
2.2.1.1.5	Procedimento prévio	34
2.2.1.1.6	Recurso contra o término	35
2.2.1.1.7	Aviso prévio	38
2.2.1.1.8	Indenização e seguro-desemprego	38
2.2.1.1.9	Ônus da prova	39
2.2.1.1.10	Dispensa coletiva	40
2.2.1.1.11	Notificação à autoridade competente	41
2.2.1.1.12	Conclusão	42
2.2.1.2	Outras normas da OIT	43
2.2.2	Declarações	46
2.2.3	União Europeia	46
2.3	Direito comparado	47
2.3.1	Alemanha	47
2.3.2	Argentina	51
2.3.3	Bélgica	53
2.3.4	Bolívia	54
2.3.5	Canadá	54
2.3.6	Chile	55
2.3.7	Cuba	56
2.3.8	China	56
2.3.9	Colômbia	56
2.3.10	Equador	56
2.3.11	Espanha	57
2.3.12	Estados Unidos	64
2.3.13	França	65
2.3.14	Holanda	67
2.3.15	Inglaterra	68
2.3.16	Itália	68
2.3.17	Japão	70
2.3.18	México	71
2.3.19	Panamá	73
2.3.20	Paraguai	73

2.3.21	Peru	74
2.3.22	Portugal	75
2.3.23	República Dominicana	78
2.3.24	Suíça	78
2.3.25	Uruguai	78
2.3.26	URSS	80
2.3.27	Venezuela	80
2.4	Conclusão	80

II
PRINCÍPIO DA CONTINUIDADE DO CONTRATO DE TRABALHO

1. CONCEITO GENÉRICO DE PRINCÍPIO	85
2. CONCEITO DE PRINCÍPIO PARA O DIREITO	89
2.1 Conceito de princípio	89
2.2 Distinções	91
2.2.1 Diferença entre princípio e norma	91
2.2.2 Diferença entre princípio e regra	92
2.2.3 Diferença entre princípios e diretrizes	95
2.2.4 Diferença entre princípios e peculiaridades	95
2.2.5 A Constituição de 1988	96
2.3 Considerações gerais	96
3. FUNÇÃO DOS PRINCÍPIOS	99
4. PRINCÍPIOS GERAIS	103
4.1 Introdução	103
4.2 Princípios gerais	103
4.3 Princípios de direito civil	105
5. PRINCÍPIOS DE DIREITO DO TRABALHO	107
5.1 Introdução	107

5.2 Princípios específicos do direito do trabalho.. 110

    5.2.1 Princípio da proteção 110

    5.2.2 Princípio da irrenunciabilidade de direitos.................................. 112

    5.2.3 Princípio da continuidade do contrato de trabalho....................... 112

    5.2.4 Princípio da primazia da realidade 112

6. PRINCÍPIO DA CONTINUIDADE DO CONTRATO DE TRABALHO............. 115

6.1 Notas introdutórias.. 115

6.2 Denominação... 117

6.3 Conceito... 119

6.4 Distinções 120

    6.4.1 Princípio "pró-operário"... 120

    6.4.2 Condição mais benéfica.. 121

    6.4.3 Vitaliciedade.. 121

6.5 Fundamentos e consequências.. 121

6.6 Alcance... 123

6.7 Classificação 124

6.8 Vantagens e desvantagens... 124

6.9 Limitações.. 125

6.10 Divisão 125

7. PRESUNÇÃO DA CONTINUIDADE DO CONTRATO DE TRABALHO......... 127

8. NULIDADES.. 131

9. CONTRATO DE TRABALHO DE PRAZO DETERMINADO........................... 137

9.1 Considerações iniciais... 137

9.2 Denominação... 138

9.3 Conceito... 138

9.4 O contrato por tempo determinado e o princípio da continuidade do contrato de trabalho... 138

9.5	Requisitos	141
9.6	Contrato escrito	141
9.7	Prazo	142
9.8	Prorrogação	143
9.9	Contrato de experiência	144
9.10	Várias formas de contratação por tempo determinado	145
9.11	Anotação na CTPS	147
9.12	Indenização pelo término do contrato a termo	148

10. MUDANÇA NA ESTRUTURA E NA PROPRIEDADE DA EMPRESA 149

11. RISCOS ECONÔMICOS E FINANCEIROS DO EMPREGADOR 153

11.1	Falência e recuperação judicial	153
11.2	Liquidação extrajudicial	155
11.3	Conjuntura econômica	155

12. TRANSFERÊNCIA 159

13. SUSPENSÃO E INTERRUPÇÃO DOS EFEITOS DO CONTRATO DE TRABALHO 161

13.1	Denominação	161
13.2	Conceito	161
13.3	Distinção	163
13.4	Acidente do trabalho	164
13.5	Aposentadoria por invalidez	164
13.6	Auxílio-doença	165
13.7	Empregado eleito para o cargo de diretor	166
13.8	Encargos familiares	166
13.9	Encargo público	167
13.10	Férias	168

13.11 Greve 169

13.12 Licença 169

13.13 *Lock out* 169

13.14 Representação sindical 170

13.15 Salário-maternidade 170

13.16 Segurança nacional 171

13.17 Serviço militar 171

13.18 Suspensão disciplinar 173

13.19 Projeto do Governo 173

14. ESTABILIDADE 179

14.1 Etimologia 179

14.2 Denominação 179

14.3 Conceito 180

14.4 Diferença 181

14.5 Classificação 182

14.6 Fundamentos 183

14.7 Crítica 186

14.8 Vantagens e desvantagens 188

14.9 Força maior 190

14.10 Generalidades 191

14.11 Art. 19 do ADCT 191

15. GARANTIA DE EMPREGO 193

15.1 Introdução 193

15.2 Dirigente sindical 193

15.3 Membro da CIPA 197

15.4 Gestante 199

15.5 Acidentado... 201

15.6 Empregados eleitos diretores de sociedades cooperativas 203

15.7 Membro do Conselho Curador do FGTS... 204

15.8 Membro do CNPS 204

16. INDENIZAÇÃO 205

16.1 Histórico 205

16.2 Denominação 205

16.3 Conceito 206

16.4 Fundamentos.. 206

16.5 Indenização prevista no inciso I do art. 7º da Constituição 207

16.6 Períodos em que a indenização é devida.. 209

16.7 Contrato por tempo indeterminado 209

16.8 Contratos por tempo determinado 211

16.9 Estabilidade 212

16.10 Culpa recíproca.. 213

16.11 Força maior.. 213

16.12 *Factum principis*.. 213

16.13 Morte do empregador 213

16.14 Aposentadoria.. 214

16.15 Indenização adicional 214

17. AVISO PRÉVIO 215

17.1 Origens.. 215

17.2 Denominação 216

17.3 Conceito 216

17.4 Fundamentos.. 216

17.5 Irrenunciabilidade 217

17.6 Cabimento 217

17.7 Forma 219

17.8 Prazo 219

17.9 Generalidades 220

18. FGTS 223

18.1 Denominação 223

18.2 Conceito 223

18.3 Finalidade 223

18.4 Crítica 224

18.5 Vantagens e desvantagens 228

III
CAUSAS DA DESCONTINUIDADE DO CONTRATO DE TRABALHO

1. CONSIDERAÇÕES INICIAIS 237

2. CUSTO DO TRABALHO E ENCARGOS SOCIAIS 239

2.1 Justificativa 239

2.2 Conceito 239

2.3 Comparação 243

2.4 Crítica 250

3. AUTOMAÇÃO 255

3.1 Justificativa 255

3.2 Histórico 255

3.3 Direito comparado 256

3.4 Etimologia 257

3.5 Conceito 257

3.6 Classificação 258

3.7 Proteção contra a automação	258
3.8 Vantagens e desvantagens	260
3.9 "Teletrabalho"	263
3.10 Dispensa	273
3.11 Criação de postos de trabalho	274
3.12 Negociação coletiva	275
3.13 Conclusão	277
4. GLOBALIZAÇÃO	281
4.1 Histórico	281
4.2 Aberturas das economias	282

IV
CONSEQUÊNCIAS DA RIGIDEZ DA LEGISLAÇÃO TRABALHISTA E DESCONTINUIDADE DO CONTRATO DE TRABALHO

1. INTRODUÇÃO	289
2. TRABALHO INFORMAL	291
2.1 O Direito do trabalho e a economia	291
2.2 Regras de proteção	292
2.3 Economia informal	296
2.3.1 Denominação	296
2.3.2 Conceito	296
2.3.3 Dados sobre a economia informal	298
2.3.4 Estatismo	299
2.3.5 Igualdade	300
2.4 Causas	302
3. TERCEIRIZAÇÃO	305
3.1 Considerações iniciais	305

3.2 Direito internacional	306
3.3 Denominação	307
3.4 Conceito	308
3.5 Vantagens e desvantagens	309
3.6 Terceirização legal e ilegal	313
3.7 Conclusões	315
4. DESEMPREGO	317
4.1 Conceitos	317
4.2 Consequências do desemprego	317
4.3 Dados estatísticos	318
4.4 Transferência dos trabalhadores	321
4.5 Crítica	322
4.6 Áreas que poderiam ser desenvolvidas	326
4.7 Busca do pleno emprego	328

V
SOLUÇÕES E ALTERNATIVAS
PARA A CONTINUIDADE DO CONTRATO DE TRABALHO

1. FLEXIBILIZAÇÃO DO DIREITO DO TRABALHO	333
1.1 Introdução	333
1.2 Denominação	333
1.3 Conceito	334
1.4 Direito comparado	335
1.5 Classificação	336
1.6 Fatores	337
1.7 Tendências	337
1.8 Legislação existente	338
1.9 Crítica	340
1.10 Conclusão	344

2. ALTERNATIVAS PARA A CONTINUIDADE DO CONTRATO DE TRABALHO 345

2.1 Introdução 345

2.2 Serviço voluntário 345

2.3 Participação nos lucros ou resultados 346

2.4 Redução da jornada de trabalho 346

2.5 Limitação das horas extras 359

2.6 Redução de salários 361

2.7 Compensação da jornada 361

2.8 "Banco de dias" 362

2.9 *Lay off* 363

2.10 Férias coletivas 363

2.11 Trabalho a tempo parcial 363

2.12 *Job sharing* 367

2.13 Contratação por tempo determinado 367

2.14 Programa Seguro-Emprego 368

2.15 Trabalho intermitente 370

2.16 Aumento das dificuldades para dispensar o trabalhador 371

CONCLUSÃO 373

BIBLIOGRAFIA 379

ÍNDICE DE PALAVRAS 391

NOTA DO AUTOR

Esta 3ª edição contempla as atualizações decorrentes da Lei n. 13.467/2017 (Reforma Trabalhista) que dizem respeito ao tema.

Foram atualizados dados numéricos contidos no texto.

Os capítulos foram atualizados e mantida a forma da exposição.

Espero que este livro possa ser útil ao leitor na consulta sobre a continuidade do contrato de trabalho e para mostrar como a jurisprudência vem examinando o assunto.

NOTA DO AUTOR

Esta 5ª edição contempla as atualizações decorrentes da Lei n. 13.467/2017 (Reforma Trabalhista), que dizem respeito ao tema.

Foram atualizados dados numéricos contidos no texto.

Os capítulos foram analisados e mantida a forma da exposição.

Espera que o livro possa ser útil ao leitor e constitua-se base à continuidade do estudo ou de trabalho e para muito o como a quispude para um examinando do assunto.

INTRODUÇÃO

Esta obra versa sobre a continuidade do contrato de trabalho. Para que possamos desenvolver o tema, é mister explicar como vamos tratá-lo.

A razão da escolha do tema foi que a globalização e a automação, principalmente a segunda, têm reduzido os postos de trabalho, daí a necessidade de um estudo jurídico a tratar da continuidade da relação de emprego, levando em conta não apenas o princípio da continuidade do contrato de trabalho, mas também aspectos econômicos, sociológicos e jurídicos, bem como suas influências na continuidade do pacto laboral. Isso revela a comunicação que existe entre as disciplinas, a interdisciplinaridade.

No exame de um instituto da Ciência Jurídica, é importante investigar fatores econômicos e sociológicos, verificando como foram elaboradas as normas jurídicas, para se fazer a sua correta interpretação ou até propor modificações.

O tema focado chamou a minha atenção para os problemas práticos de sua aplicabilidade. Entendo que, apesar de vários doutrinadores já terem estudado a matéria em forma de livro, tratando dos princípios do direito do trabalho, faltava um estudo de conjunto, sistemático, versando apenas sobre a continuidade do contrato de trabalho, com pesquisa da doutrina, da jurisprudência e do direito comparado.

Havia necessidade de uma pesquisa, tomando, também, por base as novas condições de trabalho que o empregado passa a enfrentar diante da terceirização e de outros fatores que impliquem a perda do emprego.

O tema é importante em razão do fato de que se fala no fim dos empregos, havendo necessidade de estudar a continuidade do contrato de trabalho.

O princípio da continuidade do contrato de trabalho vem a ser um alicerce para a interpretação das regras trabalhistas e da criação de novas normas que preservem os postos de trabalho.

Os métodos utilizados para analisar o tema foram vários, inicialmente do ponto de vista do princípio da continuidade do contrato de trabalho e, em seguida, de aspectos jurídicos, econômicos, sociais, estatísticos, políticos etc. Foram empregados os métodos científicos gerais, como o histórico, o sociológico, o analítico, mas também foi feita a análise do direito internacional e comparado e suas influências, principalmente as normas internacionais editadas pela Organização Internacional do Trabalho (OIT), além da análise perante nosso sistema de continuidade do contrato de trabalho. Para tanto, foi consultada a doutrina especializada, em livros, periódicos e também autores ou revistas especializadas em economia, de forma a dar subsídio ao trabalho, até mesmo por meio de estatísticas etc.

O plano de pesquisa seguiu a ordem inframencionada, em que são destacados os tópicos ou aspectos mais importantes analisados.

Inicialmente, foi feito um histórico da evolução do trabalho e dos sistemas de garantia de emprego no Brasil, partindo da estabilidade, da indenização, do FGTS, até se chegar à Constituição de 1988.

O exame do direito comparado mostra-se elucidativo, a partir do momento em que é verificado como outros sistemas tratam da continuidade do contrato de trabalho, da possibilidade de dispensa, das indenizações pela despedida, comparando-os com nosso sistema. Foram analisadas as hipóteses genéricas de proibição à dispensa em diversos países escolhidos. Mais adiante, quando foi falado de um assunto específico, foi feita menção ao direito comparado para aquela situação específica.

O princípio da continuidade do contrato de trabalho foi estudado porque é a base da manutenção do pacto laboral e de sua permanência no tempo, diante de tantas modificações que ocorrem na Economia, em decorrência da globalização etc.

Ao estudar o princípio da continuidade, foi preciso, em primeiro lugar, indicar alguns conceitos de princípio. Não é o objetivo desta obra, porém, esgotar o tema, pois vou versar sobre a continuidade da relação de emprego. Apenas foi trazido o necessário para ser entendida a continuidade do contrato de trabalho.

Foram dadas noções genéricas de princípio, o seu conceito específico para o Direito.

Destaco os princípios gerais que podem ser aplicados ao direito do trabalho, os de direito civil e, finalmente, os de direito do trabalho.

Será discutido o princípio da continuidade, analisando sua denominação, seu conceito e suas demais características e implicações, como o fundamento dos contratos por tempo determinado, a estabilidade, a indenização, o FGTS e outras regras correlatas.

Não foi o meu objetivo analisar os artigos de lei que regem cada um dos temas tratados em cada capítulo, mas os aspectos que justificam os institutos analisados, apontando vantagens e desvantagens e fazendo a crítica dos institutos e sistemas.

Ao se falar em continuidade do contrato de trabalho, é preciso estudar o tema despedida arbitrária ou sem justa causa, como prevê o inciso I do art. 7º da Constituição, analisando as questões daí advindas, como se despedida arbitrária e justa causa fossem a mesma coisa, o que poderia conter a lei complementar que tratar do tema.

Deixarei de analisar as hipóteses de cessação do contrato de trabalho, seja por iniciativa do empregado, do empregador (com ou sem justa causa), porque não se relacionam diretamente com o tema, que é a continuidade do contrato de trabalho. Naquelas hipóteses, há a cessação do contrato de trabalho.

As causas da descontinuidade do contrato de trabalho foram apontadas em tópico separado, incluindo o custo do trabalho e os encargos sociais, a automação e a globalização.

O estudo do custo do trabalho e dos encargos sociais teve vários aspectos, a começar pelo que se entende por encargo social, mostrando-se o custo para a contratação ou descontratação do trabalhador, bem como foram feitas comparações com outros sistemas.

A automação também foi analisada em seus vários ângulos, como da previsão do inciso XXVII do art. 7º da Constituição, bem como suas vantagens e desvantagens.

A globalização só foi pesquisada no tocante a ser causa de descontinuidade do contrato de trabalho, gerando desemprego.

A terceirização foi estudada como uma das consequências da descontinuidade do contrato de trabalho. O trabalho informal foi examinado no mesmo sentido, visando evitar a descontinuidade do contrato de trabalho.

Analisei as propostas de flexibilização para a manutenção dos contratos de trabalho, bem como outros sistemas que possibilitem o mesmo efeito, como redução da jornada, compensação da jornada, trabalho a tempo parcial etc.

Por fim, acreditamos que nosso estudo poderá trazer algum subsídio à doutrina, bem como sua relevante aplicação prática para a continuidade do contrato de trabalho.

As questões ora lembradas são de importância ou relevância jurídica, sendo de característica capital para o estudo do tema. Os diversos aspectos tratados, sem prejuízo de outros, mereceram o estudo de conjunto que resulta nesta obra.

O último tópico ficou direcionado a apresentar as conclusões obtidas, além de propostas que poderiam ser observadas no futuro.

Nesta obra serão encontradas lacunas e imperfeições, pois, como lembra Rui Barbosa, que, flagrado em equívoco por Ernesto Carneiro Ribeiro, confessou: "uma verdade há que me não assusta porque é universal e de universal consenso: não há escritor sem erros"[1]. Wagner Giglio também faz a mesma referência, ao mencionar que "morre inédito quem pretende escrever obra perfeita"[2]. No mesmo sentido a afirmação de José Souto Maior Borges, ao esclarecer que "só quem não pensa está imune à contradição e ao erro. É até preferível um erro que decorra de uma tentativa ousada e comprometida com uma construção teórica grandiosa, a uma verdade elementar e até superficial"[3]. Leciona também Roque Antonio Carrazza que "a presunção é o pior inimigo do saber e, ao mesmo tempo, um dos mais inequívocos indícios da ignorância"[4].

O presente trabalho não é, portanto, obra perfeita, mas, como afirma Oliver Wendell Holmes, "muitas vezes é mais importante explicar o óbvio que elaborar sobre o abstruso".

Com tais considerações introdutórias, passo ao exame da matéria que se pretende analisar.

---

1. BARBOSA, Rui. *Réplica*: Separata das Pandectas Brasileiras, p. 21.
2. GIGLIO, Wagner. *Direito processual do trabalho*. 8. ed. São Paulo: LTr, 1994, p. 24.
3. BORGES, José Souto Maior. *Obrigação tributária*: uma introdução metodológica. São Paulo: Saraiva, 1984, Prefácio, p. X.
4. CARRAZZA, Roque Antonio. *Curso de direito constitucional tributário*. 3. ed. São Paulo: Revista dos Tribunais, 1991, p. 19.

I
CONSIDERAÇÕES HISTÓRICAS E INTERNACIONAIS

1
CONSIDERAÇÕES HISTÓRICAS

1.1 INTRODUÇÃO

O Direito não deixa de ser uma realidade histórico-cultural, não admitindo o estudo de quaisquer de seus ramos sem que se tenha uma noção de seu desenvolvimento dinâmico no transcurso do tempo.

À luz da história, é possível compreender com mais acuidade os problemas atuais. A concepção histórica mostra como foi o desenvolvimento de certa disciplina, além das projeções que podem ser alinhadas com base no que se fez no passado, inclusive no que diz respeito à compreensão dos problemas atuais. Não se pode, portanto, prescindir de seu exame. É impossível ter o exato conhecimento de um instituto jurídico sem se proceder a seu exame histórico, pois se verificam suas origens, sua evolução, os aspectos políticos ou econômicos que o influenciaram.

Ao analisar o que pode acontecer no futuro, é preciso estudar e compreender o passado, estudando o que ocorreu no curso do tempo, o progresso da tecnologia. Heráclito já dizia: o homem que volta a banhar-se no mesmo rio, nem o rio é o mesmo rio e nem o homem é o mesmo homem. Isso ocorre porque o tempo passa e as coisas não são exatamente iguais como eram, mas precisam ser estudadas para se compreender o futuro. Para fazer um estudo sobre o que pode acontecer no futuro, é necessário não perder de vista o passado. Não se pode romper com o passado, desprezando-o. Segundo as lições de Waldemar Ferreira, "nenhum jurista pode dispensar o contingente do passado a fim de bem compreender as instituições jurídicas dos dias atuais"[1].

Para o exame da continuidade do contrato de trabalho, é preciso estudar a evolução do instituto em análise, partindo da história do trabalho do homem. No item 1.3, irei mencionar a evolução das leis constitucionais ou ordinárias brasileiras que vieram a proteger o trabalhador contra a despedida por parte do empregador, inclusive o sistema de estabilidade anteriormente previsto, ou limitações econômicas a essa dispensa, bem como faremos referência à política

---

1. FERREIRA, Waldemar. *História do direito brasileiro*. São Paulo: Saraiva, 1962, v. 1, p. 1.

de emprego ou como foi instituído o seguro-desemprego, até chegarmos à Constituição de 1988 e ao novo sistema preconizado.

1.2 EVOLUÇÃO HISTÓRICA DO TRABALHO EM TERMOS MUNDIAIS

"Trabalho" vem do latim *tripalium*, que era uma espécie de instrumento de tortura ou uma canga que pesava sobre os animais.

Lavoro e *labour* vêm do latim *labor*, que tem o significado de dor, sofrimento, esforço, fadiga, atividade penosa. *Ponos*, do grego, dá origem à palavra "pena".

Em inglês é utilizada a palavra *job*. Essa palavra é antiga, remontando a período anterior ao ano de 1400. *Job* quer dizer hoje emprego. Pode ter sido uma variante de *gob* (bocado), um pedaço, naco, bocado. *Job* e *gob* podem ter origem numa palavra céltica *gob* ou *gop*, que quer dizer "boca". Inicialmente tinha a palavra significado de "pedacinho" de alguma coisa. Os ingleses que chegaram a Plymouth usavam a palavra com o significado de grande monte que seria transportado numa carroça. Posteriormente, a palavra *job* passa a significar qualquer tarefa que fosse uma peça única de trabalho. Antes de 1800 a palavra "emprego" se referia a alguma tarefa ou empreitada, porém não a um papel ou posição numa organização. *Job* acrescido de um substantivo era usado para as pessoas contratadas para certa ocasião, como por exemplo: *job-coachman* (cocheiro), *job-doctor* (médico) etc. O verbo *to job* tinha significado de fazer serviço avulso ou tarefa[2].

Employment inicialmente tinha o significado de "aplicado a algum propósito específico". Hoje, tem o significado de emprego, ocupação, ofício, atividade, cargo. *Out of employ* seria o desempregado. O verbo *to employ* quer dizer empregar, ocupar, utilizar.

Na Bíblia, o trabalho era uma espécie de pena, em razão dos pecados cometidos pelo homem. Dizia-se: "comerás o pão com o suor da tua fronte"[3].

A primeira forma de trabalho a ser lembrada é a escravidão, em que o escravo era considerado apenas uma coisa, não tendo nenhum direito, muito menos trabalhista. O escravo, portanto, não era considerado sujeito de direito. Naquele período, constatamos que o trabalho do escravo continuava no tempo, até de modo indefinido, ou mais precisamente até o momento em que o escravo vivesse ou deixasse de ter essa condição. Entretanto, não tinha nenhum direito, apenas o de trabalhar.

---

2. *Webster's New Universal Unabridged Dictionary*. 2. ed. New York: Dorset & Barber, 1983; *The American Heritage Dictionary of the English Language*. Boston: Houghton Mifflin Co, 1979; *The Oxford English Dictionary*. Oxford: The Clarendon Press, 1933.
3. Gênesis 3, 19.

Na Grécia, Platão e Aristóteles entendiam que o trabalho tinha sentido pejorativo. Envolvia apenas a força física. A dignidade do homem consistia em participar dos negócios da cidade por meio da palavra. Os escravos faziam o trabalho duro, enquanto os outros poderiam ser livres. O trabalho não tinha o significado de realização pessoal. As necessidades da vida tinham características servis, sendo que os escravos é que deveriam desempenhá-las, ficando as atividades mais nobres destinadas às outras pessoas, como a política.

Num segundo momento, encontramos a servidão. Era a época do feudalismo, em que os senhores feudais davam proteção militar e política aos servos, que não eram livres, mas, ao contrário, tinham de prestar serviços na terra do senhor feudal. Deveriam os servos entregar parte da produção rural aos senhores feudais em troca da proteção que recebiam e do uso da terra. Evidenciava-se também a continuidade do trabalho até que o servo falecesse ou deixasse de ter essa condição. Inexistia, ainda, naquele momento contrato de trabalho.

Nessa época, o trabalho era considerado um castigo. Os nobres não trabalhavam.

Observam-se num terceiro plano as corporações de ofício, em que existiam três personagens: os mestres, os companheiros e os aprendizes.

No início das corporações de ofício só existiam dois graus dentro dessas organizações: mestres e aprendizes. No século XIV, surge o grau intermediário dos companheiros.

Os mestres eram os proprietários das oficinas, que já tinham passado pela prova da obra mestra. Os companheiros eram trabalhadores que percebiam salários dos mestres. Os aprendizes eram os menores que recebiam dos mestres o ensino metódico do ofício ou profissão. Verifica-se nessa fase histórica um pouco mais de liberdade do trabalhador, porém visava-se aos interesses das corporações mais do que conferir proteção aos trabalhadores, inclusive quanto à continuidade do contrato de trabalho. As corporações de ofício tinham por objetivo: a) estabelecer uma estrutura hierárquica; b) regular a capacidade produtiva; c) regulamentar a técnica de produção. Os aprendizes trabalhavam a partir de 12 ou 14 anos, já se observando, em alguns países, a prestação de serviços com idade inferior. Ficavam os aprendizes sob a responsabilidade do mestre, que, inclusive, poderia impor-lhes castigos corporais. Os pais dos aprendizes pagavam taxas, muitas vezes elevadas, para o mestre ensinar seus filhos. Se o aprendiz superasse as dificuldades dos ensinamentos, era promovido ao grau de companheiro. O companheiro só passava a mestre se fosse aprovado em exame de obra mestra, prova que era muito difícil, além de ter de pagar taxas para fazer o exame.

Nesse período, havia uma espécie de contrato de trabalho entre os companheiros e os mestres, porém inexistia garantia para a continuidade do referido pacto, simplesmente porque não havia uma garantia de o contrato perdurar no tempo. O mestre poderia terminar o pacto sem que houvesse a necessidade de uma justificativa ou o pagamento de uma indenização.

As corporações de ofício foram suprimidas com a Revolução Francesa de 1789, pois foram consideradas incompatíveis com o ideal de liberdade do homem. Dizia-se, na época, que a liberdade individual repele a existência de corpos intermediários entre o indivíduo e o Estado. Outras causas da extinção das corporações de ofício foram a liberdade de comércio e o encarecimento dos produtos das corporações.

Em 1791, logo após a Revolução Francesa, houve na França o início de liberdade contratual, o Decreto d'Allarde suprimiu de vez as corporações de ofício, permitindo a liberdade de trabalho. A Lei Le Chapelier proibia o agrupamento de profissionais e as coalisões, eliminando as corporações de cidadãos.

A Revolução Industrial acabou transformando o trabalho em emprego. Os trabalhadores, de maneira geral, passaram a trabalhar por salários. Com a mudança, houve uma nova cultura a ser apreendida e uma antiga a ser desconsiderada.

Num primeiro momento, o contrato de trabalho era celebrado mediante livre acordo entre as partes. Entretanto, constatava-se que o empregador ainda era o senhor do trabalhador, extinguindo a relação a qualquer momento, sem nenhuma responsabilidade. O contrato era rescindido sem pagamento de indenização. Na prática, havia uma espécie de servidão, pois era explorado o trabalho dos menores e das mulheres, que, além de trabalharem jornadas excessivas de 12 até 16 horas por dia, ainda tinham salários ínfimos.

Afirma-se que o Direito do Trabalho e o contrato de trabalho passaram a desenvolver-se com o surgimento da Revolução Industrial. Constata-se nessa época que a principal causa econômica do surgimento da Revolução Industrial foi o aparecimento da máquina a vapor como fonte energética. A máquina de fiar foi patenteada por John Watt em 1738, sendo que o trabalho era feito de forma muito mais rápida com o referido equipamento. O tear mecânico foi inventado por Edmund Cartwright, em 1784. James Watt aperfeiçoou a máquina a vapor. A máquina de fiar de Hargreaves e os teares mecânicos de Cartwright também acabaram substituindo a força humana pela máquina, terminando com vários postos de trabalho existentes e causando desemprego na época. Com os novos métodos de produção, a agricultura também passou a empregar um número menor de pessoas, causando desemprego no campo. Inicia-se, assim, a substituição do trabalho manual pelo trabalho com o uso de máquinas. Havia necessidade de que as pessoas viessem também a operar as máquinas não só a vapor, mas as máquinas têxteis, o que fez surgir o trabalho assalariado. Daí nasce uma causa jurídica, pois os trabalhadores começaram a reunir-se, a associar-se, para reivindicar melhores condições de trabalho e de salários, diminuição das jornadas excessivas (os trabalhadores prestavam serviços por 12, 14 ou 16 horas diárias) e contra a exploração de menores e mulheres. Substituía-se o trabalho adulto pelo das mulheres e menores, que trabalhavam mais horas, percebendo salários inferiores. A partir desse momento, surge uma liberdade na contratação das condições de trabalho. O Estado, por sua vez, deixa de ser abstencionista, para se tornar intervencionista, interferindo nas relações de trabalho.

Os ludistas[4] organizavam-se para destruir as máquinas, pois entendiam que eram elas as causadoras da crise do trabalho[5].

No princípio, verificava-se que o patrão era o proprietário da máquina, detendo os meios de produção, tendo, assim, o poder de direção em relação ao trabalhador. Isso já mostrava a desigualdade a que estava submetido o trabalhador, pois este não possuía nada. Havia, portanto, necessidade de maior proteção ao trabalhador, que se inseria desigualmente nessa relação, inclusive quanto à cessação abrupta do contrato de trabalho pelo empregador.

Karl Marx já dizia, por volta de 1867, quando publicou o primeiro volume de *O Capital*, que a maior automação da produção acabaria por eliminar completamente o trabalhador. Marx declara que as mudanças tecnológicas transformam

> as operações do trabalhador cada vez mais em operações mecanizadas, até que, em determinado ponto, o mecanismo pode tomar o seu lugar. Assim, podemos ver diretamente como uma determinada forma de trabalho é transferida do trabalhador para o capital, na forma de máquina, e seu poder de trabalho, desvalorizado como resultado dessa transposição. Portanto, temos a luta do trabalhador contra a máquina. O que costumava ser atividade do trabalhador, passa a ser atividade da máquina[6].

Entendia Marx que o desemprego era uma doença decorrente da acumulação do capital.

Adam Smith publica a *Riqueza das Nações*, em que considerava o trabalho humano a atividade aplicada à produção, sendo fonte de prosperidade.

A partir de 1880, passou a ser utilizada a eletricidade. Em consequência, as condições de trabalho tiveram de ser adaptadas.

---

4. Trabalhadores ingleses seguidores de Nell Ludd.
5. LEFRANC, Georges. *Histoire du travail et des travailleurs*. Paris: Flammarion, 1957, p. 245.
6. Apud MCLELLAN, David. *Marx's Grundrisse der Kritik der Politischen Ökonomie*. New York: Harpers, 1977, p. 162.

É interessante lembrar que, em seus primórdios, o direito do trabalho foi confundido com a política social. Estudavam-no cientistas sociais e outras pessoas que mais poderiam ser chamadas de revolucionários, tanto oriundos das faculdades como dos parlamentos. Não havia diferença clara, até por falta de suficiente elaboração científica, entre os dois ramos do conhecimento. Os reformadores foram sendo pouco a pouco substituídos pelos juristas, voltados para o estudo da própria norma.

A história do direito do trabalho identifica-se com a história da subordinação, do trabalho subordinado. Verifica-se que a preocupação maior é com a proteção do hipossuficiente e com o emprego típico.

David Ricardo dizia, no início do século XIX, que as máquinas iriam destruir os empregos.

A Igreja também passa a preocupar-se com o trabalho subordinado. D. Rendu, Bispo de Annec, enviou um texto ao rei da Sardenha, em 15 de novembro de 1845, denominado "Memorial Sobre a Questão Operária", afirmando que "a legislação moderna nada fez pelo proletário. Na verdade, protege sua vida enquanto homem; mas o desconhece como trabalhador; nada faz por seu futuro, nem por sua alimentação, nem por seu progresso moral"[7].

A Encíclica *Rerum Novarum* (coisas novas), de 1891, do Papa Leão XIII, pontifica uma fase de transição para a justiça social, traçando regras para a intervenção estatal na relação entre trabalhador e patrão. Já dizia o referido papa que "não pode haver capital sem trabalho, nem trabalho sem capital"[8]. A Igreja continuou a preocupar-se com o tema, tanto que foram elaboradas novas encíclicas: *Quadragesimo Anno* e *Divini Redemptoris*, de Pio XII; *Mater et Magistra*, de João XXIII; *Populorum Progressio*, de Paulo VI; *Laborem Exercens*, do Papa João Paulo II, de 14 de setembro de 1981.

Frederick Taylor estabelece uma forma de organização e racionalização do trabalho, por meio dos seus *Princípios de Administração Científica* (1895). Seriam quatro os princípios: 1) o estudo científico traria melhores métodos de trabalho; 2) seleção e treinamento científico da mão de obra; 3) estima e colaboração sincera entre a direção e a mão de obra; 4) distribuição uniforme do trabalho e das responsabilidades entre a administração e a mão de obra.

Henry Ford criou a linha de montagem na indústria automobilística, por meio da esteira móvel. Acabou incentivando aumentos de salários, para que seus empregados comprassem também os automóveis que fabricavam. O fordismo

---

7. Apud COSTA, Orlando Teixeira da. O trabalho e a dignidade do trabalhador. *LTr*, São Paulo, 59-05/592.
8. LEÃO XIII. *Encíclica Rerum Novarum*, Capítulo 28.

seria a aplicação do taylorismo em grande escala. Tinha as seguintes característi-cas: adotava um sistema generalizante, que não era especialista em determinada matéria; havia estratificação dos níveis hierárquicos na empresa; partia do pressu-posto da autossuficiência; pretendia atingir mercados nacionais e não mercados globais, como temos hoje; envolvia o desenvolvimento de tecnologia de longa maturação, fazendo estoques de insumos e matérias-primas; havia um número muito grande de trabalhadores, com pagamento de baixos salários[9].

Ingressa-se numa nova fase denominada Constitucionalismo Social, em que as Constituições dos países passam a ter regras sociais, principalmente de direito do trabalho.

A primeira Constituição que veio a incluir o direito do trabalho em seu bojo foi a do México, de 1917. O art. 123 da referida norma estabelecia jornada de oito horas de trabalho, proibição de trabalho a menores de 12 anos, limitação da jornada dos menores de 16 anos a seis horas, indenização de dispensa, seguro social etc.

A segunda Constituição a versar sobre o assunto foi a de Weimar, de 1919. Disciplinava a participação dos trabalhadores nas empresas, autorizando a li-berdade de coalização dos trabalhadores. Criou não só um sistema de seguros sociais, como também a possibilidade de os trabalhadores colaborarem com os empregadores na fixação de salários e demais condições de trabalho.

Surge o Tratado de Versalhes, de 1919, prevendo a criação da Organização Internacional do Trabalho (OIT), que iria incumbir-se de proteger as relações entre empregados e empregadores no âmbito internacional, expedindo conven-ções e recomendações nesse sentido.

Nos Estados Unidos, houve a quebra das bolsas de valores, em 1929. A depressão teve aspecto relevante em relação ao desemprego, aumentando consideravelmente o número de pessoas desempregadas em virtude da re-ferida crise. A ideia era diminuir o módulo semanal para 30 horas, de forma que pudessem ser criados empregos e consumidores para os produtos. Em 31 de dezembro de 1932, o Senador Hugo L. Black, do Alabama, apresentou projeto de lei no Senado americano para a instituição da semana de trabalho de 30 horas. Previa-se com isso a admissão de mais de 6 milhões e 500 mil trabalhadores desempregados. O Presidente Roosevelt convenceu a Comissão de Estudos da Câmara de que o projeto não deveria ser aprovado. Roosevelt instituiu o chamado programa "New Deal". Inicialmente foi editada a Lei

---

9. FREITAS JR., Antonio Rodrigues de. *Globalização, Mercosul e crise do Estado-Nação*. São Paulo: LTr, 1997, p. 65-66.

de Recuperação da Indústria Nacional (NIRA), que previa a expansão das obras públicas. Em seguida, foi criado o programa de obras civis (*Civil Works Administration*), que empregou mais de 4 milhões de trabalhadores. Foram construídas represas, usinas e a mão de obra foi treinada para trabalhar na construção civil. Com isso, houve absorção da mão de obra por aquele segmento da economia. "O New Deal" acabou reduzindo o desemprego. Com a Segunda Guerra Mundial, o desemprego diminuiu ante a necessidade de pessoas para a produção de armas.

John Maynard Keynes já dizia que

> estamos sendo acometidos de uma nova doença da qual alguns leitores talvez ainda não tenham ouvido falar, mas sobre a qual ouvirão falar muito nos próximos anos – o "desemprego tecnológico". Isto significa desemprego como resultado da nossa descoberta de meios de economizar a mão de obra, superando a velocidade com que podemos encontrar novos usos para a mão de obra[10].

Alvin Toffler entendeu que a era da informática seria a terceira onda da revolução tecnológica. Entretanto, num primeiro momento, ninguém verificou que a produtividade decorrente da automação iria causar tanto desemprego.

1.3 EVOLUÇÃO HISTÓRICA DO TRABALHO NO BRASIL

1.3.1 Introdução

As transformações que vinham ocorrendo na Europa em decorrência da Primeira Guerra Mundial e o aparecimento da OIT em 1919 vieram a incentivar a criação de normas trabalhistas em nosso país. Existiam muitos imigrantes no Brasil que fizeram movimentos reivindicando melhores condições de trabalho e salários. Começa a surgir uma política trabalhista idealizada por Getúlio Vargas em 1930.

Havia leis ordinárias tratando de trabalho de menores (1891), da organização de sindicatos rurais (1903) e urbanos (1907), das férias etc. O Ministério do Trabalho, Indústria e Comércio foi criado em 1930, passando a expedir decretos, a partir dessa época, sobre profissões, trabalho das mulheres (1932), salário mínimo (1936), Justiça do Trabalho (1939) etc.

---

10. KEYNES, John Maynard. *The general theory of employment, interests and money*: essays in persuasion. New York: Macmillan, 1931.

1.3.2 Evolução da legislação brasileira sobre a dispensa do empregado

Na evolução da legislação brasileira sobre a dispensa do empregado, verificamos a existência de dois sistemas: o impeditivo da dispensa e o de reparação econômica, que prevê o pagamento de um valor pecuniário ao obreiro despedido.

O sistema impeditivo da dispensa diz respeito à estabilidade, que nasceu da Lei Eloy Chaves, em 1923, permanecendo até a edição da Lei n. 5.107/66, que instituiu o sistema alternativo do FGTS, que passou a ser um direito do obreiro.

Tem por base o sistema de reparação econômica a indenização, visando dificultar a dispensa, impondo o pagamento de uma importância ao empregador com o objetivo de evitar a rotação de mão de obra, ou seja, um óbice econômico para sua concretização.

A estabilidade nasce, inicialmente, no serviço público. Uma noção genérica de estabilidade era prevista no art. 149 da Constituição de 1824: "os oficiais do Exército e da Armada não podem ser privados de suas Patentes, senão por sentença proferida em Juízo competente".

O inciso XXIV do art. 179 da Constituição de 1824 previa que "nenhum gênero de trabalho, de cultura, indústria, ou comércio pode ser proibido, uma vez que não se oponha aos costumes públicos, à segurança, e saúde dos Cidadãos". O inciso XXV do mesmo artigo abolia "as Corporações de Ofícios, seus Juízes, Escrivães e Mestres".

A Lei Maior de 1891, em seu art. 76, modificava um pouco a orientação anterior do art. 149 da Constituição de 1824: "os oficiais do Exército e da Armada só perderão suas patentes por condenação em mais de 2 anos de prisão, passada em julgado nos tribunais competentes". O art. 57 assegurava aos juízes federais a vitaliciedade, pois poderiam perder o cargo unicamente por sentença judicial. Os servidores públicos passaram a ter direito a estabilidade com a Lei n. 2.924, de 1915, que proibia a dispensa, desde que tivessem 10 anos de serviços.

Garantia o § 24 do art. 72 da Constituição de 1891 o livre exercício de qualquer profissão moral, intelectual e industrial.

A Lei n. 191-B, de 30 de setembro de 1893, condicionou a dispensa de funcionários públicos concursados por sentença judicial, estando abrangidos os funcionários da Fazenda.

A Lei n. 2.924, de 1915, proibiu a demissão dos funcionários públicos caso tivessem 10 anos de serviços. Era a consagração da estabilidade no serviço público.

A Lei Eloy Chaves, Decreto n. 4.682, de 24 de janeiro de 1923, foi a primeira norma que disciplinou a estabilidade no setor privado, constituindo-se num marco histórico. Essa norma foi também a primeira lei que consagrou a aposentadoria aos ferroviários. O art. 42 declarava que, "depois de 10 anos de serviços efetivos, o empregado das empresas a que se refere a presente lei só poderá ser demitido no caso de falta grave constatada em inquérito administrativo, presidido por um engenheiro da Inspetoria e Fiscalização das Estradas de Ferro". Era uma estabilidade estendida apenas para os empregados das empresas ferroviárias que tivessem 10 anos de empresa. A referida lei tratava de normas previdenciárias. Assevera Amaro Barreto que "a estabilidade do empregado no trabalho fornecia base permanente e segura à continuidade das contribuições aos órgãos seguradores, suprindo-os de fundos indispensáveis ao seu funcionamento assistencial"[11]. Com a estabilidade no emprego, havia o pagamento por maior tempo de contribuições aos órgãos de seguro, sem que o empregado precisasse aposentar-se. A Lei Eloy Chaves tinha muitos aspectos previdenciários, pois instituía a aposentadoria para os ferroviários. José Martins Catharino afirma que a estabilidade surgiu no Brasil como "providência em favor da previdência"[12] social. Na verdade, o que se pretendia com tal sistema era garantir o emprego do trabalhador para que ele não fosse usar do sistema de aposentadorias instituído pelo Decreto n. 4.682/23.

Foi estendida a estabilidade a outras categorias, como ao pessoal das empresas de navegação marítima ou fluvial e aos ferroviários dos Estados e Municípios (Lei n. 5.109, de 1926). O Decreto n. 17.940, de 11 de novembro de 1927, beneficiou os portuários. Os comerciários foram favorecidos com o Decreto n. 24.273, de 22 de maio de 1934. O art. 53 do Decreto n. 20.465, de 1º de outubro de 1931, concedeu a estabilidade aos empregados em empresas de transportes urbanos, luz, força, telefone, telégrafos, portos, água e esgoto. Os comerciários foram favorecidos com o Decreto n. 24.273, de 22 de maio de 1934. Os bancários também passaram a ter direito a estabilidade aos dois anos de serviço no banco, conforme o art. 15 do Decreto n. 24.615, de 9 de julho de 1934.

Em parte, uma tentativa de evitar o desemprego do trabalhador nacional era a Lei de 2/3, editada por Getúlio Vargas. O Decreto n. 19.482, de 12 de dezembro de 1930, preocupou-se com o desemprego e a entrada desordenada de estrangeiros em nosso país. Nas justificativas desse decreto, verificava-se a preocupação com o desemprego, quanto à "entrada de estrangeiros, que nem sempre trazem o concurso útil de quaisquer capacidades, mas frequentemente contribuem para aumento da desordem econômica e da insegurança social". Para tanto, impôs às empresas o dever de ter em seus quadros de empregados dois terços de traba-

---

11. BARRETO, Amaro. *Teoria e prática do FGTS*. São Paulo: Edições Trabalhistas, 1974, p. 9.
12. CATHARINO, José Martins. *Em defesa da estabilidade*. São Paulo: LTr, s.d., p. 188.

lhadores nacionais. Era a chamada lei dos dois terços. Getúlio Vargas, na época, levantava a bandeira contra os exploradores estrangeiros. A lei dos dois terços serviu como dividendo político contra aquelas pessoas. A referida norma não foi apta, porém, a evitar a entrada de estrangeiros no território nacional. As leis de imigração é que tiveram esse papel.

Os constituintes de 1934 elaboraram a criação de um fundo de reserva do trabalho, que visava assegurar o ordenado ou o salário de um ano, se por algum motivo a empresa desaparecesse, conforme o § 5º do art. 124 do Projeto de Constituição enviado pelo Governo Provisório à Assembleia Nacional Constituinte. Tinha o referido preceito a seguinte redação: "toda empresa comercial ou industrial constituirá, paralelamente com um fundo de reserva do capital, e desde que este logre uma remuneração justa, nos termos do art. 121, um fundo de reserva do trabalho, capaz de assegurar aos operários ou empregados, o ordenado ou o salário de um ano, se por qualquer motivo a empresa desaparecer". Pretendia-se, assim, estabelecer uma modalidade de garantia do tempo de serviço do empregado, como afirma Eduardo Gabriel Saad[13]. Entretanto, esse projeto não chegou a fazer parte do texto da Constituição de 1934.

A letra *g* do § 1º do art. 121 da Lei Maior de 1934 versava sobre a indenização ao trabalhador "dispensado sem justa causa". A Constituição não consagrava, porém, estabilidade para o empregado.

Previa, ainda, a alínea *f* do parágrafo único do art. 150 da Constituição de 1934 o reconhecimento, pela União, dos estabelecimentos de ensino, somente quando assegurassem a seus professores a estabilidade, enquanto bem servissem.

Determinou a Lei n. 62, de 5 de junho de 1935, estabilidade aos empregados da indústria e comércio, que ainda não tinham benefícios concedidos pela Previdência Social, conforme seu art. 10: "os empregados que ainda não gozarem da estabilidade que as leis sobre institutos de aposentadorias e pensões têm criado, desde que contem 10 anos de serviço efetivo no mesmo estabelecimento, nos termos desta lei, só poderão ser demitidos por motivos devidamente comprovados de falta grave, desobediência, indisciplina ou causa de força maior, nos termos do art. 5º". Com a referida norma, houve uma generalização da estabilidade, que não mais tinha por base espécie de garantia da previdência social. Não se aplicava, porém, aos trabalhadores rurais e aos domésticos. Previa, ainda, indenização por dispensa sem justa causa (art. 1º). A indenização era indevida em caso de força maior, fechamento de estabelecimentos ou filiais.

---

13. SAAD, Eduardo Gabriel. *Comentários à Lei do Fundo de Garantia do Tempo de Serviço*. 3. ed. São Paulo: LTr, 1995, p. 44.

Esclarecia a Constituição de 10 de novembro de 1937, na alínea *f* do art. 137, que, "nas empresas de trabalho contínuo, a cessação das relações de trabalho, a que o trabalhador não haja dado motivo, e quando a lei não lhe garanta a estabilidade no emprego, cria-lhe o direito a uma indenização proporcional aos anos de serviço". Todos os trabalhadores passaram a ser beneficiados com a indenização, mesmo nos casos de força maior, fechamento de estabelecimentos ou filiais. Dependia o preceito constitucional da sua complementação por meio da legislação ordinária. Deveria a lei garantir estabilidade no emprego ao trabalhador. A Lei Maior não criava, porém, a estabilidade.

Estabelecia o item 8 do art. 122 da Constituição de 1937 a liberdade de escolha de profissão ou do gênero do trabalho, indústria ou comércio, observadas as condições de capacidade e as restrições impostas pelo bem público, nos termos da lei.

Prescrevia o art. 136 da Constituição de 1937 que

> o trabalho era um dever social. O trabalho intelectual, técnico e manual teria direito à proteção e solicitude especiais do Estado. A todos seria garantido o direito de subsistir mediante o seu trabalho honesto e este, como meio de subsistência do indivíduo, constituiria um bem que seria dever do Estado proteger, assegurando-lhe condições favoráveis e meios de defesa.

Disciplinou a CLT, de 1943, a estabilidade nos arts. 492 a 500, sistematizando as regras até então existentes. Todo empregado que completasse 10 anos na empresa não poderia ser dispensado, salvo motivo de falta grave, devidamente verificada em inquérito judicial para sua apuração, ou por força maior efetivamente comprovada (art. 492 da CLT). A falta grave é apurada em inquérito judicial, com previsão nos arts. 853 a 855 da CLT. O art. 919 da CLT extinguiu a estabilidade do bancário aos dois anos de serviço, ficando mantida apenas para quem já tivesse adquirido tal direito. O art. 477 da CLT assegurou a todo empregado que não haja dado motivo para o rompimento contratual uma indenização paga na base da maior remuneração percebida pela empresa.

Reconhecia a Constituição de 18 de setembro de 1946 ao trabalhador, no inciso XII do art. 157, "estabilidade, na empresa ou na exploração rural, e indenização ao trabalhador despedido, nos casos e nas condições que a lei estatuir". A estabilidade era prevista genericamente na Lei Maior, porém também era dependente da legislação ordinária, pois a Lei Magna empregava a conjunção aditiva "e", tanto se referindo a estabilidade como a indenização. A indenização ao trabalhador seria estabelecida em lei, assim como os casos e as condições do seu pagamento. O parágrafo único do art. 145 dispunha que a todos seria assegurado trabalho que possibilitasse existência digna, considerando-o uma obrigação social.

A Lei n. 1.890, de 13 de junho de 1953, estendeu a aplicação dos arts. 492 a 495 da CLT aos mensalistas e diaristas da União, dos Estados, do Distrito Federal, dos Territórios, dos Municípios e das entidades autárquicas, que prestavam serviços nas suas organizações econômicas, comerciais ou industriais sob a forma de empresa e não eram funcionários públicos ou não gozavam de garantias especiais.

A Lei n. 2.354, de 29 de novembro de 1954, referente ao imposto de renda, dispunha que a empresa faria "provisões para atender às indenizações previstas na legislação do trabalho". O art. 46 da Lei n. 3.470, de 28 de novembro de 1958, permitiu que as pessoas jurídicas contribuintes do imposto de renda deduzissem do lucro real "as quantias destinadas à constituição de fundos de reserva para indenizações previstas na legislação do trabalho, desde que aplicadas em títulos da dívida pública de emissão especial, cujo resgate imediato ficará assegurado para o pagamento efetivo das indenizações". As importâncias do fundo eram destinadas à aquisição de Obrigações Reajustáveis do Tesouro Nacional, visando preservar o seu valor da inflação. Tinha o fundo caráter facultativo. Seu objetivo era assegurar a responsabilidade das pessoas jurídicas pela indenização por dispensa sem justa causa de empregados estáveis ou não. O Decreto n. 53.767, de 20 de março de 1964, determinou que o fundo de indenizações trabalhistas, previsto no art. 46 da Lei n. 3.470, passasse a ser aplicado em títulos da dívida pública federal, com emissão especial, podendo haver o resgate imediato para o pagamento das indenizações trabalhistas.

A Lei n. 2.959, de 17 de novembro de 1956, previu indenização ao término dos contratos de obra certa, independentemente, portanto, de rescisão antecipada do contrato ou de dispensa por parte do empregador.

Permitiu o art. 46 da Lei n. 3.470, de 28 de novembro de 1958, que as pessoas jurídicas contribuintes do imposto de renda deduzissem do lucro real "as quantias destinadas à constituição de fundos de reserva para indenizações previstas na legislação do trabalho, desde que aplicadas em títulos da dívida pública de emissão especial, cujo resgate imediato ficará assegurado para o pagamento efetivo das indenizações". As importâncias do fundo eram destinadas a aquisição de Obrigações Reajustáveis do Tesouro Nacional, visando preservar o seu valor da inflação. O Decreto n. 53.767, de 20 de março de 1964, determinou que o fundo de indenizações trabalhistas, previsto no art. 46 da Lei n. 3.470, passasse a ser aplicado em títulos da dívida pública federal, com emissão especial, podendo haver o resgate imediato para o pagamento das indenizações trabalhistas.

Com Lei n. 4.357, de 16 de julho de 1964, regulamentada pelo Decreto n. 54.252, de 3 de setembro de 1964, o fundo de indenizações trabalhistas passou de facultativo a obrigatório para as empresas. O § 2º do art. 2º da Lei n. 4.357 dispunha que os contribuintes do imposto de renda, como pessoas jurídicas, são obrigados a contribuir para o Fundo de Indenizações Trabalhistas a fim de assegurar a sua responsabilidade eventual pela indenização por dispensa de seus empregados, e as importâncias pagas a cada exercício, a esse título, correrão, obrigatoriamente, por conta desse Fundo, desde que haja saldo credor suficiente.

Dispunha o art. 20 da Lei n. 4.357 que todos os contribuintes do imposto de renda, como pessoas jurídicas, "são obrigados a constituir um fundo de indenização trabalhista, a fim de assegurar a sua responsabilidade eventual pela indenização por dispensa dos seus empregados". A quota inicial era de 3% sobre o total da remuneração mensal bruta, excluído o 13º salário, devendo ser aplicada em obrigações reajustáveis do tesouro, não podendo ser transferidas no prazo de cinco anos. Para as empresas agrícolas, a obrigação era de 1,1/2% até o exercício de 1970 (art. 22 do Decreto n. 54.252/64). O fundo é que deveria pagar as indenizações dos empregados não estáveis. O art. 62 da Lei n. 5.406, de 30 de novembro de 1964, estendeu as obrigações de indenização do fundo em relação aos empregados estáveis. Na verdade, um dos objetivos do governo, na época, era não só cobrir seu déficit de caixa, mas também assegurar o pagamento das indenizações dos empregados dispensados. O § 3º do art. 2º da Lei n. 4.357, de 16 de julho de 1964, foi alterado pela alínea *a* do parágrafo único do art. 6º da Lei n. 4.923, de 23 de dezembro de 1965, que destinou 1% da arrecadação do Fundo para custeio da assistência aos trabalhadores desempregados, reduzindo, portanto, a contribuição do Fundo de Indenizações Trabalhistas de 3% para 2%. Nos períodos de vigência das referidas normas, o Governo já pretendia substituir as indenizações trabalhistas por um fundo, que iria arcar com o pagamento das respectivas indenizações aos empregados dispensados.

Previa o Programa de Ação Econômica do Governo, para o biênio de 1964-1966, a substituição eventual e paulatina do sistema de estabilidade por um sistema de seguro-desemprego[14].

O Presidente da República, Humberto de Alencar Castello Branco, pronunciou discurso na Assembleia Legislativa de Belo Horizonte, em 28 de fevereiro de 1966, sobre a estabilidade e a instituição de um novo regime, declarando:

> burlado pelos patrões e deformado pela escassa minoria dos trabalhadores que o alcançam, o instituto da estabilidade tornou-se um autêntico instituto de inquietação. A situação atual estimula o empregador a usar artifícios e a buscar, de qualquer modo, a dispensa por justa causa, a fim de se livrar do ônus latente, ou, então, a evitar que o empregado atinja 10 anos, indenizando-o antes de completar esse tempo, pelo meio de indisciplina e descaso pela produtividade do trabalhador que atinge a estabilidade.

---

14. Programa de Ação Econômica do Governo para o Biênio 1964-1966, s.e., s.d., p. 222.

Disse que merecia

atenção a proposta da criação de um fundo de estabilidade e habitação combinado com um sistema de seguro contra desemprego. Através desse Fundo, a obrigação de indenização converter-se-ia num depósito mensal, em conta vinculada, em nome do empregado, em estabelecimento bancário de sua escolha, para transferência ulterior ao Banco Nacional de Habitação[15].

Pretendia-se estabelecer, mediante anteprojeto de lei, elaborado por técnicos dos Ministérios do Trabalho e Planejamento, uma obrigação do empregador em depositar, em conta bancária aberta em nome do empregado, a importância de 8% da respectiva remuneração, que iria chamar-se Fundo de Garantia do Tempo de Serviço. Caso o empregado fosse dispensado, o empregador pagaria uma indenização de 10% sobre os depósitos feitos na conta bancária. O novo regime seria opcional e as hipóteses de movimentação seriam restritas. A classe trabalhadora repudiava o novo regime que extinguia a estabilidade, diante da insegurança que isso poderia gerar, como a perda do emprego.

Surgiram dúvidas se o novo regime era constitucional, pois estava em vigor o inciso XII do art. 157 da Constituição de 1946, instituindo a estabilidade no emprego. Poder-se-ia dizer que era constitucional, pois cabia ao empregado renunciar à estabilidade e optar pelo novo regime. A estabilidade também seria exercitada de acordo com as determinações da lei ordinária, porque era esta que iria disciplinar seus casos e condições.

Voltou a manifestar-se o Presidente da República sobre o tema em 1º de maio de 1966, dizendo que a proposta permitiria a coexistência da estabilidade da CLT com a nova situação, mediante opção do empregado por um ou outro sistema. Foi então elaborado novo anteprojeto pelos Ministros do Trabalho e do Planejamento, que foi enviado à Presidência da República em 15 de julho de 1966, ressaltando exatamente a coexistência dos regimes, a faculdade de o empregado optar por um dos dois, estabilidade do candidato a cargo de dirigente sindical de empregados, instituindo a indenização de 10% no caso da dispensa sem justa causa, condicionando a certas situações o direito de levantamento do fundo pelo empregado, mantendo aproximadamente as demais orientações anteriores. Em estudo feito pelos respectivos ministérios na época e constante da exposição de motivos da Lei do FGTS, verificava-se que apenas 15% dos empregados eram estáveis, nos 30 anos de funcionamento do sistema. Nas empresas mais novas, com menos de 15 anos, a porcentagem de estáveis era de 1%[16].

---

15. Conforme Amaro Barreto (*Teoria e prática do FGTS*. Rio de Janeiro: Edições Trabalhistas, 1974, p. 43-44).
16. IAPI. *Mensário Estatístico-Atuarial*. Rio de Janeiro, 1966, n. 160 a 164.

Foi enviado o projeto de lei do Governo sobre o FGTS ao Congresso Nacional em 5 de agosto de 1966. Deveria ser aprovado em 30 dias, conforme o § 3º do art. 5º do Ato Institucional n. 2, de 27 de outubro de 1965. Foram apresentadas 103 emendas ao projeto, sendo que seis obtiveram aprovação na Comissão Mista. O prazo institucional de 30 dias não foi observado. Com base no Ato Institucional n. 2, o Presidente da República converteu o projeto em lei, por decurso de prazo para a sua apreciação, que passou a ter o número 5.107, de 13 de setembro de 1966. O Decreto-lei n. 20, de 14 de setembro de 1966, foi baixado para incorporar à Lei n. 5.107 as emendas aprovadas na Comissão Mista que examinara o projeto no Congresso. Foi a Lei n. 5.107, regulamentada pelo Decreto n. 59.820, de 20 de dezembro de 1966. O art. 33 da Lei n. 5.107 determinou que tal norma entraria em vigor no primeiro dia do mês seguinte ao da publicação de seu regulamento. O art. 82 do Decreto n. 59.820 esclareceu que a vigência da Lei n. 5.107 ocorreria a partir de 1º de janeiro de 1967.

Estabeleceu o art. 23 da Lei n. 5.107 a extinção, a partir da vigência da referida norma: a) do Fundo de Indenizações Trabalhistas, criado pelo § 2º do art. 2º da Lei n. 4.357/64; b) da contribuição para o Fundo de Assistência ao Desemprego, determinada na alínea *a* do parágrafo único da Lei n. 4.923/65; c) da contribuição para o BNH, prevista no art. 22 da Lei n. 4.380/64.

Afirmava-se que a instituição do FGTS violava o inciso XII do art. 157 da Constituição de 1946, que previa estabilidade e indenização ao trabalhador despedido, não podendo prejudicar os direitos adquiridos dos empregados já estáveis. A estabilidade e a indenização continuavam a ser previstas nos casos e nas condições que a lei estatuía. Apenas o empregado poderia optar pelo FGTS ou então continuar a ter direito a estabilidade ou indenização. O art. 1º da Lei n. 5.107 mantinha os capítulos da CLT que tratavam da indenização e da estabilidade.

Visando evitar dúvidas sobre a constitucionalidade da Lei n. 5.107, diante do inciso XII do art. 157 da Lei Maior de 1946, foi modificada a redação do último preceito para permitir um regime de opção entre o FGTS e a estabilidade. Assim, o inciso XIII do art. 158 da Constituição de 1967 passou a prever "estabilidade, com indenização ao trabalhador despedido, ou fundo de garantia equivalente". Foi a forma encontrada para combinar a estabilidade e a indenização com a nova lei do FGTS. Trata-se de um sistema alternativo, em que havia o pagamento de indenização no caso da dispensa, tendo o empregado estabilidade aos 10 anos de serviço na empresa, podendo fazer a opção pelo FGTS.

Assegurava, ainda, o inciso V do art. 158 da Carta Magna de 1967 "integração do trabalhador na vida e no desenvolvimento da empresa, com participação nos lucros e, excepcionalmente, na gestão, nos casos e condições que forem estabelecidos". Seria um sistema de integração do trabalhador na estrutura da empresa, de modo que se pressupunha que deveria haver a continuidade do contrato de trabalho, embora na prática não fosse isso que ocorresse. O trabalhador só era admitido na empresa se optasse pelo FGTS, passando a não ter direito à estabilidade. Podia, portanto, o empregado ser dispensado mediante o pagamento da indenização de 10% sobre os depósitos do FGTS. Esse sistema de integração do trabalhador na vida e no desenvolvimento da empresa acabava, portanto, sendo prejudicado.

Previa o § 23 do art. 150 da Constituição de 1967 a liberdade de exercício de qualquer trabalho, ofício ou profissão, observadas as condições de capacidade que a lei estabelecesse. O inciso XXVI do art. 158 determinava um sistema de previdência social, mediante contribuição da União, do empregador e do empregado para o seguro-desemprego.

Empregou o inciso XIII do art. 165 da Emenda Constitucional n. 1, de 1969, a mesma expressão da Lei Magna anterior: "estabilidade com indenização ao trabalhador despedido ou fundo de garantia equivalente". A diferença entre esse dispositivo e o previsto na Constituição de 1967 foi apenas a supressão da vírgula antes da palavra "ou". Entretanto, nada mais foi modificado.

Prescrevia o § 23 do art. 153 da Emenda Constitucional n. 1 a liberdade do exercício de qualquer trabalho, ofício ou profissão, observadas as condições de capacidade que a lei estabelecesse.

Determinava o art. 160 da Emenda Constitucional n. 1, de 1969, que a Ordem Econômica e Social teria por finalidade realizar o desenvolvimento nacional e a justiça social, com base, entre outros, no princípio da expansão das oportunidades de emprego produtivo (inciso VI).

Dispunha o inciso XVI do art. 165 da Emenda Constitucional n. 1, de 1969, que a previdência social seria estabelecida para casos de desemprego.

Surgiu a discussão a respeito da equivalência entre a estabilidade e o FGTS. Evidentemente, não havia igualdade nos sistemas, ou não correspondiam exatamente os depósitos do FGTS às importâncias que seriam devidas ao empregado caso este fosse estável e houvesse a dispensa. O valor depositado no FGTS não era igual à indenização estabelecida na CLT. O empregado que percebesse baixo salário poderia ter uma indenização menor do que os depósitos do FGTS, acrescidos de juros e correção monetária. O trabalhador que tivesse um alto salário poderia ter a indenização maior do que os depósitos do FGTS, pois esta seria calculada com base na maior remuneração que tivesse recebido na empresa (art. 477 da CLT). Não se poderia dizer que o empregado iria ficar sujeito a ambos os sistemas, em parte ao regime do FGTS (depósitos) e em parte à indenização da CLT, pois os regimes eram alternativos. De outro lado, a Constituição usava a expressão "equivalência" e não igualdade de regimes e direitos. Os regimes, portanto, eram diferentes em suas estruturas, mas deveriam ser equivalentes em suas finalidades. Assim, surgiu a interpretação da palavra "equivalência" pela Súmula 98 do TST, com a seguinte redação: "a equivalência entre os regimes do FGTS e da estabilidade da CLT é meramente jurídica e não econômica, sendo indevidos quaisquer valores a título de reposição de diferença".

Era costumeira a dispensa do empregado e sua readmissão logo em seguida, para que não adquirisse estabilidade no emprego. A empresa, normalmente nessas condições, determinava que o empregado optasse no segundo contrato pelo FGTS para posteriormente não ter direito à estabilidade. A Súmula 20 do TST esclareceu que, "não obstante o pagamento da indenização de antiguidade, presume-se em fraude à lei a resilição contratual, se o empregado permaneceu prestando serviços, ou tiver sido, em curto prazo, readmitido".

O Decreto n. 76.403, de 8 de outubro de 1975, criou o Sistema Nacional de Emprego (SINE). Seu art. 3º dispõe que são objetivos do SINE: a) organizar um sistema de informações e pesquisas sobre o mercado de trabalho, capaz de subsidiar a operacionalização da Política de Emprego, em âmbito local, regional e nacional; b) implantar serviços e agências de colocação, em todo o país, necessários à organização do mercado de trabalho; c) identificar os trabalhadores, mediante Carteiras de Trabalho e Previdência Social, como participantes da comunidade brasileira de trabalho; d) informar e orientar os trabalhadores quanto à escolha de seu emprego; e) informar o mercado consumidor de mão de obra sobre a disponibilidade de recursos humanos; f) subsidiar o sistema educacional e o de formação de mão de obra, para a elaboração de suas programações; g) estabelecer condições para adequação entre a demanda do mercado de trabalho e a força de trabalho, em todos os níveis de capacitação.

Em 28 de abril de 1977, foi editado o Decreto n. 79.602, criando o Conselho Nacional de Política de Emprego. O objetivo foi propor programas e medidas para melhorar os mecanismos de estabilização do mercado de emprego, avaliando as repercussões no campo do emprego das medidas econômicas e financeiras para favorecer a mão de obra. Haveria o estabelecimento de medidas de assistência às pessoas desempregadas, visando melhorar sua produtividade, o nível de ingressos e a utilização plena de seu potencial de trabalho.

A CLT não possui capítulo ou título que trate de política de emprego, nem qualquer artigo dessa norma versa sobre o tema. Nossa legislação pode, porém, disciplinar o tema em leis de política salarial.

Os arts. 25 e seguintes do Decreto-lei n. 2.284, de 10 de março de 1986, criaram o seguro-desemprego, que posteriormente foi complementado pela Lei n. 7.998, de 11 de janeiro de 1990.

Havia muita resistência na Assembleia Nacional Constituinte à manutenção da estabilidade. Pretendia-se estabelecer um sistema protetor da dispensa arbitrária ou sem justa causa. Assevera o Deputado Nilson Gibson que

> a maioria dos juristas brasileiros, especializados em direito do trabalho, tem insistido na necessidade de proteger-se o empregado contra a despedida arbitrária, sem prejuízo da sobrevivência do FGTS. Apoiamos, também, (o movimento) no sentido de aplicar a todos os empregados o regime do FGTS acoplado a um sistema de segurança no emprego, de forma a impedir a despedida arbitrária ou imotivada[17].

Várias foram as redações para o tema FGTS na Assembleia Nacional Constituinte. Na Subcomissão dos Direitos dos Trabalhadores e Servidores, foi apresentada proposta permitindo a utilização dos depósitos em qualquer hipótese de rescisão do contrato de trabalho, inclusive havendo pedido de demissão ou dispensa com justa causa (art. 2º, XIV). Na Comissão de Ordem Social, extinguia-se o FGTS (art. 30), passando este a constituir contribuição do empregador para o Fundo de Garantia do Patrimônio Individual (§ 1º do art. 30). Preservavam-se os patrimônios anteriormente acumulados, mantendo-se os saques por demissão (§ 3º do art. 30). Na Comissão de Sistematização, utilizou-se apenas a expressão "fundo de garantia do tempo de serviço" (parágrafo único do art. 7º), que foi a redação final do inciso III do art. 7º da Lei Maior.

Em relação ao tema estabilidade ou indenização, também foram várias as redações. Na Subcomissão dos Direitos dos Trabalhadores, estava disposto: "estabilidade desde a admissão no emprego, salvo o cometimento de falta grave comprovada judicialmente, facultado o contrato de experiência de noventa dias" (art. 2º, XIII). Na Comissão da Ordem Social o texto era:

> garantia de direito ao trabalho mediante relação de emprego estável, ressalvados: a) ocorrência de falta grave comprovada judicialmente; b) contrato a termo, não superior a 2 anos, nos casos de transitoriedade dos serviços ou da atividade da empresa; c) prazos definidos em contratos de experiência, não superiores a noventa dias, atendidas as peculiaridades do trabalho a ser executado; d) superveniência de fato econômico intransponível, técnico ou de infortúnio da empresa, sujeito a comprovação judicial, sob pena de reintegração ou indenização, a critério do empregado.

O primeiro substitutivo do relator da Comissão de Sistematização (agosto de 1987) previa: "Além de outros, são direitos dos trabalhadores: I – contrato de

---

17. Diário da Assembleia Nacional Constituinte, de 19-2-1988, p. 7.334.

trabalho protegido contra despedida imotivada ou sem justa causa, nos termos da lei". O segundo substitutivo do relator da Comissão de Sistematização (setembro de 1987) prescrevia: "Art. 6º Além de outros, são direitos dos trabalhadores: I – garantia de emprego protegido contra despedida imotivada, assim entendida a que não se fundar em: a) contrato a termo, assim conceituado em lei; b) falta grave, assim conceituada em lei; c) justa causa, baseada em fato econômico intransponível, fato tecnológico ou infortúnio da empresa, de acordo com os critérios estabelecidos na legislação do trabalho". O último projeto trazia conceitos não definidos na Constituição, como justa causa fundada em fato econômico ou tecnológico. O projeto de novembro de 1987 previa no art. 7º:

> São direitos dos trabalhadores urbanos e rurais, além de outros que visem à melhoria de sua condição social: I – garantia de emprego, protegido contra despedida imotivada, assim entendida a que não se fundar em: a) contrato a termo, assim conceituado em lei; b) falta grave, assim conceituada em lei; c) justa causa, baseada em fato econômico intransponível, fato tecnológico ou infortúnio da empresa, de acordo com os critérios estabelecidos na legislação do trabalho.

Repetiam-se, portanto, as alíneas do projeto anterior, sendo que a Lei Maior remetia à lei ordinária a definição de contrato a termo, falta grave, justa causa.

Havia várias propostas finais a dar ao projeto, compatibilizando grupos distintos envolvidos. A primeira proposta mencionava "relação de emprego protegida contra despedida arbitrária ou sem justa causa, nos termos da lei complementar que (...)". A proposta do chamado "Centrão" acrescentava à anterior: "preverá indenização compensatória, entre outros direitos". A proposta do "Centrinho" adicionava ainda: "assegurará indenização compensatória sem prejuízo de outros direitos". Existiam, também, outras propostas.

Versou a Constituição de 1988 sobre o FGTS no inciso III do art. 7º, assegurando, assim, um direito do trabalhador. Determinou, ainda, o inciso I do art. 7º da Lei Maior de 1988 "relação de emprego protegida contra despedida arbitrária ou sem justa causa, nos termos de lei complementar, que preverá indenização compensatória, dentre outros direitos". Foi eliminado o inciso XVIII, que tratava de indenização, passando a indenização a estar prevista no inciso I do art. 7º. Todo trabalhador urbano e rural passaria a ter direito a tal sistema e não mais ao regime alternativo que existia anteriormente, de estabilidade ou FGTS. Passou a existir apenas o direito do empregado ao FGTS, isto é, um único regime e não alternativo até então existente, desaparecendo o sistema de estabilidade e indenização previsto na CLT, que só persistiu para os empregados que já tinham adquirido direito a tais institutos ou que tinham tempo anterior à opção do FGTS ou a 5 de outubro de 1988.

Determinou o inciso I do art. 10 do Ato das Disposições Constitucionais Transitórias que, até ser promulgada a lei complementar a que se refere o inciso I do art. 7º da Constituição, "fica limitada a proteção nele referida ao aumento, para quatro vezes, da porcentagem prevista no art. 6º, *caput* e § 1º, da Lei n. 5.107, de 13 de setembro de 1966". Houve, assim, o aumento da indenização prevista na Lei n. 5.107, de 10% para 40%. Nos casos de dispensa por força maior ou culpa recíproca, a indenização será de 20%. Pretendia-se com isso impor limites ao poder de dispensa do empregador, que na prática continha apenas a reparação econômica.

Foi previsto o "aviso prévio proporcional ao tempo de serviço, sendo no mínimo de 30 dias, nos termos da lei" (art. 7º, XXI, da Constituição). O objetivo também foi evitar a prática da ruptura imotivada do contrato de trabalho, mediante o estabelecimento de um aviso prévio proporcional ao tempo de serviço do empregado, de acordo com a previsão legal, que até o momento não foi editada.

O inciso VIII do art. 170 da Constituição estabelece que a ordem econômica deve observar o princípio da busca do pleno emprego. O inciso IV do art. 201 da mesma norma dispõe que os planos de previdência social protegerão o trabalhador em situação de desemprego involuntário. O inciso II do art. 7º estabelece como direito do trabalhador urbano e rural o seguro-desemprego, em caso de desemprego involuntário.

Dispõe, ainda, o inciso XVI do art. 22 da Constituição que compete privativamente à União a "organização do sistema nacional de emprego e condições para o exercício de profissões".

A Lei n. 7.839, de 12 de outubro de 1989, especificou novas regras sobre o FGTS, revogando a Lei n. 5.107. A Lei n. 8.036, de 11 de maio de 1990, revogou expressamente a Lei n. 7.839 (art. 32). Foi regulamentada pelo Decreto n. 99.684, de 8 de novembro de 1990. Tanto a Lei n. 7.839/89 como a Lei n. 8.030/90 preservaram a ideia do sistema do FGTS da Lei n. 5.107. A dispensa do trabalhador ainda é permitida, ressalvado o direito à estabilidade para os obreiros que tivessem mais de 10 anos de empresa antes de 5 de outubro de 1988 (art. 14 da Lei n. 8.036/90).

2
DISCIPLINA DA MATÉRIA À LUZ DO DIREITO COMPARADO E DO DIREITO INTERNACIONAL

2.1 NOTAS INTRODUTÓRIAS

Neste tópico será estudado como certos países ou o direito internacional, principalmente a OIT, estabelecem sistemas de dispensas dos trabalhadores, porém não é nosso objetivo indicar exaustivamente todos os sistemas e sim analisar o que ocorre em alguns países por nós escolhidos, geralmente países com os quais temos laços históricos ou em relação àqueles que sempre acabam inspirando nossa legislação trabalhista. Iremos mostrar como é nesses países a legislação sobre contribuições para proteger a dispensa ou outro sistema, como a doutrina analisa essas hipóteses, bem como a interpretação da jurisprudência. Dada a dificuldade na obtenção da legislação e de livros doutrinários atualizados sobre a matéria, nem sempre isso foi possível, mas o estudo serve para comparar os sistemas estrangeiros com o nosso, além de fornecer subsídios para posições que serão apresentadas mais adiante.

Entre os países escolhidos, procuramos observar certos critérios de semelhança com nosso país, como de países em vias de desenvolvimento ou que estão, aproximadamente, em um mesmo contexto espacial e econômico, como os países latino-americanos, inclusive em razão do Mercosul e certos sistemas totalmente diferenciados, como o dos Estados Unidos, em que não há um sistema de proteção direta à continuidade da relação de emprego.

2.2 DIREITO INTERNACIONAL

2.2.1 OIT

A Declaração de Filadélfia reconhece a obrigação da OIT de incentivar entre as nações do mundo programas que procurem alcançar o pleno emprego e a elevação dos níveis de vida. O Preâmbulo da Declaração esclarece ser urgente melhorar condições referentes à luta contra o desemprego e à garantia de um salário que assegure as condições de vida adequadas.

A III Conferência Regional Americana da OIT, realizada no México em 1946, estabeleceu em uma de suas resoluções que

> os Estados deveriam adotar medidas destinadas a tornar estável o emprego dos trabalhadores nas empresas. A estabilidade no emprego seria a proteção do trabalhador contra a despedida arbitrária, tendo o trabalhador o direito de conservar seu emprego durante toda a vida de trabalho, salvo se houver uma causa justificadora para a dispensa.

A primeira norma da OIT a versar sobre a terminação da relação de emprego foi a Recomendação n. 119, de 1963. Essa norma estabelecia os critérios básicos para a dispensa do empregado, dizendo que "não se deveria proceder à terminação da relação de trabalho, a menos que exista uma causa justificada relacionada com a capacidade e a conduta do trabalhador ou fundada nas necessidades de funcionamento da empresa, do estabelecimento ou do serviço" (n. 2, 1). O que se pretende reconhecer é o direito ao emprego, segundo G. Von Potobsky, não sendo possível a dispensa com simples pagamento de indenização[1]. Deve haver um controle das dispensas, especialmente as de caráter retaliativo, como a instituição de comissões internas nas empresas, órgãos da administração estatal, mediação, arbitragem ou justiça especializada. Os órgãos devem ter autorização para determinar a reintegração do empregado se julgarem injustificada a dispensa. Legítima a dispensa, tem o empregado direito ao aviso prévio e à indenização compensatória. Garante o emprego contra atos abusivos do empregador. Não são causas justificadas para a dispensa: a) a filiação a sindicato ou participação em suas atividades; b) ser candidato a representante dos trabalhadores ou atuar, ou haver atuado, nessa qualidade; c) raça, cor, sexo, estado matrimonial, religião, opinião política, procedência nacional ou origem social; d) apresentar o empregado queixa contra procedimentos do empregador. A Recomendação aplicava-se a todos os setores da atividade econômica e a toda pessoa empregada, exceto: a) as pessoas contratadas por tempo determinado ou para a realização de certa tarefa específica; b) em relação ao período de prova; c) contrato de trabalho por períodos ocasionais. As partes devem tomar medidas para evitar a redução do pessoal empregado. Antes, a empresa deve diminuir as horas extras, transferir os empregados para outras funções ou seções e selecionar os trabalhadores a serem dispensados, além de verificar a capacidade, experiência, qualificação, antiguidade, idade, situação familiar etc.

---

1. POTOBSKY, G. Von. *La Recomendación de la OIT sobre la terminación de la relación de trabajo*. Estudios sobre derecho individual de trabajo en homenaje al Prof. Mario L. Deveali. Buenos Aires: Editorial Heliasta, 1979, p. 609-610.

Explicita a Recomendação n. 143 da OIT, de 1971, que deverá o empregador indicar os motivos da dispensa do empregado.

A Repartição Internacional do Trabalho afirma a essencialidade do direito do trabalho de intervir "para proteger os trabalhadores contra as dispensas injustificadas".

> A proteção dos trabalhadores contra a cessação do contrato de trabalho deve permanecer dentro de limites razoáveis. Um regime jurídico que garanta aos trabalhadores uma completa imunidade em matéria de despedimento reduziria seu interesse de produzir um bom trabalho e tornaria difícil a tarefa de fazer respeitar a disciplina nas empresas. Em consequência, tal sistema não conduziria a um rápido desenvolvimento da indústria e do país considerado[2].

Estudos da OIT concluíram que

> a legislação em matéria de cessação do contrato de trabalho por iniciativa do empregador mudou radicalmente em muitos países. Deixou de consistir essencialmente em regras sobre períodos de pré-aviso e indenizações por despedida e sobre as condições em que se tornam indevidos, passando o requisito de justificação por parte do empregador a constituir o centro jurídico das análises e decisões dos tribunais, principalmente em virtude do frequente apelo a sua proteção por parte de trabalhadores que entendem ter perdido o emprego sem motivo justificado. Assim, pois, o princípio da justificação se converteu no fundamento da legislação de muitos países contra o término do contrato de trabalho por iniciativa do empregador, dando origem a um complexo campo de estudos jurídicos, enquanto as regras sobre períodos de aviso prévio e pagamento de indenização perderam certa importância[3].

Na Conferência Internacional de 1981, foi incluído o tema terminação da relação de emprego por iniciativa do empregador. Foi aprovada na Conferência Internacional de 1982 a Convenção n. 158, que versa sobre o término da relação de trabalho por iniciativa do empregador. Na mesma Conferência, foi também adotada a Recomendação n. 166, que complementou a Convenção n. 158, substituindo a Recomendação n. 119, sendo previstas diversas orientações, como sobre conveniência da adoção de medidas para evitar as dispensas, participação da autoridade competente para tentar conseguir as soluções, tempo livre para buscar novo emprego.

2.2.1.1 Convenção n. 158 da OIT

No Brasil, a Convenção n. 158 da OIT foi aprovada pelo Decreto legislativo n. 68, de 16 de setembro de 1992, sendo promulgada pelo Decreto n. 1.855, de 10

---

2. BUREAU INTERNATIONAL DU TRAVAIL. Le rôle du droit du travail dans les pays en voie de dévelopment, Série Relations Professionnelles, Genebra, n. 49, 1975, p. 13.
3. OIT. *Terminación de la relación de trabajo por iniciativa del empleador*. Conferência Internacional del Trabajo, Genebra, 67ª Reunión, 1981, Informe VIII (1), 1980, p. 7.

de abril de 1996. Posteriormente, foi denunciada em 20 de novembro de 1996, conforme se verifica do Decreto n. 2.100, de 20 de dezembro de 1996.

O STF concedeu medida liminar em ação direta de inconstitucionalidade quanto à Convenção n. 158 da OIT, entendendo que essa norma não seria autoaplicável, pois o inciso I do art. 7º da Constituição exige lei complementar para garantia geral de emprego[4], sendo que a referida norma internacional tem natureza de lei ordinária federal.

O Decreto n. 2.100, de 25 de dezembro de 2006, oficializou a denúncia da Convenção n. 158. Perdeu essa norma internacional vigência a partir de 20 de novembro de 1997, pois o depósito da denúncia foi feito na OIT em 20 de novembro de 1996.

A ADIn 1.480-3, rel. Min. Celso de Mello, foi arquivada pela perda de objeto decorrente da denúncia da Convenção n. 158 da OIT.

Farei uma análise dos dispositivos da Convenção n. 158 da OIT, comparando-os com a legislação já existente no país ou acrescentando alguns comentários.

O STF entendeu que, a partir de agora, a denúncia dos tratados tem que ser aprovada pelo Congresso Nacional (ADC 39, ADIn 1625).

2.2.1.1.1 Dispensa

A dispensa do empregado não pode ser feita sem que haja uma causa relacionada com sua capacidade ou seu comportamento ou baseada nas necessidades de funcionamento da empresa, estabelecimento ou serviço (art. 4º), como por motivo econômico, técnico, disciplinar, financeiro etc.

Dispõe o art. 12.1.a da Convenção n. 158 da OIT que poderá haver uma indenização por término de serviços ou outras compensações análogas, cuja importância será fixada em razão, entre outras coisas, do tempo de serviço e do montante do salário, pagáveis diretamente pelo empregador ou por um fundo constituído por meio de cotizações **dos empregadores** e não dos empregados, como consta da tradução do texto. Tal indenização, envolvendo tempo de serviço, é feita em nosso sistema por meio de um fundo, que é o FGTS, havendo o pagamento da indenização de 40%. Nada impede, porém, que a legislação nacional adote outra indenização, além das previstas, com a finalidade de punir o empregador pela dispensa injustificada ou até aumente as indenizações já previstas. Não seria possível a aplicação da regra contida no art. 186 do Código Civil, pois esse dispositivo envolve responsabilidade de direito civil e não de direito do trabalho.

---

4. STF, Pleno, ADIn 1.480-3/DF, Rel. Min. Celso de Mello, j. 4-9-1997.

Para tanto, já existem as indenizações disciplinadas na legislação trabalhista. Só se poderá falar em nova indenização se a legislação assim estabelecer e não se aplicar por analogia o art. 186 do Código Civil, pois a perda do emprego não pode ser equiparada ao dano do direito civil, que pressupõe dolo ou culpa.

O que a Convenção n. 158 da OIT faz é remeter à legislação e à prática nacionais a possibilidade da instituição de um sistema de indenização ou a constituição de um fundo para reparar a dispensa do empregado.

2.2.1.1.2 Aplicabilidade

Prescreve o art. 1º da Convenção n. 158 que a legislação e prática nacionais irão dar efeito a suas determinações, exceto se essas disposições forem aplicadas por meio de contratos coletivos, laudos arbitrais ou sentenças judiciais. Isso quer dizer que a referida norma internacional poderá ser implementada pela negociação coletiva entre os envolvidos, por dissídio coletivo ou laudo arbitral. Por ser a Convenção n. 158 da OIT uma norma de princípios, pode ser, portanto, complementada pela lei ou prática nacionais, por negociação coletiva, pela sentença normativa em dissídio coletivo ou por laudos arbitrais, podendo ter em alguns de seus artigos alguma norma dispositiva ou aplicativa. Trata-se de forma de flexibilização da execução da norma internacional, em virtude das diferenças regionais que possam existir em cada país. A tendência, no Brasil, pode ser a repetição das regras da Convenção n. 158 da OIT nas normas coletivas, como já estão fazendo alguns sindicatos.

A Convenção n. 158 observa a soberania de cada país, que pode adotar seus procedimentos ou outros mais benéficos, pois remete o intérprete à legislação e às práticas nacionais.

Dispõe o art. 2º da Convenção n. 158 da OIT que ela se aplica a todas as áreas de atividade econômica e a todas as pessoas empregadas. Logo, observa-se tal orientação tanto em relação ao empregador pessoa jurídica como pessoa física. A expressão "toda a pessoa empregada" deve ser conjugada com a expressão "todas as áreas de atividade econômica". Isso quer dizer que a Convenção se aplica a todo empregador pessoa física ou jurídica que exercer atividade econômica. O próprio art. 2.1 da Convenção n. 155, que trata da Segurança e Saúde dos Trabalhadores, mostra a referida interpretação anteriormente mencionada, ao dizer que "a presente Convenção aplica-se a todos os trabalhadores das áreas de atividade econômica abrangidas". Não se aplica, portanto, aos empregados domésticos e aos funcionários públicos, pois seus empregadores não exercem atividade econômica. Ademais, o parágrafo único do art. 7º da Constituição, quando trata dos direitos dos empregados domésticos, não faz remissão ao inciso

I do mesmo artigo, justamente porque não se poderá falar em reintegração de empregado doméstico no emprego, dada a relação peculiar desse tipo de contrato, que é desenvolvida no âmbito familiar, em que inexiste atividade econômica do empregador doméstico. A Convenção n. 158 da OIT não contém determinação como a inserida no art. 3º da Convenção n. 155, que determina que "a expressão 'áreas de atividade econômica' abrange todas as áreas em que existam trabalhadores empregados, **inclusive a administração pública**". A Convenção n. 154, que trata do fomento à negociação coletiva, também faz menção no art. 1.2 às forças armadas e à polícia, e o item 3 afirma que a legislação nacional poderá estabelecer normas para aplicação à administração pública de seus dispositivos. Assim, se a Convenção n. 158 da OIT não foi expressa quanto à aplicação à administração pública, não poderá ser ela observada, pois não exerce atividade econômica. Entretanto, em relação às empresas públicas que explorem atividade econômica e às sociedades de economia mista, aplica-se a Convenção n. 158 da OIT, pois tais empresas devem observar as regras de direito do trabalho.

Declara o art. 2.2 da Convenção n. 158 que todo membro poderá excluir da totalidade algumas de suas disposições as seguintes categorias de pessoas empregadas[5]: a) os trabalhadores de um contrato de trabalho de duração determinada ou para realizar determinada tarefa. Aqui também a tradução mais certa deveria ser os trabalhadores **com um** contrato de trabalho de duração determinada; b) os trabalhadores que estejam num período de experiência ou que não tenham o tempo de serviço exigido, sempre que, em qualquer dos casos, a duração tenha sido fixada previamente e seja razoável; c) os trabalhadores contratados em caráter ocasional durante um período de curta duração. Nossa legislação tem o art. 443 da CLT, que trata do contrato de trabalho por tempo determinado e uma de suas espécies, que é o contrato de experiência de 90 dias, prevendo que o primeiro não poderá ser superior a dois anos e o segundo a 90 dias (art. 445 e seu parágrafo único da CLT). Nos casos de contratos por tempo determinado, as partes já sabem de antemão quando o pacto termina, não sendo o caso de falar em término do contrato de trabalho por iniciativa do empregador, mas por advento do transcurso do tempo.

Determina o art. 2.3 que "deverão ser previstas garantias adequadas contra o recurso a contratos de trabalho de duração determinada cujo objetivo seja o de iludir a proteção prevista nesta Convenção". O certo seria elidir, eliminar ou suprimir a proteção prevista na citada convenção. Em nosso ordenamento jurídico, se houver tentativa de burlar a aplicação da legislação trabalhista, aplica-se

---

5. O certo seria dizer que todo membro poderá excluir do total **ou de** algumas de suas disposições as seguintes categorias de pessoas empregadas, como posteriormente foi retificado em 26 de setembro 1996.

o art. 9º da CLT, que considera que qualquer ato tendente a desvirtuar, impedir ou fraudar a aplicação dos preceitos trabalhistas é considerado nulo.

No art. 2.4, também deveria ser feita a correção de tradução de consulta das organizações, para consulta às organizações de empregadores e de trabalhadores interessadas. O mesmo se pode dizer do art. 2.5, em que a consulta prévia deve ser feita às organizações de empregadores e de trabalhadores interessadas e não **das** organizações. No final do art. 2.6, o mais correto seria usar o termo "se propõe" aplicar a presente convenção e não "tenciona" aplicar.

2.2.1.1.3 Causas justificáveis

As causas para a dispensa do empregado podem ser divididas em: a) subjetivas, que dizem respeito à capacidade ou ao comportamento do trabalhador; b) objetivas, concernentes à empresa e relacionadas a motivos econômicos, financeiros, tecnológicos, estruturais etc.

O art. 4º estabelece as causas para a dispensa do obreiro: a) capacidade do empregado, que é a aptidão dele para o exercício da função ou do serviço que lhe foi determinado, compreendendo inclusive inadequação técnica a novos equipamentos, trabalho deficiente, negligente, a incapacidade para o trabalho; b) comportamento do empregado: é uma causa justificada para dispensa, que remete o intérprete ao art. 482 da CLT, que trata da justa causa para a dispensa. Envolve também o inadequado cumprimento das tarefas ajustadas; c) necessidade de funcionamento da empresa, estabelecimento ou serviço. Não há definição na Convenção n. 158 dessas questões. A Recomendação n. 119 da OIT entende que necessidade de funcionamento quer dizer excedente de mão de obra ou a redução de número de cargos por motivos econômicos ou técnicos, ou em caso fortuito ou força maior[6]. Poderiam ser aqui incluídas não só as hipóteses de fechamento de estabelecimento, de reforma estrutural da empresa, que constitui igualmente motivo justo para a terminação do contrato de trabalho por iniciativa do empregador, como também questões de natureza técnica, operacional, econômica e financeira, que são previstas para a dispensa do cipeiro (art. 165 da CLT) e podem ser aplicadas por analogia a outras situações.

A Convenção n. 158 da OIT não proíbe a dispensa do trabalhador, apenas garante que ele não sofra dispensa sem motivação, não assegurando, portanto, estabilidade absoluta, como prevê a CLT para quem tem 10 anos de empresa e não era optante do FGTS (arts. 494 da CLT e s.). Não preconiza, portanto, o art. 4º estabilidade absoluta, apenas limita o direito potestativo do empregador de

---

6. *Protección contra el despido injustificado.* Conferencia Internacional del Trabajo, 82ª Reunión, 1995, Oficina Internacional del Trabajo, Ginebra, p. 45.

dispensar o empregado, exigindo que a dispensa seja justificada. Se a norma internacional proibisse a dispensa, estaria impossibilitando o exercício da livre--iniciativa (art. 170 da Lei Maior) por parte do dono da empresa, que não poderia demitir nem mesmo em épocas de crise. Isso quer dizer que a empresa pode adotar as modificações que entender necessárias para adaptar-se à realidade econômica, às modificações decorrentes de planos econômicos ou da globalização.

Importante observar, como o faz Arnaldo Süssekind, que "a indenização em caso de despedida arbitrária, adotada como regra, exclui a reintegração, que seria o corolário jurídico da despedida sem justa causa do empregado com direito à estabilidade"[7].

2.2.1.1.4 Causas injustificáveis

Reza o art. 5º da norma internacional em comentário sobre as causas que não poderão ser consideradas justificadas para a dispensa do empregado.

Não se considera causa justificada para a dispensa:

a) a filiação a um sindicato ou a participação em atividades sindicais fora das horas de trabalho ou, com o consentimento do empregador, durante as horas de trabalho. Trata-se de proteção contra atos antissindicais praticados pelo empregador. Nossa legislação indica alguns atos de proteção antissindical: o inciso VIII do art. 8º da Constituição veda a dispensa do empregado sindicalizado desde o registro da candidatura a cargo de direção ou representação sindical e, se eleito, inclusive como suplente, até um ano após o final do mandato, salvo se cometer falta grave nos termos da lei. O § 3º do art. 543 da CLT tem a mesma orientação, estendendo-a ao empregado associado. O Comitê de Liberdade Sindical entende que em certos casos em que, na prática, a legislação nacional permite aos empregadores, sob a condição de que paguem a indenização prevista em lei nos casos de despedida injustificada, despedir um trabalhador, inclusive quando o motivo real da despedida é a sua filiação a um sindicato ou a sua atividade sindical, deve-se concluir que a mesma legislação não concede proteção suficiente contra os atos de discriminação antissindical mencionados no Convênio n. 98[8];

b) ser candidato a representante dos trabalhadores ou atuar ou ter atuado nessa qualidade. O art. 11 da Constituição estabelece que, nas empre-

---

7. SÜSSEKIND, Arnaldo; MARANHÃO, Délio; VIANNA, José de Segadas. *Instituições de direito do trabalho*. 15. ed. São Paulo: LTr, 1995, v. I, p. 642.
8. Recompilación, Genebra, OIT, n. 208, p. 77.

sas que possuem mais de 200 empregados, é assegurada a eleição de um representante deles com a finalidade exclusiva de promover-lhes o entendimento direto com os empregadores. O representante dos trabalhadores mencionado na Convenção n. 158 pode ser a referida pessoa como outra que represente os trabalhadores ou tenha atuado nessa condição;

c) a apresentação de queixa ou participação de um procedimento estabelecido contra um empregador por supostas violações de leis ou regulamentos, ou o fato de o trabalhador recorrer perante as autoridades administrativas competentes. Seria a hipótese de o empregado ajuizar ação trabalhista contra o empregador, para reivindicar seus direitos e por esse motivo ser dispensado;

d) a raça, a cor, o sexo, o estado civil, as responsabilidades familiares, a gravidez, a religião, as opiniões políticas, a ascendência nacional ou a origem social. A Lei n. 9.029, de 13 de abril de 1995, proíbe a prática discriminatória para efeito de acesso ou manutenção de emprego por motivo de raça, cor, estado civil, situação familiar ou idade. Um dos objetivos principais da Lei n. 9.029 é também coibir práticas discriminatórias nas empresas contra mulheres. Os atos discriminatórios também estarão ligados: 1) à exigência de teste, exame, perícia, laudo, atestado, declaração ou qualquer outro procedimento relativo à esterilização ou a estado de gravidez; 2) à adoção de quaisquer medidas, de iniciativa do empregador, que configurem: a) indução ou instigamento à esterilização genética; b) promoção de controle de natalidade, salvo os realizados por instituições públicas ou privadas, submetidas às normas do SUS (art. 2º). Entretanto, é possível dizer que o empregador não cometerá nenhuma prática discriminatória se apenas solicitar o atestado, sem o cunho de obrigatoriedade, afastando também a existência de crime. Solicitar, por não constituir exigência, implica, porém, que a pessoa poderá ou não atender ao requerimento. Assim, se a mulher não quiser fazer o exame, não estará obrigada, mas também não poderá no futuro pedir a reintegração, alegando que estava grávida. Inexistirá, também, procedimento incorreto se for a empregada que espontaneamente fizer o teste de gravidez, pois aí a exigência não será do empregador, até mesmo para provar perante este sua condição. Determina o art. 4º da Lei n. 9.029 que, se houver o rompimento de trabalho por ato discriminatório, o empregado pode optar entre: 1) a reintegração com ressarcimento integral de todo o período de afastamento, mediante pagamento das remunerações devidas, corrigidas monetariamente e acrescidas de juros legais; ou 2) a percepção, em dobro, da remuneração do período de afastamento, corrigida monetariamente e acrescida dos juros legais. A Lei n. 9.029 pode desestimular a empresa a contratar mulheres, em razão de suas proibições. Em vez de proteger, irá desproteger a obreira, impedindo a admissão de trabalhadoras. Na verdade, em vez de se proteger o mercado de trabalho da mulher, mediante incentivos específicos (art. 7º, XX, da Constituição), aqui se está desprestigiando a contratação de mulheres pelo empregador, que não poderá exigir exame médico da mulher grávida para admiti-la, o que poderá ser interpretado em prejuízo da própria trabalhadora. Pode a referida lei trazer como consequência desemprego de mulheres. Enfim, a lei é que está prejudicando o trabalho da mulher, acabando afinal por discriminá-la indiretamente;

e) a ausência do trabalho durante a licença-maternidade. A legislação brasileira já prevê, no caso, a garantia de emprego para a gestante desde a confirmação da gravidez até cinco meses após o parto (art. 10, II, *b*, do ADCT), sendo que a licença-maternidade é de 120 dias (art. 7º, XVIII, da Constituição).

O art. 165 da CLT já dispõe que se considera dispensa arbitrária a que não se fundar em motivo disciplinar, técnico, econômico ou financeiro.

Determina o art. 6º que a ausência temporal do trabalho por motivo de doença ou lesão não deverá constituir causa justificada para o término da relação de trabalho. Estabelece o art. 476 da CLT que, em caso de seguro-doença ou auxílio-enfermidade, o empregado é considerado em licença não remunerada, durante o prazo desse benefício. Não pode, portanto, o obreiro ser dispensado nesse período, pois seu contrato de trabalho está suspenso. O mesmo se observa no caso do empregado acidentado, que tem garantia de emprego desde a cessação do auxílio-doença acidentário até um ano após essa data (art. 118 da Lei n. 8.213).

Nada impede que a legislação nacional estabeleça outros motivos injustificáveis para a dispensa do trabalhador, diversos dos previstos nos arts. 5º e 6º da norma internacional em comentário.

2.2.1.1.5 Procedimento prévio

Reza o art. 7º da Convenção n. 158 da OIT que o trabalhador, para ser dispensado, deve ser previamente avisado do motivo que está caracterizando o término de seu contrato, podendo defender-se das acusações ou terá direito de recorrer a um tribunal do trabalho para apreciar a injustiça ou a falta de motivação de sua dispensa.

A interpretação da expressão utilizada no art. 7º, "a menos que não seja possível pedir ao empregador, razoavelmente, que lhe conceda essa possibilidade", permite que a empresa dispense o empregado e este se socorra da Justiça do Trabalho para discutir a dispensa. O art. 853 da CLT prevê o procedimento relativo ao inquérito para apuração de falta grave para a dispensa do empregado que tem 10 anos de empresa e não era optante do FGTS, disposição também utilizada para a dispensa do dirigente sindical (parte final do § 3º do art. 543 da CLT). A empresa poderá utilizar-se, se o desejar, de inquérito administrativo para determinar a dispensa do empregado, seja com base em motivo disciplinar ou até por motivo técnico, econômico ou financeiro. Entretanto, "nula é a punição de empregado se não precedida de inquérito ou sindicância internos a que se obrigou a empresa, por norma regulamentar" (Súmula 77 do TST).

Seria possível também criar na empresa uma espécie de comissão de fábrica de modo a verificar as causas da dispensa do trabalhador, assegurando-lhe a oportunidade de defesa. O próprio departamento de pessoal da empresa poderia ouvir o empregado antes de ser dispensado, para analisar o que o obreiro tem a dizer.

A empresa deve, portanto, ter um sistema de controle do desempenho e do comportamento do empregado, acompanhando sua vida funcional, o que pode ser feito numa espécie de ficha de registro de empregados ampliada, num controle de avaliação de desempenho, ou de outra forma que a empresa julgar adequada, visando evitar qualquer dispensa arbitrária.

Ao se tratar da dispensa, deve-se determinar qual o pessoal que será atingido, podendo ser previsto o período em que as dispensas irão ocorrer. Para tanto, deverá haver a possibilidade de emprego de alternativas, como redução de salários e da jornada, possibilidade de os empregados dispensados serem os primeiros a ser reaproveitados em casos de contratações, concessão de férias coletivas, incentivos às aposentadorias voluntárias ou às saídas espontâneas.

2.2.1.1.6 Recurso contra o término

Permite o art. 8º ao trabalhador que se sentir prejudicado com a dispensa socorrer-se de órgão neutro, por exemplo, um tribunal, um tribunal do trabalho, uma junta de arbitragem ou um árbitro. O empregado também poderia socorrer-se de arbitragem privada ou de comissão de fábrica instituída para esse fim visando apurar a razão da sua dispensa, desde que seja acordado com o empregador esse meio para a referida apuração. Pode, também, ajuizar ação na Justiça do Trabalho, como já se verifica do art. 114 da Constituição, que define a competência daquele órgão para dirimir controvérsias entre trabalhador e empregador a respeito da relação de emprego. O empregado pode, ainda, observar outros tipos de formas de solução dos conflitos, como a arbitragem, a mediação etc.

Reza o art. 8.3 que se pode considerar que o trabalhador renunciou a seu direito de recorrer contra o término de sua relação de trabalho se não tiver exercido tal direito dentro de um prazo razoável após o término do contrato de trabalho. Isso também já existe em nosso ordenamento jurídico, que é o prazo de prescrição contido no inciso XXIX do art. 7º da Constituição de 1988, agora reiterado no art. 11 da CLT, conforme a redação da Lei n. 9.658, de 5 de junho de 1998.

Mostra o art. 10 da Convenção n. 158 que, se os organismos que irão examinar a dispensa do trabalhador

> chegarem à conclusão de que *o término da relação de trabalho* é **justificado** e se, em virtude da legislação e prática nacionais, esses organismos não estiverem habilitados ou não considerarem possível, devido às circunstâncias, anular o término e, eventualmente, ordenar ou propor a **readmissão** do trabalhador, terão a **faculdade** de ordenar o pagamento de uma indenização adequada ou outra reparação que for considerada apropriada.

A tradução correta do espanhol envolve o uso da palavra injustificado e não justificado, como constou do texto, que foi retificado em 26 de setembro de 1996. Da mesma forma, a tradução do francês licenciamento não significa término da relação de trabalho, mas despedida, e pouvoir quer dizer poder e não "faculdade". Usa-se ainda a palavra "readmissão", quando na verdade a tradução do francês foi feita de forma errada; o original menciona réintegration, isto é, reintegração, que não se confunde com readmissão. Verifica-se que a legislação de cada país é que irá determinar: a) a reintegração do empregado no emprego; b) o pagamento de indenização; ou c) outra reparação apropriada. O sistema adotado pelo inciso I do art. 7º da Constituição determina que a lei complementar preverá indenização compensatória pela dispensa arbitrária. Se a própria norma internacional determina que a "legislação e práticas nacionais" é que irão estabelecer a reintegração ou pagamento de indenização, o inciso I do art. 7º da Lei Maior apenas confirma tal orientação, especificando que nosso sistema prevê pagamento de indenização, salvo nos casos da Lei n. 9.029/95 e de empregados estáveis. A indenização da despedida pode ser entendida em nosso país como a indenização de 40% do FGTS, pois, enquanto não for promulgada a lei complementar de que trata o inciso I do art. 7º da Lei Magna, o percentual da indenização do FGTS passa a ser de 40% (art. 10, I, do ADCT). Entretanto, a nossa norma constitucional não faz distinção em dispensa arbitrária ou sem justa causa, dizendo que a indenização se aplica às duas hipóteses. Se o Estado, portanto, entender de determinar o pagamento de indenização e não reintegração, inexistirá direito à estabilidade. A legislação brasileira por enquanto não assegura direito à estabilidade, mas ao regime do

FGTS. A Comissão de Peritos na Aplicação de Convenções e de Recomendações da OIT já afirmou que

> o artigo 10, tal como está redigido, dá preferência à anulação da despedida e à readmissão, como meios de reparação da terminação injustificada, porém sugere mantendo-se flexível, já que prevê outras vias de reparação em razão dos poderes do organismo neutro (...) O texto especifica, ademais, que em caso que se pague uma indenização, esta deverá ser adequada[9].

Logo, a legislação nacional ou a prática utilizada no país poderá, segundo a Convenção n. 158 da OIT, adotar: a) o retorno do empregado ao emprego; b) uma indenização adequada; ou c) outra reparação adequada.

A reintegração será feita, de acordo com nossa legislação, nos casos de: a) empregado estável com mais de 10 anos de empresa e não optante do FGTS; b) estabilidade prevista em norma coletiva, regulamento de empresa ou do próprio contrato de trabalho; c) garantia de emprego prevista na Constituição ou na lei ordinária, como de dirigente sindical (art. 8º, VIII, da Constituição), gestante (art. 10, II, *b*, da Lei Maior), cipeiro (art. 10, II, *a*, da Lei Magna e art. 165 da CLT), acidentado (art. 118 da Lei n. 8.213/91) e em outros casos de garantia de emprego, inclusive as hipóteses previstas em normas coletivas; d) discriminação contidos na Lei n. 9.029. Nas hipóteses de empregados estáveis, a reintegração é feita com base no art. 496 da CLT. Dependendo do caso, poder-se-á utilizar da regra do art. 496 e converter o direito de reintegração em pagamento de indenização, que ficará a critério do juiz e não da parte, mormente se verificada a incompatibilidade na reintegração.

O art. 10 menciona que, se os organismos que irão examinar a dispensa do trabalhador

> chegarem à conclusão de que o término da relação de trabalho é injustificado e se, **em virtude da legislação e prática nacionais, esses organismos não estiverem habilitados** ou não considerarem possível, devido às circunstâncias, anular o término e, eventualmente, ordenar ou propor a readmissão do trabalhador, terão a faculdade de ordenar o pagamento de uma indenização adequada ou outra reparação que for considerada apropriada.

Não estão nossos organismos judiciais habilitados a anular a dispensa e determinar a reintegração dos empregados no emprego, salvo nas hipóteses da existência de garantia de emprego ou estabilidade, como as mencionadas anteriormente. A indenização de que trata o art. 10 tem de ser interpretada sistematicamente em consonância com a determinada no art. 12. Dependerá, também, daquilo que for estabelecido pela legislação e práticas nacionais. No momento, a indenização é de 40% incidente sobre os depósitos do FGTS.

---

9. *Protección contra el despido injustificado.* Conferencia Internacional del Trabajo, 82ª Reunión, Informe III, Parte 4-b, Genebra, OIT, 1995, p. 91, item 19.

2.2.1.1.7 Aviso prévio

Prevê o art. 11 o direito a um prazo de aviso prévio razoável, a não ser que o empregado seja culpado de uma falta grave de tal natureza que não seria razoável pedir ao empregador que continuasse a empregá-lo durante o prazo do aviso prévio.

Na nossa legislação já existe um prazo coerente de aviso prévio, que é previsto no inciso XXI do art. 7º da Constituição, sendo de pelo menos 30 dias, podendo a lei ordinária estabelecer o aviso prévio proporcional ao tempo de serviço (Lei n. 12.506/2011). Os arts. 487 a 491 da CLT versam sobre o aviso prévio. Nada impede que ele seja concedido de forma indenizada, pois o empregado também terá tempo para procurar novo emprego e receberá a remuneração correspondente a 30 dias, em que não vai trabalhar. As faltas graves já são indicadas no art. 482 da CLT. Se no decorrer do aviso prévio o empregado cometer qualquer falta das consideradas pela lei justas para a rescisão do contrato de trabalho, perde o obreiro o direito ao restante do respectivo prazo (art. 491 da CLT).

2.2.1.1.8 Indenização e seguro-desemprego

Menciona o art. 12 o pagamento de indenização e de seguro-desemprego de acordo com a lei e práticas nacionais. A indenização é de 40% dos depósitos do FGTS (art. 10, II, a, do ADCT). Para os empregados que não têm tempo anterior à opção ao FGTS, há pagamento de indenização conforme os arts. 477 e seguintes da CLT. Para os casos de discriminação, há as regras do art. 4º da Lei n. 9.029, que prevê reintegração ou pagamento em dobro da remuneração do período. O seguro-desemprego já está previsto na Lei n. 7.998/90.

Faz referência o art. 12, a, que poderá haver indenização por término de serviços ou a outras compensações análogas, cuja importância será fixada em razão, entre outras coisas, do tempo de serviço e do montante do salário, pagáveis diretamente pelo empregador ou por um fundo constituído por meio de cotizações **dos empregadores** e não dos empregados, como consta da tradução do texto. A garantia do tempo de serviço é feita, em nosso sistema, por meio de um fundo, que é o FGTS, havendo o pagamento da indenização de 40% sobre os depósitos desse fundo. Nada impede, porém, que a legislação nacional adote outra indenização, além das previstas, com a finalidade de punir o empregador pela dispensa injustificada ou até aumente as indenizações já previstas em nossa lei. Entretanto, não pode ser aplicada a indenização contida no art. 186 do Código Civil, pois se trata de prejuízo ou questão decorrente de responsabilidade de direito civil e não de direito do trabalho. Para tanto, já existem as indenizações previstas na legislação trabalhista. Só se poderá falar em nova indenização se a legislação estabelecer e não se aplicar por analogia o art. 186 do Código Civil, pois a perda do emprego não pode ser equiparada ao dano do direito civil, que pressupõe dolo ou culpa.

Benefícios por velhice e por invalidez a legislação brasileira já prevê, respectivamente, nos arts. 48 a 51 da Lei n. 8.213 (aposentadoria por idade) e nos arts. 42 a 47 da Lei n. 8.213 (aposentadoria por invalidez).

Esclarece o art. 12.3 que, no caso de término da relação de emprego devido a falta grave, poder-se-á prever a perda do direito a desfrutar das indenizações ou dos benefícios mencionados no § 1º, *a*, do mesmo artigo. Nossa legislação já dispõe que, havendo justa causa, não são devidos: aviso prévio (art. 487 da CLT), 13º salário (art. 3º da Lei n. 4.090/62), férias proporcionais (parágrafo único do art. 146 da CLT), levantamento do FGTS (art. 20, I, da Lei n. 8.036), indenização de 40% do FGTS (§ 1º do art. 18 da Lei n. 8.036) e seguro-desemprego (art. 3º da Lei n. 7.998/90).

Do exame do art. 12 da norma internacional verifica-se que ficam excluídos de suas aplicações os contratos por tempo determinado, nos casos de morte, aposentadoria e pedido de demissão do obreiro, pois a Convenção n. 158 da OIT trata de término injustificado da relação de emprego por iniciativa do empregador.

2.2.1.1.9 Ônus da prova

Indica o art. 9.2, *a*, que o "peso da prova" da dispensa injustificada caberá ao empregador. Em nosso sistema, a tradução mais correta seria usar a expressão "ônus da prova", que, portanto, caberá ao empregador a respeito da causa justificada para a dispensa, conforme interpretação do art. 818 da CLT, no sentido de que quem alega deve provar. Aplica-se o princípio da continuidade da relação de emprego, como se verifica na orientação da Súmula 212 do TST. Assim, como regra, o empregado é sempre dispensado. O pedido de demissão e a dispensa com justa causa devem ser provados pelo empregador, pois um empregado comum, que precisa do trabalho para sobreviver, não iria normalmente pedir demissão ou ser dispensado com justa causa.

Dispõe o art. 9.3 que, nos casos em que houver alegação de motivo para o término da relação de emprego de questões relacionadas à necessidade de funcionamento da empresa, questões financeiras ou econômicas, o empregador poderá dispensar o empregado. Podem ser tais situações apuradas por prova pericial, para demonstrar se existem ou não e o juiz então decidirá ou o organismo que apurar o referido motivo irá decidir.

2.2.1.1.10 Dispensa coletiva

Se o empregador for fazer dispensa coletiva, a nossa legislação não prevê critério para tal fim, de maneira a proibi-la ou de determinar certas providências para sua apuração. A dispensa coletiva poderá ser, porém, disciplinada em convenção, acordo ou dissídio coletivo, como permite o art. 1º da Convenção n. 158 da OIT.

Não há um conceito de dispensa coletiva em nossa legislação. O TRT da 2ª Região já entendeu que dispensa coletiva é aquela em que o número de trabalhadores dispensados excede o parâmetro habitual de rotatividade da mão de obra da empresa[10].

O art. 13 da Convenção n. 158 da OIT apenas explicita que, se o empregador prever términos da relação de trabalho[11] por motivos econômicos, estruturais ou análogos: a) proporcionará aos representantes dos trabalhadores interessados, em tempo oportuno, a informação pertinente, incluindo os motivos dos términos previstos, o número e as categorias dos trabalhadores que poderiam ser afetados e o período durante o qual seriam efetuados esses términos. Os representantes dos trabalhadores poderão ser os pertencentes à comissão de fábrica, delegados sindicais ou outros que tenham sido eleitos pelos trabalhadores. Trata-se de mera informação ao sindicato, não sendo condicionada à aprovação do sindicato dos trabalhadores. Assim, o empregador deverá comunicar aos representantes dos trabalhadores que forem reconhecidos pela legislação nacional o motivo da dispensa dos empregados. O ideal seria que essa comunicação fosse feita ao sindicato, até para que pudesse ser negociada; b) de acordo com a legislação e prática nacionais será oferecida aos representantes dos trabalhadores, o mais breve possível, uma oportunidade para a realização de consultas sobre as medidas que deverão ser adotadas para evitar ou limitar os términos dos contratos e as medidas para atenuar as consequências adversas de todas as cessações em relação aos trabalhadores afetados, proporcionando, por exemplo, a possibilidade de se conseguirem novos empregos. A legislação brasileira não estabelece um critério para esse fim, nem que a dispensa seja feita de acordo com uma cifra ou porcentagem em relação aos empregados das empresas. Poderiam ser adotados critérios, até especificados em convenções coletivas, em que a dispensa deveria ser feita em relação aos trabalhadores que tivessem um número menor de encargos familiares, prestigiando o empregado casado, o que tem mais antiguidade na empresa etc.

---

10. Proc. 444/92-A, Ac. 921/92-P, Rel. Wilma Araújo Vaz da Silva.
11. A expressão está no plural, enquanto em outros dispositivos da norma internacional está no singular.

As determinações sobre dispensas coletivas previstas na Convenção n. 158 da OIT têm como precedente a Recomendação n. 166 da OIT.

Destaque-se que não há sanção pelo descumprimento da Convenção n. 158 da OIT, pois em seus dispositivos não há tal previsão. Não se poderia aplicar multa administrativa por analogia às contidas na CLT ou em outra legislação, pois a multa deve ser específica. Poderá, porém, a Delegacia Regional do Trabalho (DRT) aplicar multa se por acaso a empresa não observar o aviso prévio, a indenização pertinente, o fornecimento do seguro desemprego etc., pois aí está sendo descumprido um preceito específico da legislação, em que já há penalidade específica para o descumprimento da norma.

Não se exige negociação coletiva com o Sindicato para efeito de se fazer dispensa coletiva (art. 477-A da CLT).

2.2.1.1.11 Notificação à autoridade competente

A legislação e a prática nacional de cada país poderão prever que a dispensa por parte do empregador com fundamento em motivos econômicos, tecnológicos, estruturais ou análogos importará na necessidade de se notificar o mais breve possível a autoridade competente, comunicando-lhe a informação pertinente, incluindo uma exposição, por escrito, dos motivos dos términos dos contratos, o número e as categorias dos trabalhadores que serão afetados e o período durante o qual serão efetuadas essas cessações (art. 14.1). A legislação brasileira não trata do assunto. Assim, é possível dizer que, num primeiro momento, a autoridade competente seria o Delegado Regional do Trabalho, embora a lei não determine que haja a notificação a essa autoridade e que, por enquanto, não precisa ser feita. A comunicação à autoridade competente será, porém, meramente informativa, podendo haver mediação dessa autoridade para a solução do conflito.

Nada impede também que se dê cumprimento ao art. 14 da Convenção n. 158 por meio de normas coletivas e sentenças normativas, pois estas poderiam prever a necessidade da comunicação da dispensa à DRT, o número e as categorias dos trabalhadores afetados e o período em que seriam efetuadas as dispensas.

A legislação nacional poderá limitar a aplicabilidade do § 1º do art. 14 àqueles casos nos quais o número de trabalhadores, cuja relação de trabalho tiver previsão de ser terminada, for pelo menos igual a uma cifra ou uma porcentagem determinadas do total de pessoal (art. 14.2). Nota-se que a legislação nacional pode ou não adotar tal critério, sendo que não há legislação nacional prevendo tal questão. Nesse caso, o que a legislação nacional prevê, no âmbito da previdência social, é o art. 93 da Lei n. 8.213, que reza que a empresa com 100 ou mais empregados está obrigada a preencher de 2%

a 5% de seus cargos com beneficiários reabilitados ou pessoas portadoras de deficiência. O § 1º prevê que a dispensa de trabalhador reabilitado ou deficiente habilitado ao final de contrato por tempo determinado de mais de 90 dias e a imotivada, no contrato por tempo indeterminado, só poderá ocorrer após a contratação de substituto de condição semelhante. O art. 429 da CLT disciplina a necessidade de a empresa admitir certo número de menores, na condição de aprendizes.

O Relatório da OIT sobre a Convenção n. 158 esclarece que "o artigo 14 da Convenção não menciona o papel que poderia corresponder à autoridade competente perante a qual foi apresentada a notificação. Portanto, o instrumento deixa a cada país a inteira liberdade para decidir o uso que se dará da notificação apresentada"[12].

2.2.1.1.12 Conclusão

A maioria das Convenções da OIT trata de regras gerais ou de princípios, determinando que a legislação e práticas nacionais venham a melhor especificar sobre o tema. É praticamente impossível, em certos casos, a Conferência da OIT ter unanimidade de tratamentos para todos os membros da organização, daí por que traçar apenas regras gerais nas convenções, que podem ser complementadas de forma melhor pela legislação e práticas nacionais.

A Convenção n. 158 não regula o pedido de demissão do empregado e as hipóteses de extinção do contrato de trabalho por falecimento do trabalhador ou aposentadoria. Admite, porém, a existência da dispensa por falta grave.

Muitos dos dispositivos da Convenção n. 158 já são plenamente aplicáveis.

Várias disposições da Convenção n. 158 poderão ser implementadas por acordo ou convenção coletiva, atendendo às particularidades de cada setor ou empresa, sendo que a lei pode, ao determinar uma situação geral, não atingir tais situações.

A Convenção n. 158 e a Recomendação n. 119 da OIT tiveram uma influência muito grande da lei alemã de proteção contra a dispensa, de 1951, tanto que usam a expressão o empregado não pode ser dispensado salvo por motivo justificado com a conduta ou capacidade do trabalhador ou com a necessidade de funcionamento da empresa, estabelecimento ou serviço. É a ideia do direito alemão da dispensa socialmente justificada e de que, em outras hipóteses, a dispensa é socialmente injustificada.

---

12. Item 290 do relatório.

2.2.1.2 Outras normas da OIT

Prescreve a Convenção n. 88, de 1948, regras sobre organização do serviço de emprego. Foi aprovada pelo Decreto Legislativo n. 24, de 29 de maio de 1956. A sua promulgação ocorreu com o Decreto n. 41.721, de 25 de junho de 1957. Cada membro da OIT deve manter, e cuidar para ser mantido, um serviço público e gratuito de emprego (art. 1.1).

Em 1997, a OIT reexaminou suas normas para com as agências privadas de emprego e adotou a Convenção n. 180, assim como a Recomendação Complementar n. 187. Prescreve-se a proteção dos trabalhadores contra abusos. Não há previsão sobre a possibilidade de proibição de agências de empregos pagas.

A Convenção n. 98 da OIT, de 1949, foi aprovada pelo Brasil pelo Decreto Legislativo n. 49, de 27 de agosto de 1952, sendo promulgada pelo Decreto n. 33.196, de 29 de junho de 1953. A referida norma internacional diz respeito ao direito de sindicalização e negociação coletiva, traçando regras gerais sobre intromissões recíprocas entre trabalhadores e empregadores. Os trabalhadores devem gozar de proteção adequada contra quaisquer atos atentatórios à liberdade sindical, no condizente à relação de emprego (art. 1º), tanto no momento da admissão como durante o desenvolvimento do contrato de trabalho. Para obtenção do emprego, o empregador não poderá exigir do empregado que este venha a não se filiar a um sindicato ou a deixar de fazer parte dele (art. 1.2.a). O trabalhador não poderá ser dispensado ou prejudicado em razão de sua filiação ao sindicato ou de sua participação em atividades sindicais, fora do horário de trabalho ou com o consentimento do empregador, durante as mesmas horas (art. 1.2.b). As organizações de trabalhadores e de empregadores deverão gozar de proteção adequada contra quaisquer atos de ingerência ou intervenção de umas em outras, quer diretamente, quer por meio de seus representantes, em sua formação, funcionamento e administração (art. 2º, l). Consideram-se atos de ingerência as medidas destinadas a provocar a criação de organizações de trabalhadores dominadas por um empregador ou uma organização de empregadores, ou a manter organizações de trabalhadores por outros meios financeiros, com o fim de haver controle por um empregador ou uma organização de empregadores. Deve haver medidas no âmbito da legislação interna de cada país para fomentar e promover o desenvolvimento da negociação voluntária entre empregadores e trabalhadores, visando regular por meio de convenções as condições de trabalho (art. 4º).

Prestigia a Convenção n. 98 da OIT a continuidade do contrato de trabalho para o dirigente sindical, que não poderá ser dispensado como ato de retaliação do empregador, justamente para que possa desenvolver a representação dos trabalhadores para a qual foi eleito.

A Convenção n. 122, de 1965, trata da política de emprego. Foi aprovada no Brasil pelo Decreto Legislativo n. 61, de 30 de novembro de 1966, sendo promulgada pelo Decreto n. 66.499, de 27 de abril de 1970. O país-membro que ratificar a Convenção deverá promover uma política ativa, visando ao pleno emprego, produtivo e livremente escolhido. Essa política deverá procurar garantir: a) que haja trabalho para todas as pessoas disponíveis e em busca de trabalho; b) que este trabalho seja o mais produtivo possível; c) que haja livre escolha de emprego e que cada trabalhador tenha todas as possibilidades de adquirir as qualificações necessárias para ocupar um emprego que lhe convier e de utilizar, nesse emprego, suas qualificações, assim como seus dons, qualquer que seja sua raça, cor, sexo, religião, opinião política, ascendência nacional ou origem social. Essa política deverá levar em conta o estado e o nível de desenvolvimento econômico, assim como a relação entre os objetivos de emprego, e os outros objetivos econômicos e sociais, e será aplicada por meio de método adaptados às condições e usos nacionais (art. I). Os representantes dos empregadores e trabalhadores deverão ser consultados a respeito das políticas de emprego com o objetivo de levar em conta plenamente sua experiência e opinião, assegurando sua total cooperação para formular e obter apoio para tal política (art. III).

A Recomendação n. 122 da OIT complementa a política de emprego. Esta deve ser voltada à implantação da educação, visando à orientação e à formação profissional. Deve haver um auxílio especial aos jovens e aos trabalhadores que irão ingressar no mercado de trabalho. Os desempregados ou subempregados deverão ter um sistema de garantia de emprego e proteção para sua adaptação a uma nova atividade. O país deve estabelecer medidas gerais de caráter econômico para a promoção da expansão contínua da economia, garantindo estabilidade nas relações econômicas. Devem ser instituídas medidas para regular a demanda dos serviços e da produção, mediante combate à inflação, pelo aumento ou redução dos investimentos ou do consumo privado e público. As políticas devem dar atenção particular aos idosos e aos inválidos. O fomento à pequena indústria e às indústrias artesanais deve ser explorado, para que tais empresas proporcionem emprego. O incentivo às cooperativas também deve ser utilizado.

Disciplina a Recomendação n. 169 da OIT, de 26 de agosto de 1984, sobre Política de Emprego, mencionando diretrizes a observar para a promoção do pleno emprego.

A Convenção n. 154 da OIT analisa o fomento à negociação coletiva. Foi aprovada pelo Decreto Legislativo n. 22, de 12 de maio de 1992, sendo promulgada pelo Decreto n. 1.256, de 29 de setembro de 1994.

A alínea *a* do art. 2º da Convenção n. 154 da OIT, que trata do fomento à negociação coletiva e foi aprovada pelo Brasil, determina que a negociação coletiva tem o fim de fixar as condições de trabalho e emprego. Isso quer dizer que a norma coletiva da categoria pode estabelecer condições que impeçam a dispensa do empregado em certas situações, como ocorre com as garantias de emprego.

Dispõe a Convenção n. 168 da OIT, de 1988, sobre promoção do emprego e proteção contra o desemprego. Foi aprovada pelo Decreto Legislativo n. 89, de 10 de dezembro de 1992. O objetivo da norma internacional é que todo membro deverá formular uma política destinada a promover o pleno emprego, produtivo e livremente escolhido, por todos os meios adequados, inclusive a seguridade social. Esses meios deverão incluir, entre outros, os serviços de emprego e a formação e orientação profissionais (art. 7º). O art. 8.1 declara que todo membro deverá esforçar-se para adotar, com reserva da legislação e da prática nacionais, medidas especiais para fomentar possibilidades suplementares de emprego e a ajuda ao emprego, bem como para facilitar o emprego produtivo e livremente escolhido de determinadas categorias de pessoas desfavorecidas que tenham ou possam ter dificuldades para encontrar emprego duradouro, como as mulheres, os trabalhadores jovens, os deficientes físicos, os trabalhadores de idade avançada, os desempregados durante um período longo, os trabalhadores migrantes em situação regular e os trabalhadores afetados por reestruturações. Define o art. 10 o desemprego total como a perda de rendimentos devido à impossibilidade de obter um emprego conveniente. Menciona o art. 14 da Convenção que, em caso de desemprego total, deverão ser abonadas indenizações na forma de pagamentos periódicos, calculados de maneira a facilitar ao beneficiário uma indenização parcial e transitória por sua perda de rendimentos e ao mesmo tempo evitar efeitos dissuasivos para o trabalho e a geração de empregos. Isso é feito por meio da legislação do seguro-desemprego.

Afirma a Repartição Internacional do Trabalho (RIT) ser "essencial que o direito do trabalho intervenha para proteger os trabalhadores contra as dispensas injustificadas".

> A proteção dos trabalhadores contra a cessação da relação de trabalho deve permanecer dentro dos limites razoáveis. Um regime jurídico que garanta aos trabalhadores uma completa imunidade em matéria de despedimento reduziria seu interesse de produzir um bom trabalho e tornaria difícil a tarefa de fazer respeitar a disciplina nas empresas. Em consequência, tal sistema não conduziria a um rápido desenvolvimento da indústria e do país considerado[13].

No Tratado de Versalhes, de 1919, o trabalho não deveria ser considerado simplesmente uma mercadoria ou um artigo de consumo (art. 427, 1ª parte).

---

13. RIT. *Rôle du Droit du Travail dans les pays en voie de développement*. Genebra, 1975, p. 13.

2.2.2 Declarações

Na Declaração de Filadélfia, em 1944, considerou-se que o trabalho não era uma mercadoria (art. 1º, *a*).

A Declaração Universal dos Direitos do Homem prevê no § 1º do art. XXIII que "todo homem tem direito ao trabalho, à livre escolha de emprego, a condições justas e favoráveis de trabalho e à proteção contra o desemprego". O art. IV da mesma norma dispõe que "ninguém será mantido em escravidão ou servidão; a escravidão e o tráfico de escravos serão proibidos em todas as suas formas".

A Carta Internacional Americana de Garantias Sociais, de 2 de maio de 1948, dispõe no art. 19 que "a lei garantirá a estabilidade dos trabalhadores em seus empregos, de acordo com as características das indústrias e profissões e as justas causas para despedida".

2.2.3 União Europeia

As Diretivas 75/129 da Comunidade Econômica Europeia, de 17 de fevereiro de 1975 e 92/56, de 24 de junho de 1992, tratam de harmonizar as suas determinações com a Convenção n. 158 da OIT, tendo aplicação obrigatória nos países-membros. As diretivas são normas internas, devendo ser aplicadas obrigatoriamente na União Europeia, inclusive pelos tribunais de cada país, sendo aprovadas por seu parlamento. Deixam livres as autoridades nacionais para decidir a forma e o meio de realizar o resultado (Tratado da Comunidade Econômica, art. 189, § 3º). Leciona Cassio Mesquita Barros que "as diretivas indicam a data na qual os Estados-membros devem implementar as medidas necessárias para aplicar as suas disposições. Havendo atraso do Estado-membro, a Comissão pode levar o caso perante o Tribunal, o qual pode declarar que esse Estado não cumpriu as obrigações do Tratado"[14].

Preveem as diretivas procedimentos prévios de consulta às representações de trabalhadores, visando à possibilidade de acordo para evitar ou atenuar as consequências das dispensas, porém conforme as disposições internas de cada país. Nas consultas, a representação de trabalhadores irá verificar o número de atingidos, funções, categorias, critérios das dispensas e também propostas para evitá-las. Há também um procedimento para as dispensas coletivas, que deve ser implementado num prazo de 30 dias a contar da notificação da autoridade pública.

---

14. BARROS, Cassio Mesquita. *Perspectivas do direito do trabalho no Mercosul.* São Paulo: edição do autor, 1993, p. 111.

2.3 DIREITO COMPARADO

2.3.1 Alemanha

A Lei de 26 de abril de 1985 trata da promoção do emprego, mediante o estabelecimento de várias regras, como o Kapovaz e o *job sharing*. Nas empresas com até seis meses de funcionamento ou que não empreguem mais de 20 assalariados, admite-se a contratação de trabalhadores por 24 meses, mediante um período de prova de até 18 meses. O empregador poderá reduzir a jornada de trabalho na empresa para os empregados que têm contrato típico.

No "Kapovaz", o trabalhador não é obrigado a prestar serviços ao empregador, caso não seja avisado com antecedência mínima de quatro dias. O obreiro não está sujeito às regras da duração da jornada normal de outros trabalhadores. Pode ser estipulado um tempo mínimo de 80 horas mensais. Na ausência de ajuste, presume-se que o módulo semanal é de 10 horas.

O *job sharing* é a divisão do posto de trabalho. A substituição dos prestadores de serviço é contratualmente regulada. Permite-se, assim, o trabalho em equipe. O empregador poderá, porém, exigir trabalho em caso de alguém da equipe ficar doente, desligar-se ou afastar-se da empresa por qualquer motivo. A despedida de toda a equipe é considerada nula. Os empregados que permanecerem devem ser transferidos para outros cargos. Na prática, o empregador acaba oferecendo um emprego de qualificação inferior[15].

A Lei de 10 de agosto de 1951, de proteção contra a dispensa, representou o resultado do acordo entre as federações centrais de sindicatos de trabalhadores e as associações de empregadores, que se reuniram em Hattenheim, de 9 a 13 de janeiro de 1950, para adotar um sistema de proteção contra a despedida[16]. Trata-se de uma norma de proteção ao emprego e não de pagamento de indenizações.

O empregado, após o período de experiência, adquire estabilidade no emprego com seis meses de trabalho e só pode ser dispensado se o empregador provar a existência de motivos sociais ou economicamente justos. É a dispensa socialmente justificada. Lecionam Hueck e Nipperdey que

> o legislador deu, conscientemente, um passo à frente em relação ao direito anterior, ao configurar a proteção contra a dispensa. Simplesmente quis caracterizar, no interesse da

---

15. DÄUBLER, Wolfgang; LE FRIANT. Un recént exemple de flexibilization législative: la loi allemande pour la promotion de l'emploi du 26 abril de 1985. *Droit Social*, Paris, Librairie Sociale et Économique, v. 9-10, p. 719, sept./oct. 1986.

16. NIPPERDEY, H. C Evolución del derecho laboral en la República Federativa de Alemania desde 1945, II. *Revista Internacional del Trabajo*, Genebra, OIT, p. 184, 1954.

proteção duradoura, toda dispensa ilegal; em outras palavras: cumpria reconhecer o direito fundamental do trabalhador à conservação do emprego, do qual somente poderia ser privado no caso de existência de motivos suficientes para tanto[17].

O art. 1º da Lei de Proteção Contra a Dispensa, de 1951, prevê que a dispensa do empregado que trabalhe, sem interrupção, mais de seis meses na mesma empresa só é válida quando for socialmente justificada. Considera-se socialmente injustificada a dispensa quando não se baseie em motivos que se refiram à pessoa do empregado ou a seu comportamento ou ainda a fatos inevitáveis referentes ao estabelecimento/empresa que impeçam o prosseguimento da relação empregatícia.

No direito alemão, a dispensa pode ser resumida da seguinte forma: a) por motivo relevante: decorrente de conduta dolosa ou culposa grave; b) dispensa socialmente justificada, que diz respeito à pessoa do empregado, à sua conduta ou por motivos inerentes ao estabelecimento. O fundamento da dispensa socialmente justificada é de que o despedimento seja sempre motivado, com fundamento no interesse social da preservação do emprego. A dispensa ligada à pessoa do empregado atinge um ou alguns empregados. Já a dispensa decorrente de motivos da empresa ou do estabelecimento geralmente envolve o despedimento de mais de uma pessoa ou os despedimentos coletivos.

O princípio da continuidade do contrato de trabalho tem incidência concreta na Alemanha, pois o empregado só pode ser dispensado quando haja motivo socialmente justificado. A dispensa socialmente justificada é uma forma de se tentar preservar a continuidade do contrato de trabalho. A Lei de Dispensas, ao referir-se à despedida "antissocial", reconhece "o direito fundamental do trabalhador à conservação do posto de trabalho, do qual só pode ser privado na hipótese de existirem motivos suficientes para isso"[18].

Os critérios para considerar a dispensa socialmente justificada são objetivos, previstos na lei. Envolvem causas pertinentes à pessoa do trabalhador, como falta de aptidão ou habilidade, falta de capacidade para adquirir conhecimentos; à sua conduta, como infrações contratuais e causas decorrentes de necessidade da empresa, como dificuldades de mercado, medidas de racionalização, mecanização, substituição de técnicas produtivas.

Nas causas relativas à empresa, esta deve verificar se não é possível aproveitar o empregado em outro posto de trabalho ou em outra localidade ou em empresa do mesmo grupo.

---

17. HUECK, Alfred; NIPPERDEY, H. C. *Compendio de derecho del trabajo*. Madrid: Editora Revista de Derecho Privado, 1963, p. 201.
18. Ibid., p. 201.

Julgando o empregado que a dispensa foi ilegal (socialmente injustificada), poderá impugná-la perante o Conselho de Empresa no prazo de uma semana. Entendendo o Conselho que a objeção tem fundamento, procurará o empregador para tentar um entendimento entre ambos. Verificará o Conselho de Empresa os elementos objetivos para a dispensa, tentando impedir, adiar ou atenuar as metas patronais. O empregado não é obrigado a exaurir a instância conciliatória junto ao Conselho de Empresa. Poderá, se desejar, formular reclamação perante a Justiça do Trabalho.

A finalidade de ser ouvido o Conselho de Empresa é a preservação do posto de trabalho. O empregado só será dispensado se não puder ser aproveitado, ou der causas para a rescisão decorrentes de seu comportamento ou da sua capacidade.

A Lei de organização do estabelecimento, de 11 de janeiro de 1952, reza que o Conselho de Empresa deve ser ouvido por ocasião de qualquer dispensa, cujas razões o empregador tem a obrigação de participar-lhe. A dispensa que se verificar sem a audiência do Conselho de Empresa é nula (art. 102, 1). O empregador tem apenas de ouvir o Conselho de Empresa, mas não necessariamente acatar sua orientação. Se o Conselho de Empresa tiver restrições contra uma dispensa ordinária, deverá comunicar o fato por escrito ao empregador, devidamente fundamentado até uma semana após a ciência. Se o Conselho não se manifestar nesse período, seu silêncio importa em concordância à dispensa. Se tiver restrições a uma dispensa extraordinária, deverá comunicar o fato por escrito e fundamentadamente ao empregador, impreterivelmente dentro de três dias após a ciência. O Conselho de Empresa pode impugnar a dispensa ordinária, no prazo de até uma semana após a ciência da dispensa, quando: a) o empregador não levar em conta ou, pelo menos, não considerar de modo suficiente, por ocasião da dispensa, os aspectos sociais pertinentes; b) a dispensa violar o princípio da cogestão do Conselho de Empresa; c) o empregado a ser dispensado puder ser aproveitado em outro emprego, na mesma empresa ou em empresa do mesmo grupo; d) a manutenção do emprego for possível desde que o empregado se submeta a novos cursos de aprendizagem e aperfeiçoamento; e) a manutenção do emprego for possível, embora em condições de trabalho alteradas, desde que o empregado manifeste sua concordância.

Caso o Tribunal do Trabalho decida pelo prosseguimento da relação, fará jus o empregado aos salários devidos a partir da dispensa, sendo descontados: a) o valor que tiver recebido por outro trabalho; b) o valor que teria recebido caso não tivesse aceito deliberadamente emprego que, em condições normais, poderia ter assumido; c) o valor que tiver recebido dos cofres públicos a título de desemprego, seguro social, seguro-desemprego ou auxílio social nesse período. O empregador fica sub-rogado na obrigação de reembolsar às instituições referidas o valor que tiverem pago ao empregado (art. 11 da Lei de Proteção contra a Dispensa).

Na hipótese de o contrato ser rescindido, será fixada, a título de indenização, uma soma em dinheiro até o valor máximo equivalente a 12 meses de salário. Tendo o empregado completado 50 anos e a relação de trabalho tendo durado 15 anos, será paga uma indenização no valor de 15 meses de salário. Para os que tenham completado 55 anos e a relação de trabalho tiver durado 20 anos, a indenização importará em soma equivalente a 18 meses.

Mesmo que a decisão judicial declare a despedida socialmente injustificada, as partes podem pedir a cessação da relação de trabalho. Entretanto, o juiz não poderá declará-la de ofício.

Tendo o empregado contraído nova relação de emprego e o Tribunal do Trabalho decidido pela manutenção do anterior, pode aquele, uma semana após o trânsito em julgado da sentença, recusar o emprego anterior, por meio de manifestação expressa ao antigo empregador, a qual poderá ser feita também por via postal, desde que a declaração escrita seja postada dentro do prazo acima. Com o recebimento da declaração, extingue-se a relação de emprego. Nesse caso, o empregado somente receberá os salários correspondentes ao período entre a dispensa e o ingresso no novo emprego (art. 12 da Lei de Proteção contra a Dispensa).

O empregado que tiver direito a aposentadoria não faz jus a indenização.

Caso o pedido do empregado seja julgado improcedente, não fará jus a indenização, ocorrendo a cessação do contrato de trabalho. O obreiro receberá apenas as prestações do seguro-desemprego.

É vedada a dispensa de membros do Conselho de Empresa, do Órgão de Representação de Menores e Aprendizes, do Órgão de Representação do Pessoal de Bordo e do Conselho de Empresa Marítima, a não ser por justa causa, com a devida autorização do Conselho de Empresa, ou sua substituição judicial. Gozam de proteção contra a dispensa por um ano após deixarem o cargo e só podem ser dispensados por justa causa os membros do Conselho de Empresa e do Órgão de Representação do Menor e do Conselho de Representação da Empresa Marítima. Faz jus à mesma garantia, por um prazo de seis meses, o membro da Representação do Pessoal de Bordo. Exclui-se a garantia, quando o afastamento se verifica por decisão judicial.

Em certos casos, há necessidade de que o empregador comunique a autoridade encarregada da inspeção do trabalho com certa antecedência. O Conselho de Empresa também deve ser cientificado das razões da dispensa, do número de empregados a dispensar e do momento em que esta ocorrerá.

O término do contrato de trabalho que decorrer de acordo entre as partes, iniciativa unilateral do empregado e superveniência do termo final nos contratos a prazo não será considerado dispensa injustificada.

As normas de proteção contra a dispensa não se aplicam: a) aos ocupantes de cargo de representação de pessoa jurídica; b) aos ocupantes de órgão que, por força de lei, estatutos ou contrato de sociedade, represente uma comunidade de pessoas reunidas em sociedade, em razão de que têm um caráter fiduciário especial em relação ao empregador. Aos gerentes, administradores ou outras pessoas que ocupem cargo de direção, desde que tenham poderes para administrar ou dispensar empregados, aplicam-se as disposições da proteção contra a dispensa, com exceção das objeções de dispensa, sendo que a proposta para dissolução da relação empregatícia não precisa de fundamentação (art. 14 da Lei de Proteção contra a Dispensa). Hueck e Nipperdey afirmam que as citadas normas não se observam em razão do caráter fiduciário especial que tais empregados possuem[19].

A proteção geral contra a dispensa só é utilizada em relação a empresas que tiverem pelo menos seis empregados (art. 23 da Lei de Proteção contra a Dispensa). Tendo a empresa até cinco empregados, estes não gozam da proteção geral contra a dispensa.

O empregado só será reintegrado em caso de dispensa ordinária (comum), isto é, em decorrência de dispensa socialmente injustificada. Não há a possibilidade da reintegração para os casos de dispensa por justa causa.

A dispensa extraordinária é a prevista em casos especiais, sendo regulada no art. 103 da Lei de organização do estabelecimento. Ocorre a dispensa extraordinária em relação a membros do próprio Conselho de Empresa, do Órgão de Representação de Menores e Aprendizes, do Órgão de Representação de Pessoal de Bordo e do Conselho de Empresa das Empresas Marítimas, da mesa de eleições e da lista de candidatos. A dispensa das referidas pessoas só pode efetivar-se com a concordância do Conselho de Empresa (art. 103.1).

A doutrina alemã tem entendido que a Lei de Proteção contra a Dispensa é mais uma lei de acordos sobre indenizações (Wolfgang Däubler), pois até permite o pagamento de indenização em vez da reintegração.

2.3.2 Argentina

Prescreve o art. 14, *bis*, da Constituição argentina que o trabalho, em suas diversas formas, gozará da proteção das leis que asseguram ao trabalhador proteção contra despedida arbitrária.

Dispõe o art. 96 da Lei do Contrato de Trabalho argentina sobre o contrato de trabalho de temporada. Ocorrerá tal pacto quando a relação entre as partes

---

19. HUECK, Alfred; NIPPERDEY, H. C *Compendio de derecho del trabajo*. Madrid: Editora Revista de Derecho Privado, 1963, p. 211.

for decorrente de necessidades permanentes da empresa ou a exploração for determinada em certas épocas do ano, sendo repetida apenas a cada ciclo, em razão da natureza da atividade. A dispensa do trabalhador antes de terminado o prazo implica o pagamento da indenização prevista no art. 95 da citada lei.

O contrato de trabalho de grupo ou de equipe é o celebrado por um empregador com um grupo de trabalhadores que, atuando por meio de um delegado ou representante, obrigue-se a prestação de serviços próprios da atividade daquele. O salário pode ser pactuado de forma coletiva, cabendo individualmente um valor a cada membro do grupo (art. 101 da Lei do Contrato de Trabalho).

O art. 245 da Lei do Contrato de Trabalho argentina prevê a indenização equivalente a um mês de salário para cada ano de serviço ou fração maior de três meses. No caso de extinção do contrato de trabalho por força maior, o empregado terá direito à metade da indenização do art. 245. Havendo morte do empregado, a indenização será de metade da prevista no art. 245. Existindo morte do empregador, a indenização será a mesma da prevista no caso de morte do empregado, isto é, de metade da prevista no art. 245.

Se o empregador tiver motivos que não possam ser a ele imputáveis, a indenização é a de metade da prevista no art. 245 da Lei do Contrato de Trabalho. Caso contrário, a indenização é a integral prevista no art. 245.

O aviso prévio é fixado entre 30 e 60 dias.

Em 1991, foi promulgada a Lei n. 24.013 (Lei Nacional de Emprego), que incorporou novas modalidades de contratos por tempo determinado.

O contrato de lançamento de nova atividade é o pacto destinado à prestação de serviço em uma nova empresa, ou em nova linha de atividade de empresa já existente. Tem prazo mínimo de seis meses e máximo de 24 meses (art. 47).

O contrato de prática laboral para jovens é o acordo feito com jovem de até 24 anos de idade, que se tenha formado recentemente e esteja buscando o primeiro emprego. Não pode ser superior a um ano (art. 51).

Para a contratação de jovens de até 24 anos de idade, há o contrato de trabalho-formação. Não é preciso formação escolar prévia para os que estejam procurando o primeiro emprego. Tem por objetivo facilitar o ingresso do jovem no mercado de trabalho e dar-lhe oportunidade de obter preparo teórico e prático para desempenho num posto de trabalho. Terá prazo mínimo de quatro meses e máximo de 24 meses (art. 58).

O contrato de trabalho por temporada é o pacto realizado apenas em determinadas épocas do ano, sendo repetido a cada ano, em razão da atividade sazonal da empresa. Há um período de atividade, que corresponde à temporada, e outro de recesso, em que o empregado nada recebe (art. 66).

Contrato de trabalho eventual é o pacto decorrente de acréscimo extraordinário de serviço ou necessidade da empresa em virtude de aumento de produção (art. 68).

As contratações descritas na Lei Nacional de Emprego (Lei n. 24.013) foram abolidas em 1998, pelo fato de que houve muitos abusos na utilização de contratos de prazo determinado.

A Lei n. 24.465/95 introduziu o período de prova e outras formas especiais de contratação. A Lei n. 24.467/95 regulamentou as condições de trabalho para, por exemplo, o fracionamento de férias e o regime indenizatório nas pequenas e médias empresas (Pymes).

Atualmente, só é possível a utilização de contratos de trabalho de tempo determinado nos casos de temporada, empreitada ou estágios (estudantes). A aprendizagem só pode ser feita com duração entre três meses e um ano, sendo limitada a pessoas entre 15 e 28 anos desempregadas.

O contrato de prazo indeterminado inicia-se com um período de experiência de 30 dias. Nesse período, o contrato pode ser extinto sem qualquer indenização para as partes. Não há pagamento de contribuição previdenciária no período. O empregador deve apenas recolher contribuições por concessões familiares, cobertura médica e seguro por acidente do trabalho, enquanto o empregado só contribui para a cobertura médica.

O período de experiência pode se estender por 180 dias, desde que celebrado convênio coletivo. Nesse período, porém, devem ser pagas as contribuições sociais. No caso de extinção do pacto laboral, são devidas as indenizações por dispensa sem justa causa, com redução de 50%.

O sistema de indenização na dispensa também foi mudado. Para os trabalhadores que ingressaram na empresa até 2 de outubro de 1998, a indenização é a da Lei do Contrato de Trabalho de 1974. Para quem iniciou o trabalho a partir de 3 de outubro de 1998, são aplicadas as regras da Lei n. 25.013, que prevê a indenização de 2,5 dias da melhor remuneração mensal, normal e habitual percebida no último ano ou durante o tempo de prestação de serviços (se for menor), por mês ou fração maior de 10 dias.

2.3.3 Bélgica

A Constituição belga garante a liberdade de trabalho e seu público exercício.

O empregador pode dispensar o empregado quando entender necessário, porém deve fornecer um aviso prévio, de no mínimo três meses. Esse aviso prévio é aumentado a cada cinco anos de serviço em mais três meses. Não há outro sistema de indenização pela perda do posto de trabalho.

Considera o art. 63 da Lei de 3 de julho de 1978 despedida abusiva do trabalhador, no curso do contrato por tempo indeterminado, quando fundada em motivos que não tenham relação nenhuma com as aptidões ou a conduta do trabalhador ou que não se baseiem nas necessidades de funcionamento da empresa, do estabelecimento ou do serviço. O empregador pagará uma indenização tarifada, que não é cumulável com outras indenizações.

2.3.4 Bolívia

A Constituição de 2 de fevereiro de 1967, no art. 7º, assegura a proteção do trabalho e o direito de trabalhar.

2.3.5 Canadá

No Canadá, as leis federais são aplicáveis às empresas federais. As leis provinciais aplicam-se às demais empresas.

A dispensa só pode ser motivada, sendo definidos seus elementos constitutivos. O empregador que viola a lei pode ser condenado a reintegrar o empregado ou a pagar-lhe uma indenização.

O empregado não pode ser dispensado com o fundamento de penhora de seus bens, por ter fornecido informações às autoridades sobre condições de trabalho ou por motivo de doença. É vedada a dispensa por motivo de discriminação (Carta dos Direitos e Liberdades da Pessoa, de Québec).

Tem direito o empregado a receber uma reparação adequada pela perda do emprego, que pode consistir na reintegração, com o pagamento dos salários vencidos. Nesse caso, o obreiro deve ter três anos de serviço na empresa.

Para o empregado que trabalha sem interrupção por mais de 12 meses, o Código canadense institui um juízo arbitral, desde que o obreiro não seja regido por convenção coletiva.

Dispõe o Código do Trabalho de Québec que os comissários do trabalho irão apreciar os procedimentos decorrentes de dispensa injusta.

Se o empregado trabalhou durante o período posterior à dispensa, os salários recebidos serão deduzidos da indenização que lhe for devida pelo empregador (art. 15, a, Código do Trabalho de Québec).

Tendo o árbitro considerado a dispensa injusta, o empregador pode ficar sujeito: a) a pagar ao empregado uma indenização equivalente, no máximo, ao salário que receberia caso não houvesse sido dispensado; b) a reintegrar o obreiro no emprego; c) o árbitro pode determinar qualquer outra medida que julgar conveniente (art. 242 do Código canadense do Trabalho).

Quando o empregado for despedido sem causa justa e suficiente, o comissário do trabalho poderá: a) determinar a reintegração do empregado; b) ordenar ao empregador o pagamento de uma indenização até o máximo equivalente ao salário que o empregado receberia se não tivesse sido dispensado; c) tomar qualquer outra decisão que julgar adequada (art. 128 da Lei de normas do trabalho de Québec). Determina o Código canadense do Trabalho que as dispensas ilegais ensejam a intervenção de jurisdições penais ordinárias.

O art. 19 do Código do Trabalho de Québec reza que, se o empregador descumprir a ordem de reintegração, fica tipificado o delito de ultraje ao tribunal. Ele pode ser condenado a pagar uma pesada multa, de até 50 mil dólares canadenses, podendo ser cumulada com prisão de no máximo um ano.

2.3.6 Chile

Prevê a Constituição chilena a admissão em empregos segundo a capacidade individual.

A Lei n. 857, de 1925, alterada pela Lei n. 6.020, de 1937, criou o Fundo de Economia, representado por contribuições compulsórias exclusivamente de empregadores, com a finalidade de pagamento das indenizações devidas aos empregados.

Esse sistema não se aplica aos trabalhadores braçais, ficando excluídos muitos dos trabalhadores das indústrias e dos transportes.

É um sistema coletivo, pois a indenização é devida pelo fundo e não por um depósito isolado.

Distingue-se a lei brasileira do sistema chileno, pois tem um campo maior de abrangência quanto aos trabalhadores, visto que não há exclusão de certa categoria; o sistema nacional visa um programa habitacional, enquanto o chileno não; nosso sistema prevê depósitos individuais em contas abertas em favor do empregado, enquanto o chileno prevê um fundo coletivo, custeado por todos os empregadores conjuntamente.

O aviso prévio é de 30 dias. É devida indenização de um mês de salário por ano de empresa, mais adicional de 20%.

2.3.7 Cuba

O Código de Trabalho de Cuba (Lei n. 49, de 28-12-1984) prevê o direito de trabalhar, assegurando que o trabalho é um direito, um dever e um motivo de honra para o cidadão.

2.3.8 China

Prevê a Constituição chinesa, de 1982, que "o trabalho constitui um dever honroso para todos os cidadãos".

2.3.9 Colômbia

Preconiza a Constituição colombiana que o trabalho é obrigação social e deve receber proteção especial do Estado.

Admite a legislação colombiana a rescisão do contrato de trabalho. Há apenas o pagamento de indenização.

A indenização segue a seguinte escala: a) 45 dias de salário para o empregado com mais de um ano de serviço; b) esses 45 dias mais 15 dias por ano, se tiver mais de um e menos de cinco de trabalho; c) os 45 dias mais 20 dias por ano, tendo de cinco a 10 anos de antiguidade; d) os 45 dias mais 30 dias por ano de serviço, tendo 10 ou mais anos na empresa (art. 64, item 4, do Código do Trabalho).

Tendo o empregado mais de 10 anos de trabalho, o juiz do trabalho pode autorizar, por solicitação do obreiro, sua reintegração, com o pagamento alternativo dos salários ou indenização. O magistrado poderá convalidar a rescisão em razão da inconveniência da reintegração.

A indenização poderá ser reduzida em 50%, em razão da capacidade de capital da empresa (art. 64, item 6).

Os empregados que exercem cargos de confiança são expressamente excluídos do direito à estabilidade decenal pelo item 2º do art. 409 do Código Substantivo do Trabalho.

2.3.10 Equador

Estabelece-se no Equador a formação de um fundo de reserva a cada ano, constituído por um mês de salário por ano (art. 124 do Código de Trabalho).

2.3.11 Espanha

Disciplina o art. 40 da Constituição de 31 de dezembro de 1978 que a política nacional será orientada para o pleno emprego.

Dispõe a Lei n. 51, de 8 de outubro de 1980 (Lei Básica de Emprego), sobre as diretrizes essenciais da política de emprego. Os objetivos da política estão elencados no art. 2º, que são, resumidamente, os seguintes: a) aumentar o nível de emprego, potenciando as indústrias e outros setores com ampla utilização do fator trabalho, sob fomento da colocação de trabalhadores com dificuldades de inserção no mercado; b) prevenir o desemprego; c) proteger os desempregados; d) gerir a colocação e administrar a informação, orientação, formação e a promoção profissional; e) proteger a mobilização da mão de obra, inclusive em sua transparência demográfica.

O Real Decreto n. 1.445, de 25 de junho de 1982, trata de medidas de fomento do emprego. Houve a possibilidade de contratação temporária mínima de três meses e máxima de três anos, podendo haver a transformação do contrato por tempo indeterminado caso o pacto chegue ao final e não haja denúncia das partes. Nos contratos de duração ajustada a tempo superior a um ano, o prazo mínimo para o exercício da denúncia é de 15 dias antes do vencimento do prazo.

Estabelece o art. 16.1 do Estatuto dos Trabalhadores que os empresários estão obrigados a solicitar às Oficinas de Emprego os trabalhadores de que necessitarem, assim como a comunicar a terminação dos contratos de trabalho. Poderá haver a contratação direta quando não existir a Oficina de Emprego na localidade. O empregador também poderá contratar diretamente os trabalhadores se rejeitar os candidatos enviados pela Agência. As agências de emprego privadas estão proibidas de funcionar na Espanha (art. 16.2), embora estejam autorizadas agências de seleção, "atividade próxima à proibida"[20]. O art. 42 da Lei n. 51/80 determina que o trabalhador deve inscrever-se na Oficina de Emprego.

Prescreve o art. 11 do Estatuto dos Trabalhadores sobre a contratação de práticos e aprendizes. Os contratos de práticos são celebrados com recém-formados, nos quatro anos seguintes ao término do curso. O contrato será necessariamente escrito. Não poderá haver a contratação por período inferior a três meses e superior a três anos. O contrato de formação é celebrado entre pessoas maiores de 16 anos e menores de 20 anos. A remuneração do trabalho será apenas em relação às horas de trabalho efetivo.

Prevê o art. 15.1 do Estatuto dos Trabalhadores a possibilidade da contratação por tempo determinado quando: a) se contrate um trabalhador para a realização de obra ou serviço determinado; b) as circunstâncias de mercado,

---

20. ALONSO OLEA, Manuel. *Derecho del trabajo*. Madrid: Edição da FDUM, 1983, p. 378.

acumulação de tarefas ou excesso de pedidos assim o exigirem. O contrato terá duração máxima de seis meses, dentro de um período de 12 meses e deverá expressar-se a causa determinante de sua duração; c) se trate de substituir trabalhadores com direito a reserva do posto de trabalho, sempre que no contrato de trabalho se especifiquem o nome do substituído e a causa da substituição.

Dispõe o art. 4º do Real Decreto n. 1.451, de 11 de maio de 1983, que as empresas constituídas por mais de 50 empregados fixos empreguem um número de 2% de seu quadro geral de deficientes.

Não se pode afirmar que as normas que foram instituídas em 1984, mediante a contratação por tempo determinado, é que causaram o aumento do desemprego na Espanha. Ao contrário, caso não existissem, o desemprego poderia ter sido muito maior.

Trouxe o Real Decreto n. 799, de 25 de maio de 1985, um incentivo fiscal às empresas que contratem a prazo indeterminado e tempo integral trabalhadores desempregados menores de 26 anos, bem como às empresas que optarem pela conversão de um contrato de prático ou de aprendizagem em pacto por tempo indeterminado. O pacto deve ser celebrado por escrito e a empresa fica sujeita à alíquota de 12% para as contribuições da seguridade social.

Antes da reforma de 1997, a Espanha preocupava-se em diminuir os efeitos do desemprego por meio da instituição de contratos por tempo determinado. Com a reforma de 1997, pretendeu-se fomentar a contratação por tempo indeterminado. O Real Decreto-lei n. 8/1997 regulou inicialmente a questão. Posteriormente, foi complementado pela Lei n. 63/97. O objetivo do contrato para o fomento da contratação por tempo indeterminado foi facilitar a colocação estável de trabalhadores desempregados e de empregados sujeitos a contratos temporários. Visa atingir o contrato os jovens a partir dos 18 anos e até 29 anos de idade, as pessoas sem emprego durante muito tempo, os maiores de 45 anos de idade e os portadores de deficiência, além dos trabalhadores contratados de forma temporária ou em fase de formação. O contrato para o fomento da contratação por tempo indeterminado não vem a ser uma modalidade de pacto laboral, pois seu regime jurídico e os direitos dele decorrentes são estabelecidos de modo geral.

Foram suprimidos o contrato temporário de fomento de emprego e o contrato de trabalho por lançamento de nova atividade. Afirma Joaquín García Murcia que o primeiro era a causa do alto grau de precariedade no emprego constatáveis no mercado de trabalho espanhol[21]. O segundo era celebrado por

---

21. GARCÍA MURCIA, Joaquín. A reforma de 1997 da legislação trabalhista espanhola. *LTr*, São Paulo, 62-03/302.

um período máximo de três anos, supondo-se que haveria abertura de novas empresas.

Atualmente, a Lei n. 64, de 27 de dezembro de 1997, prevê incentivos em matéria de seguridade social e de caráter fiscal, visando ao fomento da contratação por tempo indeterminado e à estabilidade no emprego.

Havia proibição do trabalho temporário, que hoje é permitido.

A Espanha ratificou a Convenção n. 158 da OIT. O Estatuto dos Trabalhadores e a Lei de Procedimento Laboral tratam das dispensas. Do ponto de vista judicial, as dispensas são: a) procedentes (art. 122. 1): quando a empresa cumprir os requisitos formais exigidos, isto é, verificar o processo de consulta, observando a causa da dispensa mencionada na comunicação escrita à representação dos trabalhadores; b) improcedentes (art. 122, 1): quando não adotados os referidos procedimentos; c) nulas (art. 122, 2): quando não observadas as exigências formais, não pagas as indenizações de dispensa, quando as dispensas forem discriminatórias, contrárias aos direitos fundamentais ou liberdades públicas do trabalhador ou efetuada com fraude à lei. Não importam em nulidade o erro no cálculo das indenizações ou a falta de aviso prévio na comunicação. Para a dispensa coletiva, deve haver a prévia autorização da autoridade administrativa (art. 124). Se a dispensa for nula, o trabalhador deverá ser readmitido, com o pagamento dos salários do período (art. 113).

Leciona Alfredo Montoya Melgar que na Espanha as modalidades de dispensa são: a) a disciplinar (justa causa); b) por circunstâncias objetivas (falta de aptidão do trabalhador); c) decorrente de causas econômicas e tecnológicas; d) derivada de força maior[22].

O Real Decreto n. 1, de 24 de março de 1995, aprovou o novo Estatuto dos Trabalhadores, incorporando as alterações das Leis n. 10 e 11, de 1994.

Para Manuel Alonso Olea, a reforma do mercado de trabalho, efetuada em 1994, é condição necessária, mas não suficiente para o emprego[23]. A Espanha preferiu privilegiar a contratação por tempo indeterminado, ao contrário dos contratos por tempo determinado até então utilizados, prestigiando o princípio da continuidade do contrato de trabalho.

O Real Decreto n. 9, de 16 de maio de 1997, regulou a concessão de incentivos para a seguridade social e fiscais, visando à contratação por tempo indeterminado e à estabilidade no emprego.

---

22. MONTOYA MELGAR, Alfredo. *Derecho del trabajo.* 5. ed. Madrid: Tecnos, 1984, p. 443.
23. ALONSO OLEA, Manuel. *El trabajo como bien escaso y la reforma de su mercado.* Madrid: Civitas, 1995, p. 120.

Estabelece o art. 49.9 do Estatuto dos Trabalhadores algo semelhante ao direito alemão quanto à dispensa por motivos fundados no estabelecimento ou na empresa, dispondo que "o contrato de trabalho se extinguirá: (...) por cessação da indústria, comércio ou serviços de forma definitiva, fundada em causas tecnológicas ou econômicas, sempre que aquela tenha sido devidamente autorizada, conforme o disposto em lei". Gonzalo Dieguez afirma que causas econômicas são aquelas em que houver "excessiva onerosidade para fazer frente às obrigações salariais sobrevindas do empresário como consequência de uma perda continuada e inevitável"[24]. Alfredo Montoya Melgar assevera que motivos tecnológicos ou econômicos são os decorrentes de perturbação econômica que afete a empresa em razão de causas macroeconômicas (depressões, recessões, inflação), decorrentes de desenvolvimento econômico (mudanças tecnológicas, de consumo) ou de insuficiências pertinentes à própria empresa (diminuição de procura de seus produtos, limitação da produção, distribuição)[25]. São causas ligadas ao processo produtivo da empresa.

Na extinção do contrato permitida pela autoridade competente, após a tramitação regular do pedido, em razão de causas tecnológicas, econômicas ou de força maior, a indenização é de 20 dias de salário por ano de serviço, até o máximo de 12 vezes, rateando-se por meses os períodos inferiores a um ano (item 10 do art. 51 do Estatuto dos Trabalhadores). Havendo força maior, a autoridade competente poderá eliminar ou reduzir a indenização de rescisão motivada, cujo pagamento, ainda que ocorra nesse caso, ficará por conta do Fundo de Garantia Salarial.

A falta de habilidade do trabalhador somente poderá ser motivo de dispensa quando a adaptação do empregado às modificações técnicas introduzidas na empresa, depois de dois meses de mudanças, não for possível. Deverá, porém, o empregador propiciar ao empregado um curso para troca de atividade ou aprimoramento profissional, a cargo de órgão público ou particular autorizado, visando capacitá-lo para o uso das novas tecnologias. Durante os estudos, o empregado faz jus aos salários médios que vinha recebendo (art. 52, *b*, do Estatuto dos Trabalhadores).

Autoriza a alínea *c* do art. 52 do Estatuto dos Trabalhadores a dispensa por razões de extinção do posto de trabalho, nas empresas com menos de 50 empregados, caso o obreiro não possa ser aproveitado em outras tarefas na mesma localidade. Na hipótese de existir posto análogo com vaga em outro estabelecimento da empresa, ainda que em localidade diversa de onde o empregado preste

---

24. DIEGUEZ, Gonzalo. *Lecciones de derecho del trabajo*. 2. ed. Madrid: Civitas, 1988, p. 271.
25. MONTOYA MELGAR, Alfredo. *Derecho del trabajo*. 5. ed. Madrid: Tecnos, 1984, p. 463.

os serviços, o trabalhador poderá ocupá-lo, tendo preferência no decorrer de um ano para retornar ao local de origem, se seu posto de trabalho for reativado.

O item 10 do art. 49 do Estatuto dos Trabalhadores permite ao trabalhador a demissão por descumprimento contratual do empregador. O empregado não precisa conceder aviso prévio, tendo direito a indenização, cujo montante varia conforme as causas da demissão. Se a rescisão decorrer de modificações substanciais do contrato em prejuízo da formação profissional ou da dignidade, falta de pagamento dos salários ou atrasos reiterados nessa quitação, faltas graves, exclusive força maior, a indenização será a mesma devida pela despedida improcedente, mais o pagamento dos salários e juros de mora. Havendo demissão por ofensa à dignidade do empregado, é cabível, segundo Manuel Alonso Olea, uma indenização suplementar, a título de danos morais[26].

Verifica-se na Espanha que o princípio da continuidade do contrato de trabalho é observado em larga escala, pois, antes de o empregado ser dispensado, muitas vezes são estabelecidas outras hipóteses para tentar manter o posto de trabalho do obreiro, como de fazer cursos. As causas para a dispensa devem ser objetivas. Há o aproveitamento do empregado em outro posto da empresa ou até em outro estabelecimento etc.

O art. 51 do Estatuto dos Trabalhadores teve modificações introduzidas pela Lei n. 11, de 19 de maio de 1994. A dispensa coletiva tem de ser fundada em causas econômicas, técnicas, organizacionais ou de produção quando em 90 dias a extinção do contrato afetar pelo menos: a) 10 trabalhadores em empresas que ocupem menos de 100 empregados; b) 10% do número de empregados na empresa que tenha entre 100 e 300 trabalhadores; c) 30 trabalhadores nas empresas que tiverem 300 ou mais empregados. O objetivo da dispensa coletiva é garantir a sobrevivência da empresa e do emprego dos trabalhadores, mediante a organização mais adequada dos recursos. Entende-se também como dispensa coletiva a que afetar a totalidade do pessoal, sempre que o número de pessoas atingidas for superior a cinco. Considera-se que existem as causas para a possibilidade da dispensa coletiva quando a empresa tiver de superar situações econômicas adversas, envolvendo, por exemplo, organização da produção. Os representantes dos trabalhadores terão prioridade para permanecer na empresa. A empresa deverá solicitar à autoridade competente a abertura de um período de consultas com os representantes dos trabalhadores. A solicitação deverá ser acompanhada de toda a documentação necessária para a justificação da dispensa. A autoridade competente, ao verificar os documentos apresentados, irá ordenar a juntada de outros, se entender necessário. Os representantes dos trabalhadores

---

26. ALONSO OLEA, Manuel. *Manual de derecho del trabajo*. Madrid: F.D.U.M, 1983, p. 347.

terão prioridade para permanecer na empresa. A indenização será de até 20 dias de salários por ano de serviço até o máximo de 12 mensalidades, reduzida para 40% do valor nas empresas com menos de 25 trabalhadores.

Nos contratos de obra certa, algumas categorias têm indenização por ocasião da extinção das relações contratuais, como ocorre na construção civil. Manuel Alonso Olea entende que essa indenização tem natureza de salário diferido[27].

Sendo o empregado dispensado por falta grave, nenhuma indenização lhe é devida, nem mesmo os salários da tramitação (art. 54.5 do Estatuto dos Trabalhadores).

A dispensa do trabalhador que não for convalidada pelo juiz do trabalho importa na imediata reintegração do trabalhador, com o pagamento dos salários do período (art. 55.4 do Estatuto dos Trabalhadores). O obreiro poderá optar por sair da empresa, com o pagamento de indenização.

Quando a despedida for declarada improcedente, o empresário, no prazo de cinco dias desde a notificação da sentença, poderá optar em readmitir o trabalhador ou em pagar-lhe a quantia de 45 dias de salário por ano de serviço, limitado a 42 vezes, rateando-se por meses os períodos inferiores a um ano. O trabalhador terá direito também aos salários vencidos desde a data da dispensa até a notificação da decisão judicial ou até a data do ingresso em novo emprego, caso isso tenha ocorrido antes da sentença. Se a dispensa for do representante legal dos trabalhadores, não haverá indenização, mas apenas reintegração. Os salários devidos nos 60 dias posteriores à distribuição da ação, se não houver sentença nesse período, serão satisfeitos pelos cofres do Estado (art. 56 do Estatuto dos Trabalhadores). Em razão do montante da citada indenização é que os empregadores, em muitos casos, preferem a contratação por tempo determinado, que não tem indenização tão alta na rescisão antecipada.

Sendo rejeitada a dispensa por causas objetivas, a indenização é de 33 dias de salário por ano de serviço, rateando-se por meses os períodos de tempo inferiores a um ano a até um máximo de 24 mensalidades. Se a dispensa se der sem justa causa, a indenização será de 45 dias de salário por ano de serviço, até um máximo de 42 mensalidades.

Determina o art. 53 do Estatuto dos Trabalhadores que o empresário envie cópia do termo do aviso prévio da dispensa aos representantes legais dos trabalhadores. Entretanto, não há necessidade de que se proceda a uma consulta ao sindicato para que o empregador possa dispensar o empregado.

---

27. ALONSO OLEA, Manuel. *Manual de derecho del trabajo.* Madrid: F.D.U.M, 1983, p. 355.

O art. 31 da Lei espanhola n. 16, de 8 de abril de 1976, criou o Fundo de Garantia Sindical. Foi alterado pelo Real Decreto-lei n. 34, de 18 de novembro de 1978. Hoje, a matéria é regulada pelo art. 33 do Estatuto dos Trabalhadores, de 14 de março de 1980, com a redação determinada pelo Real Decreto Legislativo n. 1, de 24 de março de 1995.

É o Fundo um organismo autônomo, dependente do Ministério do Trabalho e Seguridade Social, tendo personalidade jurídica e capacidade para o cumprimento de seus fins.

Serve para abonar o trabalhador dos salários pendentes de pagamento, em virtude de insolvência, suspensão de pagamento, quebra ou concurso de credores dos empresários.

Considera salário a quantidade conhecida como tal em ato de conciliação ou do resultado de sentença judicial a que se refere o art. 26.1 do Estatuto dos Trabalhadores, assim como a indenização complementar por salários acordada na jurisdição competente. O Fundo não poderá abonar um importe superior à quantidade resultante da multiplicação do dobro do salário mínimo interprofissional diário pelo número de dias de salário pendente de pagamento, com um máximo de 120 dias.

O Fundo pagará indenizações reconhecidas como consequência de sentença ou resolução administrativa a favor dos trabalhadores que forem dispensados ou cujos contratos de trabalho forem extintos, conforme os arts. 50 e 51 do Estatuto, limitado a uma anualidade, sem que o salário diário, que é a base de cálculo, possa exceder o dobro do salário mínimo interprofissional (art. 33.2). Os arts. 50 e 51 permitem a extinção do contrato de trabalho por iniciativa do empregado, quando este for submetido a condições não ajustadas ou por iniciativa do empregador, por motivos tecnológicos, financeiros ou de força maior.

O importe da indenização aos efeitos do abono pelo Fundo de Garantia Salarial, para os casos de dispensa ou extinção dos contratos, conforme o art. 50 do Estatuto, será calculado sobre a base de 25 dias por ano de serviço, com o limite estabelecido no parágrafo anterior.

Será financiado o Fundo de Garantia Salarial com os valores recolhidos pelas empresas, públicas ou privadas, que recebam a prestação de serviços dos empregados. O tipo de cotização será fixado pelo Governo sobre os salários que sirvam de base de cálculo para atender às contingências derivadas de acidente do trabalho, enfermidade profissional e desemprego no Sistema de Seguridade Social.

Entende-se que existe insolvência do empregador quando, instaurada a execução, na forma estabelecida na lei de procedimento laboral, não se consiga satisfazer os créditos laborais. A resolução da insolvência será comunicada ao Fundo de Garantia Salarial.

O direito de solicitar do Fundo o pagamento das prestações que resultam das situações descritas anteriormente prescreverá em um ano do fechamento do ato de conciliação, sentença ou resolução da autoridade laboral em que se reconheça a dívida por salários ou se fixem as indenizações. O prazo será interrompido pelo exercício das ações executivas ou do reconhecimento do crédito em procedimento concursal e pelas demais formas legais de interrupção da prescrição.

Em empresas com menos de 25 trabalhadores, o Fundo abonará 40% da indenização legal que corresponda aos trabalhadores cuja relação laboral se haja cessado como consequência do expediente instruído na aplicação do art. 51 do Estatuto.

O cálculo do importe do abono se realizará sobre as indenizações ajustadas aos limites previstos no art. 33.2 do Estatuto.

Deve o empregador comunicar à autoridade competente que vai dispensar o empregado, enviando-lhe informações pertinentes para a comprovação dos motivos. Se as alegações para a dispensa forem infundadas, é facultado ao empregador optar entre readmitir o empregador ou pagar-lhe indenização de até 45 dias de salário por ano de serviço.

A maior semelhança entre o sistema espanhol e o brasileiro é que as contribuições são pagas pelo empregador para a formação do fundo. Nosso sistema não fixa limites para a indenização, ao contrário do espanhol. Nossa base de cálculo não é exatamente igual à da contribuição da previdência social ou de financiamento do seguro desemprego (PIS, segundo o art. 239 da Constituição). Nosso sistema estabelece a formação de um fundo para o pagamento ao empregado quando este for dispensado sem justa causa pelo empregador ou em outras situações descritas na lei. O sistema espanhol serve até para o pagamento de salários ou indenizações não saldadas pelo empregador ou em decorrência de sua falência ou concurso de credores. Nosso sistema tem ainda a finalidade de financiar habitações, enquanto o espanhol, não.

2.3.12 Estados Unidos

As normas coletivas contêm cláusulas de antiguidade (*seniority*), que amparam os empregados mais antigos nas dispensas por motivos econômicos, como de recessão. Em caso de dispensa, primeiro são dispensados os obreiros mais novos. A Junta Nacional de Relações de Trabalho pode determinar a reintegração do empregado, com ou sem salários atrasados, quando o empregador incorrer num *unfair labor practice* (prática desleal nas relações de trabalho). O art. 10, *c*, da Lei Nacional de Relações de Trabalho determina tal regra[28].

Dispõe o art. 2º da Lei sobre a Formação em Associação com fins de um emprego, de 13 de outubro de 1982, sobre o estabelecimento de programas de preparação de adolescentes e adultos não qualificados para integrarem-se à população ativa, bem como sobre oferecer formação para fins de emprego às pessoas economicamente desamparadas e outras com dificuldades em encontrar trabalho. Os planos de formação para fins de emprego são elaborados pelos Conselhos formados por representantes de empregadores, empregados, escolas etc., sendo submetidos ao governador estadual para aprovação. Obedecidos os requisitos, há a possibilidade de receber-se as subvenções federais. Os programas devem favorecer o término dos estudos primários, secundários e universitários. Os trabalhadores admitidos na forma do programa devem ter as mesmas condições de trabalho e salariais que os demais trabalhadores da empresa, porém não podem ocupar as vagas de trabalhadores dispensados imotivadamente. O programa é estendido aos estrangeiros legalmente admitidos, com residência permanente, bem como aos refugiados políticos, às pessoas com liberdade condicional. Objetiva-se formar o adolescente para que possa obter e manter seu emprego.

2.3.13 França

A Constituição da França, em seu preâmbulo, menciona que todos têm o dever de trabalhar e o direito de obter um emprego.

Devem os trabalhadores que buscam emprego cadastrar-se na Agência Nacional para o Emprego, tendo os empregadores a obrigação de notificar à Agência em relação a cada posto vago existente na empresa.

A Ordenança n. 82-271, de 26 de março de 1982, que trata do trabalho em regime de jornada parcial, modificou a redação do art. L. 212-4 do Código de Trabalho. Admite-se a redução da jornada superior a 1/5 da legal ou contratada, sendo reduzida proporcionalmente a remuneração, considerado referencial o trabalhador de tempo integral. A redução da jornada não irá afetar a antiguidade do empregado na empresa. O ajuste da redução da jornada será feito por escrito.

Foi aprovada lei sobre a semana de 35 horas. Vale a regra para todo o país. Para as empresas, é prejudicial para a competitividade. O objetivo da norma é que as empresas contratem novos funcionários. Toda empresa privada com mais de

---

28. COX, Arquibald; CURTIS, Bok. *Labor law-cases and material*. Brooklyn: Foundation Press, 1962, p. 544.

20 funcionários teve de adotar a jornada de 35 horas até no máximo o ano 2000. Para as microempresas e empresas menores, o prazo foi até 2002. A semana na França já era reduzida, sendo a jornada de 39 horas. A lei não é clara sobre se também se estende aos funcionários públicos.

A Lei Robien permite a diminuição de impostos das empresas que reduzirem a jornada de trabalho para contratar novos empregados ou para evitar as dispensas.

A França ratificou a Convenção n. 158 da OIT.

As dispensas na França são de três formas: a) as individuais, tratadas pela Lei de 1973; b) as coletivas, que dependem de entendimentos; c) as pequenas dispensas coletivas, que envolvem de dois a nove empregados.

Com a Lei de 1973, a dispensa deve ser decorrente de causa real e séria (*cause réalle e sérieus*). Determina o art. L. 1232-1 do Código de Trabalho que a dispensa lícita depende de causa real e séria.

Dispõe o art. L. 1232-2 do Código do Trabalho que o empregador que tem por objetivo dispensar o trabalhador o convoca para uma entrevista prévia na qual indica os motivos da decisão de dispensa (art. L. 1232-3). É a adoção da Recomendação n. 119 da OIT, que já havia sido feita pela Lei de 13 de julho de 1973, que adotou as orientações da Recomendação n. 119 da OIT. O empregador que quiser dispensar o empregado deve convocá-lo por carta registrada para entrevista prévia, em que exporá os motivos da dispensa. O empregado pode ser assistido por outra pessoa da sua escolha. A outra pessoa muitas vezes tenta dissuadir o empregador da dispensa. Nesse ponto, o sistema é parecido com o alemão, apenas não há Conselho de Empresa.

A dispensa injustificada, que não tem fundamento em motivo real e sério, implica a reintegração, podendo o empregado ser indenizado, recusada a reintegração por qualquer das partes.

Nos casos em que não há aceitação bilateral da reintegração, a indenização de conversão será, no mínimo, equivalente aos salários dos seis últimos meses trabalhados[29]. O juiz, ao arbitrar seu valor, pode ampliá-la, quando houver gravidade do ato praticado pelo empregador. Jean Maurice Verdier assevera que é devida a reintegração ou a indenização, ainda que o procedimento adotado pelo empregador seja correto, porém não resulte demonstrado o motivo real e sério para a dispensa[30].

Quando o empregador tiver por objetivo fazer dispensa coletiva por motivo econômico, o comitê social econômico é consultado (art. L. 2312-40 do Código do Trabalho).

---

29. COUTURIER, Gérard. *Droit du travail*. Paris: Presses Universitaires de France, 1993, v. 1, p. 220.
30. VERDIER, Jean Maurice. *Droit du travail*. Paris: Dalloz, 1978, p. 165-166.

A mera irregularidade formal do procedimento da dispensa não acarreta as penalidades contidas na lei, nem o pagamento da indenização[31].

O Conselho de Prud'hommes apenas verifica a regularidade dos processos, garantindo as indenizações pertinentes para a falta de motivo real para a dispensa ou a ausência de motivos econômicos ou estruturais na empresa.

O empregador que quiser fazer dispensa coletiva por motivo econômico de menos de 10 empregados num mesmo período de 30 dias deve consultar o Comitê Social e Econômico nas empresas de ao menos 1 empregado (art. L. 1233-8 do Código de Trabalho). O Comitê dará sua opinião num prazo de 30 dias. Se ele não se manifestar em 30 dias, considera-se que foi consultado. O empregador deve indicar as razões econômicas, financeiras ou técnicas para dispensa; o nome dos empregados que serão dispensados, as categorias profissionais pela ordem de dispensas, o nome dos empregados permanentes ou não, o calendário para as dispensas, as medidas de natureza econômicas que se objetivam; as consequências das dispensas em matéria de saúde, segurança ou de condições de trabalho (art. 1233-10).

O fundamento das dispensas pode ser resumido da seguinte forma: a) por falta simples; b) por falta grave que tem certa gravidade, constituindo motivo real e sério para a dispensa, porém há direito a aviso prévio e à indenização da dispensa; c) a falta grave fundada em motivo real e sério, em que o empregado deixa de ter direito ao aviso prévio, à indenização, mas faz jus à indenização de férias; d) a falta grave que impede o direito ao aviso prévio, à indenização e à indenização de férias[32].

2.3.14 Holanda

Se o empregado for dispensado sem motivo justo ou com inobservância do procedimento legal, o juiz pode impor ao empregador uma indenização em favor do empregado.

O Decreto Extraordinário de Relações de Trabalho, de 1945, dispõe que o empregador não pode dispensar um trabalhador regular sem prévia autorização expressa do órgão regional do trabalho. Esse órgão atua também em quase toda demissão coletiva de 20 ou mais trabalhadores e dispensas por razões financeiras ou não.

---

31. DESJARDINS, Bernadete et al. *Le nouveau code du travail anotté*. Paris: La Villeguérin Editions, 1994, p. 149.
32. DUPRILOT, Jean-Pierre; FIESCHI-VIVET, Paulo. *Droit du travail*. 2. ed. Paris: Presses Universitaires de France, 1985, p. 89.

2.3.15 Inglaterra

O empregado só pode ser dispensado por mau comportamento ou por questões de ordem técnica, econômica ou financeira, de acordo com a Lei de Proteção ao Empregado, de 1975. Se restar comprovado que o empregado foi dispensado sem justificativa, será reintegrado, recebendo o pagamento dos salários do período de afastamento.

Poderá o empregador recusar-se à reintegração desde que pague indenização básica, que não excederá 2.400 libras ou duas semanas de salário, além de indenização compensatória para ressarcir os prejuízos do empregado com limite máximo de 5.200 libras.

O tribunal poderá estabelecer, ainda, indenização adicional, no caso de recusa da reintegração, de no mínimo 13 semanas de salários e, no máximo, de 26 semanas. Esses parâmetros são elevados a 52 semanas quando houver violação de direitos sindicais ou quando a dispensa é feita por motivo de raça.

2.3.16 Itália

Prevê a Constituição de 27 de dezembro de 1947, no art. 1º, que a Itália é uma república fundada no trabalho. O art. 35 assegura que a república protegerá o trabalho em todas suas formas e métodos de execução, inclusive para formação profissional. O art. 4º, 1ª alínea, dispõe que a República reconhece a todos os cidadãos o direito ao trabalho e à promoção de todas as circunstâncias e condições que o tornem efetivo.

O sistema de colocação no emprego na Itália constitui, segundo Edoardo Ghera, o principal instrumento pelo qual o Estado tutela o trabalhador em sua posição de contratante tipicamente débil naquele momento – antecedente àquele da constituição da relação de trabalho – da oferta da força de trabalho[33].

O objetivo do sistema é a prevenção da desocupação, proporcionando ao trabalhador um posto de serviços, que acabe sendo seguro contra quaisquer mudanças estruturais da conjuntura econômica.

Prescreve o art. 33 do Estatuto dos Trabalhadores (Lei n. 300, de 20 de maio de 1970) que o sindicato deve participar na colocação dos obreiros, fazendo parte obrigatoriamente da Comissão de Colocação. Ao órgão representante dos trabalhadores é proporcionado o necessário entrosamento na atuação do serviço, garantindo-lhe a desejada eficácia[34].

---

33. GHERA, Edoardo. *Diritto del lavoro*. Bari: Cacucci, 1985, p. 96.
34. GHERA, Edoardo. Art. 33 (Collocamiento). In: GIUGNI, Gino (dir.). *Lo statuto dei lavoratori commentario*. Milano: Giuffrè, 1979, p. 563.

2 • DISCIPLINA DA MATÉRIA À LUZ DO DIREITO COMPARADO E DO DIREITO INTERNACIONAL

Quando o empregador não admite o trabalhador inscrito sem motivo justificado, fica sujeito a ressarcimento de danos. A inobservância das regras de colocação importa multa diária ao empregador, por trabalhador e por vaga não preenchida, além de prisão de 15 dias a um ano.

Os empregados dispensados pela empresa por redução de pessoal têm direito de preferência à readmissão na empresa, dentro de um ano (art. 15 da Lei n. 264, de 29 de abril de 1949).

Os sistemas mencionados possibilitam um controle da dispensa, inclusive por meio do sindicato, impedindo discriminações.

Atualmente, o direito italiano dispõe que o empregado pode ser dispensado tanto por justa causa (falta grave) como por motivo justo, inexistindo estabilidade absoluta. O motivo justificado pode referir-se à atividade produtiva, à organização do trabalho, seu funcionamento irregular (por inovação tecnológica até a incapacidade de trabalho do obreiro), inadimplemento das obrigações contratuais por parte do empregado (negligência do trabalhador, faltas graves). O empregado, se dispensado, tem 60 dias para apresentar sua reclamação ao tribunal competente. Sendo injustificada a dispensa, o obreiro é reintegrado, pagando o empregador o salário referente ao período em que esteve impossibilitado de trabalhar. O empregado poderá pedir a conversão da reintegração em indenização.

É proibida a dispensa em caso de empregados sujeitos a necessidades de guerra e sobreviventes (Decreto n. 27, de 14-2-1940; n. 479, de 30-5-1946).

A Lei n. 223, de 23 de julho de 1991, teve reflexos das diretivas da União Europeia e da Convenção n. 158 da OIT. As dispensas coletivas submetem-se a procedimento sindical, judicial e público. Objetiva o procedimento sindical fazer uma norma coletiva para resolver as questões relativas às dispensas. O controle judicial tem por finalidade verificar se houve impugnações ao tipo de procedimento na redução de pessoal, anulando os procedimentos incorretos. O Estado intervém por meio de ação preventiva e promoção de medidas de natureza previdenciária.

A indenização é calculada de acordo com os critérios da Lei n. 1.461, de 18 de dezembro de 1960. Deve ser paga em valor não inferior a tantas mensalidades quantos são os anos de serviços prestados, calculando-se por duodécimos as frações de ano e computando-se como mês inteiro as frações superiores a 15 dias. Normalmente, a indenização é calculada à razão de um mês de remuneração para cada ano de serviço, nos primeiros 12 anos, aumentado para um mês e meio nos anos seguintes. A indenização tem natureza salarial, adotando o sistema italiano a teoria do salário diferido.

2.3.17 Japão

O art. 27 da Constituição japonesa dispõe que "todos terão o direito e a obrigação de trabalhar".

O sistema japonês tem como característica o emprego para a vida toda, o emprego vitalício[35].

Um terço dos trabalhadores japoneses são vitalícios e 2/3 não gozam dessa garantia[36]. Os empregados passam a ser permanentes após seis meses de trabalho. Normalmente, se a empresa tem de dispensar trabalhadores, começa pelas mulheres e os trabalhadores em tempo parcial. Raramente, há a dispensa dos empregados de carreira na empresa, que nela permanecem até a aposentadoria. O japonês entende que, se o emprego não é vitalício, não estimula a produtividade na empresa. Assim, o empregado deve produzir mais, ter criatividade, não só para produzir novos produtos, como também para encontrar soluções visando evitar o desemprego[37].

Nas crises na empresa são cortados: primeiro, a remuneração dos diretores; segundo, os dividendos dos acionistas; terceiro, os prêmios dos empregados; quarto, são reduzidos salários; quinto, são remanejados os trabalhadores[38]. A dispensa só ocorre em último caso e raramente[39]. Em relação ao empregado, primeiro há a redução do bônus e só depois é que será reduzido o salário. Posteriormente, há o remanejamento do trabalhador. Quando a empresa vai mal, o último culpado é o empregado. O primeiro é o administrador, que não teve competência para conduzir a empresa e manter o nível de emprego[40]. Os bônus geralmente representam 40% ou 50% da remuneração total, sendo vinculados à produtividade ou ao lucro. Quando há crise, a remuneração variável é reduzida[41], assim como o empregado tem sido deslocado para qualquer função, representando "um amortecedor crucial para evitar o desemprego nas horas de dificuldade"[42].

O japonês tem vergonha de passar de uma empresa para outra, que é sinal de deslealdade[43]. No sistema americano e em outros sistemas o trabalhador que passou por várias empresas é considerado experiente.

---

35. OUCHI, William. *Teoria Z*. 4. ed. Editora Fundo Educativo Brasileiro, 1982, p. 17.
36. PASTORE, José. *Relações do trabalho no Japão*. 2. ed. São Paulo: LTr, 1994, p. 12.
37. PASTORE, José. *Relações do trabalho no Japão*. 2. ed. São Paulo: LTr, 1994, p. 28.
38. PASTORE, José. *Flexibilização dos mercados de trabalho e contratação coletiva*. São Paulo: LTr, 1994, p. 48.
39. PASTORE, José. *Relações do trabalho no Japão*. 2. ed. São Paulo: LTr, 1994, p. 13.
40. Ibid., p. 28.
41. PASTORE, José. *Flexibilização dos mercados de trabalho e contratação coletiva*. São Paulo: LTr, 1994, p. 139.
42. Ibid., p. 52.
43. PASTORE, José. *Relações do trabalho no Japão*. 2. ed. São Paulo: LTr, 1994, p. 28.

O sistema japonês tem pouca rotatividade da mão de obra e alta lealdade, ao contrário do sistema americano e de muitos outros países.

As empresas japonesas já começaram a extinguir o emprego vitalício. Estima-se que o número de desempregados no Japão esteja camuflado, pois o governo japonês paga as empresas para não dispensarem seus funcionários, evitando que as pessoas usem os programas estatais de bem-estar social. Muitos empregados ficam em casa sem trabalhar e não são contados nas estatísticas, em razão do referido sistema. O Japão, provavelmente, vai ter de dispensar trabalhadores para enfrentar a competitividade do mercado de trabalho e a globalização. As empresas começam a diminuir a contratação de trabalhadores e a antecipar aposentadorias.

2.3.18 México

Dispõe o art. 123, *a*, XXII, da Constituição Federal, de 31 de janeiro de 1917, que

> o patrão que despedir um obreiro sem causa justificada ou por haver ingressado em uma associação ou sindicato, ou por haver tomado parte em uma greve lícita, estará obrigado, à escolha do trabalhador, a cumprir o contrato ou a indenizá-lo com o importe de três meses de salário. A lei determinará os casos nos quais o patrão poderá ser eximido da obrigação de cumprir o contrato, mediante o pagamento de uma indenização.

A estabilidade no emprego é garantia constitucional. Mario de La Cueva afirma que a referida ideia nasceu em Querétaro, sem que seu autor pudesse ser identificado, "como uma ideia-força destinada a dar segurança a vida obreira e a escalar a meta tão belamente expressa por Máximo Dursi no seu conto Bertoldo en La Corte: 'viver sem termo é o destino do homem'"[44].

Assevera Mario de La Cueva que as relações de trabalho somente podem dissolver-se validamente quando exista causa justificada. Nos casos de dispensa injustificada do trabalhador, poderá este optar entre o cumprimento da relação de trabalho e o pagamento de uma indenização[45].

O art. 46 da Lei Federal do Trabalho prevê que o empregado só pode ser dispensado por justa causa. Discrimina o art. 47 quais são as hipóteses de justa causa.

Dispõe o art. 49 da Lei Federal do Trabalho que os trabalhadores com menos de um ano, os trabalhadores de confiança, os domésticos, os eventuais e os que trabalham em contato permanente com o patrão não têm direito à estabilidade.

---

44. LA CUEVA, Mario de. *El nuevo derecho mexicano del trabajo*. México: Porrúa, 1977, p. 219.
45. LA CUEVA, Mario de. *Derecho mexicano del trabajo*. 4. ed. México: Porrúa, 1954, v. I, p. 807.

Logo, as pessoas que tiverem um ano de emprego não poderão ser dispensadas, pois estarão garantidas com o direito à estabilidade.

Reza o art. 439 da mesma norma que o empregador pode obter autorização da Junta de Conciliação e Arbitragem para a redução do pessoal em caso de implantação de maquinaria ou processos de trabalho novos.

Permite o art. 434 da Lei Federal do Trabalho a extinção do contrato de trabalho no caso de impossibilidade operacional da empresa por custos impraticáveis do empreendimento econômico, mediante autorização prévia da Junta, em dissídio coletivo de natureza econômica.

Dispõe o art. 123 da Lei Federal de Trabalho que, se no juízo competente não comprovar o patrão a causa da rescisão, o trabalhador terá direito de escolher, ou a reintegração no trabalho que executava, ou uma indenização igual a três meses de salário. Normalmente a indenização é de 20 dias de salário por ano de serviço. Terá ainda direito, qualquer que seja a ação intentada, aos salários vencidos desde a data da despedida, até que se cumpra a decisão definitiva proferida pela Junta de Conciliação e Arbitragem. O art. 124 da mesma norma estabelece que o patrão ficará isento da obrigação de reintegrar o trabalhador, mediante o pagamento das indenizações: I – quando se trate de trabalhadores que tenham antiguidade inferior a dois anos; II – se provar, perante a Junta de Conciliação e Arbitragem, que o trabalhador, em razão do trabalho que presta ou pelas características de suas funções, está em contato direto e permanente com ele e a Junta considera, levando em conta as circunstâncias do caso, que não é possível o desenvolvimento normal da relação de trabalho; III – nos casos de aprendizagem; IV – nos casos dos empregados de confiança; V – no serviço doméstico; VI – quando se trate de trabalhadores eventuais.

A Suprema Corte mexicana tem entendido que, se o empregador for condenado a reintegrar o empregado, poderá recusar-se a fazê-lo, desde que pague a indenização de três meses de salário.

Admite o art. 185 da Lei Federal de Trabalho do México a rescisão do contrato do empregado de confiança, porém somente se o empregador demonstrar haver motivo razoável de perda desse atributo. Deve haver, portanto, a comprovação objetiva do motivo. Não serve apenas o elemento subjetivo da confiança detida pelo empregador no empregado.

Nestor de Buen afirma que a estabilidade mexicana, na prática, não funciona em sua plenitude, sendo geralmente motivo *"para arreglos económicos compensatorios del trabajo perdido"*[46].

---

46. DE BUEN, Nestor. La extinción de la relación de trabajo en México. In: COSMOPOLIS, Mario Pasco (coord.). *La extinción de la relación laboral.* Lima: Aele Editorial, 1987, p. 135.

2.3.19 Panamá

Estabelece o art. 211 do Código de Trabalho que o empregador não pode terminar o contrato de trabalho por tempo indeterminado sem causa justificada prevista em lei. Na prática, acaba consagrando a estabilidade do trabalhador no emprego. O item 3 do art. 212 do mesmo código especifica que a estabilidade é obtida depois de dois anos de serviços contínuos prestados ao empregador. O art. 212 determina, contudo, uma série de exceções, sendo que deveria ser a regra geral, acabando em situação excepcional[47].

O trabalhador dispensado pode escolher entre ser reintegrado ou receber indenização, desde que apresente reclamação. O empregador terá opção pela extinção do contrato, acrescentando-se 50% de indenização ao valor devido em decorrência da dispensa. Se a iniciativa da reintegração for de ofício, a indenização é de 25%.

Reza o art. 224 do Código de Trabalho sobre uma indenização chamada de *"prima de antiguedad"*. Corresponde a uma semana de salário por ano de trabalho se o empregado tiver mais de 10 anos de serviços contínuos e mais de 40 (homem) ou 35 (mulher) anos de idade.

A par do pagamento da *"prima de antiguedad"*, faz jus o empregado à indenização de despedida. A quantia dependerá do tempo de serviço do empregado na empresa. O empregado que tiver mais de 10 anos de antiguidade tem direito ao salário de uma semana por ano de trabalho.

Os empregados da construção civil têm acréscimo de 6% sobre seus salários, depositados numa conta especial do Seguro Social. O saque pode ser feito em caso de jubilação, invalidez permanente e incapacidade mental e física.

2.3.20 Paraguai

O art. 9º do Código de Trabalho determina que o trabalho é direito e dever social, gozando de proteção do Estado. Não deve ser considerado mercadoria.

Arrola o art. 81 do Código de Trabalho várias hipóteses de causas justificadas para a cessação do pacto laboral por vontade unilateral do empregador, como furto, roubo, atos de violência, prejuízos materiais causados ao empregador etc.

---

47. MURGAS TORRAZA, Rolando. La terminación de la relación de trabajo en el Derecho Panameño. In: COSMOPOLIS, Mario Pasco (coord.). *La extinción de la relación laboral.* Lima: Aele Editorial, 1987, p. 191.

Para o empregado, são causas justificadas para a rescisão unilateral do contrato de trabalho: falta de pagamento de salário, exigência do empregador de tarefas superiores às forças ou à capacidade profissional do trabalhador, atos de violência (art. 84).

O aviso prévio é determinado nos contratos por tempo indeterminado, sendo de 30 a 90 dias. A indenização é, geralmente, de 15 dias de salário por ano de empresa, dependendo do motivo do término do contrato de trabalho.

O empregado que tiver 10 anos ininterruptos de serviços prestados para o mesmo empregador adquire estabilidade no emprego, somente podendo ser dispensado: em caso de falta grave; de jubilação do trabalhador. Nesse caso, há semelhança com a estabilidade prevista na CLT.

Quando a reintegração do trabalhador não for possível, por haver sobrevindo alguma incompatibilidade entre o trabalhador e o empregador, este pagará uma indenização equivalente ao dobro da indenização devida em caso de despedida injustificada, conforme sua antiguidade.

2.3.21 Peru

No Peru, havia permissão para a dispensa do trabalhador sem que houvesse justificativa por parte do empregador.

A legislação peruana permite a dispensa do empregado, por vontade do empregador, apenas se houver causa justificada, prevista em lei e devidamente comprovada, no caso de o empregado ter mais de três meses de trabalho. O trabalhador só pode ser dispensado em caso de falta grave, motivos econômicos ou técnicos, caso fortuito ou força maior (art. 4º da Lei n. 24.514, de 1986). A estabilidade é adquirida com três meses de serviço.

Normalmente, a indenização é de três salários para os empregados com menos de um ano de serviço, seis salários para os que têm de 1 a três anos e 12 salários para os com maior tempo de serviço.

As mulheres e os menores têm garantida indenização especial de dois meses de remuneração, de acordo com a Lei n. 4.239, de 26 de março de 1921. A Constituição proclama, porém, a igualdade dos direitos do homem e da mulher. Mario Pasco Cosmopolis entende duvidosa a validade dessa disposição quanto à mulher[48].

---

48. PASCO COSMOPOLIS, Mario. Extinción de la relación laboral en el Peru. In: COSMOPOLIS, Mario Pasco (coord.). *La extinción de la relación laboral*. Lima: Aele Editorial, 1987, p. 255.

2 • DISCIPLINA DA MATÉRIA À LUZ DO DIREITO COMPARADO E DO DIREITO INTERNACIONAL

O empregado poderá pleitear uma provisão até o valor do seu salário, por conta da "compensação por tempo de serviço". Se seu contrato for restabelecido, os valores sacados serão descontados das remunerações devidas.

Esse último sistema poderia ser adotado no Brasil nos casos de garantias de emprego, inclusive as previstas nas normas coletivas, pois o empregado muitas vezes só é reintegrado ao serviço depois de muitos anos.

Os empregados que exercem cargos de confiança estão amparados por estabilidade, mas não têm direito à reintegração, fazendo jus apenas à indenização.

2.3.22 Portugal

A Lei do Contrato de Trabalho (LCT), Decreto-lei n. 49.408, de 24 de novembro de 1969, possibilitava ao empregador denunciar unilateralmente o contrato de trabalho, mediante o pagamento de aviso prévio e indenização (art. 107). O trabalhador ficava desprotegido[49].

Dispunha o art. 4º, n. 2, do Decreto-lei n. 372-A/75 ser proibido à entidade patronal ou ao gestor público promover o despedimento sem justa causa nem motivo atendível, ato que, por consequência, será nulo de pleno direito.

O Decreto-lei n. 64-A, de 27 de fevereiro de 1989, versou sobre o regime jurídico da cessação do contrato individual de trabalho. É conhecido pela sigla LCCT.

A Constituição portuguesa garante aos trabalhadores a segurança no emprego, sendo proibidos os despedimentos sem justa causa ou por motivos políticos ou ideológicos (art. 53º). Asseveram Carlos Alberto Lourenço Morais Antunes e Amadeu Francisco Ribeiro Guerra que a dispensa sem justa causa passa a ser garantia constitucional[50]. Esclarece Antonio de Lemos Monteiro Fernandes que o conceito de justa causa é "correspondente, no ordenamento jurídico português, a um certo tipo de juízo normativo material"[51]. Leciona António Menezes Cordeiro que a Constituição pretendeu "abolir os despedimentos *ad nutum*, isto é, sem motivos controláveis, admitindo-os, apenas em situações sérias, nas quais o valor da segurança do emprego tenha de ceder perante outros valores concretamente mais poderosos"[52]. "A manutenção antieconômica de certos contratos de trabalho poderia inviabilizar a empresa com prejuízo para todos os postos de

---

49. CORDEIRO, António Menezes. *Manual de direito do trabalho*. Coimbra: Almedina, 1991, p. 787.
50. ANTUNES, Carlos Alberto Lourenço Morais; GUERRA, Amadeu Francisco Ribeiro. *O despedimento*. Coimbra: Almedina, 1984, p. 64.
51. FERNANDES, Antonio de Lemos Monteiro. *Direito do trabalho*. Coimbra: Almedina, 1992, p. 465.
52. CORDEIRO, António Menezes. *Manual de direito do trabalho*. Coimbra: Almedina, 1991, p. 817.

trabalho: ora, não é esse o objetivo constitucional"[53]. O art. 9º/1 do Decreto-lei n. 64-A/89 esclarece que a justa causa para o despedimento é o comportamento culposo do trabalhador que, pela sua gravidade e consequência, torne imediata e praticamente impossível a subsistência da relação de trabalho.

Proíbe o art. 3º, 1, do Decreto-lei n. 64-A/89 os despedimentos sem justa causa. O art. 12, 1, reza que o despedimento é ilícito: a) se não tiver sido precedido do processo respectivo ou este for nulo; b) se fundar-se em motivos políticos, ideológicos ou religiosos, ainda que com invocação de motivo diverso; c) se for declarada improcedente a justa causa invocada.

Sendo o despedimento declarado ilícito, o empregador será condenado: a) ao pagamento da importância correspondente ao valor das retribuições que o trabalhador deixou de auferir desde a data do despedimento até a data da sentença, sendo deduzidos: 1) o montante das retribuições concernentes ao período decorrido desde a data do despedimento até 30 dias antes da data de propositura da ação, se esta não for proposta nos 30 dias subsequentes ao despedimento; 2) o montante das importâncias relativas a rendimentos de trabalho auferidos pelo trabalhador em atividades iniciadas posteriormente ao despedimento; b) na reintegração do trabalhador, sem prejuízo de sua categoria e antiguidade, salvo se até a data da sentença o obreiro tiver exercido o direito de opção por indenização correspondente a um mês de remuneração para cada ano de antiguidade ou fração, não podendo ser inferior a três meses, contando-se para o efeito todo o tempo decorrido até a data da sentença (art. 13, 1).

No despedimento por extinção do posto de trabalho, o empregado tem direito a aviso prévio e a indenização de um mês de remuneração para cada ano de antiguidade ou fração, não podendo ser inferior a três meses (art. 13º/3 da NLDesp.).

Havendo dispensa pelo fato de o empregado não se adaptar ao posto de trabalho, deve haver a observância de 60 dias entre a data da comunicação e a data da cessação do contrato. Tem o empregado direito a indenização de um mês de remuneração para cada ano de antiguidade ou fração, não podendo ser inferior a três meses.

Os motivos invocados para a dispensa não podem ser devidos à culpa do empregador ou do trabalhador no caso de extinção de posto de trabalho (art. 27, 1, *a*). Se a culpa for do empregado, a dispensa será feita por justa causa. Se a culpa for do empregador, deverá suportar as consequências de seu ato, não podendo extinguir o posto de trabalho. Para que a dispensa seja efetuada, é mister a

---

53. Ibid., p. 816.

impossibilidade da subsistência da relação de trabalho (art. 27, 1, *b*). A dispensa deverá ser feita nos contratos por tempo indeterminado (art. 27, 1, *b*). Havendo a dispensa, o empregador deverá proporcionar ao empregado a compensação devida (art. 27, 1, *e*).

As dispensas deverão observar: a) menor antiguidade no posto de trabalho; b) menor antiguidade na categoria profissional; c) categoria profissional inferior; d) menor antiguidade na empresa. (art. 27, n. 2).

O art. 359, 1, do Código de Trabalho de Portugal considera despedimento coletivo a cessação de contratos de trabalho promovida pelo empregador e operada simultânea ou sucessivamente no período de três meses, abrangendo, pelo menos, dois ou cinco trabalhadores, conforme se trate, respectivamente, de microempresa e de pequena empresa, por um lado, ou de média e grande empresa, por outro, sempre que aquela ocorrência se fundamente em encerramento de uma ou várias seções ou estrutura equivalente ou redução de pessoal determinada por motivos de mercado, estruturais ou tecnológicos. Consideram-se: a) motivos de mercado: redução da atividade da empresa, provocada pela diminuição previsível da procura de bens ou serviços ou impossibilidade superveniente, prática ou legal, de colocar esses bens ou serviços no mercado; b) motivos estruturais: desequilíbrio econômico-financeiro, mudança de atividade, reestruturação da organização produtiva ou substituição de produtos dominantes; c) motivos tecnológicos: alterações nas técnicas ou processos de fabrico, automatização dos instrumentos de produção, de controle ou de movimentação de cargas, bem como informatização de serviços ou automatização de meios de comunicação.

O Decreto-lei n. 400, de 16 de outubro de 1991, regula a cessação do contrato de trabalho por inadaptação do trabalhador. Esta ocorre por: a) redução reiterada de produtividade ou de qualidade; b) avarias reiteradas nos equipamentos de trabalho; c) riscos para a segurança e saúde do próprio empregado ou dos restantes trabalhadores ou de terceiros.

O sistema português inicialmente previa a dispensa *ad nutum*, sem nenhuma justificativa, pagando-se apenas a indenização pertinente. Atualmente, a Constituição veda os despedimentos sem justa causa ou por motivos políticos ou ideológicos. A doutrina vai mais longe, entendendo que a dispensa sem justa causa deve ser entendida num contexto mais amplo, de proibição de despedimentos arbitrários[54].

---

54. ANTUNES, Carlos Alberto Lourenço Morais; GUERRA, Amadeu Francisco Ribeiro. *O despedimento*. Coimbra: Almedina, 1984, p. 67.

2.3.23 República Dominicana

Dispõe o art. 60 do Código do Trabalho que o término do contrato de trabalho pode ser feito de duas formas: a) sem responsabilidade, como no mútuo consentimento, na execução do contrato, na impossibilidade de execução e em causas ajustadas; b) com responsabilidade, como na despedida, na demissão e no *desahucio*.

O *desahucio* é o direito da parte de terminar o contrato por tempo indeterminado, sem invocação de causa ou motivo (arts. 68 e 69 do Código de Trabalho). Deve ser concedido aviso prévio, sendo que o empregador ainda deverá conceder *o auxilio de cesantía*. O valor deste é de cinco dias a 15 dias por ano de serviço prestado quando o empregado tenha mais de um ano de empresa (art. 72 do Código de Trabalho).

Sendo a dispensa justificada, o contrato de trabalho cessa, sem necessidade de pagamento de aviso prévio e de *auxilio de cesantía*.

Na hipótese de falência, há o pagamento do *auxilio de cesantía*, bem como em caso de morte e incapacidade física ou mental de uma das partes (art. 73 do Código de Trabalho e Lei n. 80/79).

Caso haja o fechamento da empresa por motivo fortuito (eventos da natureza) ou força maior (*factum principis*) e possuindo seguro contra o risco, seus empregados têm direito ao *auxilio de cesantía* (art. 67 do Código do Trabalho e Lei n. 80/79). O mesmo procedimento ocorrerá no caso de esgotamento de matéria-prima ou falta de assistência ao trabalho pelo empregado por razões justificadas em período superior a um ano.

2.3.24 Suíça

O empregador pode dispensar livremente o empregado, desde que respeite o prazo de aviso prévio. O obreiro tem seis meses para socorrer-se da Justiça do Trabalho, visando comprovar que a dispensa não tem causa justificada. Fica a critério de o juiz fixar indenização sem limites mínimo ou máximo previstos em lei.

2.3.25 Uruguai

No Uruguai não existe um sistema de estabilidade própria.

Assegurava a Lei n. 10.149, de 6 de junho de 1944, aos empregados dispensados sem justa causa, indenização de um salário por ano trabalhado até o máximo de três, se o empregado podia aposentar-se, ou de seis, em caso contrário. A Lei n. 14.188, de 5 de abril de 1974, estabeleceu que o teto da indenização é de seis salários ou 150 diárias, em qualquer caso de dispensa imotivada. Os mensalistas têm a indenização correspondente a um mês de salário por ano de trabalho ou fração[55].

Permite o art. 1.221 do Código Civil o término do contrato de trabalho por mútuo acordo, sem que haja pagamento de indenização, salvo se houver previsão no contrato.

O empregador que despedir o empregado deve também uma indenização pelo simples fato de despedi-lo, podendo ser devedor de outra indenização se abusivo o exercício do direito[56].

Mesmo havendo falência, a jurisprudência tem entendido que deve haver o pagamento da indenização de dispensa. No encerramento da empresa, é devida indenização ao trabalhador.

Para os mensalistas, a indenização será equivalente à última remuneração do empregado, multiplicada por ano ou fração de atividade. O Decreto-lei n. 14.188, de 5 de abril de 1974, limitou a indenização a seis mensalidades. Na hipótese de falta grave, a indenização é indevida.

As despedidas são consideradas nulas em relação: a) aos integrantes dos Conselhos Paritários das empresas concessionárias de serviços públicos, salvo por motivo grave e fundamentado (art. 2º da Lei n. 10.913, de 25-6-1947); b) ao dirigente sindical (art. 8º do Decreto n. 622, de 1º-8-1973); c) às despedidas com base em greve ilícita (art. 41 do Decreto n. 622/73).

O sistema uruguaio não prevê aviso prévio na dispensa do trabalhador. Só há aviso prévio na área rural, sendo de 30 dias (art. 34 da Lei n. 10.809, de 16-10-1946). A indenização é de um mês de salário por ano de empresa, com o limite máximo de seis meses ou 150 diárias.

Foi instituída contribuição adicional à Caixa de Aposentadorias da Indústria e Comércio, correspondente a um mês para cada três anos de antiguidade, com limitação a três meses, caso a despedida não seja efetuada com justa causa (art. 26 da Lei de 6 de outubro de 1919). Justa causa é não só o comportamento do trabalhador, mas também a situação econômica da empresa. O art. 24 do Decreto de 17 de maio de 1934 entende por justa causa: a) o volume total dos negócios ou da produção industrial diminua e não se preencham vagas; b) o empregado incorra em delito de falta grave: 1) a inaptidão física ou profissional da pessoa para a tarefa para a qual foi contratada; 2) a embriaguez habitual; 3) atos de indisciplina, produção insuficiente, ausência injustificada, estrago intencional

---

55. PLÁ RODRIGUEZ, Américo. *Los principios del derecho del trabajo*. 2. ed. Buenos Aires: Depalma, 1990, p. 187.

56. FERRARI, Francisco de. *Derecho del trabajo*. 2. ed. Buenos Aires: Depalma, 1969, p. 435.

dos utensílios ou materiais de trabalho e outros fatos de importância análoga. Em todos os casos, incumbe às empresas provar a justa causa para a despedida, cabendo à Caixa decidir.

Quando o empregador despede o empregado ilicitamente, há direito a dano moral e material. O pagamento da indenização por dano moral e material é cumulado com a indenização pela dispensa. São danos distintos a ser indenizados[57].

2.3.26 URSS

Previa o art. 40 da Constituição da antiga União Soviética que

os cidadãos da URSS têm direito ao trabalho; isto é, a obter um trabalho garantido e remunerado segundo a sua quantidade e qualidade e não inferior ao mínimo estabelecido pelo Estado, incluindo o direito de escolher a profissão, o gênero de ocupação e o trabalho de acordo com sua vocação, as suas aptidões, preparação profissional, grande instrução e em conformidade com as necessidades da sociedade.

Na antiga URSS, o ingresso no trabalho e a liberdade de extinção da relação de emprego por vontade do trabalhador eram princípios do direito laboral soviético[58].

2.3.27 Venezuela

Nos contratos por tempo indeterminado, o obreiro faz jus a indenização pela dispensa de metade dos salários do último mês laborado, por ano ou fração superior a oito meses de trabalho ininterrupto.

2.4 CONCLUSÃO

Não foi encontrado sistema idêntico ao do nosso FGTS, inexistente nos sistemas comparados ou preconizado pela OIT. O que foi verificado e que chega mais perto do FGTS brasileiro são os sistemas espanhol, chileno e equatoriano. O espanhol não garante o tempo de serviço do empregado, mas o pagamento de salários não saldados pelo empregador. O chileno não tem um depósito individual para cada trabalhador, mas um fundo coletivo, que será utilizado pelo empregador quando houver a dispensa do empregado. O equatoriano é uma espécie de fundo de reserva, constituído por um mês de salário por ano.

---

57. MAGARELLI, Cristina. Responsabilidad laboral y ley civil. *Derecho Laboral*, t. XXXII, n. 153, p. 114 e s., jan./mar. 1989.

58. PASHERSTNIK, A. Derecho laboral soviético. In: ROMASHKIN, P. *Fundamentos do direito soviético*. Trad. José Echinique. Moscou: Ed. en Lenguas Extranjeras, 1962, p. 288.

No Brasil, o sistema de dispensa dos trabalhadores envolve a liberação dos depósitos do FGTS e o pagamento da indenização de 40% sobre os depósitos do FGTS. Não há limite para essa indenização, pois incide sobre os depósitos do FGTS. Assim, um empregado que tenha mais anos de serviço não terá nenhum limite de indenização. Em outros países, a indenização da despedida está limitada a um salário por ano e outros indicam até um número de salários, como no máximo seis meses de salários.

Em nosso país, muitos dos direitos trabalhistas não são flexíveis. Na crise, o empregador prefere dispensar o empregado. Quando há a retomada da produção, as empresas preferem pagar horas extras a contratar empregados. Daí a importância da instituição de acordo de compensação de horas ou "banco de horas", do "banco de dias", visando evitar a dispensa do trabalhador.

Nos sistemas que estabelecem indenização compensatória pela dispensa do trabalhador, não se pode dizer que a referida indenização tem natureza de indenização por abuso de direito, pois o empregador apenas exercita o direito potestativo de dispensa do empregado.

A maioria dos países que estabelece regras para a proteção da dispensa coletiva a considera fundada em razões exteriores à relação laboral, sendo decorrentes de motivos estruturais, tecnológicos ou conjunturais.

Em alguns sistemas de dispensa, a primeira fase foi a dispensa sem nenhuma justificativa do empregador. A segunda fase foi a dispensa motivada, por razões econômicas, técnicas, de aptidão ou capacidade do trabalhador. A dispensa motivada não pode ser considerada apenas a decorrente de falta grave do empregado, mas a proveniente de outros fatores, como: se o empregado tem capacidade para trabalhar na empresa, em virtude de motivo econômico, financeiro ou técnico. Na terceira fase, há a dispensa controlada, por intermédio de órgãos judiciais ou administrativos, sendo a dispensa a última medida do empregador.

É correto o procedimento das legislações estrangeiras que determina que, se o empregado for reintegrado, deve ser deduzido de seu crédito o salário recebido em outra empresa. O empregado não pode ser beneficiado com remuneração dupla, se já recebeu salários de outro empregador.

II
PRINCÍPIO DA CONTINUIDADE
DO CONTRATO DE TRABALHO

1
CONCEITO GENÉRICO DE PRINCÍPIO

Inicialmente, poder-se-ia dizer que princípio é onde começa algo. É o início, a origem, o começo, a causa. É o momento em que algo tem origem. Princípio de uma estrada é seu ponto de partida, onde ela começa.

"Princípio" vem do Latim *principium, principii*, com o significado de origem, começo, base. Num contexto vulgar, quer dizer o começo da vida ou o primeiro instante. Na linguagem leiga, é o começo, o ponto de partida, a origem, a base. São normas elementares, requisitos primordiais, proposições básicas.

Aurélio Buarque de Holanda afirma que princípio é: "1 – momento ou local ou trecho em que algo tem origem; 2 – Causa primária (...) 4 – Preceito, regra, lei"[1]. Princípios, no plural, para o mesmo autor são "proposições diretoras de uma ciência, às quais todo o desenvolvimento posterior dessa ciência deve estar subordinado"[2].

Aires da Mata Machado Filho esclarece que princípio é o "momento em que uma coisa tem origem; origem, início, começo, causa; causa primária; germe. Proposição de que decorrem outras proposições (consequências); axioma formal que regula a atividade do pensamento lógico"[3].

Princípio é, portanto, começo, alicerce, ponto de partida, "vigas mestras", requisito primordial, base, origem, ferramenta operacional.

Evidentemente, não é esse o conceito geral de princípio que precisamos conhecer, mas seu significado perante o Direito.

Platão usava a palavra "princípio" no sentido de fundamento do raciocínio. Para Aristóteles era a permissão maior de uma demonstração. Kant seguia aproximadamente essa última orientação, dizendo que "princípio é toda proposição geral que pode servir como premissa maior num silogismo"[4].

---

1. FERREIRA, Aurélio Buarque de Holanda. *Novo dicionário Aurélio da língua portuguesa*. 2. ed. Rio de Janeiro: Nova Fronteira, 1996, p. 1.393.
2. Ibid., p. 1.393.
3. MACHADO FILHO, Aires da Mata. *Novíssimo dicionário ilustrado*. 22. ed. Urupês: AGE, s.d.p., p. 871.
4. KANT, Immanuel. *Crítica da razão pura*, Dialética, II, A.

Há quem conteste a validade científica do conceito de princípio como instrumento de análise da realidade, como Nicola Abbagnano, que afirma que

na filosofia moderna e contemporânea, a noção de princípio tende a perder sua importância. Ela inclui, com efeito, a noção de um ponto de partida privilegiado: e não relativamente privilegiado, isto é, com relação a certos escopos, mas absolutamente em si. Um ponto de partida deste gênero dificilmente poderia ser admitido no domínio das ciências[5].

Seria possível indicar princípios morais, religiosos e políticos, com base num contexto moral, religioso ou político em determinado período de tempo. É uma forma de entender o mundo contemporâneo ou como a sociedade vê esse mundo nos dias de hoje, resultantes da prática cotidiana observada nesse meio. Servem de parâmetros de como agir nesse contexto.

Nas ciências físicas, biológicas e químicas toma-se por base um fenômeno concreto e a partir dele começam a ser feitos os estudos para explicá-lo. Em certos casos, não é possível estabelecer uma posição preestabelecida para aquele caso em concreto, pois nem sempre isso se observa, mas o contrário. Caso houvesse a observância rígida do princípio, como verdade preestabelecida sobre o objeto investigado, não seria possível fazer uma investigação completa daquela realidade. Assim, são desenvolvidas "leis" ou tendências que podem ser observadas em certos casos.

Para a Filosofia, princípio é a

proposição que se põe no início de uma dedução, e que não é deduzida de nenhuma outra dentro do sistema considerado, sendo admitida, provisoriamente, como inquestionável. Uma das relações fundamentais apreendidas pelo pensamento, que consiste na atribuição de uma finalidade a tudo o que é, o que resulta a busca da compreensão do que é pelo que está para vir[6].

Na Matemática, os princípios são os postulados, os teoremas. Também se fala em axiomas.

Os princípios poderiam ser considerados fora do ordenamento jurídico, pertencendo à ética. Seriam regras morais, regras de conduta que informariam e orientariam o comportamento das pessoas. Entretanto, os princípios do Direito têm características jurídicas, pois se inserem no ordenamento jurídico, inspiram e orientam o legislador e o aplicador do Direito. Os princípios podem originar-se da ética ou da política, mas acabam integrando-se e tendo aplicação no Direito.

---

5. ABBAGNANO, Nicola. *Dicionário de filosofia*. São Paulo: Mestre Jou, 1982, p. 760.
6. FERREIRA, Aurélio Buarque de Holanda. *Novo dicionário Aurélio da língua portuguesa*. 2. ed. Rio de Janeiro: Nova Fronteira, 1996, p. 1.393.

Outra corrente entende que os princípios estão no âmbito do direito natural, do jusnaturalismo. Seriam ideias fundantes do Direito, que estariam acima do ordenamento jurídico positivo. Seriam regras oriundas do direito natural. Os princípios estariam acima do direito positivo, sendo metajurídicos. Prevaleceriam sobre as leis que os contrariassem. Expressam valores que não podem ser contrariados pelas leis.

No positivismo, os princípios estão na lei, dentro do ordenamento jurídico, identificando-se com este. A lei serve de moldura.

Para os pós-positivistas, os princípios são normas de Direito.

Vou analisar o conceito de princípio para a ciência do Direito.

2
CONCEITO DE PRINCÍPIO PARA O DIREITO

2.1 CONCEITO DE PRINCÍPIO

Antes de examinar os princípios propriamente ditos do direito do trabalho, cabe verificar os conceitos de princípio.

Segundo Amauri Mascaro Nascimento, princípio "é um ponto de partida. Um fundamento. O princípio de uma estrada é o seu ponto de partida, ensinam os juristas"[1]. Princípio é, portanto, onde algo começa.

José Cretella Jr. afirma que "princípios de uma ciência são as proposições básicas, fundamentais, típicas que condicionam todas as estruturações subsequentes. Princípios, neste sentido, são os alicerces da ciência"[2].

Na lição de Miguel Reale, "princípios são 'verdades fundantes' de um sistema de conhecimento, como tais admitidas, por serem evidentes ou por terem sido comprovadas, mas também por motivos de ordem prática de caráter operacional, isto é, como pressupostos exigidos pelas necessidades da pesquisa e da *praxis*"[3].

Carlos Maximiliano assevera que os princípios constituem "as diretivas ideias do hermeneuta, os pressupostos científicos da ordem jurídica"[4].

Celso Antônio Bandeira de Mello esclarece que princípio

> é, por definição, mandamento nuclear de um sistema, verdadeiro alicerce dele, disposição fundamental que se irradia sobre diferentes normas, compondo-lhes o espírito e servindo de critério para sua exata compreensão e inteligência, exatamente por definir

---

1. NASCIMENTO, Amauri Mascaro. *Curso de direito processual do trabalho*. 17. ed. São Paulo: Saraiva, 1997, p. 96.
2. CRETELLA JR., José. Os cânones do direito administrativo. *Revista de Informação Legislativa*, Brasília, ano 25, n. 97, p. 7.
3. REALE, Miguel. *Lições preliminares de direito*. 23. ed. São Paulo: Saraiva, 1996, p. 299.
4. MAXIMILIANO, Carlos. *Hermenêutica e aplicação do direito*. 8. ed. Rio de Janeiro: Livraria Freitas Bastos, 1965, p. 307.

a lógica e a racionalidade do sistema normativo, no que lhe confere a tônica e lhe dá sentido harmônico[5].

Paulo de Barros Carvalho afirma que princípios são "linhas diretivas que informam e iluminam a compreensão de segmentos normativos, imprimindo-lhes um caráter de unidade relativa e servindo de fator de agregação num dado feixe de normas"[6].

Eduardo J. Couture assevera que princípio é o "enunciado lógico extraído da ordenação sistemática e coerente de diversas normas de procedimento, de modo a outorgar à solução constante destas o caráter de uma regra de validade geral"[7].

De Plácido e Silva afirma que princípios, no plural, significam

> as normas elementares ou os requisitos primordiais instituídos como base, como alicerce de alguma coisa. E, assim, princípios revelam o conjunto de regras ou preceitos, que se fixaram para servir de norma a toda espécie de ação jurídica, traçando, assim, a conduta a ser tida em qualquer operação jurídica[8].

Luís Alberto Walrat mostra os requisitos de uma boa definição: a) não deve ser circular; b) não deve ser elaborada em linguagem ambígua, obscura ou figurada; c) não deve ser demasiado ampla nem restrita; d) não deve ser negativa quando possa ser positiva[9]. Afirma o mesmo autor que "as definições são das palavras que fazem referência aos objetos. Por intermédio das definições, o que se nos esclarece é o critério em função do qual a palavra pode ser aplicada a uma determinada classe de objetos"[10].

Os princípios são as proposições básicas que informam as ciências[11]. Para o Direito, o princípio é seu fundamento, a base que irá informar e orientar as normas jurídicas.

Os princípios servem para compreensão do fenômeno jurídico ou informam a compreensão do fenômeno jurídico. Proporcionam direção, execução e aplicabilidade do Direito. Auxiliam a interpretação jurídica.

---

5. MELLO, Celso Antônio Bandeira de. *Curso de direito administrativo*. 7. ed. São Paulo: Malheiros, 1995, p. 537-538.
6. CARVALHO, Paulo de Barros. *Curso de direito tributário*. 4. ed. São Paulo: Saraiva, 1991, p. 90.
7. COUTURE, Eduardo J. *Vocabulário jurídico*. Montevideo, 1960, p. 489.
8. DE PLÁCIO E SILVA. *Vocabulário jurídico*. Rio de Janeiro: Forense, 1990, v. III e IV, p. 447.
9. WALRAT, Luís Alberto. *A definição jurídica*. Porto Alegre: Atrium, 1977, p. 6.
10. Ibid., p. 8.
11. MARTINS, Sergio Pinto. *Introdução ao estudo do direito*. 3ª ed. São Paulo: Saraiva, 2024, p. 113.

2.2 DISTINÇÕES

2.2.1 Diferença entre princípio e norma

A norma é prescrição objetiva e obrigatória por meio da qual se organizam, direcionam-se ou impõem-se condutas. Também não deixa a norma de ser prescrição de vontade impositiva para estabelecer disciplina a respeito de uma conduta dirigida ao ser humano. O conceito de norma não é, contudo, pacífico. A norma tem um sentido de orientação, de regular conduta, tendo caráter imperativo (de superioridade, que mostra quem ordena e quem recebe a ordem, que pode envolver obrigação ou proibição). Jhering entende que a norma jurídica é imperativo abstrato dirigido ao agir humano. A norma não deixa de ser uma proposição – proposição que diz como deve ser o comportamento. De uma maneira geral, toda norma define comportamento. As normas são classificadas, segundo Miguel Reale, em: de conduta ou de organização[12]. As de conduta pretendem disciplinar o comportamento das pessoas. As de organização têm caráter instrumental, visando à estrutura e ao funcionamento de órgãos ou à disciplina de processos técnicos de identificação e aplicação de normas, a fim de assegurar uma convivência juridicamente ordenada[13]. As normas, geralmente, têm sanção por seu descumprimento, porém há normas interpretativas, por exemplo, que não têm sanção.

Em determinado sistema jurídico não encontramos apenas normas, mas também princípios, que podem estar ou não positivados, isto é, previstos na legislação.

Os princípios e as normas são razões de juízo concreto do dever-ser.

Princípios são *standards*[14] jurídicos. São gerais. As normas são atinentes, geralmente, a uma matéria.

Têm os princípios grau de abstração muito maior do que o da norma. São as normas gerais, visando ser aplicadas para um número indeterminado de atos e fatos, que são específicos. Não são editadas para uma situação específica. Os princípios servem para uma série indefinida de aplicações.

Trazem os princípios estimações objetivas, éticas, sociais, podendo ser positivados. Exemplo no direito do trabalho seria o princípio da irredutibilidade salarial, que não era expresso em nosso ordenamento jurídico e hoje está explicitado no inciso VI do art. 7º da Constituição da República. Os princípios

---

12. REALE, Miguel. *Lições preliminares de direito*. 23. ed. São Paulo: Saraiva, 1996, p. 97.
13. Ibid., p. 97.
14. DWORKIN, Ronald. *Taking right seriously*. London: Duckworth, 1987, p. 22.

em forma de norma jurídica são, entretanto, regras, pois estão positivados, mas não deixam também de ser princípios, como ocorre com o princípio da irredutibilidade salarial.

Para Eros Grau, norma jurídica é gênero, englobando como espécies regras e princípios. Princípios são normas jurídicas[15].

2.2.2 Diferença entre princípio e regra

Os princípios diferenciam-se das regras por vários aspectos. As regras estão previstas no ordenamento jurídico. Os princípios nem sempre estão positivados, expressos no ordenamento jurídico, pois em alguns casos estão implícitos nesse ordenamento, contidos em alguma regra. Decorrem os princípios de estimação ética e social.

A regra serve de expressão a um princípio, quando, por exemplo, este é positivado ou até como forma de interpretação da própria regra, que toma por base o princípio. Os princípios não servem de expressão às regras. As regras são a aplicação dos princípios ou operam a concreção dos princípios, sobre os quais se apoiam.

Sustentam os princípios os sistemas jurídicos, dando-lhes unidade e solidez. São, portanto, vigas mestras do ordenamento jurídico. Princípio é a bússola que norteia a elaboração da regra, embasando-a e servindo de forma para sua interpretação. Os princípios influenciam as regras.

Os princípios inspiram, orientam, guiam, fundamentam a construção do ordenamento jurídico. Sob certo aspecto, podem até limitar o ordenamento jurídico, erigido de acordo com os princípios. Não são, porém, axiomas absolutos e imutáveis, pois pode haver mudança da realidade fática, que implica a necessidade da mudança da legislação, do Direito em razão da realidade histórica em que foi erigido.

As regras são instituídas tomando por base os princípios. Orientam os princípios a formação de todo o sistema, enquanto a regra está inserida nele, sendo influenciada pelos princípios. O princípio pode ser levado em consideração para a interpretação da regra, enquanto o inverso não ocorre. A aplicação dos princípios é um modo de harmonizar as regras.

Tem o princípio acepção filosófica, enquanto a regra tem natureza técnica[16].

---

15. GRAU, Eros. *A ordem econômica na Constituição de 1988*: interpretação e crítica. 2. ed. São Paulo: Revista dos Tribunais, 1991, p. 127.

16. MANS PUIGARNAU, Jaime M. *Los principios generales del derecho*. Barcelona: Bosch, 1947, p. XXX.

É o princípio o primeiro passo na elaboração das regras, pois dá sustentáculo a elas. O princípio é muito mais abrangente que uma simples regra; além de estabelecer certas limitações, fornece fundamentos que embasam uma ciência e visam à sua correta compreensão e interpretação.

Como assevera Celso Antônio Bandeira de Mello,

> violar um princípio é muito mais grave que transgredir uma norma qualquer. A desatenção do princípio implica ofensa não apenas a um específico mandamento obrigatório, mas a todo o sistema de comandos. É a mais grave forma de inconstitucionalidade, conforme o escalão do princípio atingido, porque representa insurgência contra todo o sistema, subversão de seus valores fundamentais, contumélia irremissível a seu arcabouço lógico e corrosão de sua estrutura mestra. Isto porque, com ofendê-lo, abatem-se as vigas que o sustêm e alui-se toda a estrutura nelas esforçada[17].

Têm os princípios grau de abstração relativamente elevado. Podem ser vagos, indeterminados, amplos. São *standards* juridicamente vinculantes, fundados na exigência de justiça ou na ideia de direito. Fundamentam regras e permitem verificar a *ratio legis*. As regras podem ser normas vinculativas, com conteúdo meramente funcional, prescrevendo imperativamente uma exigência (de imposição, permissão ou proibição).

A norma tem característica genérica, enquanto a regra tem natureza específica. As regras trazem muitas vezes a concreção dos princípios.

As regras aplicam-se diretamente, não comportando exceções. Ou são aplicadas por completo ou não são aplicadas. É um "tudo ou nada", como afirma Eros Grau[18]. Havendo situação de fato que se encaixa no pressuposto fático, a norma é aplicada. Determina o inciso II do art. 1.864 do Código Civil que há necessidade de que duas testemunhas presenciem o testamento público. Apenas duas testemunhas não poderão presenciá-lo, pois o requisito básico não foi observado.

Coexistem os princípios entre si. Permitem interpretação de valores e de interesses, de acordo com seu peso e sua ponderação. Os princípios devem ser interpretados da mesma maneira como se interpretam as leis, inclusive sistematicamente. Quando os princípios se entrecruzam, deve-se verificar o peso relativo de cada um deles, segundo o entendimento de Eros Grau[19]. A adoção de um princípio implica o afastamento do outro, porém o último não desaparece do sistema. Um princípio pode ser hierarquicamente superior a outro, por ser

---

17. MELLO, Celso Antônio Bandeira de. *Curso de direito administrativo*. 7. ed. São Paulo: Malheiros, 1995, p. 538.
18. GRAU, Eros. *A ordem econômica na Constituição de 1988*: interpretação e crítica. 2. ed. São Paulo: Revista dos Tribunais, 1991, p. 107.
19. Ibid., p. 111.

mais abrangente, ou por ser desdobramento do primeiro ou de outro. Não se pode negar que há uma hierarquia entre os princípios. Havendo conflito entre um e outro, a solução decorre sempre da interpretação que faz prevalecer o mais recente sobre o anterior, o de maior grau sobre o de menor grau. Entretanto, os princípios especiais de certa disciplina, quando existentes, devem prevalecer sobre um princípio geral. O intérprete somente irá socorrer-se dos princípios gerais de direito caso não existam princípios de direito do trabalho[20]. Os princípios constitucionais, apesar de alguns serem mais abrangentes e importantes do que outros, também estão hierarquizados dentro do sistema, com a prevalência do princípio de hierarquia superior sobre o de hierarquia inferior. Nos jogos de princípios, deve-se observar a preponderância do princípio do interesse público sobre o particular, ou a prevalência do princípio do interesse público sobre o princípio do direito adquirido.

Em relação às regras, não há como se verificar a que tem mais importância, pois, se há conflito entre duas regras, uma delas não é válida[21], deixando de existir. As regras antinômicas se excluem. O ordenamento jurídico pode ter critérios para resolver o conflito de regras. Dependendo do caso, a regra de maior hierarquia tem preferência sobre a de menor hierarquia, ou a mais nova tem preferência sobre a mais antiga (§ 1º do art. 2º da Lei de Introdução), ou a mais específica sobre a mais genérica[22].

A regra, de modo geral, é instituída para ser aplicada a uma situação jurídica determinada, embora se aplique a vários atos ou fatos. O princípio acaba, porém, sendo aplicado a uma série indeterminada de situações[23]. Não tem por objetivo o princípio ser aplicado apenas a determinada situação jurídica.

Os princípios não têm sanção por intermédio da lei, por seu descumprimento. A sanção que pode existir é moral.

As regras são normas fundamentais que informam a elaboração e a interpretação do direito, sendo identificadas, portanto, nos textos legais, nas teorias e na doutrina. A regra tem por objetivo ordenação, pôr ordem, regrar, espelhando

---

20. No mesmo sentido o entendimento de Luiz de Pinho Pedreira da Silva (*Principiologia do direito do trabalho*. São Paulo: LTr, 1997, p. 16-17) e Mozart Victor Russomano (*Comentários à CLT*. 13. ed. Rio de Janeiro: Forense, 1990, v. 1, p. 45).

21. GRAU, Eros. *A ordem econômica na Constituição de 1988*: interpretação e crítica. 2. ed. São Paulo: Revista dos Tribunais, 1991, p. 111.

22. Norberto Bobbio também faz referência ao fato de que, para solucionar a antinomia entre normas, deve-se verificar os critérios cronológico (*lex posterior derogat priori*), hierárquico (*lex superior derogat inferiori*) e da especialidade (*Teoria dell'ordinamento giuridico*. Turim: Giappichelli, 1960, p. 96-98).

23. BOULANGER, Jean. Principes généraux du droit positif et droit positif: Le droit privé français au milieu du XX siècle. In: *Etudes offertes a Georges Ripert*. Paris: LGDJ, 1950, p. 55-56.

uma regulamentação de caráter geral. Princípios são construções que servem de base ao direito como fontes de sua criação, aplicação ou interpretação[24].

Os princípios e as regras são razões de juízo concreto de dever-ser.

Permitem os princípios o balanceamento de valores e interesses, de acordo com seu peso e a ponderação de outros princípios conflitantes. As regras não deixam espaço para outra solução, pois ou têm validade, ou não têm. Os princípios envolvem problemas de validade e peso, de acordo com sua importância, ponderação, valia. As regras colocam apenas questões de validade. Têm os princípios função normogênica e sistemática.

Aplicam-se os princípios automática e necessariamente quando as condições previstas como suficientes para sua aplicação manifestam-se. A regra é geral porque estabelecida para número indeterminado de atos ou fatos, não sendo editada para ser aplicada a uma situação jurídica determinada. O princípio é geral porque comporta série indefinida de aplicações, não admitindo hipóteses nas quais não seria aplicável, porém não contém nenhuma especificação de hipótese de estatuição.

2.2.3 Diferença entre princípios e diretrizes

Princípios distinguem-se de diretrizes. Diretrizes são objetivos almejados. É uma pretensão desejada, que pode ou não ser atingida. Princípios não são objetivos, pois fundamentam o sistema jurídico.

Princípios não se confundem com axiomas. Axioma é uma proposição que necessita ser provada. São aplicados em decorrência da lógica.

2.2.4 Diferença entre princípios e peculiaridades

Princípios não se confundem com peculiaridades. Wagner Giglio faz uma interessante distinção entre princípios e peculiaridades, sendo adaptada para esta obra, pois foi analisada apenas no âmbito do direito processual do trabalho:

a) princípios são necessariamente gerais, enquanto peculiaridades são restritas, atinentes a um ou poucos casos;

b) princípios informam, orientam e inspiram preceitos legais, por dedução, podendo deles ser extraídos, por meio de raciocínio indutivo. Das peculiaridades não é possível a extração de princípios, nem delas derivam normas legais;

---

24. WRÓBLEWSKI, Jerzy. Principes du droit. *Dictionnaire encyclopédique de théorie et de sociologie du Droit.* Paris: LGDJ, 1988, p. 317.

c) princípios dão organicidade a institutos e sistemas. As peculiaridades não, pois esgotam sua atuação em âmbito restrito[25].

2.2.5 A Constituição de 1988

O legislador constituinte ajuda a confundir os conceitos, pois ora emprega o termo "princípios", ora "objetivos", "diretrizes", "fundamentos" etc. O art. 1º usa a expressão "fundamentos", que, na verdade, são princípios. O art. 3º fala em "objetivos"[26]. O art. 4º usa a expressão "princípios", pois realmente são princípios. O art. 170 usa a expressão "princípios", estando também inserido no Capítulo I do Título VII, que trata "Dos princípios gerais da atividade econômica", embora haja um objetivo a ser conseguido, que é a existência digna, enquanto a dignidade da pessoa humana é considerada um princípio no inciso III do art. 1º, sendo um fundamento no art. 170. O parágrafo único do art. 194 faz referência a objetivos, que, na verdade, são princípios, pois fundamentam outros preceitos. O art. 198 usa o termo "diretrizes", pois realmente são objetivos do constituinte; na verdade, temos uma norma-objetivo, segundo Eros Grau, que não define nem conduta, nem organização, fixando fins a serem alcançados, objetivos[27]. O art. 203 usa a palavra "objetivos", pois realmente temos objetivos a serem atingidos e não princípios. O art. 206 realmente trata de princípios, pois usa expressamente a palavra "princípios".

2.3 CONSIDERAÇÕES GERAIS

Para o Direito, o princípio é observado dentro de um sistema. O papel dos princípios nesse sistema será fundamental, pois irá informar e orientar tanto o legislador como o intérprete.

Em outras ciências, muitas vezes toma-se por base o que ocorre naquele momento. É o ser. O Direito vai preocupar-se com o que deve ser diante da norma de conduta ou de organização, que corresponde ao que deve ser, ao dever-ser[28]. A ciência jurídica preocupa-se com o dever-ser, isto é, com o ideal para uma situação de comportamento ou organização, e não efetivamente com o ser, que traz a ideia de um elemento concreto. Nesse sentido é que o princípio, para o Direito, é uma proposição diretora, um condutor para efeito da compreensão

---

25. GIGLIO, Wagner D. *Direito processual do trabalho*. 8. ed. São Paulo: LTr, 1994, p. 104.
26. Calmon de Passos dá a entender que o art. 3º da Constituição contém princípios e não objetivos (O princípio de não discriminação. In: *Curso de direito constitucional do trabalho*: estudos em homenagem ao professor Amauri Mascaro Nascimento. São Paulo: LTr, v. 1, 1991, p. 137).
27. GRAU, Eros. *Direito, conceitos e normas jurídicas*. São Paulo: Revista dos Tribunais, 1988, p. 132.
28. KELSEN, Hans. *Teoria pura do direito*. São Paulo: Martins Fontes, 1987, p. 4-10 e 96-101.

da realidade diante de certa norma. Os princípios do Direito não são, porém, regras absolutas e imutáveis, que não podem ser modificadas, mas a realidade acaba mudando certos conceitos e padrões anteriormente verificados, formando novos princípios, adaptando os já existentes e assim por diante. Têm, também, de ser os princípios examinados dentro do contexto histórico em que surgiram. Dentro da dinâmica da história, podem ser alterados ou adaptados diante da nova situação.

Atuam os princípios no Direito inicialmente antes de a regra ser feita, ou numa fase pré-jurídica ou política. Nessa fase, os princípios acabam influenciando a elaboração da regra, como proposições ideais. Correspondem ao facho de luz que irá iluminar o legislador na elaboração da regra jurídica. São fontes materiais do Direito, pois muitas vezes são observados na elaboração da regra jurídica.

3
FUNÇÃO DOS PRINCÍPIOS

Os princípios têm várias funções: informadora, normativa e interpretativa.

A função informadora serve de inspiração ao legislador, dando base à criação de preceitos legais, fundamentando as normas jurídicas e servindo de sustentáculo para o ordenamento jurídico. São descrições informativas que irão inspirar o legislador. Num segundo momento, os princípios informadores servirão também de auxílio ao intérprete da norma jurídica positivada.

Atua a função normativa como fonte supletiva, nas lacunas ou omissões da lei, quando inexistam outras normas jurídicas que possam ser utilizadas pelo intérprete. Irão atuar em casos concretos em que inexista uma disposição específica para disciplinar determinada situação. Nesse caso, são utilizados como regra de integração da norma jurídica, preenchendo as lacunas existentes no ordenamento jurídico, completando-a, inteirando-a. Seria também uma espécie de função integrativa, como instrumentos de integração das normas jurídicas, como ocorre, por exemplo, nas lacunas.

A interpretação de certa norma jurídica também deve ser feita de acordo com os princípios. Irá a função interpretativa servir de critério orientador para os intérpretes e aplicadores da lei. Será uma forma de auxílio na interpretação da norma jurídica e também em sua exata compreensão. De modo geral, qualquer princípio acaba cumprindo também uma função interpretativa da norma jurídica, podendo servir como fonte subsidiária do intérprete para a solução de um caso concreto.

Têm, ainda, os princípios função construtora. Indicam a construção do ordenamento jurídico, os caminhos que devem ser seguidos pelas normas.

O art. 8º da CLT autoriza o intérprete a utilizar-se da analogia, da equidade, dos princípios gerais de direito, principalmente do direito do trabalho, dos usos e costumes, na falta de disposições legais ou contratuais específicas, porém desde que nenhum interesse de classe ou particular prevaleça sobre o interesse público. O art. 4º da Lei de Introdução[1] permite ao juiz, quando a lei for omissa, decidir o caso concreto que lhe foi submetido de acordo com a analogia, os costumes

---

1. Decreto-lei n. 4.657, de 4 de setembro de 1942.

e os princípios gerais de direito. O art. 140 do Código de Processo Civil dispõe que o juiz não se exime de sentenciar ou despachar alegando lacuna ou obscuridade da lei. No julgamento da lide, caber-lhe-á aplicar as normas legais; não as havendo, recorrerá à analogia, aos costumes e aos princípios gerais de direito. O juiz, porém, só decidirá por equidade nos casos previstos em lei (parágrafo único do art. 140 do CPC), como ocorre no direito do trabalho com a autorização do art. 8º da CLT. Da forma como o art. 8º da CLT está redigido, os princípios têm função integrativa da norma jurídica, pois apenas na falta de disposições legais ou contratuais é que serão aplicados. Isso significa que serão utilizados quando houver lacuna na lei, completando a norma jurídica. Poderão também ser utilizados como forma de interpretação, quando a norma não seja suficientemente clara para o caso a ser dirimido.

Dispõe o art. 8º da CLT que os princípios são aplicáveis quando houver omissão na CLT. Em nosso sistema, os princípios não têm função retificadora ou corretiva da lei, pois só são aplicáveis em caso de lacuna da lei. A finalidade dos princípios é de integração da lei. Havendo norma legal, convencional ou contratual, os princípios não são aplicáveis.

No direito comparado também é observada a utilização dos princípios nas lacunas da lei.

O art. 16º do Código Civil de Portugal dispõe que se deve recorrer aos princípios de "direito natural" quando de nada valerem, para a resolução da questão controvertida, nem o texto escrito, nem o espírito, nem o processo analógico.

Determina o art. 332 da Constituição austríaca a injunção de normas constitucionais, não regulamentadas, em razão dos princípios gerais de direito. Na Áustria, considera-se que "os princípios de justiça natural suprem as lacunas das disposições vigentes". O art. 7º do Código Civil determina que, se o caso permanecer duvidoso, deve ser resolvido em razão das circunstâncias reunidas com cuidado e maduramente apreciadas, segundo os princípios jurídicos naturais.

Reza o art. 16 do Código Civil do Uruguai que, se "ocorrer um negócio jurídico que não se possa resolver pelas palavras nem pelo espírito da lei, sobre a matéria, recorrer-se-á aos fundamentos das leis análogas; e se, ainda assim subsistir a dúvida, recorrer-se-á aos princípios gerais de direito (...)".

Previa o art. 3º do Código Civil italiano de 1865 que, se não for possível decidir uma controvérsia com uma disposição precisa de lei, recorrer-se-á às disposições que regulam casos semelhantes ou matérias análogas; se o caso permanecer ainda em dúvida, decidir-se-á de acordo com os princípios gerais de direito. É, portanto, um recurso supletivo. A alínea 2ª do art. 12 das Disposições Preliminares do Código Civil italiano afirma que, "se o caso permanecer dúbio, se decide conforme o princípio geral do ordenamento jurídico do Estado".

Os princípios serão o último elo de que o intérprete irá se socorrer para a solução do caso que lhe foi apresentado. São, portanto, os princípios espécies de fontes secundárias para aplicação da norma jurídica, sendo fundamentais na elaboração das leis e na aplicação do direito, preenchendo lacunas da lei.

4
PRINCÍPIOS GERAIS

4.1 INTRODUÇÃO

Sendo um ramo específico do Direito, o direito do trabalho também tem princípios próprios.

Determina o art. 8º da CLT claramente que

as autoridades administrativas e a Justiça do Trabalho, na falta de disposições contratuais ou legais, poderão decidir de acordo com princípios e normas gerais de direito, principalmente de direito do trabalho, mas sempre de forma que nenhum interesse de classe ou particular prevaleça sobre o interesse público.

Na falta de disposições legais ou contratuais, o intérprete pode socorrer-se dos princípios de direito do trabalho, mostrando que esses princípios são fontes supletivas da referida matéria.

Na ausência dos princípios do direito do trabalho, o intérprete pode socorrer--se dos princípios gerais de Direito. Evidencia-se, portanto, o caráter informador dos princípios, de informar o legislador na fundamentação das normas jurídicas, assim como o de fonte normativa, de suprir as lacunas e omissões da lei.

Há, por conseguinte, autorização na lei consolidada para que sejam utilizados os princípios de Direito para decidir os conflitos trabalhistas.

4.2 PRINCÍPIOS GERAIS

Existem princípios que são comuns ao Direito em geral. É de se destacar, por exemplo, que ninguém poderá alegar a ignorância do Direito. O art. 3º da Lei de Introdução é claro no sentido de que ninguém se escusa de cumprir a lei, alegando que não a conhece.

O princípio do respeito à dignidade da pessoa humana é hoje encontrado até mesmo na Constituição (art. 1º, III), como um dos objetivos da República Federativa do Brasil, como um Estado Democrático de Direito. Há de se respeitar a personalidade humana, como um direito fundamental. O inciso X do art. 5º da Lei Maior assegura a inviolabilidade à intimidade, à vida privada, à honra e à imagem das pessoas, assegurando o direito à indenização pelo dano material ou moral decorrente de sua violação.

O princípio da proibição do abuso de direito ou do lícito exercício regular do próprio direito é fundamental no Direito. O inciso I do art. 188 do Código Civil mostra que não constituem atos ilícitos os praticados no exercício regular de um direito reconhecido. Logo, se o ato é praticado mediante o seu exercício irregular, estaremos diante de um ato ilícito. Silvio Rodrigues afirma que o abuso do direito constitui uma das dimensões do ilícito[1].

Veda também o Direito o enriquecimento sem causa. Uma pessoa não poderá locupletar-se de outra, enriquecendo às custas dela, sem que haja causa para tanto.

Tem, ainda, o Direito função social, que é regular a vida humana na sociedade, estabelecendo regras de conduta que devem ser respeitadas por todos. No direito romano já se dizia que onde está o Direito, está a sociedade e vice-versa. Entretanto, pode-se dizer que o Direito é que está a serviço da sociedade e não esta a serviço do Direito. Não há como negar, porém, que o Direito desempenha função social, que é fundamental para regular a vida humana em sociedade.

É aplicável o princípio da boa-fé, inclusive nos contratos, seja no direito civil (art. 422 do CC) ou no comercial, mas também no direito do trabalho. É observado inclusive no processo civil (art. 5º do CPC) e também no processo do trabalho, pois a CLT é omissa e aplica-se o CPC (art. 769 da CLT). Assim, não se pode dizer que se trata de um princípio específico de direito do trabalho, como quer Américo Plá Rodriguez[2]. Todo e qualquer contrato ou relação jurídica deve ter por base a boa-fé, assim como qualquer pessoa deveria assim proceder em suas relações. O empregado deve cumprir sua parte no contrato de trabalho, desempenhando normalmente suas atividades, enquanto o empregador também deve cumprir com suas obrigações, daí se falar numa lealdade recíproca.

Não se pode alegar a própria torpeza como forma de deixar de cumprir certa relação. Determinada situação não pode ser considerada nula em razão de a própria parte lhe ter dado causa. É a aplicação da regra latina *"nemo suam propriam turpitudinem profitare potest"*, contida no art. 276 do Código de Processo Civil e na alínea *b* do art. 796 da CLT.

Os princípios gerais cumprem, assim, função primordial de assegurar a unidade do sistema, como um conjunto de valores e partes coordenadas entre si.

---

1. RODRIGUES, Silvio. *Direito civil*. São Paulo: Max Limonad, 1962, p. 338.
2. PLÁ RODRIGUEZ, Américo. *Los principios del derecho del trabajo*. Buenos Aires: Depalma, 1990, p. 305.

4.3 PRINCÍPIOS DE DIREITO CIVIL

Certos princípios de direito civil, principalmente de contratos, são aplicáveis ao direito do trabalho.

É possível lembrar os princípios de que o contrato faz lei entre as partes, ou da força obrigatória dos contratos. Disso decorre o *pacta sunt servanda*, ou seja: os acordos devem ser cumpridos. Esse princípio é aplicado ao contrato de trabalho quando se fala na inalterabilidade das condições de trabalho, que na CLT é encontrada no art. 468. O inciso VI do art. 7º da Constituição também consagrou o referido princípio quando dispôs que o salário, de modo geral, não pode ser reduzido, salvo mediante convenção ou acordo coletivo.

É claro que o *pacta sunt servanda* sofre certas atenuações, como da cláusula *rebus sic stantibus*. Enquanto as coisas permanecerem como estão, devem ser observadas as regras anteriores. Se houver alguma modificação substancial, deve haver revisão da situação anterior. É o que ocorreria com o empregador que se obriga a pagar adicional de insalubridade ao empregado que presta serviços em condições prejudiciais à sua saúde. Entretanto, esse pagamento pode ser revisto em razão da utilização de equipamentos de proteção individual que vêm a eliminar a insalubridade existente ou na mudança do ambiente de trabalho, com a eliminação dos riscos nocivos à saúde do trabalhador. O mesmo se pode dizer quando há mudança na realidade econômica, que pode implicar grave desequilíbrio contratual entre as partes, que não era previsto na relação inicial, necessitando também haver revisão das condições anteriormente pactuadas. As alterações do contrato de trabalho para melhor serão, porém, sempre permitidas. As modificações para pior é que serão proibidas, mesmo que haja mútuo consentimento (art. 468 da CLT). O salário pode agora ser reduzido, contudo apenas por convenção ou acordo coletivo (art. 7º, VI, da Lei Maior).

Lembre-se, ainda, o princípio da *exceptio non adimpleti contractus*, ou seja: nenhum dos contraentes pode exigir o implemento de sua obrigação antes de cumprir sua parte no pactuado (art. 476 do CC). Existe, também, o sinalagma inerente a qualquer contrato, em que há uma reciprocidade de direitos e obrigações.

O princípio da autonomia da vontade do direito civil também é aplicado no direito do trabalho. As pessoas podem livremente se manifestar quanto à sua vontade. O art. 444 da CLT declara que é livre a estipulação de condições de trabalho, porém não se pode contrariar a ordem pública, as decisões judiciais e as normas coletivas. No direito civil, a autonomia da vontade é plena, enquanto no direito do trabalho sofre limitações da legislação, que assegura certas regras básicas ao trabalhador. As normas de ordem pública têm por objetivo coibir os abusos que possam ser praticados pelo empregador.

5
PRINCÍPIOS DE DIREITO DO TRABALHO

5.1 INTRODUÇÃO

É preciso trazer à lembrança, em primeiro lugar, que hoje existe liberdade de trabalho, pois não impera a escravidão ou a servidão, sendo as partes livres para contratar, salvo em relação a disposições de ordem pública.

No âmbito doutrinário, porém, são poucos os autores que tratam dos princípios do direito do trabalho. Mesmo em relação aos poucos autores que versam sobre o tema, não há unanimidade sobre quais seriam os princípios do direito do trabalho, dependendo da ótica de cada um. São, portanto, os princípios de direito do trabalho discutíveis na doutrina, não havendo unanimidade no tema.

Há quatro obras específicas sobre o tema: *Princípios de direito do trabalho*, de Américo Plá Rodriguez[1]; *Os princípios de direito do trabalho na lei e na jurisprudência*, de Francisco Meton Marques de Lima[2]; *Os princípios do direito do trabalho*, de Alfredo Ruprecht[3], e *Principiologia do direito do trabalho*, de Luiz de Pinho Pedreira[4]. Outros autores versam sobre os princípios em seus cursos de direito do trabalho.

Para o jurista uruguaio Américo Plá Rodriguez, os princípios do direito laboral seriam os seguintes: a) princípio da proteção; b) princípio da irrenunciabilidade de direitos; c) princípio da continuidade da relação de emprego; d) princípio da realidade; e) princípio da razoabilidade; f) princípio da boa-fé[5].

Francisco Meton Marques de Lima entende que são princípios do direito do trabalho: a) norma mais favorável ao empregado; b) *in dubio pro operario*;

---

1. PLÁ RODRIGUEZ, Américo. *Princípios de direito do trabalho*. 2. tir. São Paulo: LTr, 1993. Em espanhol, o título é *Los principios del derecho del trabajo* (2. ed. Buenos Aires: Depalma, 1990).
2. LIMA, Francisco Meton Marques de. *Os princípios de direito do trabalho na lei e na jurisprudência*. 2. ed. São Paulo: LTr, 1997.
3. RUPRECHT, Alfredo J. *Os princípios do direito do trabalho*. São Paulo: LTr, 1995.
4. SILVA, Luiz de Pinho Pedreira da. *Principiologia do direito do trabalho*. São Paulo: LTr, 1997.
5. PLÁ RODRIGUEZ, Américo. *Princípios de direito do trabalho*. 2. tir. São Paulo: LTr, 1993, p. 24.

c) condição mais benéfica ao trabalhador; d) irrenunciabilidade dos direitos trabalhistas; e) primazia da realidade; f) razoabilidade; g) imodificabilidade *in pejus* do contrato de trabalho; h) irredutibilidade salarial; i) igualdade salarial; j) substituição automática das cláusulas contratuais pelas disposições coletivas; k) boa-fé; l) rendimento; m) colaboração[6].

Alfredo Ruprecht pensa que os princípios do direito do trabalho são: a) o protetor; b) da irrenunciabilidade de direitos; c) da continuidade do contrato; d) da realidade; e) da boa-fé; f) do rendimento; g) da racionalidade; h) de colaboração; i) de não discriminação; j) da dignidade humana; k) da justiça social; l) da equidade; m) da gratuidade nos procedimentos judiciais e administrativos; n) da integralidade ou da intangibilidade[7].

Luiz de Pinho Pedreira da Silva mostra que os princípios do direito do trabalho são: a) de proteção; b) *in dubio pro operario*; c) condição mais benéfica; d) irrenunciabilidade de direitos; e) da continuidade; f) igualdade de tratamento; g) razoabilidade; h) primazia da realidade[8].

Amauri Mascaro Nascimento arrola princípios universais do direito do trabalho: a) da liberdade do trabalho; b) da organização sindical; c) das garantias mínimas ao trabalhador; d) da multinormatividade do direito do trabalho; e) da norma favorável ao trabalhador; f) da igualdade salarial; g) da justa remuneração; h) do direito ao emprego; i) do direito ao descanso; j) do direito à previdência social; k) da condição mais benéfica[9]. O princípio do direito ao emprego ou do direito ao trabalho seria aquele em que "o Estado tem o dever de promover medidas econômicas destinadas à abertura de frentes de trabalho em dimensão suficiente para absorver a mão de obra que ingressa na ordem trabalhista e de impedir o desemprego"[10].

Francisco Rossal de Araújo enumera os princípios do direito do trabalho como: a) princípio da proteção; b) princípio da continuidade; c) princípio da irrenunciabilidade; d) princípio da não discriminação; e) princípio da primazia da realidade; f) princípio da imodificabilidade lesiva e da irredutibilidade salarial[11].

Mario Deveali afirma que os princípios são os seguintes: a) da generalidade e igualdade; b) da progressão racional; c) da economia; d) da reativação do

---

6. LIMA, Francisco Meton Marques de. *Os princípios do direito do trabalho*. 2. ed. São Paulo: LTr, 1997, p. 75 a 169.
7. RUPRECHT, Alfredo J. *Os princípios do direito do trabalho*. São Paulo: LTr, 1995, p. 9 a 114.
8. SILVA, Luiz de Pinho Pedreira. *Principiologia do direito do trabalho*. São Paulo: LTr, 1997, p. 20.
9. NASCIMENTO, Amauri Mascaro. *Curso de direito do trabalho*. 13. ed. São Paulo: Saraiva, 1997, p. 288-289.
10. Ibid., p. 289.
11. ARAÚJO, Francisco Rossal de. *A boa-fé no contrato de emprego*. São Paulo: LTr, 1996, p. 77-92.

mundo econômico trabalhista e efetividade dos benefícios; e) da sinceridade das leis trabalhistas[12].

Manoel Alonso García assevera que são princípios do direito do trabalho: a) *pro operario*; b) da norma mais favorável; c) da condição mais benéfica; d) da irrenunciabilidade de direitos; e) da continuidade da relação de emprego[13].

Álvaro García Solano é um dos poucos autores que não trataram do princípio da continuidade do contrato de trabalho quando estuda os princípios do direito do trabalho[14].

Maurício Godinho Delgado fala em princípios de direito individual e direito coletivo do trabalho, pois entende que há princípios distintos para cada um dos segmentos do direito do trabalho[15].

Os princípios são, porém, do direito do trabalho, tendo aplicabilidade tanto no direito individual como no coletivo do trabalho. O direito do trabalho é o gênero, sendo as espécies o direito individual do trabalho, o direito tutelar do trabalho e o direito coletivo do trabalho. O núcleo central do princípio tem aplicação ao direito do trabalho em sua totalidade, em sua unidade e não apenas para um dos seus segmentos. O que o direito do trabalho visa é à melhoria da condição do trabalhador, o que é feito tanto no direito individual do trabalho como no coletivo. O princípio da proteção também se aplica ao direito coletivo do trabalho, pois a norma coletiva deve visar proteger o empregado e proporcionar-lhe melhores condições de trabalho.

A análise das obras mostra que não há unanimidade a respeito de quais seriam os princípios do direito do trabalho, mas a maioria dos autores trata do princípio da continuidade do contrato de trabalho.

O princípio da razoabilidade esclarece que o ser humano deve proceder conforme a razão, como procederia qualquer homem médio ou comum. Estabelece-se, assim, um padrão comum que o homem médio teria em qualquer situação. É a aplicação da lógica do razoável de Recaséns Siches[16], pois a lógica do Direito é a lógica do razoável.

O empregador é que deve fazer a prova de que a despedida foi por justa causa, pois normalmente o empregado não iria dar causa à extinção do contrato de trabalho, justamente porque é a forma de obter o sustento de sua família.

---

12. DEVEALI, Mario. *Lineamientos del derecho del trabajo*. Buenos Aires: Ed. Argentina, 1948, p. 59 e s.
13. ALONSO GARCÍA, Manuel. *Curso de derecho del trabajo*. 3. ed. Barcelona: Ariel, 1971, p. 279.
14. GARCÍA SOLANO, Álvaro. *Derecho del trabajo*. Bogotá: Temis, 1981, p. 17-51.
15. DELGADO, Maurício Godinho. Princípios do direito do trabalho. *LTr*, São Paulo, 59-04, p. 475.
16. RECASÉNS SICHES, Luis. *Nueva filosofía de la interpretación del derecho*. México: Porrúa, 1973, p. 255.

Da mesma forma, o empregador é que deve fazer a prova de que o empregado presta serviços embriagado, pois o homem comum não se apresenta nessas condições. O mesmo se pode dizer do abandono de emprego. O empregado, por presunção, não tem interesse em abandonar o emprego, visto que é dele que irá conseguir seus proventos, com os quais irá sobreviver. Assim, cabe ao empregador provar que o empregado abandonou o emprego, pois o homem médio não abandonaria o emprego sem algum fundamento.

Entretanto, essa regra de razoabilidade diz respeito à interpretação de qualquer ramo do Direito, e não apenas ao direito do trabalho. Lógico que é aplicada ao direito do trabalho, mas não se pode dizer que se trata de um princípio específico do direito laboral, pois é observada à generalidade dos casos, como regra de conduta humana.

O princípio da boa-fé nos contratos não se aplica apenas ao direito do trabalho, mas a qualquer contrato, pois o dever do homem é ter boa-fé ao proceder em suas relações.

Assim, excluí os princípios da razoabilidade e da boa-fé em relação àqueles que entendo ser os específicos do direito do trabalho.

Os princípios estão interligados, sendo que um não é consequência dos outros.

Vou tratar de forma resumida os princípios que entendo ser de direito do trabalho para depois tratar especificamente apenas do princípio da continuidade do contrato de trabalho.

5.2 PRINCÍPIOS ESPECÍFICOS DO DIREITO DO TRABALHO

5.2.1 Princípio da proteção

Como regra geral que se deve proporcionar uma forma de compensar a superioridade econômica do empregador em relação ao empregado, dando a este último superioridade jurídica. Esta é conferida ao empregado no momento em que se dá ao trabalhador a proteção que lhe é dispensada por meio da lei.

Pode-se dizer que o princípio da proteção pode ser desmembrado em três: a) o *in dubio pro operario*; b) o da aplicação da norma mais favorável ao trabalhador; c) o da aplicação da condição mais benéfica ao trabalhador.

Na dúvida, deve-se aplicar a regra mais favorável ao trabalhador ao se analisar certo preceito que encerra regra trabalhista, isto é: *in dubio pro operario*.

A aplicação da norma mais favorável pode ser dividida de três formas: a) elaboração da norma mais favorável, em que as novas leis devem dispor de maneira mais favorável ao trabalhador. Com isso, quer-se dizer que as novas leis devem tratar de criar regras visando à melhoria da condição social do trabalhador; b) a hierarquia das normas jurídicas: havendo várias normas a serem aplicadas numa escala hierárquica, deve-se observar a que for mais favorável ao trabalhador. Assim, se o adicional de horas extras previsto em norma coletiva for superior ao previsto em lei ou na Constituição, deve-se aplicar o adicional da primeira regra. A exceção diz respeito a normas de caráter proibitivo; c) a interpretação da norma mais favorável: da mesma forma, havendo várias normas a observar, deve-se aplicar a regra que for mais benéfica ao trabalhador. *A contrario sensu*, as normas estabelecidas em acordo coletivo, quando mais favoráveis, prevalecerão sobre as estipuladas em convenção coletiva. Assevera Maurício Godinho Delgado que o princípio da norma mais favorável é o mais importante, "quer pela diferenciação que demarca entre o ramo justrabalhista especializado e o restante do universo normativo contemporâneo, quer pela larga abrangência que tem nesta área especializada do Direito"[17]. A orientação da norma mais benéfica a ser aplicada ao empregado tem também uma concepção política, pois irá informar o legislador na elaboração da nova norma, dentro de uma fase pré-jurídica.

A condição mais benéfica ao trabalhador deve ser entendida como o fato de que condições já conquistadas, que são mais vantajosas ao trabalhador, não podem ser modificadas para pior. Pode-se dizer que é a aplicação da regra do direito adquirido (art. 5º, XXXVI, da Constituição), do fato de o trabalhador já ter conquistado certo direito, que não pode ser modificado, no sentido de se outorgar condição desfavorável ao obreiro. A Súmula 51 do TST bem estampa essa orientação: "as cláusulas regulamentares, que revoguem ou alterem vantagens deferidas anteriormente, só atingirão os trabalhadores admitidos após a revogação ou alteração do regulamento". Assim, uma cláusula menos favorável aos trabalhadores só tem validade em relação aos novos obreiros admitidos na empresa e não quanto aos antigos, aos quais essa cláusula não se aplica.

A orientação contida no princípio *in dubio pro operario* não se aplica integralmente ao processo do trabalho, pois, havendo dúvida, à primeira vista, não se poderia decidir a favor do trabalhador, mas verificar quem tem o ônus da prova no caso concreto, de acordo com as especificações do art. 818 da CLT.

---

17. DELGADO, Maurício Godinho. Princípios do direito do trabalho. *LTr*, São Paulo, n. 59-04/476, abr. 1995.

5.2.2 Princípio da irrenunciabilidade de direitos

Como regra que os direitos trabalhistas são irrenunciáveis pelo trabalhador. Não se admite, por exemplo, que o trabalhador renuncie ao recebimento de salários atrasados. Se tal fato ocorrer, não terá nenhuma validade o ato do operário, podendo o obreiro reclamá-lo na Justiça do Trabalho.

O art. 9º da CLT é claro no sentido de que "serão nulos de pleno direito os atos praticados com o objetivo de desvirtuar, impedir ou fraudar a aplicação dos preceitos" trabalhistas.

Poderá, entretanto, o trabalhador renunciar a seus direitos se estiver em juízo, diante do juiz do trabalho, pois nesse caso não se pode dizer que o empregado esteja sendo forçado a fazê-lo. Estando o trabalhador ainda na empresa é que não se poderá falar em renúncia a direitos trabalhistas, pois poderia dar ensejo a fraudes. É possível, também, ao trabalhador transigir, fazendo concessões recíprocas, o que importa um ato bilateral. Feita a transação em juízo, haverá validade em tal ato de vontade, que não poderá ocorrer apenas na empresa, pois, da mesma forma, há a possibilidade da ocorrência de fraudes. Em certos casos, a lei autoriza a transação de certos direitos com a assistência de um terceiro.

5.2.3 Princípio da continuidade do contrato de trabalho

Presume-se que o contrato de trabalho irá ter validade por tempo indeterminado, ou seja, haverá a continuidade da relação de emprego. A exceção à regra são os contratos por tempo determinado, inclusive o contrato de trabalho temporário. A ideia geral é a de que se deve preservar o contrato de trabalho do trabalhador com a empresa, proibindo-se, por exemplo, uma sucessão de contratos de trabalho por tempo determinado.

Esse é um dos temas centrais desta obra, e será mais bem desenvolvido no Capítulo 6.

5.2.4 Princípio da primazia da realidade

No direito do trabalho, os fatos são muito mais importantes do que os documentos. Por exemplo, se um empregado é rotulado de autônomo pelo empregador, possuindo contrato escrito de representação comercial com o último, o que realmente deve ser observado são as condições fáticas que demonstrem a existência do contrato de trabalho. Muitas vezes o empregado assina documentos sem saber o que está assinando. Em sua admissão, pode assinar todos os papéis possíveis, desde o contrato de trabalho até seu pedido de demissão, daí a possibilidade de serem feitas provas para contrariar os documentos apresentados, que irão evidenciar realmente os fatos ocorridos na relação entre as partes.

Prevê o art. 456 da CLT que a prova do contrato de trabalho será feita pelas anotações constantes na Carteira de Trabalho e Previdência Social (CTPS) do empregado ou por instrumento escrito e suprida por todos os meios permitidos em direito. Indica a Súmula 12 do TST que a anotação contida na CTPS do empregado é uma presunção relativa, que admite prova em sentido contrário. Assim, prestigia-se o princípio da primazia da realidade.

São privilegiados, portanto, os fatos, a realidade, sobre a forma ou a estrutura utilizada pelo empregador.

6
PRINCÍPIO DA CONTINUIDADE DO CONTRATO DE TRABALHO

6.1 NOTAS INTRODUTÓRIAS

Não há como negar que o trabalho é de vital importância para as pessoas. O homem se dignifica com o trabalho. Deve ter direito a trabalhar.

O empregado deseja a continuidade indefinida da relação de emprego, como meio de sobrevivência e subsistência de sua família. É uma forma de segurança jurídica, pois é melhor o empregado ganhar pouco e ter emprego a não tê-lo e também não ter salário para poder subsistir. O emprego também proporciona ao empregado ser filiado da Previdência Social e gozar de seus benefícios, principalmente se ficar doente ou sofrer acidente do trabalho, bem como para efeito de aposentadoria.

O trabalhador, assim, teme perder o emprego, pois é o meio de sua manutenção e de sua família.

"O ócio é o pai de todos os vícios", como afirma Francisco Meton Marques de Lima[1]. No mesmo sentido, o pensamento de Celso Barroso Leite ao asseverar que "a ociosidade é a mãe de todos os vícios"[2]. Dessa forma, deve-se proporcionar trabalho às pessoas, para que possam subsistir e até se desenvolver.

Lembra Lacordaire que a liberdade oprime, e a lei, que só pode ser a de Deus, liberta. Assim, também o empregado necessita de certa proteção da legislação para efeito da continuidade de seu contrato de trabalho.

A República Federativa do Brasil tem como fundamentos a dignidade da pessoa humana e os valores sociais do trabalho (art. 1º, III e IV). Gandhi já dizia que "o trabalho dá ao homem sua dignidade". Assegura-se, como direito social, o trabalho (art. 6º da Lei Maior). A ordem econômica é fundada na valorização do trabalho e na busca do pleno emprego (art. 170, *caput* e VIII, da Lei Magna).

---

1. LIMA, Francisco Meton Marques de. *Os princípios de direito do trabalho na lei e na jurisprudência*. 2. ed. São Paulo: LTr, 1997, p. 101.
2. LEITE, Celso Barroso. *O século do desemprego*. São Paulo: LTr, 1994, p. 132.

O art. 193 da Constituição afirma que a ordem social tem por base o primado do trabalho.

Prevê o inciso I do art. 7º da Constituição a proteção da relação de emprego contra a dispensa arbitrária ou sem justa causa, nos termos de lei complementar.

A ordem econômica constitucional funda-se na valorização do trabalho humano e tem por princípios, entre outros, a busca do pleno emprego (art. 170, VIII, da Constituição).

Dispõe ainda o art. 193 da Lei Magna que tem a ordem social como base o primado do trabalho.

Para serem alcançados tais objetivos, é preciso também que haja estabilidade e continuidade da relação de trabalho.

Vários autores consagram a importância do princípio da continuidade do contrato de trabalho. Entre os estrangeiros podemos destacar: Pérez Leñero[3], Vazquez Viallard[4], Américo Plá Rodriguez[5], Giuliano Mazzoni[6], Alfredo J. Ruprecht[7]. Entre os autores brasileiros temos, entre outros: Amauri Mascaro Nascimento[8], Arnaldo Süssekind[9], Hugo Gueiros Bernardes[10], Orlando Teixeira da Costa[11], Cesarino Júnior[12], Francisco Meton Marques de Lima[13] e Pinho Pedreira[14].

Os países do Mercosul têm, também, em comum a aplicação do princípio da continuidade do contrato de trabalho.

---

3. PÉREZ LEÑERO, José. *Teoría general del derecho español del trabajo*. Madrid: Espasa-Calpe, 1948, p. 223.

4. VAZQUEZ VIALLARD, Antonio. *Tratado del derecho del trabajo*. Buenos Aires: Astrea, 1982, t. 2, p. 251 e s.

5. PLÁ RODRIGUEZ, Américo. *Princípios de direito do trabalho*. 2. tir. São Paulo: LTr, 1993, p. 138 e s.

6. MAZZONI, Giuliano. *Manuale di diritto del lavoro*. 6. ed. Milano: Giuffrè, 1988, v. I, p. 54.

7. RUPRECHT, Alfredo J. *Os princípios do direito do trabalho*. São Paulo: LTr, 1995, p. 54 e s.

8. NASCIMENTO, Amauri Mascaro. *Curso de direito do trabalho*. 13. ed. São Paulo: Saraiva, 1997, p. 483-484.

9. SÜSSEKIND, Arnaldo. *Instituições de direito do trabalho*. 16. ed. São Paulo: LTr, 1996, v. 1, p. 135.

10. BERNARDES, Hugo Gueiros. *Direito do trabalho*. São Paulo: LTr, 1989, v. I, p. 104.

11. COSTA, Orlando Teixeira da. Os princípios do direito do trabalho e sua aplicação pelo juiz. *Revista do TRT da 8ª Região*, Belém, ano I, p. 11 e s., jul./dez. 1968.

12. CESARINO JR., A. F. Princípios fundamentais da Consolidação das Leis do Trabalho. *Revista do TST*, p. 52, 1983.

13. LIMA, Francisco Meton Marques de. *Princípios de direito do trabalho na lei e na jurisprudência*. 2. ed. São Paulo: LTr, 1997, p. 100.

14. PEDREIRA, Luiz de Pinho. *Principiologia do direito do trabalho*. São Paulo: LTr, 1997, p. 109.

6.2 DENOMINAÇÃO

Initium doctrinae sit consideratio nominis. Para o exame de certo instituto, é mister a verificação de sua denominação.

A denominação não influirá decisivamente no correto conceito do instituto, mas ajudará a compreendê-lo. Até mesmo para caracterizar a natureza jurídica do instituto é irrelevante sua denominação, como indica o art. 4º do Código Tributário Nacional (CTN), tratando de tributo. O mesmo raciocínio aqui se aplica.

Nota-se, porém, a importância da denominação para a compreensão adequada do tema.

Podem ser encontradas as seguintes denominações para o princípio em estudo: a) perdurabilidade; b) permanência; c) estabilidade.

Perdurabilidade dá a ideia do que dura muito, do que é eterno, do que é duradouro. Na verdade, o contrato de trabalho não é eterno, não é vitalício, mas há uma continuidade da relação de emprego. Mario de La Cueva afirma que a continuidade é a certeza do presente e do futuro[15].

O art. 3º da CLT dá a ideia da não eventualidade da prestação de serviços do empregado. Octávio Bueno Magano indica que um dos elementos da relação de emprego é a continuidade[16], a habitualidade, que são termos mais precisos. Manuel Alonso Olea afirma que a duração e a continuidade pertencem à essência mesma do contrato de trabalho, como contrato de execução não instantânea[17].

A permanência no emprego é semelhante à concepção anterior, sendo mais atenuada, segundo Alfredo Ruprecht[18]. Tem o significado de estada, demora, constância. Entretanto, a permanência no emprego não é indefinida, eterna, mas contínua. Américo Plá Rodriguez declara também que a permanência dá a ideia de perenidade[19]. Entretanto, o contrato de trabalho pode deixar de existir por vários motivos, mesmo pela morte do empregado, mas também por seu pedido de demissão. A palavra "continuidade" é, portanto, mais precisa.

"Estabilidade" é um termo amplo. Diz respeito, porém, à proteção do trabalhador contra a dispensa abusiva, conforme a previsão legal. A estabilidade jurídica é um dos segmentos do princípio da continuidade do contrato de tra-

---

15. LA CUEVA, Mario de. *El nuevo derecho mexicano del trabajo*. México: Porrúa, 1977, p. 219.
16. MAGANO, Octávio Bueno. *Manual de direito individual do trabalho*: direito individual do trabalho. São Paulo: LTr, 1984, v. II, p. 42.
17. ALONSO OLEA, Manuel. *Derecho del trabajo*. Madrid: Edição da Faculdade de Direito da Universidade de Madrid, 1983, p. 170-171.
18. RUPRECHT, Alfredo J. *Os princípios do direito do trabalho*. São Paulo: LTr, 1995, p. 55.
19. PLÁ RODRIGUEZ, Américo. *Princípios de direito do trabalho*. 2. tir. São Paulo: LTr, 1993, p. 140.

balho. Havendo estabilidade, tem-se a continuidade do contrato de trabalho. A continuidade do contrato de trabalho não implica, porém, estabilidade, que seria uma de suas espécies.

Vasquez Viallard denomina o princípio em estudo "princípio de conservação da relação"[20]. A denominação é incompleta, pois o autor não se refere a que tipo de relação, que é a relação de emprego. O art. 10 da Lei do Contrato de Trabalho argentina usa a expressão "conservação do contrato", informando que, em caso de dúvida, as situações devem resolver-se em favor da continuidade ou subsistência do contrato. A denominação poderia dar a entender sobre a conservação da relação em caso de nulidade, o que não é exatamente o caso.

Américo Plá Rodriguez usa expressão sintética: "princípio da continuidade"[21]. É uma afirmação genérica, que não indica a diferença específica a que se refere. Poderia ser feita a seguinte indagação: continuidade de quê? Embora entendamos que se refere ao contrato de trabalho ou à relação de emprego, deveria ser específica. A diferença específica é que o princípio não se refere à Física, à Matemática etc., mas à relação de emprego, ao contrato de trabalho. Indica também que diz respeito à relação entre o funcionário público e a Administração, em que a relação seria de trabalho e não de emprego, sujeita ao regime estatutário.

Alfredo Ruprecht emprega a expressão "princípio da continuidade do contrato"[22]. Entretanto, não é de qualquer contrato, mas apenas do contrato de trabalho, daí por que deveria ser mais específico.

Pinho Pedreira faz referência ao princípio da continuidade[23], porém a denominação não especifica a que se refere. A continuidade tem de ser do contrato de trabalho.

Hugo Gueiros Bernardes fala em continuidade de emprego e não no emprego, entendendo que se trata de garantia econômica e não funcional[24]. A menção à continuidade do emprego é ampla, pois pode indicar a política do Governo para preservar os postos de trabalho.

O certo seria falar em princípio da continuidade do contrato de trabalho ou continuidade da relação de emprego, pois o art. 442 da CLT usa a expressão "relação de emprego". A denominação empregada quer dizer que o contrato de

---

20. VASQUEZ VIALLARD. *Tratado de derecho del trabajo*. Buenos Aires: Astrea, 1982, v. 2, p. 251.
21. PLÁ RODRIGUEZ, Américo. *Princípios de direito do trabalho*. 2. tir. São Paulo: LTr, 1993, p. 140.
22. RUPRECHT, Alfredo J. *Os princípios do direito do trabalho*. São Paulo: LTr, 1995, p. 54.
23. PEDREIRA, Luiz de Pinho. *Principiologia do direito do trabalho*. São Paulo: LTr, 1997, p. 109.
24. BERNARDES, Hugo Gueiros. Estabilidade e Fundo de Garantia na Constituição. In: *Estabilidade e Fundo de Garantia*. São Paulo: LTr, 1979, p. 75-91.

trabalho continua em vigor. Continuidade é o que perdura no tempo, que se prolonga, que prossegue, que é ininterrupto, constante, seguido.

Orlando Gomes e Elson Gottschalk afirmam, com propriedade, que o contrato de trabalho é um contrato de trato sucessivo, de duração[25]. Envolve prestações sucessivas e as respectivas contraprestações. O contrato de trabalho não se exaure com uma única prestação. Não envolve uma prestação instantânea, como na venda e compra, em que é pago o preço e entregue a mercadoria[26]. Há continuidade de deveres e obrigações das partes, que se renovam no tempo.

Por esses motivos, a denominação mais adequada é o emprego da expressão "princípio da continuidade do contrato de trabalho", evidenciando que o pacto laboral é um contrato de prestações sucessivas, de trato sucessivo.

6.3 CONCEITO

É difícil estabelecer o conceito de certo instituto, pois os conceitos nem sempre são aceitos unanimemente. Os romanos usavam a máxima *definitio periculosa est*. Entretanto, os conceitos são necessários para bem compreender o instituto em estudo. Há definições legais que explicam certos conceitos que serão utilizados pela lei, como se observa no Código Tributário alemão, que em sua primeira parte traz conceitos explicativos sobre o que irá ser analisado mais adiante. O CPC em muitos casos também é didático, trazendo conceitos que são úteis no correto entendimento daquilo que o legislador pretende dizer. É claro que os conceitos podem ser discutidos, principalmente os legais, mas são úteis para bem compreender o que se está definindo, ainda que passíveis de crítica.

Estabelecer o conceito de um instituto é indicar o gênero próximo e a diferença específica[27].

O princípio da continuidade do contrato de trabalho é a presunção relativa de que o pacto laboral deve perdurar no tempo, só podendo ser rescindido nas hipóteses previstas na lei ou por vontade das partes.

Envolve o contrato de trabalho prestações sucessivas, que perduram no tempo. O contrato de trabalho não é efêmero. É uma relação que se prolonga no tempo. As prestações do contrato de trabalho renovam-se constantemente.

---

25. GOMES, Orlando; GOTTSCHALK, Elson. *Curso de direito do trabalho*. 4. ed. Rio de Janeiro: Forense, 1995, p. 122.

26. Lodovico Barassi já dizia que a prestação de trabalho é uma prestação a trato sucessivo, que o distingue dos contratos instantâneos (*Il diritto del lavoro*. Milano: Giuffrè, 1949, v. II, p. 139).

27. *Definitio fit per genus proximum et differentiam especificam.*

Uma das características do contrato de trabalho é a continuidade. É de sua essência a continuidade da prestação laboral. O contrato de trabalho não é, portanto, instantâneo, como na venda e compra, em que o comprador paga o preço e o vendedor entrega a mercadoria.

Será o contrato de trabalho rescindido nas hipóteses previstas em lei, mas, enquanto isso não ocorre, há a sucessividade das prestações entre empregado e empregador, envolvendo direitos e obrigações recíprocas.

Não se pode, porém, entender o princípio da continuidade da relação de emprego como servidão ou escravidão.

A relação de emprego é, portanto, contínua e não eterna.

O ideal seria que o trabalhador pudesse permanecer no emprego até aposentar-se ou pedir para sair da empresa, quando conseguisse emprego melhor.

A continuidade do contrato de trabalho é presunção relativa, que pode ser elidida por qualquer meio de prova. Não é presunção absoluta, que não admitiria prova em sentido contrário, mas tendência firme que encontra respaldo na lei, por exemplo no art. 3º da CLT, que explicita que a prestação de serviços do empregado ao empregador é contínua e não eventual, como seria para um único evento.

A continuidade do contrato de trabalho não está ligada, porém, ao local de trabalho ou ao cargo. O empregado pode ser transferido de local ou de posto de trabalho, porém o pacto laboral persiste no tempo.

6.4 DISTINÇÕES

6.4.1 Princípio "pró-operário"

Manuel Alonso García declara que o princípio da continuidade do contrato de trabalho é consequência do princípio "pró-operário"[28]. Isso mostra, de certa forma, que os princípios estão interligados. Um, porém, não depende ou é consequência do outro, pois estão dentro de um mesmo sistema, atuando para demonstrar situações específicas. Há que se destacar, contudo, o benefício ao trabalhador, que é proveniente de diferentes aspectos do princípio protetor.

Indica o princípio da continuidade do contrato de trabalho que ele perdura no tempo, sendo que o princípio "pró-operário" não menciona exatamente a continuidade do contrato de trabalho no tempo, mas que deve haver uma interpretação em favor do trabalhador.

---

28. ALONSO GARCÍA, Manuel. *Derecho del trabajo*. Barcelona: Bosch, 1980, p. 261.

6.4.2 Condição mais benéfica

Seria possível afirmar que o princípio da continuidade do contrato de trabalho corresponderia a uma consequência do princípio da proteção, da condição mais benéfica, no sentido de que é mais benéfico para o empregado estar empregado a ficar desempregado[29]. Os princípios estão relacionados entre si, objetivando melhorar as condições de trabalho do empregado, porém um não deriva do outro ou o informa. A condição mais benéfica não trata exatamente da continuidade do contrato de trabalho.

6.4.3 Vitaliciedade

O empregado não é proprietário do emprego de forma indefinida ou vitalícia, apenas tem a esperança ou expectativa de que o vínculo perdure no tempo. A vitaliciedade é uma das prerrogativas ou garantias para o exercício da função de certos servidores públicos, para que melhor possam desempenhá-la e para que, num conjunto, não existam represálias contra aquelas pessoas no exercício de suas atividades.

O fato de haver a continuidade do contrato de trabalho não importa na vitaliciedade do pacto laboral. A morte da pessoa importará a extinção do contrato de trabalho. Há apenas um ajuste sem termo final, de modo geral. No Brasil, há inclusive a possibilidade de a empresa requerer a aposentadoria compulsória do segurado com 70 anos e da segurada com 65 anos (art. 51 da Lei n. 8.213).

A vitaliciedade é determinada, por previsão do inciso I do art. 95 da Constituição, aos juízes: "que, no primeiro grau, só será adquirida após dois anos de exercício, dependendo a perda do cargo, nesse período, de deliberação do tribunal a que o juiz estiver vinculado, e, nos demais casos, de sentença judicial transitada em julgado". Somente nos tribunais os juízes são vitalícios desde a posse. Mesmo assim, a aposentadoria dos juízes é compulsória e com proventos integrais, aos 70 anos de idade (art. 93, VI, da Lei Maior).

Os membros do Ministério Público gozam de vitaliciedade após dois anos de exercício, não podendo perder o cargo senão por sentença judicial transitada em julgado (art. 128, § 5º, I, *a*, da Constituição).

6.5 FUNDAMENTOS E CONSEQUÊNCIAS

A continuidade do contrato de trabalho é um dos objetivos do direito do trabalho, pois o empregado precisa ter segurança no emprego, que é finalidade

---

29. PEREZ LEÑERO, José. *Teoría general del derecho español del trabajo*. Madrid: Espasa-Calpe, 1948, p. 223.

almejada por qualquer pessoa, tendo maior possibilidade de permanência no emprego. Visa preservar o posto de trabalho.

O contrato de trabalho é de trato sucessivo, pois não se esgota numa única prestação, mas em sua continuidade no decorrer do tempo. Não ocorre uma prestação única, como no contrato de venda e compra, em que o vendedor fixa o preço, o comprador o paga e é entregue a mercadoria.

Não importa, porém, o princípio da continuidade do contrato de trabalho na contratação do empregado por toda a vida, como se fosse num regime de escravidão, pois certos fatores podem acontecer no decorrer do tempo, como até mesmo o empregado pedir demissão. A continuidade do contrato de trabalho apenas implica ajuste sem determinação de prazo. Não se pode, portanto, considerar o princípio da continuidade do contrato de trabalho uma espécie de prisão.

Mario de La Cueva afirma que a continuidade é a certeza do presente e do futuro[30]. A continuidade do contrato de trabalho é a segurança que o empregado precisa ter para prestar o serviço.

A manutenção do contrato de trabalho é, até mesmo, questão social do trabalhador, de subsistência. Na maioria das vezes, o empregado tem um único emprego, do qual depende e é a sua única ou principal fonte de renda.

Há necessidade da continuidade do contrato de trabalho para interpretar sistematicamente os arts. 6º, 170 e 193 da Constituição. Não se trata apenas da garantia de emprego, do já conquistado, mas de que todos tenham a possibilidade de ter um emprego, num sentido amplo.

O inciso IV do art. 7º da Lei Magna, ao tratar do salário mínimo, dispõe que este é destinado a atender às necessidades básicas do trabalhador e de sua família. Daí por que é preciso a continuidade da relação laboral, como forma de subsistência do obreiro, de assegurar seu sustento próprio e também o de sua família.

Traz a continuidade do contrato de trabalho segurança econômica ao empregado, que pode contar com o pagamento de salário no curso do tempo e assumir prestações para o sustento de sua família.

A continuidade da relação de emprego é a regra. A exceção seria seu término.

A regra seria o contrato de trabalho por tempo indeterminado, indicando a continuidade do vínculo; a exceção, o contrato a prazo certo, determinado. A contratação do empregado por tempo determinado deve ser feita de forma expressa, presumindo-se, do contrário, a contratação por tempo indeterminado.

---

30. LA CUEVA, Mario de. *El nuevo derecho mexicano del trabajo*. México: Porrúa, 1977, p. 219.

É possível a contratação por prazo certo nas hipóteses previstas no § 2º do art. 443 da CLT ou de acordo com outras situações definidas na lei.

O contrato de trabalho intermitente é exceção à exigência do requisito continuidade para a caracterização do contrato de trabalho.

Presume-se que o contrato de trabalho perdura no tempo. Assim, o empregador terá de provar o pedido de demissão do empregado ou sua dispensa por justa causa, como de abandono de emprego.

A segurança do trabalhador no emprego, de não ser despedido, importa em tranquilidade para poder trabalhar.

O empregador passa a contar com trabalhadores experientes, já formados e com treinamento, não precisando arcar com despesas para fazer testes e treinar novas pessoas.

A antiguidade do trabalhador é a consequência da continuidade do contrato de trabalho, que perdura no tempo. O empregador ou as normas coletivas podem estabelecer certos benefícios, que tomam por base a antiguidade, de forma a estimular a permanência do empregado na empresa. É o que ocorre com o adicional de antiguidade, também chamado de anuênio, quinquênio, prêmio de antiguidade etc.

É desejável que o empregado permaneça no emprego até quando for possível, enquanto a empresa existir, pelas questões sociais que encerra. O desempregado também não paga contribuições à Previdência Social, tendo o Estado de despender recursos adicionais para sustentá-lo com base no seguro-desemprego, criando uma situação social, pois os ativos devem sustentar os inativos. O desempregado não compra produtos, as empresas deixam de vendê-los e podem também dispensar seus empregados por falta de pedidos.

O princípio da continuidade do contrato de trabalho beneficia o empregado e não o empregador. É estabelecido em função do trabalhador. Plá Rodriguez afirma que o princípio da continuidade do contrato de trabalho "está estabelecido em favor do trabalhador"[31].

6.6 ALCANCE

O alcance do princípio da continuidade do contrato de trabalho é exatamente a preferência de que as relações de emprego sejam firmadas por contratos por tempo indeterminado.

---

31. PLÁ RODRIGUEZ, Américo. *Princípios de direito do trabalho*. 2. tir. São Paulo: LTr, 1993, p. 141.

Objetiva-se a manutenção do emprego e a persistência da vigência do contrato de trabalho.

Essas projeções não são, porém, absolutas, mas relativas. Trata-se de presunção relativa, como já foi sublinhado linhas atrás e como indica a Súmula 212 do TST, admitindo-se prova em sentido contrário.

6.7 CLASSIFICAÇÃO

Genaro Carrió afirma que as classificações não são certas ou erradas, mas úteis ou inúteis[32]. As classificações nem sempre conseguem cumprir os fins almejados. A doutrina é livre nesse ponto, não ficando presa a classificações, mas acaba criando novas e diferentes classificações.

A classificação apresentada não é certa ou errada, apenas será útil para, nesse momento, ressaltar a divisão do contrato de trabalho. Na maioria das legislações, verificamos a seguinte divisão em relação à duração do contrato de trabalho: a) contrato por tempo indeterminado, que privilegia o princípio da continuidade do contrato de trabalho; b) contratos por tempo determinado: em que se sabe o termo final (*dies certus an et quando*) ou em razão de fato preciso.

Num primeiro momento, a duração real do trabalho é que importa e não a vontade das partes, como fator determinante do trabalho no decorrer do tempo. Entretanto, a vontade das partes pode indicar que o contrato de trabalho pode terminar dentro de certo tempo, por conveniência dos próprios interessados.

Nos contratos por tempo indeterminado, tem-se também uma preocupação com o desemprego, de a pessoa perder o emprego, que é fator muito preocupante nos dias de hoje.

Daí por que surgem também os contratos temporários para minorar o desemprego, que muitas vezes têm como causa o excesso de encargos sociais para os empregadores ou a política recessiva dos governantes.

Surge a necessidade de compatibilidade também entre o trabalho e a família, da participação feminina para atender aos afazeres do lar etc.

6.8 VANTAGENS E DESVANTAGENS

Daniel Autié afirma que a continuidade do contrato de trabalho permite melhor organização da empresa; transmite aos empregados maior interesse na execução de suas tarefas; aproveita o esforço conjunto dos empregados e mem-

---

32. CARRIÓ, Genaro. *Notas sobre derecho y lenguaje*. Buenos Aires: Abeledo-Perrot, 1986, p. 99.

6 • PRINCÍPIO DA CONTINUIDADE DO CONTRATO DE TRABALHO

bros da empresa, tirando proveito pessoal; contribui para a dignidade da pessoa humana. Aponta como ponto negativo a dificuldade da empresa de adaptar-se às exigências da conjuntura econômica[33].

Paulo Emílio Ribeiro de Vilhena entende que a segurança no emprego deveria ser incluída entre os princípios de ordem econômica e social da Constituição[34]. Nesse caso, a segurança do trabalhador no emprego pode deixá-lo mais à vontade para produzir melhor, pois sabe que não poderá ser dispensado.

Com a continuidade do contrato de trabalho, o empregador beneficia-se da experiência do trabalhador. Não precisa, portanto, fazer testes sucessivos com empregados.

6.9 LIMITAÇÕES

Costuma-se dizer em direito que uma regra não é absoluta, tem limitações. Estas existem na Constituição ou na lei.

As limitações do direito de dispensa podem ser divididas em: a) econômicas; b) jurídicas.

As limitações econômicas da dispensa são o aviso prévio, a indenização e o FGTS, em que o empregador não fica impedido de dispensar o empregado, apenas são estabelecidas certas determinações que tornam mais oneroso o despedimento.

Ocorre a limitação jurídica com a estabilidade, em que o empregado não pode ser dispensado, depois de a adquirir durante certo tempo de trabalho na empresa. O obreiro poderá ser, porém, dispensado nas hipóteses previstas na lei, como de falta grave, força maior etc.

O assunto será mais bem examinado mais adiante.

6.10 DIVISÃO

José Martins Catharino faz distinção entre limitações impróprias e próprias[35].

Impróprias seriam as hipóteses em que sua eficácia é relativa. Seriam exemplos a suspensão e a interrupção dos efeitos do contrato de trabalho, o aviso prévio, as indenizações e a política de emprego. São medidas que têm eficácia

---

33. AUTIÉ, Daniel. *La rupture abusive du contrat du travail*. Paris: Dalloz, 1955, p. 8.
34. VILHENA, Paulo Emílio Ribeiro de. Modelo de sistema de garantia de emprego no Brasil. In: *Estabilidade e fundo de garantia*. São Paulo: LTr, 1979, p. 10.
35. CATHARINO, José Martins. *Em defesa da estabilidade*. São Paulo: LTr, s.d.p., p. 55.

provisória (as interrupções), econômicas (as indenizações) ou de conveniência política (política de emprego). O objetivo seria tornar mais onerosa a dispensa, dificultando-a, porém não conseguindo impossibilitá-la, ou então tem por objetivo retardá-la.

Próprias seriam as limitações que impedem a dispensa, como a estabilidade e as garantias de emprego. O empregado só pode ser dispensado em hipóteses objetivas.

A incidência do princípio da continuidade do contrato de trabalho vai ser examinada em capítulos em separado, pois cada tópico envolve um assunto específico, embora seja a aplicação, direta ou indireta, do princípio da continuidade do pacto laboral.

A exposição foi dividida da seguinte forma: presunção da continuidade do contrato de trabalho, com seu acolhimento pela jurisprudência; nulidade de determinada cláusula do pacto laboral e suas consequências; contratos por tempo determinado; a modificação na estrutura e na propriedade da empresa; riscos econômicos e financeiros do empregador; transferência do empregado; suspensão e interrupção dos efeitos do contrato de trabalho; estabilidade; garantias de emprego; as limitações econômicas ao poder de dispensa do empregador, que são a indenização, o aviso prévio e o FGTS.

7
PRESUNÇÃO DA CONTINUIDADE DO CONTRATO DE TRABALHO

Presunção é o processo mental de raciocínio lógico pelo qual, partindo-se de um fato conhecido, chega-se a outro desconhecido. É a afirmação sentida por verdadeira até prova em contrário.

No plano internacional, o art. 39 da Lei Federal de Trabalho do México declara que, findo o prazo do contrato, subsistentes as causas que lhe deram origem e o objeto do trabalho, o pacto será prorrogado no tempo. Isso mostra a dinâmica do contrato de trabalho no campo internacional.

Em caso de dúvida, presume-se que há a continuidade do contrato de trabalho e que este foi estabelecido por tempo indeterminado. É a orientação do art. 10 da Lei do Contrato de Trabalho argentina. Vasquez Viallard entende que essa regra é dirigida ao intérprete[1].

No direito brasileiro, a presunção da continuidade do contrato de trabalho é aplicada no sentido da inversão do ônus da prova. No caso da negativa da dispensa por parte do empregador, presume-se a continuidade do contrato de trabalho, até ser feita prova em sentido contrário pela empresa. O normal é o trabalhador ser dispensado. Um empregado comum não pede demissão ou dá causa à cessação do contrato de trabalho, pois precisa de seu salário para poder sustentar a si e a sua família. Ao empregador caberá a prova de que a dispensa foi por justa causa, inclusive por abandono de emprego, ou que o empregado pediu demissão, em razão do princípio da continuidade do contrato de trabalho. Presume-se, portanto, que a dispensa seja sempre sem justa causa, cabendo ao empregador o ônus da prova em sentido contrário.

A jurisprudência do TST também passou a adotar a presunção da continuidade do contrato de trabalho, sendo editada a Súmula 212, por meio da Resolução n. 14 do TST, de 12 de setembro de 1995, publicada no *Diário de Justiça da União* nos dias 19, 24 e 26 de setembro de 1985.

---

1. VAZQUEZ VIALLARD, Antonio. *Tratado de derecho del trabajo*. Buenos Aires: Astrea, 1982, v. 2, p. 254-255.

Está assim redigida a Súmula 212 do TST:

DESPEDIMENTO. ÔNUS DA PROVA. O ônus de provar o término do contrato de trabalho, quando negados a prestação de serviços e o despedimento, é do empregador, pois o princípio da continuidade da relação de emprego constitui presunção favorável ao empregado.

Teve a Súmula 212 do TST como referências os arts. 8º e 818 da CLT. Os precedentes foram: E-RR 392/80-TP, rel. Min. Marco Aurélio; RR 2871/84, 1ª T., rel. Min. José Ajuricaba; RR 2038/83, 1ª T., rel. Min. Marco Aurélio; RR 3659/84 2ª T., rel. Min. Marcelo Pimentel. As ementas são as seguintes:

Prova. Despedimento. 1. A prova das alegações incumbe à parte que as fizer – art. 818 da Consolidação das Leis do Trabalho –, sendo que ao autor cabe o ônus da prova do fato constitutivo do direito, enquanto ao réu da existência de fato impeditivo, modificativo ou extintivo – art. 333 do Código de Processo Civil. 2. A alegação do reclamado, segundo a qual não dispensou o empregado, equivale à notícia de que o mesmo deixou, espontaneamente, o trabalho. Mero jogo de palavras, com sutil colocação dos fatos objetivando afastar a incidência dos artigos supra, não merece o respaldo do judiciário, haja vista para a previsão contida no art. 9º, consolidado – "serão nulos de pleno direito os atos praticados com o objetivo de desvirtuar, impedir ou fraudar a aplicação dos preceitos contidos na presente consolidação". 3. Presume-se o que normalmente ocorre. O excepcional é a demissão do empregado. Ao apontar que não dispensou os serviços, o reclamado alega fato novo e extintivo do direito do Reclamante, incumbindo-lhe, assim, a prova respectiva (Proc. TST E-RR 392/80, Ac. TP 240/84, j. 22-3-1984, rel. Min. Marco Aurélio Mendes de Farias Mello).

ÔNUS DA PROVA. TÉRMINO DO CONTRATO DE TRABALHO. O ônus de provar a cessação do vínculo empregatício, quando negada a prestação de serviço e o despedimento, é do empregador, porque o princípio da continuidade da relação de emprego constitui presunção favorável ao empregado. Precedente: E-RR 392/80, Ac. TP 240/84 (RR 2038/83, Ac. 1ªT. 0976/85, j. 18-6-1985, rel. Min. José Ajuricaba da Costa e Silva).

Declarando o empregador que não despediu o Reclamante, mas que este deixou espontaneamente de comparecer ao trabalho, alega falta grave de abandono, cuja prova é encargo seu. Revista não provida (RR 2871/84, Ac. 1ª T. 2497/85, j. 10-4-1985, rel. Min. Marco Aurélio Mendes de Farias Mello).

A negativa do empregador quanto à dispensa não leva à presunção de que haja ocorrido o abandono do emprego. Porém, sendo o ônus da prova de quem alega e ante o fato da empresa ter colocado o cargo à disposição da empregada, a ela cabe provar que foi despedida. Revista provida para excluir da condenação as verbas indenizatórias pela despedida (RR 3659/84, Ac. 2ªT. 2200/85, j. 4-6-1985, Rel. Min. Marcelo Pimentel).

Foi, portanto, consagrada na jurisprudência a orientação de que o contrato de trabalho perdura no tempo.

O que o verbete do TST dá a entender é que, caso a empresa negue o vínculo e o despedimento, se o empregado provar a prestação dos serviços, caberá ao empregador o ônus da prova da cessação do contrato de trabalho, pois o princípio da continuidade do contrato de trabalho constitui presunção favorável ao obreiro.

Não dispõe a súmula do TST apenas sobre regra relativa ao ônus da prova, mas mostra também a continuidade do contrato de trabalho como princípio informador do direito do trabalho, constituindo presunção favorável ao trabalhador.

8
NULIDADES

De acordo com a teoria civilista, todo o contrato desapareceria se houvesse nulidade. Isso só não ocorreria se a nulidade fosse parcial, não prejudicando a parte válida do ato. A invalidade da obrigação principal implica a das obrigações acessórias (art. 184 do CC). O art. 184 do Código Civil mostra que a invalidade parcial de um ato não o prejudicará na parte válida, se esta for separável.

O art. 367 do Código Civil permite o aproveitamento da parte válida do ato, ao mencionar que a obrigação simplesmente anulável pode ser confirmada pela novação. Silvio Rodrigues entende que o legislador tem o desejo "de ver prevalecer os efeitos do negócio, pois, se concorda com a extinção da obrigação primitiva, porventura suscetível de anulação, resigna a se submeter às consequências do vínculo novado"[1].

No direito do trabalho, a nulidade não invalida todo o contrato, apenas se troca a cláusula nula por uma legítima. A nulidade de uma cláusula contratual não o vicia integralmente, afetando apenas a cláusula tida por nula. É o aproveitamento da parte válida do ato (*"utile per inutile non vitiatur"*). É aproveitada a parte válida do contrato. Substitui-se uma cláusula inválida por outra válida. A nulidade de uma cláusula não torna nulas todas as demais. O contrato persiste no tempo.

Entre uma interpretação que tira a eficácia do contrato e outra que lhe assegura a validade, esta é a preferência.

Ao empregador seria vedado invocar a nulidade de um contrato de trabalho por tempo determinado a que deu causa, pois ninguém poderia arguir a própria torpeza.

Nossa legislação tem poucas regras específicas sobre o tema. O art. 9º da CLT traz regra genérica no sentido de que serão nulos de pleno direito os atos praticados com o objetivo de desvirtuar, impedir ou fraudar a aplicação dos preceitos contidos na CLT. O art. 117 da CLT versa ser nulo o contrato que estipule remuneração inferior ao salário mínimo. O art. 468 da CLT prevê a possibilidade de alteração de cláusula do contrato de trabalho, porém da alteração não podem

---

1. RODRIGUES, Silvio. *Direito civil*: parte das obrigações. São Paulo: Saraiva, 1985, v. II, p. 238.

resultar prejuízos diretos ou indiretos ao empregado, sob pena de nulidade da cláusula infringente dessa garantia. Dispõe o art. 619 da CLT que nenhuma determinação do contrato individual do trabalho que contrarie normas de convenção ou acordo coletivo de trabalho poderá prevalecer em sua execução, sendo considerada nula de pleno direito.

Estabelece o art. 468 da CLT que as alterações no contrato de trabalho só podem ser feitas por mútuo consentimento do empregado e empregador e desde que não resultem prejuízos diretos ou indiretos ao empregado. Em razão das alterações o contrato de trabalho não se extingue, continua em vigor. Não há a formação de novo contrato ou a extinção do anterior. Modificações substanciais do contrato com ou sem consentimento do trabalhador não são válidas, desde que prejudiciais ao obreiro, diante do art. 468 da CLT. Entretanto, não se considera alteração unilateral a determinação do empregador para que o respectivo empregado reverta ao cargo efetivo, anteriormente ocupado, deixando de exercer função de confiança (parágrafo único do art. 468 da CLT).

As alterações do contrato de trabalho não impedem sua continuidade no tempo. Se a alteração for ilícita, apenas essa cláusula do contrato é nula, continuando o pacto laboral e as demais cláusulas ajustadas. Há a substituição da cláusula inválida pela legislação ou norma coletiva.

Caso fossem utilizados os critérios previstos no direito civil para resolver as nulidades, o empregado poderia não ter direito a nada. Sua força de trabalho não poderia, porém, ser-lhe restituída, pois as partes não poderiam voltar à situação anterior. O empregador iria beneficiar-se do trabalho sem ter de pagar algo para tanto, causando seu enriquecimento ilícito em detrimento do trabalho do empregado.

O trabalhador a quem for pago salário inferior ao mínimo terá direito, não obstante qualquer contrato ou convenção em contrário, a reclamar do empregador o complemento de seu salário mínimo (art. 118 da CLT).

O menor de 18 anos que for contratado para trabalhar após as 22 horas, em ambiente insalubre, penoso ou perigoso não terá seu contrato de trabalho tido por nulo, sendo devidos os adicionais pertinentes. O menor de 14 anos que trabalhar, apesar da proibição do inciso XXXIII do art. 7º da Constituição, terá reconhecido o contrato de trabalho com seu empregador, sendo-lhe garantidos os direitos trabalhistas e previdenciários pertinentes, inclusive a contagem de tempo de serviço, pois a norma constitucional não pode ser interpretada em detrimento do próprio trabalhador, a quem, inclusive, não pode ser devolvida a energia de trabalho.

De modo geral, quando o empregador não cumpre determinadas prestações do contrato de trabalho que podem ser reparadas ou são irrelevantes no pacto, este fica mantido, preservando-se o posto de trabalho, de modo até a assegurar a subsistência do trabalhador. Pequenas faltas podem ser toleradas. O contrato de trabalho somente deve ser rescindido se a falta do empregador for grave, séria, pois, do contrário, deve ser mantido o posto de trabalho, preservando o emprego do trabalhador, principalmente em épocas de crises econômicas e de desemprego.

As hipóteses de rescisão indireta do contrato de trabalho são indicadas no art. 483 da CLT, que pressupõe falta grave do empregador. A mora contumaz do pagamento de salários só ocorre por período igual ou superior a três meses (§ 1º do art. 2º do Decreto-lei n. 368/68), importando na rescisão do contrato de trabalho.

Nos casos de não cumprimento do contrato de trabalho e de o empregador reduzir o trabalho do empregado, se este percebe por peça ou tarefa, é facultado ao obreiro pleitear a rescisão do contrato, permanecendo ou não no serviço (§ 3º do art. 483 da CLT).

O art. 13 da Lei de Contrato de Trabalho da Argentina dispõe que as cláusulas do contrato de trabalho que modifiquem, em prejuízo do trabalhador, normas imperativas consagradas por leis ou convenções coletivas serão nulas e se consideram substituídas de pleno direito por aquelas. Não se anula o contrato por inteiro, apenas uma de suas partes.

O contrato de trabalho declarado nulo ou anulado produz efeitos como válido em relação ao tempo em que seja executado (art. 122 do Código do Trabalho de Portugal). Se o contrato de trabalho tiver por objeto ou fim uma atividade contrária à lei ou à ordem pública, a parte que conhecia a ilicitude perde a favor do serviço responsável pela gestão financeira do orçamento da segurança social as vantagens auferidas decorrentes do contrato (art. 124, 1, do Código do Trabalho). A parte que conhecia a ilicitude não pode eximir-se ao cumprimento de qualquer obrigação contratual ou legal, nem reaver aquilo que prestou ou o seu valor, quando a outra parte ignorar essa ilicitude (art. 124, 2, do Código do Trabalho).

Declara o art. 56 da Lei Federal do México que as condições de trabalho em nenhuma hipótese podem ser inferiores às fixadas na lei, havendo nulidade se o contrário ocorrer, aplicando-se o art. 123 da Constituição. O § 1º do art. 56 determina que em substituição às cláusulas nulas aplica-se a lei e suas normas supletivas.

Dispõe o art. 9.2 do Estatuto dos Trabalhadores da Espanha que, no caso em "que o contrato resultar nulo, o trabalhador poderá exigir, pelo trabalho que tiver prestado, a remuneração correspondente a um contrato válido". Entretanto, o art. 9.1 informa que, "se resultar nula só uma parte do contrato, este permanecerá válido no restante, sendo completado pelas normas jurídicas adequadas". Isso quer dizer que se aproveita a parte válida do ato e é substituída a parte inválida por regras previstas em normas coletivas ou na lei. Valverde, Gutiérrez e Murcia afirmam que o descumprimento de normas reguladoras dos requisitos do contrato de trabalho pode levar à declaração de nulidade ou inexistência, porém não há a produção de certos efeitos jurídicos, como ocorre na teoria do direito comum[2].

A doutrina civilista, na França, entendia que a nulidade retroagiria para anular todo o contrato. Posteriormente, passou-se a entender que só se anula a cláusula ilícita, permanecendo válido o restante do contrato, em razão de que a finalidade maior é a proteção do trabalhador e a continuidade do contrato de trabalho[3]. Jean Savatier entende que o empregado pode pedir a requalificação do contrato de trabalho por tempo determinado irregularmente estabelecido ou a aplicação das regras do contrato de duração determinada, se mais benéficas ao obreiro[4]. Na cessação de contrato clandestino, é assegurada ao empregado indenização reduzida, igual a um mês de salário, qualquer que seja sua antiguidade na empresa, salvo previsão de vantagens melhores em convenções coletivas.

Leciona Luisa Riva Sanseverino que a prestação do trabalho e a contraprestação salarial devem ter, durante todo o tempo em que o contrato nulo ou anulado teve execução, a mesma disciplina se o contrato fosse válido; isso porque a execução da relação teria efeito saneador da nulidade do contrato ou em virtude da substituição imperativa da regulamentação legal aos termos da negociação coletiva[5].

Reza o art. 25 do Código de Trabalho de Cuba (Lei n. 49, de 28-12-1984) que o contrato de trabalho tem de ajustar-se às normas do Código, à lei e ao convênio coletivo de trabalho, sendo nula toda cláusula contratual que viole aquelas normas. Nota-se, porém, que a nulidade atinge apenas a cláusula e não todo o contrato, preservando o pacto laboral.

O art. 525 do Anteprojeto de Código de Trabalho de Evaristo de Moraes Filho estabeleceu que "no contrato de trabalho somente será julgada nula a parte que contrarie normas superiores de proteção ao empregado, tido como válido o próprio contrato, que se entenderá completado pelos preceitos jurídicos adequados à sua legitimidade".

---

2. MARTIN VALVERDE, Antonio; RODRIGUES-SAÑUDO GUTIÉRREZ, Fermín; GARCÍA MURCIA, Joaquín. *Derecho del trabajo*. Madrid: Tecnos, 1996, p. 477.
3. CAMERLYNCK, G. H.; LYON-CAEN, Gérard. *Derecho del trabajo*. Madrid: Aguilar, 1974, p. 119.
4. SAVATIER, Jean. La requalification des contrat à durée determiné irreguliers. *Droit Social*, n. 5, p. 407 e 412, maio 1987.
5. SANSEVERINO, Luisa Riva. *Curso de direito do trabalho*. São Paulo: LTr, 1976, p. 166.

Decorre do inciso II do art. 37 da Constituição que não forma vínculo de emprego com a Administração Pública sem a prestação de concurso público, conforme também se verifica no inciso II da Súmula 331 do TST. Trata-se de norma constitucional, de ordem pública, de hierarquia superior às demais e que deve ser observada.

9
CONTRATO DE TRABALHO DE PRAZO DETERMINADO

9.1 CONSIDERAÇÕES INICIAIS

No início, não existia contrato de trabalho escrito. O patrão é que impunha as condições de trabalho, dando por rescindido o pacto laboral a qualquer tempo. Às vezes, o patrão impunha contratos verbais a longo prazo ou até vitalícios, que implicavam servidão. Era o que ocorria principalmente com os mineiros e na indústria escocesa, em que os trabalhadores eram comprados e vendidos com seus filhos.

Na França, o Código Civil de Napoleão previa a locação de serviços apenas por tempo determinado, em decorrência de serviços específicos ou de certa tarefa determinada (art. 1.780), visando evitar o retorno à servidão. Hoje, o contrato de trabalho por tempo indeterminado é a regra. O art. L. 121-5 do Código do Trabalho estabelece que "o contrato de trabalho é concluído sem determinação de duração". Somente nos casos enumerados na lei é possível fazer a contratação por tempo determinado.

No direito italiano também havia determinação semelhante à do Código Civil de Napoleão: ninguém poderia empregar-se a serviço de outrem senão a prazo ou para tarefa determinada (art. 1.628 do Código Civil de 1865). Era a ideia de que o trabalho no regime feudal era perpétuo e pessoal, em que o servo trabalhava em período indefinido, de forma continuada.

Muitas vezes os contratos por tempo determinado são os únicos a ser oferecidos aos trabalhadores. Representam, de qualquer forma, uma oportunidade de trabalho, ainda que temporária. Numa época em que há excesso de oferta de pessoas procurando trabalho, pode ajudar a minorar o desemprego, mas não vai eliminá-lo.

Entretanto, melhor é que o contrato de trabalho seja fixado por prazo indeterminado. A tendência desse tipo de contrato é se prolongar normalmente no tempo. Geralmente o contrato de trabalho por tempo indeterminado é o que dura mais no tempo, mais do que o contrato de trabalho por tempo determinado. Não será o contrato de trabalho por tempo indeterminado vitalício ou eterno, mas sim enquanto as partes tiverem interesse no desenvolvimento do pacto laboral ou então que uma delas deixe de ter esse interesse.

9.2 DENOMINAÇÃO

Na Lei de Despedimento de Portugal é chamado de contrato a termo, denominação também encontrada na Lei n. 230/62, na Itália.

Na França, o contrato de trabalho por tempo determinado é considerado uma espécie de contrato precário, disciplinado no Código do Trabalho (art. L. 1.241-1 e s.).

Na Espanha, é denominado contrato de duração determinada (Real Decreto n. 2.104/84).

Na Argentina, usa-se a expressão "contrato por tempo determinado" (Lei n. 24.103).

No Brasil, a CLT emprega a expressão "contrato de trabalho por tempo determinado" (art. 442 e seu § 2º).

9.3 CONCEITO

Contrato de trabalho por tempo determinado é a espécie do contrato individual do trabalho estabelecido com termo prefixado ou em razão de previsão aproximada, dependente de acontecimento futuro e certo.

9.4 O CONTRATO POR TEMPO DETERMINADO E O PRINCÍPIO DA CONTINUIDADE DO CONTRATO DE TRABALHO

Inexistindo prazo estipulado, o contrato vigora *sine die*. A regra é o contrato de trabalho ser celebrado por tempo indeterminado. A exceção é a contratação por prazo certo. Na dúvida, presume-se que o contrato de trabalho foi firmado por tempo indeterminado. Quando o contrato de trabalho não especifica prazo para terminar, entende-se que foi firmado por tempo indeterminado.

O Anteprojeto de CLT de Arnaldo Süssekind é expresso no sentido de presumir a contratação por tempo indeterminado, "desde que não exista prova em contrário" (§ 1º do art. 31).

Na República Dominicana, a Lei n. 16, de 29 de maio de 1992, dispõe que todo contrato de trabalho se presume celebrado por tempo indefinido.

Determina o art. 15 do Estatuto dos Trabalhadores da Espanha que o contrato de trabalho presume-se estabelecido por tempo indefinido. Supõe-se também que os contratos foram celebrados por prazo indefinido se tiverem por objetivo fraudar a lei.

A Lei Federal do México dispõe que, vencido o termo fixado, subsiste o objeto do serviço, a relação ficará prorrogada por todo o seu tempo de continuação (arts. 36 e 37). Assevera Mario de La Cueva que a duração indeterminada das relações é o princípio-base, que não depende sua eficácia da vontade das partes e que unicamente se flexiona se for requerida pela natureza das coisas[1]. Se a empresa executa obra permanente, não pode se utilizar do contrato por tempo determinado.

Na Espanha, os contratos para obra ou serviço determinado são estabelecidos para a realização de tarefas com "substantividade própria dentro da atividade normal da empresa" (art. 15, § 1º, *a*, do Estatuto dos Trabalhadores). Não há unanimidade de entendimentos sobre a possibilidade de o serviço ou a obra pertencer à atividade normal da empresa. Manuel Alonso Olea mostra que a jurisprudência espanhola entende que o pessoal fixo deve prover as necessidades permanentes à atividade normal da empresa, isto é, o contrato de trabalho deve ser por tempo indeterminado. Se os trabalhadores forem dispensados e outros forem admitidos para o mesmo serviço, haverá presunção de cessação abusiva do contrato anterior[2].

Estabelece o art. 1º do Decreto italiano n. 1.825, de 13 de novembro de 1924, que as disposições que regulamentam o contrato por tempo indeterminado serão aplicadas ao contrato a termo, quando "a fixação do prazo não esteja justificada pela peculiaridade da relação e, pelo contrário, revele-se feita para evitar as disposições do decreto".

Num primeiro momento, o contrato de trabalho de prazo certo deveria ser celebrado para uma atividade não permanente da empresa. Nas atividades contínuas da empresa, deveria ser utilizado o contrato por tempo indeterminado, pois a necessidade de mão de obra seria contínua.

O Decreto-lei n. 229, de 28 de fevereiro de 1967, reduziu o limite máximo do prazo nos contratos de termo certo de quatro para dois anos. Antigamente, o sistema proporcionava ao empregador a contratação de trabalhadores por tempo determinado, mesmo em atividades e serviços de natureza permanente da empresa. O Decreto-lei n. 229, ao acrescentar o § 2º do art. 443 da CLT, passou a

---

1. LA CUEVA, Mario de. *El nuevo derecho mexicano del trabajo*. México: Purrúa, 1977, p. 223.
2. ALONSO OLEA, Manuel. *Derecho del trabajo*. Madrid: FDUM, 1983, p. 173-174.

exigir a justificação por parte do empregador para a contratação do empregado. O objetivo foi permitir a continuidade do empregado na empresa, de não ser dispensado por arbítrio do empregador, a qualquer momento.

Nossa lei não tem, porém, regra semelhante à da Lei Federal do México, de que não é possível a contratação por tempo determinado em atividade permanente do empregador. Assim, a empresa que executa serviços permanentes pode utilizar-se do contrato de trabalho por tempo determinado, porém deve atender aos requisitos do § 2º do art. 443 da CLT. Embora a atividade da empresa possa ser permanente, depende a contratação de acréscimo de serviços ou da realização de certos acontecimentos (*v.g.*, safra). O art. 1º da Lei n. 2.959, de 17 de novembro de 1956, permite a contratação por tempo determinado em relação ao construtor de obras de construção civil, que tem atividade permanente.

A única exceção da contratação por tempo determinado é a previsão da Lei n. 9.601 sobre ser vedada a substituição do pessoal contratado por tempo indeterminado na empresa. O parágrafo único do art. 1º do Decreto n. 2.490/98 determina que "é vedada a contratação de empregados por tempo determinado, na forma do *caput*, para substituição de pessoal regular e permanente contratado por tempo indeterminado".

Estabeleceu o parágrafo único do art. 527 do Anteprojeto de Código do Trabalho de Evaristo de Moraes Filho que "não é permitida a celebração de contrato por tempo determinado quando o mesmo não decorrer necessariamente da própria atividade da empresa".

Reza o art. 73 da Lei Orgânica do Trabalho da Venezuela que "o contrato de trabalho será celebrado por tempo indeterminado quando não apareça expressa a vontade das partes, de forma inequívoca, de se vincularem somente por ocasião de uma obra determinada ou por tempo determinado".

Na Alemanha, admite-se a contratação por tempo determinado nos casos em que seja conhecida a duração da relação de trabalho em razão da natureza do serviço. Hueck e Nipperdey afirmam que a duração não depende do arbítrio do empregador, a não ser que venha determinada por critérios objetivos e que, ao celebrar o contrato de trabalho, se expresse suficientemente este fim de ocupação[3]. Para a contratação por tempo determinado, é preciso que seja citada a causa objetiva[4].

---

3. NIPPERDEY, H. C.; HUECK, A. *Compendio de derecho del trabajo*. Madrid: Ed. Revista de Derecho Privado, 1963, p. 180.
4. DAUBLER, Wolfgang. *Derecho del trabajo*. Madrid: Ministério del Trabajo y Seguridad Social, 1994, p. 851.

9.5 REQUISITOS

O princípio da continuidade do contrato de trabalho impõe restrições à contratação por tempo determinado, que só pode ser feita em situações excepcionais, conforme a previsão da lei.

A CLT indica que o contrato por tempo determinado é a exceção à regra do por tempo indeterminado. Estabelece que o contrato de trabalho por tempo determinado só é válido se atendidos os requisitos do § 2º do art. 443 da CLT. Desse dispositivo é possível presumir a existência dos contratos de trabalho por tempo indeterminado, pois os por tempo determinado serão exceção, devendo obedecer às determinações contidas no § 2º do art. 443 da CLT.

O contrato de trabalho por tempo determinado só é válido em se tratando de serviço cuja natureza ou transitoriedade justifique a predeterminação de prazo, de atividades empresariais de caráter transitório ou de contrato de experiência (§ 2º do art. 443 da CLT). Ao empregador caberá a prova de que a contratação atendeu aos requisitos legais. Do contrário, haverá a presunção de que o contrato foi celebrado por tempo indeterminado.

Considera o art. 90 da Lei de Contrato de Trabalho da Argentina celebrado o contrato por tempo indeterminado, salvo se o seu término resulte das seguintes circunstâncias: a) que se tenha fixado em forma expressa e por escrito o tempo de sua duração; b) que as modalidades das tarefas ou da atividade, razoavelmente apreciadas, assim se justifiquem.

Na França, a contratação por tempo determinado somente pode ser feita para formação profissional, serviços sazonais e de exploração florestal, reparação naval, espetáculos, produção cinematográfica, atividades de pesquisa e estatística.

9.6 CONTRATO ESCRITO

O ideal seria que o contrato de trabalho por tempo determinado fosse celebrado por escrito, justamente para evitar possibilidades de fraude, como de o empregado ter sido contratado por tempo indeterminado e haver alegação da empresa de que o foi por tempo determinado.

O art. 443 da CLT dispõe que o contrato de trabalho tanto pode ser feito verbalmente como por escrito. Logo, o contrato de trabalho por tempo determinado também pode ser feito verbalmente. A exceção ocorre em relação a certas leis especiais. O art. 11 da Lei n. 6.019 determina que nos contratos de trabalho temporários o pacto deve ser ajustado por escrito. O contrato do jogador de futebol, que é por tempo determinado, não pode ser inferior a três meses nem superior a cinco anos (art. 30 da Lei n. 9.615/98). Os contratos de trabalho de técnicos estrangeiros são obrigatoriamente celebrados por tempo determinado (art. 1º do Decreto-lei n. 691/69), sendo que acabam sendo feitos por escrito, pois, no Brasil, é a prova para obtenção do visto temporário (Lei n. 13.445/17).

O Anteprojeto de CLT de Arnaldo Süssekind previa que o contrato de experiência deveria ser escrito (art. 23). O Anteprojeto de Código de Trabalho de Evaristo de Moraes Filho também adotou essa mesma orientação no art. 539.

Condicionam os arts. 46 a 49 do Código Substantivo do Trabalho da Colômbia a existência do contrato de trabalho por tempo determinado à sua celebração mediante forma escrita.

O Código de Trabalho da França especifica que o contrato de trabalho por tempo determinado deve ser escrito (art. L. 1242-12). Ao contrário, é presumido de duração indeterminada.

Na Espanha, o contrato de trabalho por tempo determinado depende de acordo individual ou convênio coletivo (art. 7º do Real Decreto n. 2.104/84).

9.7 PRAZO

Dispõe o art. 445 da CLT que o prazo máximo do contrato por tempo determinado é de dois anos. O de experiência não pode exceder de 90 dias. Excedidos tais prazos, temos contratos de termo indeterminado. O objetivo do legislador com o art. 445 da CLT foi impossibilitar o empregador de adotar sucessivos contratos por tempo determinado, que acabariam por tornar o contrato de trabalho por tempo indeterminado. Assim, estabeleceu um limite no tempo. Passados uma hora, um dia ou vários dias depois do prazo fixado para o término do contrato de trabalho, este se transforma em pacto sem determinação de prazo.

O contrato de trabalho temporário previsto na Lei n. 6.019/74 pode ser celebrado com o empregado por um período máximo de três meses (art. 10). Excedido esse prazo, o contrato passa a ser por tempo indeterminado e o vínculo forma-se com o tomador dos serviços, se este continuar a ser beneficiário da prestação dos serviços.

Na Argentina, o art. 90 da Lei do Contrato de Trabalho dispõe que o contrato laboral se entenderá celebrado por tempo indeterminado, salvo as exceções contidas na lei. O contrato por tempo determinado não poderá ser superior a cinco anos (art. 93).

Reza o art. 78 do Código de Trabalho do Panamá que, se a prestação de um serviço exige certa habilidade ou destreza especial, será válida a cláusula que fixe um período probatório de até duas semanas, sempre que conste de modo expresso no contrato escrito de trabalho.

Prevê o art. 14 do Estatuto dos Trabalhadores da Espanha sobre o contrato de prova, que não poderá exceder de seis meses para os técnicos titulados, nem de três meses para os demais trabalhadores, com exceção dos qualificados.

9.8 PRORROGAÇÃO

Indica o art. 451 da CLT que contrato por tempo determinado que, tácita ou expressamente, for prorrogado por mais de uma vez vigora por tempo indeterminado. Essa determinação mostra a aplicação do princípio da continuidade da relação de emprego. O empregado não poderia ficar sujeito a ter seu contrato de trabalho prorrogado de forma indefinida, daí a razão de que o pacto laboral somente pode ser prorrogado uma única vez. Os contratos por tempo determinado poderiam ser renovados sucessivamente e trazer fraude à contratação, pois o empregador não precisaria pagar o aviso prévio e a indenização de 40% do FGTS. O art. 451 da CLT teve o objetivo de evitar esse tipo de procedimento, limitando a prorrogação a apenas uma vez e o prazo não poderá ser superior a dois anos. O contrato de experiência entra na mesma regra, de não poder ser prorrogado mais de uma vez, porém seu limite de prazo é de 90 dias (parágrafo único do art. 445 da CLT). O contrato de trabalho temporário também não pode ser prorrogado, em razão de que é fixado por 180 dias, contínuos ou não (art. 10 da Lei n. 6.019/74).

As exceções à regra de que o contrato de trabalho por tempo determinado só pode ser prorrogado uma única vez estão em leis esparsas. O Decreto-lei n. 691, de 18 de julho de 1969, que trata do contrato de trabalho dos técnicos estrangeiros, dispõe que não são aplicados os arts. 451, 452 e 453 da CLT (art. 1º). Assim, o contrato de trabalho do técnico estrangeiro pode ser prorrogado várias vezes, observado o limite de dois anos (art. 445 da CLT).

A Lei n. 9.601/98, que versa sobre o contrato de trabalho por tempo determinado com redução de encargos sociais, também dispõe que não se aplica o art. 451 da CLT, isto é, a prorrogação pode ser feita mais de uma vez no contrato por tempo determinado regido por essa norma (§ 2º do art. 1º), porém o prazo máximo é de dois anos, conforme o art. 445 da CLT.

As legislações dos países podem estabelecer que a prorrogação ocorra mais de uma vez, porém cada caso tem de ser examinado em concreto, a fim de que não exista fraude na contratação. Deve-se verificar também a natureza da atividade da empresa ou o serviço necessitado para saber se a prorrogação pode ser feita ou se a contratação poderia ser celebrada por tempo determinado. O art. 39 da Lei

Federal mexicana permite a prorrogação do contrato por tempo determinado, caso tenha terminado, desde que subsistam as causas que lhe deram origem e o objeto do trabalho.

Havendo uma sucessão de contratos de trabalho por tempo determinado, presume-se que as partes tenham entendido transformar a relação temporária, determinada, em indeterminada.

Não é possível também ser celebrado um contrato de trabalho por tempo indeterminado e em seguida esse contrato ser transformado por tempo determinado. Se o empregado foi contratado por tempo indeterminado, é porque o seu contrato deveria durar no tempo. De início já se sabia da sua durabilidade. Sua transformação em contrato por tempo determinado não pode ser feita.

É vedado também ser feito um contrato de trabalho de prazo indeterminado e em seguida ser transformado o pacto em de experiência, pois este vem antes do primeiro. É consequência o contrato de prazo indeterminado em relação à experiência.

Estabelece o art. 452 da CLT ser impossível a sucessão de contratos por tempo determinado por período de seis meses, salvo certas circunstâncias, como de serviços especializados ou da realização de certos acontecimentos.

9.9 CONTRATO DE EXPERIÊNCIA

O contrato de experiência não pode ser utilizado apenas para testar o empregado, sua qualificação profissional, se tem condições de desenvolver o serviço, mas também para verificar se o obreiro se adapta à empresa, ao ambiente de trabalho, aos novos colegas etc.

Pode o contrato de experiência ser desenvolvido em relação a qualquer pessoa, tanto para o profissional que tem curso universitário como para o pedreiro, visando verificar sua aptidão. Um dos objetivos do contrato de experiência é verificar também se o empregado tem condições de se adaptar ao ambiente de trabalho, com os colegas etc. É válido para qualquer natureza de atividade, pois visa avaliar a capacidade técnica do empregado e a de este se adaptar ao novo trabalho.

Havia afirmação de que o contrato de experiência seria um contrato preliminar ao contrato de trabalho. Outro argumento seria de que o contrato de experiência seria uma das cláusulas do contrato por tempo indeterminado, em que num certo período de tempo iria verificar-se se o empregado tinha aptidão ou condições de se adaptar ao novo local de trabalho.

9 • CONTRATO DE TRABALHO DE PRAZO DETERMINADO — 145

Durante muito tempo considerou-se o contrato de experiência cláusula do contrato de trabalho por tempo indeterminado. Falava-se em contrato de prova. O § 1º do art. 478 da CLT é claro em mostrar essa orientação, esclarecendo que "o primeiro ano de duração do contrato por tempo determinado é considerado como período de experiência". Somente em 28 de fevereiro de 1967 o contrato de experiência passou a ser considerado contrato por tempo determinado, com a nova redação oferecida ao art. 443 da CLT pelo Decreto-lei n. 229, e não mais como cláusula do contrato por tempo indeterminado.

Se o empregado cumpre a experiência e sai da empresa, não pode o empregador, ao recontratá-lo para a mesma função, exigir novamente a experiência, pois o obreiro já foi provado. Cairíamos aqui, também, na regra do art. 452 da CLT, que impede nova contratação por tempo determinado sem a observância do interregno de seis meses.

Não é possível fazer um contrato de experiência e em seguida ser feito outro contrato de experiência com o mesmo trabalhador, pois nossa lei não prevê a referida hipótese, que não se enquadra no § 2º do art. 443 da CLT. Nesse caso, há a continuidade do contrato de trabalho, sendo o pacto laboral por tempo indeterminado.

9.10 VÁRIAS FORMAS DE CONTRATAÇÃO POR TEMPO DETERMINADO

O direito comparado tem várias formas de contratação por tempo determinado que não são previstas em nossa legislação.

É prevista a contratação por tempo determinado em vários países para substituição do empregado, como: na Itália (Lei n. 230/62), que prevê também no caso de toxicodependentes em tratamento e transferidos (Lei n. 192/90, art. 99); na França (Lei n. 1.990); na Argentina (Lei n. 24.013, arts. 69 e 70).

Na Espanha, o contrato de interinidade é utilizado "para substituir os trabalhadores com direito a reserva de posto de trabalho" (art. 15.1.c do Estatuto dos Trabalhadores). O contrato eventual tem sido utilizado pela Administração Pública para cobrir deficiências de concursos públicos para prover os cargos existentes, em vez de se utilizar do contrato de interinidade. A jurisprudência do Tribunal Supremo tem tolerado que a Administração se utilize do contrato eventual para cobrir cargos vagos sujeitos a concurso. O Tribunal Supremo, em decisão de 20 de maio de 1994, esclareceu que

> é lícito que a Administração, de forma genérica e quando o quadro de pessoal, como no presente caso, é notadamente insuficiente, acuda a modalidade do contrato eventual para remediar dentro do possível a acumulação de tarefas provocadas por tal situação, sempre, naturalmente, que não traspasse o prazo máximo individuado pela lei.

O Real Decreto n. 2.546/94 exige a forma escrita para o contrato eventual que exceder de quatro semanas (art. 6.1). Por convênio coletivo setorial poderá modificar-se a duração máxima desses contratos ou o período dentro do qual se podem realizar, em atenção ao caráter estacional da atividade em que referidas circunstâncias podem ser produzidas (art. 15, § 1º, b, do Estatuto dos Trabalhadores). O Real Decreto n. 2.546/94 determina que,

> em atenção ao caráter estacional da atividade em que se podem produzir as circunstâncias destacadas no § 1º deste artigo, os convênios coletivos setoriais poderão modificar a duração máxima destes contratos ou o período dentro do qual as empresas incluídas em seu âmbito de aplicação podem recorrer a esta hipótese de contratação.

Os arts. 43 a 46 da Lei n. 24.013, da Argentina, permitem o contrato de trabalho por tempo determinado para os trabalhadores que procuram o primeiro emprego. Há também a utilização do contrato por tempo determinado para novas atividades econômicas da empresa ou novas exigências da produção (art. 47 da Lei n. 24.013/91).

Em Camarões, celebra-se contrato de trabalho por tempo determinado para casos de aumento conjuntural e imprevisto das atividades da empresa ou trabalhos urgentes (Lei n. 92/007, 1992, art. 25, § 4º, b).

Em certos países, a legislação permite expressamente a contratação por tempo determinado para atividades sazonais: na França, as atividades sazonais são relacionadas por decreto ou convenção coletiva (Code du Travail, art. L. 1242-2, § 3º); na Itália, existia o contrato por tempo determinado previsto para turismo, teatro e hotelaria (Lei n. 230/62), sendo posteriormente estendido para toda atividade econômica (Lei n. 79/83, art. 8º).

A contratação por tempo determinado é prevista, em alguns casos, para aumento temporário das atividades da empresa: na França (Code du Travail, art. L. 1242-2, par. 2º); em Portugal, para acréscimo temporário ou excepcional da atividade da empresa e atividades sazonais (Lei dos Despedimentos, art. 41, 1, b e c). Na Espanha, é chamado de contrato eventual por circunstâncias de produção (Estatuto dos Trabalhadores, art. 15, 1, b). O referido pacto é celebrado quando as circunstâncias de mercado o exigirem, como acumulação de tarefas ou excessos de pedidos. A duração máxima será de seis meses, dentro de um período de 12 meses, contados a partir da causa que lhe dá origem. O Real Decreto n. 2.546, de 29 de dezembro de 1994, define o contrato eventual no art. 3º: "considera-se contrato eventual aquele que se concerta para atender exigências circunstanciais de mercado, acumulação de tarefas ou excesso de pedidos, ainda que seja de atividade normal da empresa". São, portanto, três as hipóteses: a) circunstâncias de mercado; b) acumulação de tarefas; c) excesso de pedidos. São contratações para exigências de caráter excepcional. Entretanto, na realidade, são três aspectos pertinentes ao mesmo gênero. Os convênios coletivos podem modificar o prazo de duração do contrato, estabelecendo hipóteses para cada setor de produção. Se o contrato for por menos de seis meses, poderá ser prorrogado até atingir esse prazo. O Tribunal Supremo define acumulação de tarefas como a desproporção existente entre o trabalho que se há de realizar e o pessoal de que se dispõe de forma tal que o volume daquele excede manifestamente as capacidades e possibilidades deste. O contrato de trabalho temporário que não atende aos requisitos legais é considerado por tempo indeterminado. O § 7º do art. 15 do Estatuto dos Trabalhadores determina que "se presumirão por tempo indefinido os contratos por tempo determinado celebrados em fraude de lei". O § 2º do art. 9º do Real Decreto n. 2.526/94 dispõe da mesma forma.

Certas legislações estabelecem contratos por tempo determinado por profissão. Na Itália, é usado para profissionais de espetáculos teatrais, programas radiofônicos ou de televisão (Lei n. 266/77), para empregados diretores e administradores por até cinco anos e para aeroviários ou aeronautas (Lei n. 230/62).

Determina o art. 23 da Lei n. 56 italiana, de 1987, a contratação por tempo determinado nas hipóteses previstas nos contratos coletivos (art. 23 da Lei n. 56/87), em que a contratação é feita com sindicatos nacionais e locais. Fixa-se um número máximo de empregados que podem ser contratados por tempo determinado e os períodos de vigência, que são geralmente de um ano. A norma coletiva pode muitas vezes estabelecer situações peculiares que a lei não pode contemplar, por serem específicas.

9.11 ANOTAÇÃO NA CTPS

Na jurisprudência, há entendimento de que a anotação na CTPS do empregado é requisito essencial para a validade do contrato de trabalho por tempo determinado[5]. O fundamento seria o art. 29 da CLT, que indica que as condições de trabalho especiais devem ser anotadas na CTPS do empregado. Entre essas condições especiais estaria a pactuação por tempo determinado. Entretanto, o contrato de trabalho pode ser celebrado verbalmente ou por escrito (art. 443 da CLT) e o empregador pode fazer a prova, por todos os meios permitidos em direito, das condições de trabalho ajustadas, inclusive de que o contrato foi pactuado por tempo determinado, como indica a parte final do art. 456 da

---

5. "Contrato de experiência. Validade: A validade do contrato de experiência, como condição especial de trabalho, depende de sua anotação na CTPS do empregado, como determina o artigo 29 da CLT" (TRT 2ª R., RO 02910049269, Ac. 5ª T. 02930009351, rel. Juiz João Carlos de Araújo, *DJSP* 1º-2-1993, p. 366).

CLT. Nada impede, portanto, que o empregador prove a existência de contrato a prazo certo. A anotação na CTPS não é requisito essencial para a validade do ato jurídico, pois o pacto laboral poderá ser celebrado verbalmente e provado por qualquer meio de prova.

A Lei n. 2.959/56 dispõe que nos contratos por obra certa há necessidade de o construtor anotar a CTPS do empregado.

9.12 INDENIZAÇÃO PELO TÉRMINO DO CONTRATO A TERMO

No direito comparado, mesmo nos contratos por tempo determinado há o pagamento de indenização pela cessação do contrato. Em Portugal, há uma indenização de fim de contrato de dois dias de remuneração por mês completo (Lei dos Despedimentos, art. 46, 3). Na Itália, existe o prêmio de fim de contrato (art. 1º da Lei n. 297/82), sendo devida indenização no caso de rescisão antecipada do pacto, cessando automaticamente este. Na Argentina, é de meio salário mínimo (art. 38 da Lei n. 24.013), que só é devida se prevista em contrato individual ou coletivo.

Nossa legislação apenas prevê no art. 479 que, na cessação antecipada dos contratos de termo estipulado pelo empregador, este tem de pagar metade da remuneração que o empregado teria direito até o término do pacto. O art. 480 da CLT prevê situação inversa, em que o empregado resolve terminar antecipadamente o contrato de trabalho por tempo determinado, prevendo que o obreiro deve indenizar o empregador dos prejuízos sofridos, que não poderão exceder à indenização a que teria direito o empregado em idênticas condições.

10
MUDANÇA NA ESTRUTURA E NA PROPRIEDADE DA EMPRESA

A continuidade do contrato de trabalho também depende da própria continuidade da atividade empresarial do empregador, pois, se a empresa deixar de existir, cessa o pacto laboral. Entretanto, a mudança na estrutura jurídica da empresa ou em sua propriedade em nada irá alterar a continuidade da relação laboral.

A CLT contém dois artigos que tratam praticamente do mesmo tema. O art. 10 determina que "qualquer alteração na estrutura jurídica da empresa não afetará os direitos adquiridos por seus empregados". Reza o art. 448 que "a mudança na propriedade ou na estrutura jurídica da empresa não afetará os contratos de trabalho dos respectivos empregados". Esses dois dispositivos legais acabam complementando-se.

No art. 448 da CLT não há menção a "não afetar direitos adquiridos pelo empregado" e, sim, a não afetar o contrato de trabalho, sendo acrescentada a expressão "mudança na propriedade". O art. 10 da CLT dispõe sobre os direitos do empregado. O art. 448 da CLT versa sobre o contrato de trabalho, tanto que está no título da CLT que disciplina sobre o contrato individual do trabalho.

O empregado liga-se, à primeira vista, ao empregador, que é a pessoa física ou jurídica, e não ao proprietário da empresa. Para o obreiro, tanto faz se o empregador é pessoa física ou jurídica. O contrato de trabalho não é *intuitu personae* em relação ao empregador, que, segundo art. 2º da CLT, é a empresa.

Pouco importa que houve mudança na estrutura jurídica da empresa, isto é, que passou de um tipo societário para outro, como de sociedade por cotas de responsabilidade limitada para sociedade anônima, ou vice-versa. O fundamental é que a mudança na propriedade da empresa não afete os direitos do empregado e mesmo as determinações especificadas no contrato de trabalho (art. 448 da CLT).

A mudança na propriedade, em que são alterados os sócios, em nada modifica o contrato de trabalho dos empregados, pois o obreiro vincula-se à empresa, ao conjunto de bens, direitos e obrigações dela decorrentes.

Essas alterações não irão modificar o contrato de trabalho dos empregados, pois o empregador, no caso, continuará a ser a empresa. O emprego deve ser garantido ao empregado, pois com a mudança na propriedade ou na estrutura jurídica da empresa o empregador não muda, continua o mesmo. O art. 2º da CLT reza que o empregador é a empresa. Isso evidencia a despersonalização do empregador. A teoria da despersonalização do empregador, do *disregard of legal entity*, evidencia que é preciso levantar o véu que envolve a corporação (*to lift de corporate veil*) para verificar quem é o empregador, como no grupo de empresas. O empregador, segundo a CLT, é a empresa e não seu proprietário.

O direito do trabalho não se preocupa com a empresa, no sentido de conjunto de bens, mas, sim, em relação aos direitos do empregado. Se a empresa prossegue em sua atividade, os contratos de trabalho não são extintos, mas continuam a vigorar. Mudança na propriedade ou na estrutura jurídica da empresa mantém o contrato de trabalho com o mesmo empregador.

A exceção seria o caso de morte do empregador pessoa física, sendo facultado ao empregado rescindir ou não o contrato de trabalho (§ 2º do art. 483 da CLT). A faculdade da rescisão do contrato de trabalho é do empregado. Ao contrário, o empregado poderá, se quiser, manter o contrato de trabalho.

O art. 1.330 do Código Civil italiano dispõe que a morte ou incapacidade superveniente do empregador não extingue o contrato de trabalho. Giuliano Mazzoni entende que essa regra é decorrente do princípio da continuidade do contrato de trabalho[1].

O contrato de trabalho é *intuitu personae* em relação ao trabalhador. O prestador dos serviços deve ser certa e específica pessoa, que é o empregado. Entretanto, o empregador não precisa ser exatamente a mesma pessoa que contratou o obreiro. Isso quer dizer que o contrato de trabalho não é *intuitu personae* em relação ao empregador, não é personalíssimo em relação a essa pessoa. Se a cada mudança na estrutura ou propriedade da empresa houvesse a cessação das relações laborais, vários empregados perderiam seus postos de trabalho.

Na cessão do estabelecimento a outra pessoa, o contrato de trabalho também não muda, permanecendo íntegro. Pelo art. 2º da CLT, o empregador é a empresa e não seu proprietário. A cessão do estabelecimento não é motivo para a rescisão dos contratos de trabalho dos empregados, salvo se uma das partes ou ambas não mais quiserem a continuidade do pacto laboral.

Américo Plá Rodriguez entende que, quando uma empresa concessionária é substituída por outra, os contratos de trabalho dos empregados que passam a trabalhar para outra empresa perduram no tempo[2]. Isso pode ocorrer no di-

---

1. MAZZONI, Giuliano. *Contineni il diritto del lavoro principi propri*. Atti del Primo Congresso Internazionale Generali Propri, Interno di Diritto del Lavoro, Ed. Universitàd Trieste, 1952, p. 504.
2. PLÁ RODRIGUEZ, Américo. *Princípios do direito do trabalho*. São Paulo: LTr, 1993, p. 198.

reito do trabalho uruguaio. No Brasil, os contratos de trabalho dos empregados são rescindidos, pois a empresa muda. Não há mudança na propriedade ou na estrutura jurídica da empresa, pois as empresas são distintas. Forma-se novo contrato de trabalho com a nova concessionária, mas o empregado não tem direito à contagem do tempo de serviço na empresa anterior para efeito de férias, antiguidade etc. na nova empresa.

Quando a empresa privada é adquirida pelo Estado, a relação de trabalho continua. Não se pode dizer que o empregado passe a ser considerado funcionário público, salvo se lei assim dispuser e houver concurso público. Provavelmente será considerado celetista, com a contagem do tempo de serviço prestado para a empresa privada. Nesse caso, seriam aplicáveis os arts. 10 e 448 da CLT, que indicariam que a relação laboral continuaria em vigor. O mesmo se pode dizer da empresa que é expropriada pelo Estado.

Informa o art. 28 do Código de Trabalho do Paraguai que a substituição do empregador não afetará os contratos de trabalho vigentes.

Declara o art. 44 do Estatuto dos Trabalhadores da Espanha que a troca de titularidade na empresa, centro de trabalho ou de uma unidade produtiva autônoma não extingue o contrato de trabalho.

Na Venezuela, a mudança na titularidade da empresa não altera o contrato de trabalho, como se observa no art. 25 da Lei de Trabalho. O mesmo se observa no art. 41 da Lei Federal do México.

Na Itália, o regime é um pouco diferente, pois o inciso I do art. 2.112 do Código Civil dispõe que, em caso de transferência de empresa, o contrato de trabalho terá sua continuidade assegurada apenas se o alienante não o denunciar oportunamente[3]. O regime italiano considera o aspecto contratual da relação, não observando a continuidade do contrato de trabalho. O trabalhador perderá a antiguidade, mesmo que posteriormente seja contratado pelo adquirente do negócio.

No Uruguai, com base na Lei n. 10.570, de 15 de dezembro de 1944, houve uma polêmica sobre o art. 2º da referida lei, que trata da indenização no caso de dispensa por motivo de alienação, fusão, transferência de estabelecimentos. A maioria da doutrina e da jurisprudência entendeu que a indenização só seria devida aos empregados que efetivamente tivessem saído da empresa, mas não em relação aos que continuaram a trabalhar normalmente na empresa[4]. Quem continuou na empresa teve preservado seu contrato de trabalho.

---

3. GHERA, Edoardo. Art. 33 (Collocamiento). In: GIUGNI, Gino (dir.). *Lo statuto dei lavoratori commentario*. Milano: Giuffrè, 1979, p. 136.
4. PLÁ RODRIGUEZ, Américo. *Princípios de direito do trabalho*. 2. ed. São Paulo: LTr, 1993, p. 189-190.

11
RISCOS ECONÔMICOS E FINANCEIROS DO EMPREGADOR

11.1 FALÊNCIA E RECUPERAÇÃO JUDICIAL

Nos contratos bilaterais, o falido é também credor de prestações. É o que pode ocorrer no contrato de trabalho, que é um contrato bilateral, envolvendo prestações do empregado e do empregador. O art. 117 da Lei n. 11.101/2005 dispõe que

> os contratos bilaterais não se resolvem pela falência e podem ser cumpridos pelo administrador judicial se o cumprimento reduzir ou evitar o aumento do passivo da massa falida ou for necessário à manutenção e preservação de seus ativos, mediante autorização do Comitê.

O administrador judicial pode entender de continuar os contratos de trabalho firmados pela empresa falida com seus empregados.

A falência pode implicar a cessação do contrato de trabalho, porém os direitos oriundos do pacto laboral subsistem (art. 449 da CLT), assim como na recuperação judicial ou dissolução da empresa. Isso não quer dizer que em todos os casos haverá a cessação do contrato de trabalho, pois o síndico poderá entender que os contratos de trabalho dos empregados da falida continuam em vigor.

Havendo a continuidade dos contratos de trabalho, temos uma forma de preservação dos empregos, até por uma questão social, pois os empregados podem ficar sem sua fonte de renda e provimento de suas famílias.

A falência em si não é motivo suficiente para a cessação do contrato de trabalho. Apenas o fechamento das instalações da falida é que implica a cessação do contrato de trabalho.

Pode haver a continuidade do negócio, que deverá ser submetida à autorização do juiz (art. 27, *c*, da Lei n. 11.101/2005).

A combinação dos arts. 117 e 27, *c*, da Lei n. 11.101/2005 e a sua interpretação sistemática mostram que, se o síndico pode requerer a execução dos contratos de trabalho dos empregados da falida, é porque também pode requerer a continuação do negócio. A continuação deste é que irá implicar a execução dos contratos de trabalho. Entender de forma contrária seria haver a execução dos contratos de trabalho dos empregados sem que houvesse a continuidade do negócio do falido. Assim, pode-se dizer que o síndico também pode requerer a continuidade do negócio do falido. Trajano de Miranda menciona que,

> tratando-se de medida que visa acautelar o patrimônio comercial ou industrial de maiores prejuízos, que podem facilmente ocorrer da paralisação da empresa ou do estabelecimento, interessando, portanto, à continuação dos negócios, tanto ao falido quanto, e principalmente, aos seus credores, devia competir ao administrador da massa falida, ao síndico, a faculdade de formular o pedido[1].

Poderá ser deferida a recuperação judicial, o que também implica a continuidade dos negócios empresariais. Os contratos de trabalho também poderão ser executados pelas partes. Entretanto, o § 2º do art. 449 da CLT dispõe que, havendo recuperação judicial na falência, será facultado aos contratantes tornar sem efeito a rescisão do contrato de trabalho e consequentemente a indenização, desde que o empregador pague, no mínimo, a metade dos salários que seriam devidos ao empregado durante o interregno.

Seria possível a venda de todo o estabelecimento do falido a outra pessoa. Nesse caso, se os contratos de trabalho continuarem a ser executados, quem adquirir a empresa adquirirá também seus empregados, havendo continuidade dos pactos laborais. Aplicam-se ao caso os arts. 10 e 448 da CLT, sendo que os adquirentes responderão pelos contratos de trabalho, que não foram extintos, salvo se houve pagamento de indenização pela massa falida[2].

A falência em si não é hipótese de cessação do contrato de trabalho, pois este pode continuar a ser executado, como nas diversas hipóteses supramencionadas.

A cessação do contrato de trabalho só ocorre quando há a extinção da empresa, com a paralisação total de suas atividades.

Na Espanha, o art. 33, n. 1, do Estatuto dos Trabalhadores prevê o Fundo de Garantia Salarial, que assegura salários de quatro meses em caso de insolvência, quebra ou concurso de credores do empregador.

A recuperação judicial em nada altera os contratos de trabalho dos empregados, pois o concordatário não perde a administração de seus bens nem fica

---

1. VALVERDE, Trajano de Miranda. *Comentários à Lei de Falências*. Rio de Janeiro: Forense, 1953, v. II, p. 27.
2. No mesmo sentido é o entendimento de Amador Paes de Almeida (*Os direitos trabalhistas na falência e concordata do empregador*. São Paulo: LTr, 1996, p. 102-103).

impedido do exercício do comércio. Os contratos de trabalho dos empregados continuam em vigor.

Se a empresa tem condições de ser recuperada, não deveria haver a decretação de sua falência. Em consequência, até por uma questão social deveriam ser preservados os postos de trabalho dos empregados, que dependem de seu salário para sobreviver.

A autogestão de empresas em fase pré-falimentar, pelos próprios trabalhadores, ajuda a tentar manter os postos de trabalho.

11.2 LIQUIDAÇÃO EXTRAJUDICIAL

A liquidação extrajudicial é prevista na Lei n. 6.024, de 13 de março de 1974, podendo o Banco Central do Brasil intervir ou promover administrativamente a liquidação de instituições financeiras privadas e públicas não federais. O procedimento é feito durante seis meses, com prorrogação de mais seis.

A liquidação extrajudicial não importa em extinção dos contratos de trabalho, em razão de que a empresa continua existindo. Se os serviços forem paralisados, os salários serão devidos ao empregado, bem como será computado o tempo de serviço.

11.3 CONJUNTURA ECONÔMICA

Os riscos econômicos do empreendimento são do empregador. Empregador, por definição do art. 2º da CLT, é o que assume os riscos de sua atividade econômica. Esses riscos não podem afetar os direitos dos empregados, mas podem afetar a continuidade do contrato de trabalho se a empresa deixar de existir.

Havendo paralisação das atividades do empregador, este deve pagar os salários do empregado, durante o período de paralisação, pois assume os riscos de seu empreendimento (art. 2º da CLT). O que poderia ser admitido é um subsídio da Previdência Social ao empregado, limitado, porém, no tempo, como ocorre em parte na França.

Reza o art. 2º da Lei n. 4.923, de 23 de dezembro de 1965, que a empresa que, em razão da conjuntura econômica, devidamente comprovada, encontrar-se em condições que recomendem, transitoriamente, a redução da jornada ou do número de dias do trabalho, poderá fazê-lo, mediante prévio acordo com o sindicato dos empregados, com a assistência da DRT. O prazo não poderá exceder de três meses, sendo que o salário poderá ser reduzido em até 25%, respeitado o salário mínimo. O dispositivo mencionado está em vigor, pois os incisos VI e XIII do art. 7º da Constituição determinam que a redução de salários e da jornada só pode ser feita por acordo ou convenção coletiva.

Disciplina o art. 161 da CLT que o Delegado Regional do Trabalho pode interditar estabelecimento, setor de serviço ou embargar obra, em razão de riscos ao trabalho do empregado. Nesse caso, o § 6º do citado artigo é expresso: durante a paralisação dos serviços, em decorrência da interdição ou do embargo, os empregados receberão os salários como se estivessem em efetivo exercício. Adota-se, nessa hipótese, a teoria de que os riscos do empreendimento são do empregador, que não pode transferi-los ao empregado. O contrato de trabalho também continua em vigor.

Santiago Perez del Castilho afirma que no Uruguai há um subsídio previdenciário de até seis meses em caso de suspensão total da atividade da empresa, à razão de 50% da média da remuneração contratual dos seis meses anteriores de trabalho. Também há benefício quando a redução da jornada é de 25%, porém não se aplica aos mensalistas e aos empregados que têm variação de jornada por circunstâncias típicas da profissão[3]. O trabalhador poderá considerar rescindido o contrato em caso de paralisação total da empresa (art. 14 da Lei n. 12.570) ou após três meses de desocupação parcial (art. 11 da Lei n. 12.570).

Dispõe o art. 220 da Lei de Contrato de Trabalho argentina que as suspensões fundadas em razões de falta ou diminuição de trabalho não imputáveis ao empregador não poderão exceder de 30 dias em um ano, contados a partir da primeira suspensão. O art. 221 da mesma lei determina que as suspensões por força maior devidamente comprovadas poderão estender-se entre um prazo máximo de 75 dias em um ano, contado desde a primeira suspensão, qualquer que seja o motivo desta. A suspensão por falta ou diminuição de trabalho deverá começar pelo pessoal menos antigo dentro de cada especialidade. Em relação ao pessoal que entrou na empresa no mesmo semestre, deverá começar pelos que tenham menos encargos familiares, observada a antiguidade.

O Código de Trabalho do Paraguai prescreve na alínea *a* do art. 73 que são causas de suspensão dos contratos de trabalho a falta ou insuficiência de matérias-primas ou força motriz para dar andamento às tarefas, não sendo imputáveis ao empregador. O trabalhador irá esperar até 90 dias, podendo, após esse período, optar entre aguardar o retorno da atividade ou pela rescisão, com direito à indenização legal. O empregador deverá comunicar ao sindicato o retorno à atividade com pelo menos oito dias de antecedência e à autoridade administrativa do trabalho.

---

3. PEREZ DEL CASTILLO, Santiago. Desocupación y seguro de paro. In: PLÁ RODRIGUEZ, Américo (coord.). *La seguridad social en el Uruguay*. F.C.U., 1984, p. 194-195.

Previa o art. L. 351-19 do Código de Trabalho francês um subsídio do Estado, a título de remuneração para o empregado, enquanto durar o fechamento da empresa, tendo igual direito o trabalhador que sofrer redução de sua jornada. Pierre-Dominique Ollier considera que a suspensão é um ato do empregador, que deverá pagar os salários do empregado. A jurisprudência também tem o mesmo entendimento[4]. A Ordenação de 30 de junho de 1945 dispõe que o fechamento temporário do estabelecimento do empregador importa que este deve pagar os salários ao empregado, referentes ao período de paralisação. Determina também a mesma Ordenação que é devido o pagamento do salário integral pelo empregador em razão do fechamento do estabelecimento por infração ao regime de preços, durante período de três meses.

---

4. OLLIER, Pierre-Dominique. *Le droit du travail*. Paris: Collin, 1972, p. 118.

12
TRANSFERÊNCIA

O *jus variandi* é a possibilidade que o empregador tem de fazer pequenas modificações no contrato de trabalho do empregado, que não alterem sua substância. São exemplos mudar o horário de trabalho de noturno para diurno, de turnos, transferir o empregado (art. 469 da CLT). No México, o *jus variandi* não é permitido.

A transferência do empregado para outra localidade ou para outra função não implica prejuízo à continuidade do contrato de trabalho. O direito do empregado não é o de trabalhar na empresa sempre no mesmo local ou na mesma função, mas na empresa. Se a lei autoriza a transferência em certos casos, ela é possível. De outro lado, com a transferência, o empregador evita dispensar o empregado.

Apenas em certos casos a transferência do empregado não pode ser feita. É a hipótese específica do dirigente sindical, que, se aceitar sua transferência ou a solicitar, perde o mandato (§ 1º do art. 543 da CLT), justamente porque foi eleito para representar a categoria no local de trabalho e não em outro.

Permite o § 2º do art. 469 da CLT ao empregado ser transferido em caso de extinção do estabelecimento em que trabalha. O objetivo desse preceito exatamente é a continuidade do contrato de trabalho. Se um dos estabelecimentos da empresa é extinto, deve o empregado ser aproveitado em outro. Somente quando a empresa toda deixasse de existir é que o obreiro deveria ser dispensado.

A transferência é até mesmo uma possibilidade de manter a continuidade do contrato de trabalho, o posto de serviço do trabalhador.

Mostra a Súmula 265 do TST que o empregado pode ser transferido do turno noturno para o diurno, afirmando que nesse caso perderá o direito ao adicional noturno, mas seu posto de trabalho continua preservado.

O trabalhador poderia ser readaptado em outra função, por motivo de deficiência física ou mental, como permite o § 4º do art. 461 da CLT. É também uma forma de preservar o posto de trabalho do empregado, de este não ser dispensado.

A transferência do empregado para outra localidade ou para outra função não implica prejuízo ao princípio da continuidade do contrato de trabalho. O direito do empregado não é o de trabalhar na empresa sempre no mesmo local ou na mesma função, mas na empresa. Se a lei autoriza a transferência em certos casos, ela é possível. De outro lado, com a transferência, o empregador evita dispensar o empregado.

Nas grandes empresas, a transferência do empregado de uma para outra empresa do grupo não afeta a continuidade do contrato de trabalho, que se forma com o grupo, nos termos do § 2º do art. 2º da CLT. O grupo de empresas é o verdadeiro empregador. Assim, o empregado pode ser transferido de uma empresa para outra, persistindo seu contrato de trabalho, que é feito com o grupo. Há também a contagem do tempo de serviço de uma empresa para outra[1].

---

1. No mesmo sentido é o entendimento de Cassio Mesquita Barros (*Transferência de empregados e a Lei n. 6.203, de 17-4-75*. São Paulo: Editoras Unidas, 1977, p. 317).

13
SUSPENSÃO E INTERRUPÇÃO DOS EFEITOS DO CONTRATO DE TRABALHO

13.1 DENOMINAÇÃO

Alguns autores entendem que as expressões "suspensão" e "interrupção" do contrato de trabalho não são apropriadas. Orlando Gomes e Elson Gottschalk afirmam que a terminologia empregada "é ineficaz para substituir a suspensão parcial do contrato"[1]. Antonio Lamarca pensa que se trata de distinção meramente cerebrina[2]. Na paralisação parcial do contrato de trabalho, não haveria como fazer distinção entre um e outro tema. Poder-se-ia dizer que, na verdade, o que se suspende é o trabalho e não o contrato de trabalho, que permanece íntegro.

A nossa lei, entretanto, faz distinção entre suspensão e interrupção do contrato de trabalho, tanto que o Capítulo IV do Título IV da CLT é denominado "Da Suspensão e da Interrupção", referindo-se ao contrato de trabalho.

Entretanto, não há suspensão do contrato de trabalho, mas do trabalho, da execução do pacto ou de seus efeitos.

13.2 CONCEITO

Há, também, dificuldade em conceituar a suspensão e a interrupção do contrato de trabalho. A CLT não traz definições das duas hipóteses.

A maioria da doutrina esclarece que na suspensão a empresa não deve pagar salários nem contar o tempo de serviço do empregado que está afastado. Na interrupção, há necessidade do pagamento dos salários no afastamento do trabalhador e, também, a contagem do tempo de serviço. Entretanto, esse conceito não resolve todos os casos, pois pode não haver pagamento de salários nem

---

1. GOMES, Orlando; GOTTSCHALK, Elson. *Curso de direito do trabalho*. 4. ed. Rio de Janeiro: Forense, 1995, p. 344.
2. LAMARCA, Antonio. *Contrato individual do trabalho*. São Paulo: Revista dos Tribunais, 1967, p. 249.

contagem do tempo de serviço para determinado fim, mas haver para outro, como recolhimento do FGTS, na hipótese do afastamento do empregado para prestar serviço militar ou por acidente do trabalho.

José Pérez Leñero afirma que a suspensão não extingue o contrato, apenas deixa em suspenso sua execução[3].

Alfredo J. Ruprecht entende que a interrupção se denomina "suspensão relativa", enquanto a "suspensão absoluta" é a cessação total e temporária[4].

Octávio Bueno Magano faz considerações um pouco diferentes, esclarecendo que suspensão é "a cessação provisória mas total da execução do contrato de trabalho. Interrupção é a cessação provisória e parcial do contrato de trabalho"[5]. Magano afirma que, "se desligarmos o conceito de interrupção da ideia de pagamento de salário e o prendermos à noção mais ampla de continuidade de execução do contrato, ainda que parcial, a distinção passa a se justificar plenamente"[6].

A suspensão envolve a cessação temporária e total da execução e dos efeitos do contrato de trabalho. Na interrupção, há a cessação temporária e parcial dos efeitos do contrato de trabalho.

Na suspensão, o empregado não trabalha temporariamente, porém nenhum efeito produz em seu contrato de trabalho. São suspensas as obrigações e os direitos. O contrato de trabalho ainda existe, apenas seus efeitos não são observados. Na interrupção, apesar de o obreiro não prestar serviços, são produzidos efeitos em seu contrato de trabalho.

Há, contudo, necessidade de ser feita a distinção entre a própria existência do contrato de trabalho e sua execução, inclusive em relação a seus efeitos, daí a necessidade de distinção entre as duas hipóteses.

Na interrupção e na suspensão dos efeitos do contrato de trabalho, este continua a existir. O empregador não dispensa o empregado. Apenas os efeitos do contrato de trabalho cessam provisoriamente, parcial ou totalmente. É uma forma de continuidade do contrato de trabalho que pode ser utilizada pelo legislador, preservando o posto de trabalho. As partes também podem acordar nesse sentido.

---

3. PÉREZ LEÑERO, José. *Instituciones del derecho español de trabajo*. Madrid: Espasa-Calpe, 1949, p. 200.
4. RUPRECHT, Alfredo J. *Contrato de trabajo*. Buenos Aires: Lerner, 1974, p. 241.
5. MAGANO, Octávio Bueno. *Manual de direito do trabalho*: direito individual do trabalho. 4. ed. São Paulo: LTr, 1993, v. II, p. 310.
6. MAGANO, Octávio Bueno. 2. ed. 2. tir. *Manual de direito do trabalho*: direito individual do trabalho. São Paulo: LTr, 1986, v. II, p. 267.

13.3 DISTINÇÃO

Em nossa legislação não se pode dizer que a interrupção é gênero e a suspensão a espécie, como afirma Barbagelata[7]. Da mesma forma, não se pode dizer que a suspensão é a sustação do contrato de trabalho de iniciativa do empregador (motivos disciplinares ou econômicos) e a interrupção a do empregado (enfermidade, greve lícita), como afirma Falchetti[8].

Analisando os elementos dos dois conceitos reproduzidos supra, é possível chegar à distinção entre a suspensão ou a interrupção dos efeitos do contrato de trabalho. Haverá interrupção quando o empregado deva ser remunerado normalmente, embora não preste serviços, contando-se também o seu tempo de serviço, mostrando a existência de uma cessação temporária e parcial dos efeitos do contrato de trabalho. Na suspensão, o empregado fica afastado, não recebendo salário, nem é contado seu tempo de serviço, havendo a cessação temporária e total dos efeitos do contrato de trabalho.

Muitas vezes, as partes não podem cumprir as obrigações pertinentes ao contrato de trabalho. Em decorrência disso, poderia ocorrer a cessação do contrato de trabalho. Para evitar a dissolução do contrato de trabalho e, portanto, a sua manutenção, os efeitos do pacto laboral poderiam ser suspensos ou interrompidos. É o que ocorre quando o empregado está doente, passa a desempenhar encargo público, na licença-maternidade etc. Entretanto, a suspensão ou interrupção dos efeitos do contrato de trabalho deve ser temporária e nunca definitiva.

Na legislação brasileira, as causas de interrupção e suspensão dos efeitos do contrato de trabalho em alguns casos têm tipo bastante aberto, como encargo público (art. 472 da CLT). Seria possível também a empregado e a empregador resolverem suspender o contrato de trabalho, caso assim desejassem.

A melhor forma de procurar explicar a suspensão e a interrupção do contrato de trabalho, dado que já foram enunciados seus conceitos e suas diferenças, é por intermédio de exemplos. Não serão examinadas todas as hipóteses de interrupção ou suspensão dos efeitos do contrato de trabalho, mas apenas aquelas que estão mais ligadas à continuidade do contrato de trabalho.

---

7. BARBAGELATA, Hector Hugo. *Derecho del trabajo*. Montevideo: Fundación de Cultura Universitaria, 1978, p. 301.
8. FALCHETTI, Roberto. *El contrato de trabajo*. Montevideo: Fundación de Cultura Universitaria, 1975, p. 98.

13.4 ACIDENTE DO TRABALHO

No acidente do trabalho, o empregador não pode querer rescindir o contrato de trabalho do empregado.

O auxílio-doença acidentário é devido pela Previdência Social a contar do 16º dia seguinte ao do afastamento do trabalho em consequência do acidente (art. 143 do Decreto n. 2.172). A partir desse momento, a empresa não paga mais salários, porém há a contagem do tempo de serviço para efeito de indenização e estabilidade (parágrafo único do art. 4º da CLT). Computa-se o tempo de serviço para férias (art. 131, III), exceto se o empregado tiver percebido da Previdência Social prestações por acidente do trabalho por mais de seis meses, embora descontínuos (art. 134, IV, da CLT). Dessa forma, pode-se dizer que houve cessação provisória, mas parcial, do contrato de trabalho, pois há a contagem do tempo de serviço para os fins anteriormente mencionados, representando, assim, hipótese de interrupção do contrato de trabalho.

O dia do acidente de trabalho e os 15 dias seguintes serão remunerados pelo empregador (§ 1º do art. 143 do Decreto n. 2.172).

13.5 APOSENTADORIA POR INVALIDEZ

Esclarece o art. 475 da CLT que o empregado que for aposentado por invalidez terá suspenso seu contrato de trabalho durante o prazo fixado pela legislação previdenciária para a efetivação do benefício.

Pode-se entender pelo art. 47 da Lei n. 8.213 que a aposentadoria por invalidez torna-se efetiva após cinco anos contados da data do início da aposentadoria por invalidez ou do auxílio-doença que a antecedeu. Conclui-se, portanto, que até cinco anos a contar dos períodos anteriormente mencionados o contrato de trabalho está suspenso. Se a aposentadoria for mantida, seja pela recuperação parcial do empregado ou após os cinco anos, ou se o empregado for declarado apto para o exercício de trabalho diverso (art. 47, II, da Lei n. 8.213/91), deverá o contrato de trabalho cessar, pois o art. 475 da CLT prevê a suspensão até que o benefício seja efetivado. A Súmula 160 do TST deixou claro, porém, que, "cancelada a aposentadoria por invalidez, mesmo após cinco anos, o trabalhador terá direito de retornar ao emprego, facultado, porém, ao empregador indenizá-lo na forma da lei".

Mostra o § 1º do art. 475 da CLT que há uma reserva de vaga ao empregado que tiver os efeitos de seu contrato suspensos em razão de aposentadoria por invalidez, dada a provisoriedade desta. Recuperando o empregado a capacidade de trabalho e sendo a aposentadoria cancelada, ser-lhe-á assegurado o direito

13 • SUSPENSÃO E INTERRUPÇÃO DOS EFEITOS DO CONTRATO DE TRABALHO

à função que ocupava ao tempo da aposentadoria. É uma forma de preservar o posto de trabalho do empregado, em determinada situação em que o empregado necessita do emprego para poder sobreviver. O empregador poderá, porém, dispensá-lo, pagando a indenização pertinente, nos termos dos arts. 477 e 478 da CLT ou mediante pagamento de indenização em dobro, se for estável. O pagamento da indenização pertinente importa na cessação do contrato de trabalho. Ocorre aqui uma exceção ao princípio da continuidade do contrato de trabalho, autorizada pela nossa legislação.

Permite o § 2º do art. 475 da CLT ao empregador rescindir o contrato de trabalho do empregado substituto do aposentado por invalidez que volta a exercer a atividade, sem pagamento de indenização, desde que tenha havido ciência inequívoca da interinidade do contrato celebrado, sem pagamento de qualquer indenização.

Pode ser considerada permanente a aposentadoria por invalidez após o segurado ou pensionista ter completado 55 anos de idade e quando decorridos 15 anos da concessão da aposentadoria por invalidez ou do auxílio-doença que a precedeu; ou após completarem 60 anos de idade (§ 1º do art. 101 da Lei n. 8.213/91). Nesses casos, pode ser considerado extinto o contrato de trabalho.

13.6 AUXÍLIO-DOENÇA

Durante a doença do empregado, o pacto laboral não pode ser rescindido. Declara o art. 476 da CLT que, em caso de seguro-doença ou auxílio-enfermidade, o empregado é considerado em licença não remunerada, durante o prazo desse benefício.

Os 15 primeiros dias do afastamento do obreiro em razão de doença são pagos pela empresa, computando-se como tempo de serviço do trabalhador (§ 3º do art. 60 da Lei n. 8.213/91). Trata-se de hipótese de interrupção dos efeitos do contrato de trabalho.

A partir do 16º dia é que a Previdência Social paga o auxílio-doença (art. 59 da Lei n. 8.213). Não há, entretanto, pagamento de salário pela empresa. O tempo de afastamento é computado para férias, pois se trata de enfermidade atestada pelo INSS (art. 131, III, da CLT), salvo se o empregado tiver percebido da Previdência Social prestação de auxílio-doença por mais de seis meses, embora descontínuos, durante o curso do período aquisitivo de suas férias (art. 133, IV, da CLT). Logo, sendo concedido o auxílio-doença, há a interrupção dos efeitos do contrato de trabalho, visto que ocorre a cessação provisória e parcial do pacto laboral, com a contagem do tempo de serviço para férias. Só se pode dizer que haverá suspensão dos efeitos do contrato de trabalho se o empregado receber auxílio-doença por mais de seis meses, embora descontínuos, quando não haverá a contagem do tempo de serviço, nem para efeito de férias.

13.7 EMPREGADO ELEITO PARA O CARGO DE DIRETOR

A Súmula 269 do TST firmou o entendimento de que o empregado eleito para ocupar cargo de diretoria tem seu contrato de trabalho suspenso. Não se computa o tempo de serviço no exercício de cargo de diretoria para efeitos do contrato de trabalho, salvo se permanecer a subordinação jurídica inerente à relação de emprego. Mostra o verbete a continuidade do contrato de trabalho, que não cessa.

13.8 ENCARGOS FAMILIARES

A Lei n. 1.483, de 8 de outubro de 1984, da Grécia, dispõe no art. 7º que o empregado pode solicitar e obter do empregador uma licença não remunerada por seis dias úteis no ano civil, para tratar de familiares. Caso tenha dois filhos, a licença é de oito dias. Sendo em número superior, será de 10 dias úteis. Os familiares são considerados: os filhos até 16 anos e os maiores de 16 anos, se tiverem doença grave; o cônjuge com enfermidade grave, crônica ou inválido; os pais, os irmãos e as irmãs solteiras, nas mesmas condições, desde que não tenham renda anual superior à de um trabalhador não qualificado cujo salário seja igual ao mínimo vigente, calculado à razão de 25 dias mensais (art. 2º). A licença é deferida tanto ao marido como à mulher, mesmo que ambos trabalhem na mesma empresa. O art. 13 considera que os períodos de ausência são considerados de trabalho efetivo para fins de vantagens de remuneração, duração de férias e indenização de dispensa. A lei grega ainda assegura, no art. 8º, a redução da jornada em uma hora, com a consequente diminuição da remuneração, mesmo quando da contratação, no caso de o trabalhador ter familiares inválidos mental, física ou psiquicamente. O empregado poderá passar a trabalhar em jornada integral quando houver posto vago na empresa, mesmo que a contratação tenha sido feita para meia jornada.

Não há na legislação trabalhista brasileira dispositivo semelhante. Apenas o art. 83 da Lei n. 8.112 assegura ao funcionário público federal licença por motivo de doença do cônjuge ou companheiro, padrasto ou madrasta, ascendente, descendente, enteado e colateral consanguíneo ou afim até o segundo grau civil, mediante comprovação por junta médica oficial. A licença somente será deferida se a assistência direta do servidor for indispensável e não puder ser prestada simultaneamente com o exercício do cargo. A licença será concedida sem prejuízo da remuneração do cargo efetivo, até 90 dias, podendo ser prorrogada por até 90 dias, mediante parecer de junta-médica e, excedendo esses prazos, sem remuneração.

A Lei n. 903, de 9 de dezembro de 1977, da Itália concede alternativamente aos dois genitores o direito de faltar no serviço para cuidar dos filhos.

A Convenção n. 156 da OIT, de 23 de junho de 1981, e a Recomendação n. 165, de 23 de junho de 1981, incumbem aos países estimular o fornecimento de serviços sociais de forma a permitir que os pais possam cumprir suas obrigações para com a família.

O Brasil aprovou a Convenção da Organização das Nações Unidas de 1979 sobre a mulher, conforme Decreto legislativo n. 93, de 14 de novembro de 1983, em que há previsão da possibilidade de que os pais combinem as obrigações do trabalho com as da família.

Reza o inciso III do art. 473 da CLT que o pai tem direito de faltar por um dia, no decorrer da primeira semana, para registrar o filho. O inciso XIX do art. 7º da Constituição concede licença-paternidade, que é fixada em cinco dias (§ 1º do art. 10 do ADCT).

13.9 ENCARGO PÚBLICO

O afastamento do empregado em razão de exigências decorrentes de encargo público não constituirá motivo para a rescisão do contrato de trabalho por parte do empregador (art. 472 da CLT). O encargo público não é, portanto, forma de extinção do contrato de trabalho, pois este tem seus efeitos suspensos. Há, portanto, a continuidade do contrato de trabalho, porém seus efeitos são suspensos.

Se o empregado se afasta da empresa para exercer algum encargo público, como de vereador, deputado, senador, ministro etc., há a suspensão dos efeitos do contrato de trabalho. O empregado será considerado em licença não remunerada, não tendo direito a férias, 13º salário e FGTS do período.

No retorno do empregado ao serviço, serão asseguradas todas as vantagens que, em sua ausência, tenham sido atribuídas à categoria a que pertencia na empresa (art. 471 da CLT). Para que o empregado tenha direito a voltar a exercer o cargo do qual se afastou em virtude de exigências do serviço militar ou de encargo público, é indispensável que notifique o empregador dessa intenção, por telegrama ou carta registrada, dentro do prazo máximo de 30 dias, contados da data da terminação do encargo a que estava obrigado (§ 1º do art. 472 da CLT).

As ausências do empregado para participar das reuniões do Conselho Curador do FGTS serão abonadas, computando-se como jornada efetivamente trabalhada para todos os efeitos legais (§ 7º do art. 3º da Lei n. 8.036/90), o que mostra que se trata de hipótese de interrupção. Os trabalhadores que participarem das reuniões do Conselho Nacional de Seguridade Social também terão suas faltas abonadas, computando-se como jornada de trabalho para todos os fins (§ 11 do art. 6º da Lei n. 8.212). Tal fato também evidencia que se trata de caso de interrupção dos efeitos do contrato de trabalho. O mesmo se verifica em relação aos trabalhadores que participem das reuniões do CNPS (§ 6º do art. 3º da Lei n. 8.213).

Considera a alínea *f* do art. 45 do Estatuto dos Trabalhadores da Espanha suspenso o contrato de trabalho no caso de o trabalhador desempenhar cargo público representativo.

O Código de Trabalho francês obriga os empregadores a concederem aos candidatos à Assembleia Nacional ou ao Senado o tempo necessário à campanha eleitoral, até o máximo de 20 dias, limitado à ausência diária de meia jornada, a qual deve ser notificada com 24 horas de antecedência (L. 122-24-1, L. 122-24-2 e L. 122-24-3). Depreende-se, porém, que tais ausências não são remuneradas, mas poderão ser deduzidas das férias anuais do empregado. Terminado o mandato eletivo desempenhado pelo empregado, ele terá direito ao mesmo posto de trabalho ou a posto análogo, com remuneração equivalente, fazendo jus a todas as vantagens adquiridas pela categoria profissional. Caso o mandato seja renovado, as garantias de retorno não se aplicam quando transcorrerem mais de cinco anos. O empregado terá direito, porém, à reintegração preferencial em outro posto a que possa estar qualificado, contudo com as vantagens do posto originalmente ocupado.

Assegura o art. 120 do Código de Trabalho de Cuba ao trabalhador o salário em caso de funções eletivas como deputado ou delegado do Poder Popular.

Dispõe o art. 215 da Lei do Contrato de Trabalho argentino que os trabalhadores que ocuparem cargos eletivos em âmbito nacional, provincial ou municipal terão direito à reserva do emprego por parte do empregador e à reincorporação até 30 dias depois de concluído o exercício de suas funções. Esse período será computado, porém, para antiguidade.

13.10 FÉRIAS

O exemplo mais comum que se dá de hipótese de interrupção dos efeitos do contrato de trabalho ocorre nas férias: o empregado não presta serviços, mas recebe salários, não ficando privado de sua remuneração (art. 129 da CLT), sendo, também, contado o tempo de serviço para todos os efeitos (§ 2º do art. 130 da CLT).

13.11 GREVE

Antigamente, fazia-se distinção quanto à greve, no que diz respeito ao atendimento das reivindicações ou não. Se estas eram atendidas, com o pagamento de salários no período de afastamento, havia interrupção do contrato de trabalho. Se as reivindicações não eram atendidas, nem havia o pagamento de salários, estávamos diante de caso de suspensão do contrato de trabalho.

Atualmente, a Lei n. 7.783/89 (Lei de Greve) estabelece em seu art. 7º que, se forem observadas as determinações previstas na referida norma, o contrato de trabalho fica suspenso, devendo as relações obrigacionais durante o período ser regidas por acordo, convenção, laudo arbitral ou decisão da Justiça do Trabalho. Isso leva a crer, *a contrario sensu*, que, se inobservadas as determinações da Lei n. 7.783/89, a greve não suspende os efeitos do contrato de trabalho, podendo causar a rescisão do referido pacto até mesmo por justa causa. Entretanto, se a empresa pagar salários durante a greve, estaremos diante da hipótese de interrupção do contrato de trabalho.

Durante a greve é vedado ao empregador rescindir o contrato de trabalho do empregado (parágrafo único do art. 7º da Lei n. 7.783/89), salvo se o for com justa causa, pois a greve é direito constitucional do trabalhador (art. 9º da Constituição). O fato de a greve ser um direito importa na suspensão dos efeitos do contrato de trabalho. É a aplicação do princípio da continuidade do contrato de trabalho, enquanto o empregado faz suas reivindicações de forma pacífica.

No Uruguai, o art. 41 do Decreto n. 622, de 1º de agosto de 1973, dispõe que "a greve lícita será considerada mera suspensão do contrato de trabalho, e por conseguinte toda despedida por essa causa será nula".

13.12 LICENÇA

O art. 579 do Anteprojeto de Código de Trabalho de Evaristo de Moraes Filho determina licença não remunerada de até dois meses, para tratar de assuntos particulares, atribuível ao empregado a cada período completo de cinco anos de trabalho. Não pode ser acumulada nem é contado esse período como tempo de serviço.

13.13 *LOCK OUT*

O *lock out* vem a ser a paralisação das atividades, por iniciativa do empregador, com o objetivo de frustrar negociação ou dificultar o atendimento de reivindicações dos empregados (art. 17 da Lei n. 7.783/89). Caso assim proceda o empregador, os trabalhadores terão direito à percepção dos salários durante o período da paralisação (parágrafo único do art. 17 da Lei n. 7.783/89), configurando hipótese de interrupção do contrato de trabalho. Os riscos do empreendimento são do empregador, não podendo ser transferidos para o empregado (art. 2º da CLT).

13.14 REPRESENTAÇÃO SINDICAL

Se o empregado eleito para desempenhar mandato sindical continua normalmente a prestar serviços ao empregador, não haverá falar em interrupção ou suspensão do contrato de trabalho. O contrato de trabalho está em vigor.

Caso o empregado realmente não trabalhe, pois assim acordou com a empresa, configura-se hipótese de suspensão dos efeitos do contrato de trabalho, pois não há pagamento de salários nem é contado o tempo de serviço.

13.15 SALÁRIO-MATERNIDADE

A Convenção n. 103 da OIT, de 1952, entrou em vigor no plano internacional em 7 de junho de 1958. O Brasil a aprovou pelo Decreto Legislativo n. 20, de 30 de abril de 1965. Foi promulgada pelo Decreto n. 58.821, de 14 de julho de 1966. Dispõe a referida norma que "em caso algum o empregador deverá ficar pessoalmente responsável pelo custo das prestações devidas à mulher que emprega".

O objetivo da Convenção n. 103 da OIT foi preservar o posto da empregada gestante e também possibilitar que as mulheres continuassem a ser admitidas nas empresas. Transferiu o custo das prestações durante a gravidez para o órgão de previdência social dos países, de modo que o empregador não tivesse de arcar com valores durante o referido período. Implica também a continuidade do contrato de trabalho, de forma que o empregador não tenha de dispensar a empregada. Entretanto, na prática, muitas vezes a empregada é dispensada logo após o retorno da licença-maternidade.

Somente com a edição a Lei n. 6.136, de 7 de novembro de 1974, é que o salário-maternidade passou a ser uma prestação previdenciária, não mais tendo o empregador que pagar o salário da empregada que vai dar à luz.

O salário-maternidade é um pagamento feito pela empresa à empregada durante os 120 dias da licença-maternidade, sendo que a Previdência Social reembolsa o empregador do valor pago, que é deduzido na própria guia de recolhimento das contribuições previdenciárias. O tempo de serviço é contado normalmente durante o afastamento, tratando-se, assim, de hipótese de interrupção dos efeitos do contrato de trabalho.

13.16 SEGURANÇA NACIONAL

Ocorrendo motivo relevante de segurança nacional, poderá a autoridade competente solicitar o afastamento do empregado do serviço ou do local de trabalho sem que se configure a suspensão do contrato de trabalho. O afastamento será solicitado pela autoridade competente diretamente ao empregador, em representação fundamentada, com audiência da Procuradoria Regional do Trabalho, que providenciará desde logo a instauração do competente inquérito administrativo.

Sendo afastado o empregado em virtude de inquérito administrativo para apuração de motivo de interesse de segurança nacional, os efeitos do contrato de trabalho não ficam suspensos durante os primeiros 90 dias, pois nesse período continuará o obreiro percebendo sua remuneração (§§ 3º e 5º do art. 472 da CLT). Nessa hipótese, haverá interrupção dos efeitos do contrato de trabalho, pois o empregador deverá pagar salários (§ 5º do art. 472 da CLT). Após 90 dias, o empregador não é obrigado a pagar salários ao empregado, por falta de previsão legal, ficando suspensos os efeitos do contrato de trabalho.

13.17 SERVIÇO MILITAR

O afastamento do empregado em decorrência dos encargos do serviço militar não será motivo para a rescisão do contrato de trabalho por parte do empregador (art. 472 da CLT).

Quando o empregado se afasta em razão de ter sido incorporado ao serviço militar, não há pagamento de salário pelo empregador. O parágrafo único do art. 4º da CLT estabelece que será computado como tempo de serviço o período em que o empregado estiver afastado prestando serviço militar, para efeito de indenização e estabilidade, devendo o empregador fazer os depósitos do FGTS. O art. 61 da Lei n. 4.375, de 17 de agosto de 1964, dispõe que, se o empregado é convocado para manobras, tem direito a receber do empregador dois terços do valor da remuneração, cabendo às Forças Armadas o pagamento das gratificações próprias dos militares. Logo, há a cessação provisória, mas parcial, do contrato de trabalho, pois é contado o tempo de serviço do empregado, embora não seja devida qualquer remuneração, evidenciando hipótese de interrupção dos efeitos do contrato de trabalho.

Prescreve o art. 60 da Lei n. 4.375 que os empregados e funcionários públicos, quando incorporados ou matriculados em órgão de formação de reserva, por motivo de convocação para prestação do serviço militar, terão assegurado o retorno ao cargo ou emprego respectivo, dentro dos 30 dias que se seguirem ao licenciamento, ou término de curso, salvo se declararem, por ocasião da incorporação ou matrícula, não pretender a ele voltar.

Para que o empregado tenha direito a voltar a exercer o cargo do qual se afastou em virtude de exigências do serviço militar ou de encargo público, é indispensável que notifique o empregador dessa intenção, por telegrama ou carta registrada, dentro do prazo máximo de 30 dias, contados da data em que se verificar a baixa (§ 1º do art. 472 da CLT). Se o empregado está servindo o país, nada mais razoável do que ser garantido seu emprego quando retornar à empresa. O art. 132 da CLT dispõe que deve ser considerado o tempo de trabalho anterior à apresentação do empregado ao serviço militar obrigatório para os efeitos de férias.

O engajamento definitivo na carreira militar implica a cessação do contrato de trabalho.

Na Espanha, a alínea *e* do art. 45 do Estatuto dos Trabalhadores reza que o contrato de trabalho fica suspenso quando o empregado está prestando serviço militar obrigatório ou voluntário ou serviço social substitutivo, sendo causa de suspensão do contrato de trabalho. Essa disposição é originária da jurisprudência espanhola. O empregado tem 30 dias da baixa para apresentar-se ao trabalho. Alberto José Carro Igelmo afirma que na Espanha o trabalhador que vai prestar serviço militar tem uma reserva do posto de trabalho, tanto no serviço obrigatório como no voluntário, por meio do regime geral ou dos regimes especiais[9].

Na Itália, a Lei n. 370, de 3 de maio de 1955, dispõe sobre a garantia de emprego de três meses após a retomada da ocupação pelo empregado que estava servindo as Forças Armadas.

Determina o art. 214 da Lei do Contrato de Trabalho argentina que o empregador conservará o emprego quando deva prestar serviço militar obrigatório, por chamado ordinário, mobilização ou convocações especiais desde a data de sua convocação até 30 dias depois da baixa. O tempo de permanência no serviço militar será considerado período de trabalho para os efeitos do cômputo de sua antiguidade, mas não para efeitos de aumentos de remuneração.

Os arts. 156 e 157 do Código de Trabalho do Chile têm disposições análogas às da Argentina.

Reza o inciso V do art. 42 da Lei Federal do Trabalho do México que o serviço militar é causa de suspensão dos efeitos do contrato de trabalho. Estabelece a reserva do emprego por apenas seis anos. Esse período é relativo, pois pode haver guerra por período superior ao mencionado e o empregado ficaria

---

9. CARRO IGELMO, Alberto José. *La suspensión del contrato de trabajo*. Barcelona: Bosch, 1959, p. 26-27.

desamparado. O prazo para reintegração é de 15 dias após a baixa, e o tempo de afastamento só é computado como antiguidade quando o empregado é integrado à Guarda Nacional.

No Uruguai, o contrato de trabalho tem seus efeitos suspensos no tempo correspondente às manobras anuais. Há manobras obrigatórias de 20 dias para os reservistas entre 18 e 25 anos e de 10 dias para os reservistas entre 25 e 30 anos.

13.18 SUSPENSÃO DISCIPLINAR

Sendo o trabalhador suspenso pela empresa em razão de falta disciplinar e não havendo pagamento de salário, estaremos diante de hipótese de suspensão dos efeitos do contrato de trabalho. O empregado pode ser suspenso por até 30 dias, conforme previsão do art. 474 da CLT. A suspensão que ocorrer por mais de 30 dias importa rescisão injusta do contrato de trabalho.

13.19 PROJETO DO GOVERNO

A Convenção n. 168 da OIT trata da promoção do emprego e proteção contra o desemprego. Foi aprovada pelo Decreto Legislativo n. 89, de 10 de dezembro de 1992, e promulgada pelo Decreto n. 2.682, de 21 de julho de 1998. Prevê o art. 2º da referida norma que todo membro deverá adotar medidas apropriadas para coordenar o seu regime de proteção contra o desemprego e a sua política de emprego. Dispõe o art. 10 que todo membro deverá tentar estender a proteção da convenção, nas condições prescritas, às seguintes contingências: a) a perda de rendimentos devido ao desemprego parcial, definido como uma redução temporária da duração normal ou legal do trabalho; b) a suspensão ou redução de rendimentos como consequência da suspensão temporária do trabalho, sem término da relação de trabalho, particularmente por motivos econômicos, tecnológicos, estruturais ou análogos. Reza o art. 15 que, em caso de desemprego total e de suspensão de rendimentos como consequência de uma suspensão temporária de trabalho, sem término da relação de trabalho, se esta última contingência estiver coberta, deverão ser abonadas indenizações na forma de pagamentos periódicos calculados da seguinte forma: a) quando essas indenizações sejam calculadas na base de contribuições pagas pela pessoa protegida ou no seu nome, ou em razão de seus rendimentos anteriores, elas serão fixadas em pelo menos 50% dos rendimentos anteriores dentro do limite eventual de tetos de indenização ou rendimentos referidos, por exemplo, ao salário de um operário qualificado ou do salário médio dos trabalhadores na região em questão; b) quando essas indenizações sejam calculadas independentemente das contribuições ou dos rendimentos anteriores, elas serão fixadas em 50%, pelo menos, do salário mínimo legal ou do salário de um trabalhador ordinário, ou na quantia mínima indispensável para cobrir as despesas essenciais, adotando-se o valor mais elevado.

Na Espanha, o art. 47 do Estatuto dos Trabalhadores autoriza a suspensão do contrato por motivos de ordem técnica, econômica, organizativa ou de produção ou causas derivadas de força maior. A medida será autorizada quando se verificar pela documentação da empresa que é necessária para a superação de uma situação de caráter conjuntural da atividade da empresa.

Na Itália, existe a possibilidade da redução dos horários de trabalho durante crises econômicas setoriais da empresa, ou no caso da reestruturação e reorganização da atividade empresarial (art. 2º da Lei n. 1.115, de 5-11-1968). O que ocorre não é a suspensão do contrato de trabalho, mas a redução da jornada. O trabalhador fica amparado por um órgão chamado de Caixa de Integração.

Na Argentina, o art. 98 da Lei n. 24.013, de 1992 (Lei Nacional de Emprego), dispõe que deve haver um caráter prévio à comunicação de despedidas ou suspensões por razões de força maior, causas econômicas ou tecnológicas, que afetem a mais de 15% dos trabalhadores em empresas de menos de 400 trabalhadores; a mais de 10% em empresas de entre 400 e 1.000 trabalhadores; e a mais de 5% em empresas de mais de mil trabalhadores. O procedimento de crise terá tramitação perante o Ministério do Trabalho e da Seguridade Social, mediante provocação do empregador ou da associação sindical dos trabalhadores. Quem apresentar petição deverá fundamentar sua solicitação oferecendo todos os elementos probatórios que considere pertinentes (art. 99). Não havendo acordo na audiência inicial, é aberto um período de negociação entre o empregador e a associação sindical, de no máximo de 10 dias (art. 101). O art. 238 da Lei do Contrato de Trabalho já tinha previsão de suspensão do contrato em razão de motivo de força maior, devidamente comprovado, até um prazo máximo de 75 dias em um ano, contado desde a primeira suspensão, caso em que, se inevitável a dispensa, os trabalhadores atingidos são os mais novos na empresa e, quando admitidos no mesmo semestre, os que tiverem menores encargos familiares.

No Brasil, inicialmente a previsão era da Medida Provisória n. 1.726, de 3 de novembro de 1998, que estabelecia a suspensão dos efeitos do contrato de trabalho em razão de qualificação profissional. Essa norma é originária da situação ocorrida na construção civil de São Paulo, que entre o término de uma obra e outra tem, muitas vezes, de dispensar seus trabalhadores. Não se trata de inovação brasileira, pois há previsão em outros países dessa hipótese de suspensão e também da própria aplicação da Convenção n. 168 da OIT.

Atualmente, o art. 476-A da CLT estabeleceu a hipótese de suspensão dos efeitos do contrato de trabalho para a participação do trabalhador em curso ou programa de qualificação profissional. Na verdade, a norma cria nova hipótese de suspensão dos efeitos do contrato de trabalho, além das já previstas nos arts. 471 a 476 da CLT.

O Governo entende que o benefício ora instituído poderá ser aplicado com sucesso na construção civil, no período que ocorre entre o término de uma obra e o início de outra. A dispensa, com a posterior recontratação do trabalhador da construção civil, é bastante onerosa para a empresa. Manter o trabalhador ocioso com pagamento de salários até o início de outra atividade também é oneroso para o empregador. Daí a melhor hipótese é a suspensão dos efeitos do contrato de trabalho para qualificação profissional. A suspensão dos efeitos do contrato de trabalho para qualificação profissional pode não se aplicar a qualquer empresa. Normalmente, vai dizer respeito a empresas com grande número de trabalhadores, com baixa remuneração, como na construção civil. Vai depender, porém, da duração da obra. Não fica, porém, restrita ao setor da construção civil, podendo ser utilizada em qualquer atividade econômica.

O objetivo da norma é que o contrato de trabalho fique suspenso diante de crise momentânea passada pela empresa. Não se trata, portanto, de dispensa provisória, como tem sido chamada na prática, pois a dispensa implica a saída do trabalhador da empresa. No caso, o trabalhador não é dispensado, apenas os efeitos do seu contrato de trabalho são suspensos temporariamente. Seria possível utilizar a denominação suspensão dos efeitos do contrato de trabalho para que o empregado participe de cursos de qualificação profissional.

O pacto laboral poderá ter seus efeitos suspensos por um período de dois a cinco meses, visando à participação do empregado em curso ou programa de qualificação profissional oferecido pelo empregador. Não existe obrigatoriedade da suspensão dos efeitos do contrato de trabalho, mas faculdade de se estabelecer esse mecanismo. Não poderá, portanto, ser suspenso o contrato de trabalho por apenas um mês, sendo o mínimo necessário de dois meses. O período máximo de suspensão será de cinco meses. As partes, na negociação coletiva, estabelecerão o prazo pelo qual o contrato será suspenso, dentro do período de dois a cinco meses. O trabalhador não poderá estabelecer individualmente com o empregador prazo diverso da suspensão do previsto na norma coletiva. Os funcionários deverão voltar a trabalhar ao final do respectivo período. O art. 476-A da CLT não está exigindo, porém, que a empresa passe por problemas conjunturais ou econômicos, nem justifique suas adversidades, apenas terá de negociar com o sindicato. Excedido o período de cinco meses ou o que for acordado na norma coletiva, persistindo a suspensão dos efeitos do contrato de trabalho, o empregado poderá requerer a rescisão indireta do contrato de trabalho, em razão de não terem sido cumpridos os requisitos legais.

A suspensão dos efeitos do contrato de trabalho poderá ser utilizada em qualquer ramo de atividade, tanto na indústria como no comércio, nos serviços, na área rural etc. Não há distinção também quanto à idade do trabalhador, que poderá ter mais ou menos de 18 anos, tanto sendo utilizado em relação ao homem como à mulher.

Poderá ser feita a suspensão dos efeitos do contrato de trabalho em parte da empresa, em algumas de suas filiais ou estabelecimentos ou na sua totalidade. É na norma coletiva que se especificará se a suspensão irá afetar toda a empresa ou apenas algumas de suas unidades.

O contrato de trabalho não poderá ser suspenso mais de uma vez no período de 16 meses para efeito da qualificação profissional do empregado. O objetivo da determinação legal é que a empresa tenha uma programação para a suspensão dos efeitos do contrato de trabalho para qualificação profissional. A finalidade da norma também é evitar fraudes, no sentido de o empregador suspender constantemente os efeitos do contrato de trabalho. Entretanto, parece que o prazo de 16 meses é muito curto, pois após um ano poderia ser necessária nova suspensão dos efeitos do contrato de trabalho, em razão de mudança da situação econômica.

As despesas nos cursos de qualificação profissional ficarão a cargo do empregador, salvo se este utilizar órgão público para esse fim. O empregado não terá de pagar nenhuma despesa para a qualificação profissional.

No interregno de tempo em que houver a suspensão contratual para efeito de qualificação profissional, o empregado receberá bolsa, que será paga pelo Fundo de Amparo ao Trabalhador (FAT). O empregado não receberá no período nenhum valor da empresa.

O empregador poderá conceder ao empregado ajuda compensatória mensal, sem natureza salarial, durante o período de suspensão contratual, com valor a ser definido em convenção ou acordo coletivo. Não há obrigação da concessão da ajuda, pois a lei usa o termo "poderá", mostrando ser facultativa a sua concessão. Essa ajuda compensatória não terá incidência do FGTS ou de contribuição previdenciária, por não se tratar de salário, até em razão de inexistir trabalho no citado período. O empregador também poderá conceder qualquer outro benefício ao empregado durante o período em que o contrato de trabalho estiver suspenso. Se o empregador quiser pagar salários aos empregados no período da suspensão, também poderá fazê-lo, mas nesse caso haverá a incidência das contribuições previdenciária e do FGTS. Assim, o empregador, se desejar, deverá fazer pagamentos com natureza indenizatória, para não ter de recolher contribuições sobre esses valores. O art. 15 da Convenção n. 168 da OIT fala em pagamento de indenizações no período da suspensão. Essa será, portanto, a natureza do pagamento.

A empresa não terá de recolher o FGTS e as contribuições previdenciárias durante o período de suspensão do contrato de trabalho, pois do contrário não seria hipótese de suspensão dos efeitos do pacto laboral, mas de interrupção, em razão de que geraria direitos ao obreiro.

Caso o empregado seja dispensado no curso do período de suspensão contratual ou nos três meses subsequentes ao seu retorno ao trabalho, o empregador pagará ao empregado, além das parcelas indenizatórias previstas na legislação trabalhista, multa a ser estabelecida em convenção ou acordo coletivo, sendo de, no mínimo, 100% sobre o valor da última remuneração mensal anterior à suspensão do contrato. Usa a norma legal a expressão "remuneração" e não "salário", compreendendo o salário mais as gorjetas (art. 457 da CLT). A norma não está impedindo a dispensa do trabalhador nem garante o emprego do obreiro, apenas torna mais onerosa a dispensa para o empregador, ao instituir a multa, que será prevista na norma coletiva.

A suspensão dos efeitos do contrato de trabalho não precisaria estar amparada em lei, pois a CLT permite que as partes combinem a referida suspensão, apenas não haveria o direito à bolsa de qualificação profissional no período.

Não criará empregos a suspensão do contrato de trabalho para qualificação, mas ajudará a evitar dispensas e o aumento do desemprego, atenuando-o. Para resolver o problema do desemprego, é preciso baixar os juros e permitir tanto os investimentos públicos como os privados. Evita a suspensão, porém, a dispensa dos trabalhadores dentro de certo período.

14
ESTABILIDADE

14.1 ETIMOLOGIA

"Estabilidade" vem do latim *stabilitas, tatis*, de *stabilire* (fazer firme). Num sentido genérico, tem significado de solidez, firmeza, segurança.

14.2 DENOMINAÇÃO

Há autores que falam em estabilidade própria e imprópria.

Guillermo Cabanellas fala em estabilidade própria, real, verdadeira ou absoluta, em que efetivamente o empregado tem garantido seu emprego, só podendo ser dispensado por falta grave ou força maior[1].

Cesarino Jr. usa a expressão "estabilidade imprópria" "sempre que se procura conseguir a permanência no emprego tão somente através da condenação do empregador ao pagamento de uma indenização nos casos de despedida injusta"[2].

Outros autores empregam a denominação estabilidade jurídica e econômica. Barassi denomina a estabilidade uma "permanência juridicamente garantida"[3].

Qualquer pessoa tem por objetivo estabilidade econômica. O Estado tem obrigação de proporcionar regras de segurança social, inclusive para os trabalhadores. Uma forma de estabilidade econômica seria a instituição de uma política de emprego por intermédio do governo. O seguro-desemprego também é uma forma da manutenção da estabilidade econômica do empregado, justamente quando é dispensado. O FGTS também não o deixa de ser, pois forma uma poupança para o trabalhador, que poderá ser sacada nas hipóteses previstas em lei, principalmente quando o trabalhador é dispensado. Amauri Mascaro Nascimento define estabilidade econômica como "o conjunto de atos visando a eliminar a insegurança econômica do trabalhador, cercando-o de garantias para que a sua

---

1. CABANELLAS, Guillermo. *Contrato de trabajo*. Buenos Aires: Omeba, 1964, v. III, p. 159.
2. CESARINO JR., Antonio Ferreira. *Estabilidade e fundo de garantia*. Rio de Janeiro: Forense, 1968, p. 16; *Direito social*. 6. ed. São Paulo: Saraiva, 1970, v. 2, p. 256.
3. BARASSI, Lodovico. *Il diritto del lavoro*. Milano: Giuffrè, 1949, v. II, p. 169.

subsistência não sofra maiores abalos"[4]. Representa a estabilidade econômica um meio econômico de garantir renda mínima ao trabalhador. Estabilidade no sentido econômico é a segurança de estar empregado e poder receber proveito econômico pelo trabalho prestado. É a estabilidade do emprego.

Estabilidade jurídica é a impossibilidade de o empregador dispensar o empregado sem uma causa objetiva, salvo nas hipóteses indicadas na lei. É a estabilidade no emprego.

A garantia de emprego é algo mais amplo do que a estabilidade. É o gênero, que compreende a estabilidade. Envolvem a garantia de emprego a obtenção do primeiro emprego, a manutenção do emprego e o fato de o empregado conseguir outro emprego quando é dispensado. Tem a garantia de emprego relação com a política de emprego. O art. 429 da CLT obriga o empregador a ter aprendizes, mas não se trata de norma relativa à estabilidade, mas de garantia de emprego. Importa a garantia num conjunto de regras, inclusive de política do Governo, de forma a determinar a manutenção dos empregos e a criação de outros. É uma forma de estabilidade econômica. Compreende programas governamentais, abertura de postos de trabalho, serviços públicos de emprego. A garantia no emprego é o nome adequado para o que se chama de "estabilidade provisória", pois, se é estabilidade, não é provisória.

Difere a garantia no emprego da garantia de emprego. Esta está ligada à política de emprego do governo.

Estabilidade no emprego é o conjunto de medidas ou política do Governo (estabilidade econômica); é o direito de não ser dispensado, salvo nas situações descritas na lei.

14.3 CONCEITO

Mozart Victor Russomano afirma que estabilidade é o "direito do trabalhador de permanecer no emprego mesmo contra a vontade do empresário, enquanto inexistir causa relevante que justifique sua despedida"[5].

Consiste a estabilidade no direito do empregado de continuar no emprego, mesmo contra a vontade do empregador, desde que inexista uma causa objetiva a determinar sua despedida. Tem, assim, o empregado o direito ao emprego, de não ser despedido, salvo determinação de lei em sentido contrário.

---

4. NASCIMENTO, Amauri Mascaro. *Iniciação ao direito do trabalho*. 24. ed. São Paulo: LTr, 1998.
5. RUSSOMANO, Mozart Victor. *A estabilidade do trabalhador na empresa*. Rio de Janeiro: Ed. Científica, 1972, p. 12.

Para o empregado, a estabilidade é o direito ao emprego, de não ser dispensado, salvo se houver uma causa objetiva para tanto.

Para o empregador, é a proibição de dispensar o trabalhador, exceto se houver alguma causa prevista em lei que permita a dispensa. O empregador incorre numa obrigação de não fazer, de manter o emprego do obreiro.

A verdadeira estabilidade é a jurídica, prevista na legislação, é a estabilidade que impede a dispensa do empregado. Implica a aplicação do princípio da continuidade do contrato de trabalho.

O exercício do direito potestativo do empregador, quanto à rescisão contratual, não ocorre na estabilidade, ainda que por razões técnicas ou econômico-financeiras. Na estabilidade, o empregador somente poderá dispensar o empregado havendo justa causa, encerramento de atividades ou força maior.

É a estabilidade forma não só de garantia de emprego, mas de dificultar a dispensa por parte do empregador.

14.4 DIFERENÇA

A estabilidade implica garantia de emprego, porém a garantia de emprego não importa estabilidade, justamente por ser temporária.

Distingue-se a estabilidade da vitaliciedade. Esta se aplica aos funcionários públicos, que necessitam de garantias para permanecer no cargo, tendo natureza excepcional. É o que ocorre com os magistrados (art. 95, I, da Constituição), com os membros do Ministério Público (art. 128, § 5º, I, *a*, da Lei Magna) etc. Somente poderá haver a dispensa em caso de sentença transitada em julgado. A estabilidade contida na CLT diz respeito à relação contratual estabelecida entre empregado e empregador. A vitaliciedade é prevista na Constituição, enquanto a estabilidade é disciplinada na CLT.

Diferencia-se também a estabilidade da inamovibilidade. Esta é prevista para que certos funcionários públicos possam desempenhar suas atividades. O juiz só pode ser removido por interesse público, por decisão de dois terços de votos do respectivo tribunal, assegurada ampla defesa (art. 95, II, c/c art. 93, VIII, da Lei Magna). Os membros do Ministério Público não podem ser transferidos, salvo por motivo de interesse público, mediante decisão do órgão colegiado competente do Ministério Público, por voto de dois terços de seus membros, assegurada ampla defesa (art. 128, § 5º, I, *b*, da Lei Maior). A estabilidade refere-se ao fato de que o empregado não pode ser dispensado. O trabalhador estável pode ser mudado de cargo, desde que seja garantido seu emprego. Será possível mudar o empregado estável de local de trabalho, transferindo-o para outra localidade. A inamovibilidade diz respeito à impossibilidade de mudança do local de trabalho, de movimentação do trabalhador. Decorre a inamovibilidade de questão de ordem pública, prevista na Constituição, dirigida ao funcionário público. A estabilidade tem previsão na CLT, envolvendo a relação de emprego. A estabilidade é garantia pessoal do trabalhador, enquanto a vitaliciedade diz respeito ao cargo, para que a pessoa possa exercê-lo.

Difere a estabilidade no setor privado da estabilidade no setor público. Ambas impedem a dispensa do trabalhador. A estabilidade no setor privado era adquirida com 10 anos de serviço na empresa, sendo prevista nos arts. 492 a 500 da CLT. O funcionário público é considerado estável após três anos de efetivo exercício, em decorrência de nomeação para cargo de provimento efetivo em virtude de concurso público. A previsão da estabilidade do funcionário público é contida no art. 41 da Constituição. Enquanto a estabilidade no setor privado é prevista em norma de direito privado, de direito do trabalho, a estabilidade no serviço público é disciplinada pela Constituição, constituindo-se em regra de direito administrativo.

A estabilidade é a antítese de outros institutos, como o aviso prévio e a indenização, que partem do pressuposto de que o empregado pode ser dispensado. A estabilidade afirma o direito ao emprego. O aviso prévio e a indenização negam esse direito.

Não implica a estabilidade que o trabalhador terá um emprego vitalício, tanto que o estável pode ser transferido em caso de necessidade de serviço, mas apenas não poderá ser dispensado, salvo mediante inquérito para apurar a falta grave cometida. É uma garantia da manutenção de seu posto de trabalho.

14.5 CLASSIFICAÇÃO

O Decreto-lei n. 4.612, de 24 de agosto de 1942, cassou as cartas-patentes de certos bancos estrangeiros, perdendo os empregados o direito à estabilidade. O Decreto-lei n. 5.576, de 14 de junho de 1943, obrigou os estabelecimentos bancários nacionais e as caixas econômicas a admitir os desempregados, mediante certas condições, inclusive a manutenção da estabilidade.

A estabilidade legal é a prevista nos arts. 492 a 500 da CLT. Estabilidade convencional, na verdade, é garantia de emprego, que é disciplinada em convenção ou acordo coletivo.

Estabilidade voluntária é a que tem origem no contrato de trabalho, no regulamento de empresa ou em qualquer outro ato do empregador.

Pode também ser bilateral, quando há consenso para o estabelecimento da estabilidade. Teoricamente, poderia ocorrer por ato unilateral do empregador, porém dificilmente iria acontecer, pois ficaria impossibilitado posteriormente de dispensar o empregado.

A garantia de emprego também poderia ser coletiva, beneficiando vários empregados ao mesmo tempo, porém, nesse caso, irá decorrer de norma coletiva.

Estabilidade própria ou absoluta ocorre quando o empregador não pode dispensar o empregado, salvo nas hipóteses previstas na lei. Não há, portanto, uma estabilidade absoluta, pois a lei permite a dispensa em certos casos. Fora destes, o trabalhador teria direito de ser reintegrado, com o pagamento de todos os salários do período trabalhado, sem que o empregador possa se opor. O direito é ao emprego, sem que haja o pagamento de indenização substitutiva. A exceção seria a hipótese do art. 496 da CLT, que permite a conversão da reintegração em indenização em dobro, no caso de o empregador ser pessoa física, sendo desaconselhável a reintegração em face do grau de incompatibilidade resultante do dissídio.

A estabilidade imprópria ou relativa permite a dispensa do empregado, porém há necessidade do pagamento de indenização, de acordo com a previsão legal. Na verdade, não há estabilidade relativa, mas um meio temporário de garantia de emprego. Dependendo da hipótese, o trabalhador pode até não ser reintegrado.

14.6 FUNDAMENTOS

A estabilidade tem fundamento no princípio da justiça social[6], sendo decorrente do direito ao trabalho[7]. É uma questão social de manter os empregos. O direito ao emprego importa na continuidade do contrato de trabalho, que é consubstanciado pela estabilidade, mantendo os direitos do trabalhador.

Há a impossibilidade de o empregado ser dispensado sem uma causa objetiva, fazendo jus o obreiro a permanecer no emprego.

Impede a estabilidade a dispensa do empregado. Impossibilita o exercício do direito potestativo de dispensa do empregador. A estabilidade não é exatamente uma limitação econômica ao poder de despedir do empregador, mas o direito de não dispensar o obreiro sem causa justificada. É um obstáculo à dispensa.

---

6. José Martins Catharino afirma que a estabilidade favorece a justiça social (Sistema de garantia do emprego. In: *Estabilidade e fundo de garantia*. São Paulo: LTr, 1979, p. 34).
7. ROMITA, Arion Sayão. *Contrato de trabalho*. Rio de Janeiro: Edições Trabalhistas, 1978, p. 44.

Restringe a estabilidade a possibilidade da dispensa do empregado a motivos de força maior e por justa causa. Seria uma forma de aplicabilidade prática do princípio da continuidade do contrato de trabalho.

A segurança social é a aspiração de todos, inclusive do Estado, sendo consectária "à segurança no emprego"[8]. A estabilidade importa a segurança que o trabalhador precisa ter para trabalhar, de não ser dispensado a qualquer momento sem justificativa por parte do empregador, de não implicar a perda de seu meio de sustento de uma hora para outra e de suas necessidades pessoais e familiares. Visa, por conseguinte, evitar dispensas arbitrárias, sem justificativas, por mero capricho do empregador. A estabilidade implica segurança no trabalho, a continuidade do contrato de trabalho por tempo indeterminado, a manutenção do percebimento de salário, para que o trabalhador possa sobreviver, juntamente com sua família. A segurança no trabalho é a base para o bem-estar do trabalhador e da paz social.

Garante a estabilidade o emprego. Este garante o salário do empregado. O salário é a forma que o empregado tem para subsistir e também sua família. Representa, portanto, a garantia econômica de o trabalhador poder continuar recebendo seus salários, para poder subsistir e poder honrar os compromissos assumidos, isto é, passa a ter segurança econômica.

Influi a estabilidade na moral do trabalhador, justamente pela insegurança que o empregado instável tem em permanecer no emprego, podendo ser dispensado a qualquer momento pelo patrão, sem nenhuma justificativa. A empresa passaria a tratar o trabalhador de forma imparcial.

A segurança material acaba sendo um incentivo para o trabalhador. O empregado, quando tem problemas financeiros, não se preocupa adequadamente com o seu trabalho. Quando há estabilidade, sabe que seu emprego está garantido. O obreiro ficaria mais satisfeito e teria mais prazer em trabalhar. A estabilidade pode, portanto, influenciar na produtividade, no sentido de que o trabalhador tem o incentivo de permanecer empregado, continuando a sustentar a sua família.

Muitas vezes, o empregado não se sentia seguro no emprego, pois sabia que poderia ser dispensado a qualquer momento, perdendo a estabilidade futura. Assim, acabava não trabalhando a contento ou não produzindo a contento. Acabava sendo indisciplinado.

Quando o trabalhador tem certa idade, a segurança no emprego também é fundamental, pois sabe que, se for dispensado, dificilmente conseguirá nova colocação, em razão de que o mercado faz restrição quanto à contratação de trabalhadores depois dos 35 anos.

---

8. DEVEALI, Mario. *Lineamientos de derecho del trabajo*. Buenos Aires: T.E.A, 1956, p. 315-316.

Na velhice, a estabilidade é fundamental, pois o trabalhador sabe que, se for dispensado, dificilmente irá encontrar novo emprego. Sem estabilidade, o empregado ficava vários anos na empresa, sendo dispensado antes de adquirir o referido direito, depois de ter passado boa parte de sua vida prestando serviços ao empregador.

Acaba a estabilidade implementando a própria previdência social, pois, dependendo do caso, o trabalhador não tem direito a benefício se ficar desempregado, como ocorre se perder a qualidade de segurado.

Seria a estabilidade uma forma de o empregado conservar o emprego durante toda sua vida de trabalho, até que viesse a falecer ou obtivesse aposentadoria. Presumir-se-ia que, a partir da aposentadoria, o empregado não teria mais condições de trabalhar, passando à inatividade e a receber remuneração da Previdência Social, sob a forma de benefício. Nem sempre é isso o que ocorre, pois o empregado pode continuar a trabalhar, embora aposentado. Outras vezes precisa continuar a trabalhar, em razão de que o valor do benefício da aposentadoria é muito baixo e não corresponde a seu antigo salário, de modo que tem de continuar a prestar serviços para sustentar sua família.

A estabilidade pode proporcionar a integração do trabalhador na vida e no desenvolvimento da empresa. Pode o empregado ser um efetivo colaborador do empresário, passando a ser membro da empresa, objetivando que esta prospere, tenha lucros. Pode ficar incentivado a produzir mais para que também haja a continuidade da empresa no tempo. A empresa, como instituição, para aqueles que assim a entendem[9], deve durar no tempo. A continuidade da empresa implica a manutenção do posto de trabalho. O trabalhador passa a ter maior interesse na empresa, podendo até ter interesse na própria administração da empresa e de que ela tenha lucros. Há a aproximação do contrato de trabalho com o contrato de sociedade. Contribuiria a estabilidade para a democratização da empresa. O trabalhador passaria a ser participante do destino e dos resultados da empresa.

Seria a estabilidade uma das formas de verificar a função social da empresa, que é também dar empregos e mantê-los no decorrer do tempo.

Muitas vezes, o descontentamento do empregado diminui com o tempo, principalmente quando seu emprego está garantido. No decorrer dos anos, o empregado tem maiores possibilidades de promoção, passando também a ter mais responsabilidade no emprego.

Enquanto a empresa existir, o empregado deveria ter direito ao emprego. Haveria, assim, uma perspectiva de que no futuro o obreiro continuaria empregado.

---

9. MESQUITA, Luiz José de. *Direito disciplinar do trabalho*. São Paulo: LTr, 1991, p. XXXVI e XXXVII.

A mera instituição de um fundo ou de indenização pela dispensa não substitui a estabilidade, pois não garante o emprego, a continuidade do contrato de trabalho, permitindo a dispensa do trabalhador. Para o trabalhador é muito melhor estar empregado do que não estar, inexistindo indenização que pague a perda do emprego. O empregado dispensado com certa idade, mesmo recebendo indenização, dificilmente consegue novo emprego e o valor recebido pode não ser suficiente para se manter pelo restante de sua vida.

Com a estabilidade, o empregado tem mais segurança de pleitear judicialmente direitos sonegados pelo empregador, pois não teme ser dispensado.

14.7 CRÍTICA

Constatava-se que a estabilidade, em vez de proteger o empregado, prejudicava-o, pois normalmente ele era dispensado antes de atingir os 10 anos de empresa, justamente para não a adquirir. Nesse sentido, o TST, verificando tal situação, editou a Súmula 26, que presumia "obstativa à estabilidade a despedida, sem justo motivo, do empregado que alcançar 9 (nove) anos de serviços na empresa". Entretanto, não se podia dizer que a dispensa era obstativa, pois o empregado ainda não adquirira o direito a estabilidade, o que somente ocorria quando tivesse 10 anos de empresa. Verificava-se que muitas vezes o empregado acabava transacionando o tempo de serviço na empresa quando necessitava de dinheiro. O empregador dispensava o empregado, pagando a indenização prevista na CLT, o que provocava rotatividade de mão de obra, impedindo o trabalhador de adquirir estabilidade. Tinha o empregador vantagem com o sistema quando o empregado ainda não tinha um ano de tempo de serviço, pois não precisava pagar indenização de antiguidade, que só era devida quando o obreiro completasse um ano de serviço (§ 1º do art. 478 da CLT). Dificilmente, porém, o empregado ficava 10 anos na empresa porque era dispensado antes desse período.

A dispensa obstativa é que trazia desembolsos desnecessários à empresa, encarecendo a produção, desde que o funcionário fosse bom empregado. As dispensas determinadas nesse sentido é que causavam insegurança ao trabalhador. O empregador muitas vezes queria dispensar o empregado para contratar outro com menores salários.

Na prática, a estabilidade representava a existência de dois tipos de empregados: os que tinham segurança no emprego com a estabilidade e os que não a tinham.

Há afirmações de que a estabilidade impediria o desenvolvimento econômico. Esse argumento não é verdadeiro, pois o Brasil teve um desenvolvimento muito grande no período do chamado "milagre econômico" e a estabilidade ainda estava em vigor. O Brasil até suplantou os Estados Unidos em desenvolvimento econômico, em 1962[10]. A Alemanha, que concede a estabilidade ao trabalhador com seis meses de emprego, é um dos países mais desenvolvidos do mundo.

Atentaria a estabilidade contra o direito de liberdade do empregador. Entretanto, o empregador é livre para contratar o trabalhador quando quiser e no número que necessitar. O fato de a lei deixar de estabelecer direitos aos trabalhadores não implica que haveria maiores contratações.

Declarava-se que as empresas reduziriam as vagas a jovens, com o objetivo de não contratá-los, caso tivesse o trabalhador direito a estabilidade. Os jovens já têm problemas para admissão no mercado de trabalho, independentemente da existência de estabilidade. Entretanto, por esse motivo, não foram admitidas pessoas idosas, que, por sua idade, não poderiam obter estabilidade. Ao contrário, evidencia-se que pessoas a partir de 40 anos já são consideradas velhas para o mercado de trabalho e são por ele rejeitadas.

Para evitar a estabilidade, era comum a empresa acordar com o empregado a rescisão do contrato de trabalho, pagando a indenização pertinente, porém o obreiro continuava laborando na empresa ou era em curto prazo readmitido. O objetivo, para o empregador, era evitar que o empregado somasse o tempo de serviço para efeito de atingir a estabilidade no emprego. A jurisprudência coibiu as fraudes à continuidade do contrato de trabalho. A Súmula 20 do TST estabeleceu a presunção de que, "não obstante o pagamento da indenização de antiguidade, presume-se em fraude à lei a resilição contratual, se o empregado permaneceu prestando serviços, ou tiver sido, em curto prazo, readmitido". O verbete do TST indicava a presunção de fraude à lei se o empregado continuasse prestando serviços ou fosse em curto prazo readmitido. O empregado deveria mesmo ficar sem trabalhar na empresa para que não houvesse a presunção de fraude. Essa presunção, contudo, era relativa e não absoluta, permitindo ao empregador fazer prova em sentido contrário. Posteriormente, a empresa só admitia a mesma pessoa se ela fizesse a opção pelo FGTS, para futuramente não ter direito à estabilidade.

Com a estabilidade, a empresa contava com um empregado experiente, não precisando ficar treinando novos trabalhadores para se adaptar à empresa ou mostrar seu potencial.

O emprego do trabalhador deveria ser mantido enquanto não houvesse motivo para a dispensa. A estabilidade, porém, não significa ser o emprego eterno,

---

10. *Labour Statistics*, BIT, Genebra, OIT, 1964, p. 605.

nem a garantia absoluta do emprego, mas relativa, pois o trabalhador poderia ser dispensado por justa causa.

O ideal seria que, enquanto subsistisse a empresa, deveria ser assegurado emprego ao trabalhador ou enquanto ele tivesse condições físicas de trabalhar.

Entretanto, a estabilidade no emprego não pode ser absoluta, tornando extremamente rígida a possibilidade da rescisão do contrato de trabalho, principalmente quando há necessidade de o empregador dispensar empregados, por motivos econômicos e financeiros ou em razão da conjuntura econômica, da globalização, da incapacidade técnica do próprio obreiro, de modo inclusive a poder exercitar a livre-iniciativa de que trata o art. 170 da Constituição.

O direito do trabalhador ao emprego é um direito pessoal e não um direito real, sobre uma coisa. O emprego não é, portanto, eterno, para toda a vida. O pedido de demissão, por exemplo, extingue o direito à estabilidade.

14.8 VANTAGENS E DESVANTAGENS

Impede a estabilidade o direito potestativo de dispensa por parte do empregador.

Roberto Santos informa que a estabilidade importa: redução do desperdício com horas perdidas de trabalhadores em busca de emprego; produtividade decorrente dos novos sentimentos de segurança e do processo vinculativo de habilidades individuais no mesmo emprego; induz a empresa a intensificar o treinamento e a readaptação do operário; diminui a taxa de ociosidade dos bens de capital; a sociedade não precisaria gastar recursos com os desocupados; aumento do tempo médio do empregado na empresa, aumentando também a confiança no empregador, gerando efeitos positivos sobre a produtividade[11].

Certos empregados ficam melhores com o passar do tempo, em decorrência da estabilidade, pois têm segurança para poder trabalhar. Há um incentivo para continuarem a trabalhar, pois sabem que não podem ser dispensados ao talante do empregador. Pode a estabilidade implicar maior produtividade do trabalhador, a partir do momento que tem a segurança de não poder ser dispensado pelo empregador.

Asseverava-se que o empregado estável reduzia seu rendimento no trabalho e passava a ter mau comportamento. Alguns empregados realmente ficam piores ao obter a estabilidade, em razão da segurança que passam a

---

11. SANTOS, Roberto. Estabilidade e FGTS no Brasil: repercussões econômicas e sociais. In: *Estabilidade e Fundo de Garantia*. São Paulo: LTr, 1979, p. 64.

ter no emprego, pois sabem que não podem ser dispensados. Deixam de ter produtividade adequada, fazendo "corpo mole" no trabalho, porque têm conhecimento que só podem ser dispensados por justa causa ou passam a ser insubordinados ou indisciplinados. O obreiro sabe que, se produzir ou não, tem seu salário garantido no fim do mês, bem como seu emprego. Entretanto, pode ser dispensado por justa causa.

Representa desídia o trabalhador prestar serviços propositadamente com baixa produtividade, que é hipótese de justa causa para a dispensa do empregado (art. 482, *e*, da CLT), sendo que o empregador tem condições de fazer prova nesse sentido. Nesse caso, deve propor inquérito para a apuração de falta grave, com a dispensa do empregado, sem o pagamento de qualquer indenização. O empregado também poderia ser advertido para que não procedesse com desídia e voltasse a ter produção adequada.

Na maioria das vezes, o trabalhador só tem declinada sua produção em razão de idade, de doença, de acidente do trabalho.

A indisciplina e a insubordinação do trabalhador também são punidas como hipóteses de justa causa para a dispensa (art. 482, *h*, da CLT). Qualquer outro mau procedimento também é hipótese de dispensa motivada (art. 482, *b*, da CLT).

O mau trabalhador, portanto, pode ser punido com a dispensa motivada.

Se o empregador tem certeza de que o empregado é mau funcionário, deve dispensá-lo com justa causa, mediante inquérito para apuração de falta grave, perdendo o obreiro a sua estabilidade.

Bem orientado, o empregador dispensaria o trabalhador por justa causa ou então aplicaria penalidades para o obreiro enquadrar-se nas determinações da empresa.

Alguns maus empregados também provocavam o empregador para serem dispensados, com o pagamento de indenização, ficando prejudicada a obtenção da estabilidade.

O empregador, às vezes, preferia não dar nenhuma tarefa ao empregado ou dar-lhe serviços menores a ter o risco de sabotagem na empresa. O mais correto seria dispensá-lo por justa causa se a empresa tem certeza de seu procedimento.

Em certas oportunidades, o empregado, por razões econômicas, preferia receber a indenização, ficando prejudicada sua estabilidade ou até fazendo opção retroativa do FGTS.

Com a estabilidade, o empregado ficava sem garantia do tempo de serviço quando se aposentava ou quando pedia demissão, pois não fazia jus a indenização.

Para a empresa, a estabilidade traz um papel muito importante a seu departamento de pessoal ou de recursos humanos. A escolha do trabalhador errado pode trazer-lhe prejuízos, pois, com a estabilidade, não poderá dispensá-lo.

Reduz a estabilidade a rotatividade da mão de obra. Acaba, nesse ponto, implicando menores custos para recrutamento ou treinamento do empregado.

Com a automação, há maiores garantias ao empregado de não ser dispensado para ser substituído por uma máquina.

14.9 FORÇA MAIOR

Os arts. 1.212 e 1.256 do Código Civil italiano rezam que o empregador fica desonerado das obrigações contratuais em razão da ocorrência de motivo de força maior. Os riscos do empreendimento não se confundem com a força maior[12].

Estabelece o art. 221 da Lei do Contrato de Trabalho argentina que a força maior devidamente comprovada poderá estender-se por um prazo máximo de 75 dias a um ano, contado desde a primeira suspensão, qualquer que seja seu motivo. A suspensão ocorrerá em primeiro lugar com o pessoal menos antigo dentro de cada especialidade. O pessoal que ingressar no mesmo semestre deverá começar por aqueles que tiverem menores encargos familiares, ainda que com isso se altere a ordem de antiguidade.

Hector Hugo Barbagelata indica que no Uruguai a jurisprudência não aceita o efeito suspensivo se a hipótese de força maior for de curta duração[13].

Define o art. 501 da CLT como força maior todo acontecimento inevitável em relação à vontade do empregador, e para a realização do qual este não concorreu, direta ou indiretamente.

No caso de força maior, a dispensa do estável é autorizada (art. 492 da CLT), tendo direito a indenização simples (art. 502, I, da CLT). Caso haja encerramento das atividades da empresa, sem que haja motivo de força maior, a indenização será dobrada (art. 497 da CLT). Havendo fechamento do estabelecimento, filial ou agência, assim como nos casos de supressão da atividade, os estáveis têm direito a indenização dobrada (art. 498 da CLT).

---

12. GHERA, Edoardo. *Diritto del lavoro*. Bari: Cacucci, 1985, p. 286-288.
13. BARBAGELATA, Hector Hugo. *Derecho del trabajo*. Montevideo: Fundación de Cultura Universitaria, 1978, p. 331.

14.10 GENERALIDADES

O empregado só pode ser dispensado mediante inquérito em que se apure falta grave, de acordo com os arts. 853 a 855 da CLT. O empregador poderá suspender o empregado de suas funções, porém terá o prazo decadencial de 30 dias para ajuizar o inquérito.

Cessa a estabilidade com a morte do empregado. Os herdeiros do empregado não têm direito a indenização da empresa no caso de sua morte, apenas a levantar o FGTS, na hipótese de o *de cujus* ter optado pelo FGTS em algum tempo.

A CLT assegura, porém, estabilidade, que implica o direito ao emprego. Não se trata de estabilidade funcional, na função. Importa que o empregador não pode dispensar o empregado, porém não impede que seja transferido de uma localidade para outra (art. 469 da CLT) ou então mudado de função, respeitado o art. 468 da CLT.

Não haverá estabilidade no exercício dos cargos de diretoria, gerência e outros de confiança imediata do empregador, ressalvado o cômputo do tempo de serviço para todos os efeitos legais (art. 499 da CLT). Entretanto, pode-se dizer que o tempo de serviço do empregado prestado durante o período em que ocupou cargo de confiança será contado para configurar a estabilidade na função primitiva.

O art. 507 da CLT reza que as disposições do Capítulo VII do Título IV não serão aplicáveis aos empregados em consultórios ou escritórios de profissionais liberais. O artigo refere-se ao fato de que os profissionais liberais não adquirem estabilidade no emprego (Capítulo VII). Não havia justificativa para essa exclusão. Talvez o argumento seria de que o profissional liberal não é uma empresa e não tem por objetivo continuidade no tempo, como ocorre com a empresa. Diz respeito também exclusivamente a profissionais liberais, que são os que prestam serviços por conta própria, assumindo os riscos de sua atividade, trabalhando com liberdade. Esse dispositivo, entretanto, perdeu a validade para os empregados que forem admitidos a partir de 5 de outubro de 1988, diante dos incisos I e III do art. 7º da Constituição, que não mais preveem estabilidade no emprego. Parece que o intuito do legislador foi de que o profissional liberal seja um trabalhador como outro qualquer, que não pode equiparar-se a empresa. Não tem a mesma capacidade econômica do que a empresa. Seria um escritório de pequeno porte, com poucos empregados e não um grande escritório.

14.11 ART. 19 DO ADCT

Os servidores públicos civis da União, dos Estados, do Distrito Federal e dos Municípios, da administração direta, autárquica e das fundações públicas, em exercício na data da promulgação da Constituição, há pelo menos cinco anos continuados e que não tenham prestado concurso público, são considerados estáveis no serviço público (art. 19 do ADCT).

Os servidores que não prestaram concurso público foram os contratados pelo regime da CLT. A regra constitucional não abrange os militares, mas apenas os servidores civis. Se tinham cinco anos de trabalho antes da promulgação da Constituição de 1988, farão jus a estabilidade no serviço público.

Com a Lei n. 8.112/90, todos os servidores da União, inclusive os celetistas, passaram a ser regidos pelo regime jurídico único: o estatutário.

15
GARANTIA DE EMPREGO

15.1 INTRODUÇÃO

Garantia de emprego é o direito que o empregado tem de não ser despedido durante certo prazo, de acordo com certas hipóteses definidas em lei, em normas coletivas ou em outro instrumento.

É estabelecida a garantia de emprego para que não haja discriminação, perseguição, preconceito ou omissão em relação ao trabalhador, por ele deter certa condição.

Corresponde a garantia de emprego à explicitação do princípio da continuidade do contrato de trabalho, de forma a preservar o posto de trabalho do empregado.

A garantia de emprego é determinada às seguintes pessoas: a) para o trabalhador eleito dirigente sindical (art. 8º, VIII, da Constituição c/c § 3º do art. 543 da CLT); b) para o cipeiro eleito para desempenhar mister na CIPA (art. 10, II, *a*, do ADCT c/c art. 165 da CLT); c) gestante, desde a confirmação da gravidez até cinco meses após o parto (art. 10, II, *b*, do ADCT); d) acidentado no trabalho, por 12 meses a contar da cessação do auxílio-acidente (art. 118 da Lei n. 8.213/91); e) para o dirigente de cooperativa (art. 55 da Lei n. 5.764/71); f) para o trabalhador membro do Conselho Curador do FGTS (§ 9º do art. 3º da Lei n. 8.036/90) e do Conselho Nacional de Previdência Social (§ 7º do art. 3º da Lei n. 8.213/91).

15.2 DIRIGENTE SINDICAL

Inicialmente, eram as normas coletivas que tratavam da garantia de emprego ao dirigente sindical. Havia previsão sobre o tema em convenções ou acordos coletivos e também nas sentenças normativas dos dissídios coletivos.

A Convenção n. 98 da OIT, de 1949, já mencionava que "os trabalhadores deverão gozar de adequada proteção contra quaisquer atos atentatórios à liberdade sindical em matéria de emprego" (art. 1º). A referida proteção deverá aplicar-se a atos destinados a "dispensar um trabalhador ou prejudicá-lo, por qualquer modo, em virtude de sua filiação a um sindicato ou de sua participação em atividades sindicais, fora das horas de trabalho ou com o consentimento do empregador, durante as mesmas horas" (art. 2º, *b*). A referida Convenção foi aprovada pelo Brasil pelo Decreto Legislativo n. 49, de 27 de agosto de 1952.

O objetivo de garantir o emprego ao dirigente sindical é de que possa desempenhar seu mandato em benefício da categoria. Tem característica social e não econômica. Não se trata especificamente de um benefício individual ao trabalhador, mas de algo mais amplo, que é a representação da categoria por intermédio do dirigente sindical. Para que este possa bem desempenhar seu mandato, precisa ter a garantia de não ser dispensado. Muitas vezes, o dirigente sindical contraria interesses do empregador. A finalidade é evitar que o empregado seja dispensado, pois o prejuízo seria da categoria, que deixaria de ter o representante eleito no emprego. Visa-se também à proteção do trabalho daquele empregado e à continuidade de seu contrato de trabalho. Há necessidade, portanto, de se conservar o posto de trabalho do empregado para que possa exercer suas atribuições, que lhe foram conferidas pela categoria, evitando qualquer represália do empregador.

Se, em vez de se determinar a reintegração do dirigente sindical, houvesse o pagamento de indenização, estariam sendo estimuladas as dispensas. O dirigente sindical não poderia desenvolver sua atividade, para a qual foi eleito no sindicato. A representação da categoria não estaria plenamente evidenciada, pois o empregado deixaria de pertencer à categoria, justamente porque não seria mais empregado.

No Brasil, a proibição da dispensa do dirigente sindical foi introduzida pelo art. 25 da Lei n. 5.107, de 13 de setembro de 1966, que estabelecia ser

> vedada a dispensa do empregado sindicalizado, a partir do momento do registro de sua candidatura a cargo de direção ou representação sindical, até o final do seu mandato, caso seja eleito, inclusive como suplente, salvo se cometer falta grave devidamente apurada nos termos da Consolidação das Leis do Trabalho.

Tinha, assim, o dirigente sindical garantia de emprego, a partir do registro de sua candidatura até o final de seu mandato, se eleito, inclusive como suplente. A forma de apurar a falta grave é a prevista nos arts. 853 a 855 da CLT, isto é, mediante inquérito para apuração de falta grave.

A Lei n. 5.911, de 27 de agosto de 1973, deu nova redação ao § 3º do art. 543 da CLT, determinando que o empregado sindicalizado não poderia ser despedido, aumentando a garantia de emprego, que era desde o momento do registro de sua candidatura até um ano após o término do mandato, caso eleito, inclusive como suplente.

O TST vinha entendendo que os membros de associação profissional também deveriam ter a mesma garantia: "os dirigentes de associações profissionais, legalmente registradas, gozam de estabilidade provisória no emprego" (Súmula 222).

A Lei n. 7.543, de 2 de outubro de 1986, alterou novamente a redação do § 3º do art. 543 da CLT para estender a garantia aos dirigentes de associação profissional, de acordo com o que já vinha fazendo a Súmula 222 do TST.

O inciso VIII do art. 8º da Constituição de 1988 veio apenas erigir em termos constitucionais o disposto no § 3º do art. 543 da CLT: "é vedada a dispensa do empregado sindicalizado a partir do registro da candidatura a cargo de direção ou representação sindical e, se eleito, ainda que suplente, até um ano após o final do mandato, salvo se cometer falta grave nos termos da lei". Geralmente, o empregado tem mandato de três anos, durando a garantia de emprego pelo menos quatro anos. Encerra o mandamento constitucional em exame norma constitucional de eficácia plena, exceto quanto à falta grave, que será apurada "nos termos da lei", que é norma de eficácia limitada. A expressão "nos termos da lei" refere-se a falta grave e já está normatizada pelo art. 482 da CLT, que prevê quais as faltas que ensejarão o despedimento do obreiro. Ressalta, contudo, o dispositivo constitucional que a garantia de emprego é para o empregado sindicalizado. Nada impede, portanto, que a lei ordinária venha a estender a estabilidade ao associado que se candidata a cargo de direção ou de representação de associação profissional, como menciona o § 3º do art. 543 da CLT, visto que é livre a associação para fins lícitos (art. 5º, XVII, da Lei Magna).

Se houver a cessação do contrato de trabalho do empregado, estatuído por tempo determinado, não haverá direito à estabilidade, porque aqui não há despedida injusta, mas término do pacto laboral.

Não faz jus à garantia de emprego o dirigente de entidade fiscalizadora de exercício de profissão liberal, como Ordem dos Advogados do Brasil, Conselho Regional de Contabilidade, Conselho Regional de Medicina etc., pois a estabilidade é para o empregado sindicalizado que concorre a cargo de direção ou representação sindical (art. 8º, VIII, da Lei Magna). A ligação que aquela pessoa mantém com o órgão de classe não depende do vínculo empregatício para representar na empresa o órgão fiscalizador, que não é sindicato.

Tem direito à garantia de emprego o dirigente de categoria profissional diferenciada, desde que a função exercida junto ao empregador corresponda à da categoria do sindicato em que era diretor. Se, no entanto, o empregado não exerce na empresa a atividade da categoria profissional, não será beneficiário da estabilidade. Já se entendeu que o empregado que labora em empresa pertencente à categoria da construção civil e é tesoureiro da Associação dos Metalúrgicos, não estando incluído em categoria diferenciada, não tem direito à garantia de emprego[1].

Se o empregado for eleito diretor de sindicato patronal, representante da categoria econômica a que pertence a empresa empregadora, não terá direito a estabilidade, pois a norma conduz o intérprete a que a garantia de emprego seja apenas para a representação dos interesses dos trabalhadores.

Estabelece o art. 405 do Código Substantivo do Trabalho da Colômbia o "foro sindical", mencionando que o empregado não pode ser dispensado nem mudar de local de trabalho, inclusive para outros estabelecimentos ou municípios, sem causa justa previamente apreciada pela autoridade do trabalho, que é o juiz do trabalho. O empregado não pode ser dispensado durante o desempenho de seu mandato até seis meses após seu término. Os arts. 51 e 53 do Código consideram esse período de suspensão do contrato de trabalho.

No Uruguai, o dirigente sindical não poderá ser dispensado do emprego, pelo fato de exercer seu trabalho como tal ou de sua participação em atividades sindicais fora das horas de trabalho ou, com o consentimento do empregador, durante estas. A autorização por parte do empregador não poderá exceder de um dia por semana, que não poderá ser acumulado (art. 8º do Decreto n. 622, de 1º-8-1973).

A garantia de emprego do dirigente sindical, na Venezuela, engloba o mandato e mais três meses (art. 204 da Lei do Trabalho).

A Lei inglesa de 31 de julho de 1978 prescreve nos arts. 27 e 28 a reserva de um tempo livre na jornada de trabalho para o exercício das tarefas dos dirigentes sindicais ou pelos membros dos sindicatos, devendo ser remunerados por tais atos pelo empregador.

O delegado sindical francês não pode ser dispensado durante a vigência de seu mandato até mais seis meses (art. L. 412-10 do Código de Trabalho). O delegado sindical é um representante do sindicato na seção sindical constituída na empresa. Terá o delegado tempo para o exercício de suas funções sindicais, não superior a 10 horas mensais quando a empresa tem 150 a 300 empregados, ou 15 nas maiores. O tempo é remunerado, sendo computado como jornada de trabalho. O art. L. 420-1 do Código de Trabalho francês faz referência aos delegados de pessoal, que verificam as reclamações dos empregados da empresa junto ao empregador e ao inspetor do trabalho. Têm esses empregados mandato de um ano, devendo desfrutar de 15 horas para desempenhar essa

---

1. Acórdão unânime da 3ª Turma do TRT da 9ª Região, j. 28-6-1990, *DJ* PR 27-7-1990, p. 38.

atividade, que serão remuneradas pelo empregador, da mesma forma que os delegados sindicais. Os empregados pertencentes a Comitês de Empresa, ou quando a empresa tiver mais de um estabelecimento e o empregado fizer parte dos Comitês de Estabelecimento e Comitê Central de Empresa, têm 20 horas mensais de atividade, sendo remuneradas como de trabalho efetivo (arts. L. 431 e seguintes). Os arts. L. 511 e seguintes preveem os Jurados Mistos, que são compostos por representantes dos empregados e do empregador, podendo ser subdivididos em "Câmaras", sendo que cada uma é composta de uma Junta de Conciliação e de uma Comissão Judicial. Têm os empregados membros dos Jurados Mistos direito a um curso de formação, com ausência autorizada do serviço, sendo remunerada pelo empregador, de até seis semanas. Considera-se esse período tempo de serviço efetivo para fins de previdência, antiguidade e vantagens trabalhistas. Deverão também ter o tempo necessário para atuação no órgão.

No Mercado Comum Europeu, houve proposta de Regulamento das Sociedades Anônimas Europeias, em 24 de junho de 1970, criando o Comitê Europeu de Empresa. O membro do Comitê é eleito para mandato de três anos. Há garantia de emprego durante o mandato e após três anos de sua extinção (arts. 112 e 113). Poderão utilizar-se do horário de trabalho para resolver as questões do órgão, sem qualquer oposição do empregador, que deverá também pagar seus salários, gratificações, benefícios e vantagens do período.

Prevê o art. 37.3, alínea *e*, do Estatuto dos Trabalhadores da Espanha o afastamento justificado para fins de realizar funções sindicais ou de representação de pessoal, nos termos da lei ou de convenção coletiva.

Dispõe o art. 217 da Lei de Contrato de Trabalho da Argentina que os empregados eleitos para cargos ou representação de associações profissionais de trabalhadores com personalidade gremial e organismos ou comissões que requeiram representação sindical têm reserva de emprego e garantia de reincorporação até 30 dias após o final das funções respectivas, sendo considerado o período de afastamento tempo de serviço.

15.3 MEMBRO DA CIPA

Anteriormente a dezembro de 1977, não havia obrigatoriedade de as empresas possuírem Comissões Internas de Prevenção de Acidentes (CIPAs). Estas funcionavam facultativamente no âmago das empresas como se fossem meras "comissões de fábrica". A instalação compulsória das CIPAs foi determinada pela Lei n. 6.514, de 22 de dezembro de 1977, que deu nova redação à Seção III ("Dos órgãos de Segurança e Medicina do Trabalho nas Empresas") do Capítulo

V ("Da Segurança e da Medicina do Trabalho") do Título II ("Das Normas Gerais de Tutela do Trabalho") da CLT.

Reza o art. 165 da CLT que os titulares da representação dos empregados nas CIPAs não poderão sofrer despedida arbitrária, entendendo-se como tal a que não se fundar em motivo disciplinar, técnico, econômico ou financeiro. Essa disposição já estava prevista no art. 2º da Recomendação n. 119, de 1963. O objetivo da medida foi que o empregado pudesse desempenhar o seu mandato sem que sofresse represália do empregador, principalmente para verificar no ambiente de trabalho condições que possam prejudicar a saúde do trabalhador ou causar acidentes do trabalho.

Dispõe, ainda, o art. 165 da CLT que a estabilidade provisória do cipeiro é destinada apenas ao titular da representação dos empregados na CIPA, não se fazendo menção ao suplente.

Alguns julgados do TST vinham concedendo a estabilidade também ao suplente, fazendo interpretação extensiva do art. 165 da CLT, pois o suplente substituía o titular em seus impedimentos, para garantir o exercício de suas funções e não ficar sujeito a represálias do empregador.

Prevê a Lei Maior de 1988 garantia de emprego ao "empregado eleito para o cargo de direção" da CIPA, "até que seja promulgada a lei complementar a que se refere o art. 7º, I", da Lei Maior (art. 10, II, *a*, do ADCT). Essa estabilidade é assegurada desde o registro da candidatura ao cargo de dirigente da CIPA até um ano após o final de seu mandato. A Constituição delimitou inclusive o interregno de tempo de estabilidade para o cipeiro, que não era feito pelo art. 165 da CLT, equiparando aquela hipótese ao inciso VIII do art. 8º da CLT, quanto ao respectivo tempo.

Veda-se, portanto, a dispensa arbitrária ou sem justa causa do cipeiro. Logo, a dispensa com justa causa (art. 482 da CLT) não é proibida. Considera-se dispensa arbitrária a que não se fundar em motivo disciplinar, técnico, econômico ou financeiro, nos termos do disposto na parte final do art. 165 da CLT.

A regra prevista nas disposições transitórias da Constituição (art. 10, II, *a*) não faz distinção entre membro titular ou suplente da CIPA. Assim, onde o legislador não distinguiu não cabe ao intérprete fazê-lo. Na verdade, não houve revogação ou derrogação do art. 165 da CLT pela Lei Maior, mormente pelo fato de o art. 10, II, *a*, do ADCT ser uma norma transitória, pois, quando for promulgada a lei complementar a que se refere o inciso I do art. 7º da Lei Fundamental, tal comando legal perderá vigência. O suplente atua nos impedimentos do titular e não pode ser discriminado pelo empregador com a perda do emprego.

Tem o suplente garantia de emprego quando no exercício continuado ou esporádico da função de cipeiro, pois, nas ausências ou nos impedimentos do titular, irá substituí-lo. Visa-se garantir também o emprego ao cipeiro nessas condições, para evitar qualquer represália do empregador em relação ao cipeiro suplente.

O que o legislador constituinte pretendeu coibir foi a dispensa imotivada do empregado eleito para o cargo da CIPA, pois o despedimento faz cessar o mandato do cipeiro. O empregado deve ter maiores condições de exercê-lo, livre de pressões ou represálias do empregador, para zelar pela diminuição de acidentes de trabalho na empresa. Na verdade, a Lei Magna tem o escopo de assegurar a garantia do mandato, para que o empregado dirigente da CIPA possa melhor desempenhar suas funções naquele órgão.

A Súmula 339 do TST esclareceu que "o suplente da CIPA goza da garantia de emprego prevista no art. 10, inciso II, alínea *a*, do ADCT da Constituição da República de 1988". O referido verbete dirimiu a dúvida existente sobre se o suplente da CIPA teria direito à estabilidade no emprego, respondendo positivamente à questão.

Ocorrendo a dispensa do trabalhador que era detentor da garantia de emprego, o empregador, na hipótese de propositura de ação trabalhista pelo obreiro, deverá comprovar que a despedida não foi arbitrária, entendendo-se como tal a que não se fundar em motivo técnico, disciplinar, econômico ou financeiro, sob pena de ser condenado a reintegrar o empregado ao trabalho (parágrafo único do art. 165 da CLT). Se por acaso a garantia de emprego já se houver findado, a determinação legal converte-se de obrigação de fazer em obrigação de pagar: indenização das verbas correspondentes ao período estabilitário.

Na França, os trabalhadores pertencentes aos representantes do pessoal nos Comitês de Higiene e Segurança têm a mesma garantia dos dirigentes sindicais, não podendo ser dispensados.

15.4 GESTANTE

A garantia de emprego à gestante era prevista em convenções, acordos coletivos e sentenças normativas. Não havia previsão legal sobre o tema.

Assegurou a alínea *b* do inciso II do art. 10 do ADCT à empregada gestante a impossibilidade de ser dispensada sem justa causa ou arbitrariamente, desde a confirmação da gravidez até cinco meses após o parto. Aqui há um interesse social na proteção não só da mulher, mas também do nascituro. Este deve ter a possibilidade de se desenvolver física e psiquicamente, promovendo a integração da mãe e da criança.

Ficando no emprego, a empregada tem melhores condições de ter a criança, podendo usufruir de benefícios decorrentes da existência do contrato de trabalho, como vale-refeição, assistência médica etc.

Esclarecia a Súmula 244 do TST, anteriormente à atual Constituição, que "a garantia de emprego à gestante não autoriza a reintegração, assegurando-lhe apenas o direito a salários e vantagens correspondentes ao período e seus reflexos". Com a determinação do ADCT, o constituinte garantiu efetivamente o emprego, conferindo garantia de emprego à gestante. Assim, a gestante tem direito de ser reintegrada no emprego, e não a indenização, como era a anterior orientação da jurisprudência.

Dispõe o art. 45 do Estatuto dos Trabalhadores da Espanha que o período de maternidade é causa de suspensão do contrato de trabalho. Nesse período, a dispensa é considerada nula e a mulher tem direito de voltar a trabalhar no mesmo posto do período anterior ao descanso[2]. Há um período de 16 semanas de licença para a maternidade, distribuídas de acordo com a opção da empregada sempre que as seis semanas sejam imediatamente posteriores ao parto, podendo haver uso delas pelo pai para cuidar do filho em caso de falecimento da mãe (art. 48.4 do Estatuto dos Trabalhadores).

Na Itália, a mulher em estado de gravidez, mesmo que iniciado antes da admissão, não pode ser dispensada, sendo que essa garantia de emprego é estendida até o cumprimento de um ano de idade da criança (Lei n. 860, de 26-8-1950, e Regulamento n. 568, de 21-5-1953). A empregada pode ser dispensada por justa causa. Não sendo comprovados os motivos da dispensa, a trabalhadora será reintegrada, com pagamento de salários vencidos e com a possibilidade de indenização por danos.

A dispensa na Colômbia não pode ser feita até três meses após o nascimento. Se houver necessidade de rescisão do contrato de trabalho, é preciso a autorização prévia do inspetor do trabalho (arts. 62 e 63 do Código Substantivo do Trabalho).

O Código de Trabalho de Cuba prevê no art. 218 a licença-maternidade no período de seis semanas antes e 12 depois do parto. O art. 219 permite uma licença não remunerada para cuidar dos filhos menores, até o máximo de nove meses, quando a criança tiver menos de um ano de idade, e até seis meses quando maior de um e menor de 16 anos. Será garantido à mulher o retorno ao posto de trabalho.

No Uruguai, a trabalhadora grávida ou que acaba de ser mãe tem direito a indenização especial de seis meses de salário, que se soma à indenização ordinária, caso seja dispensada (art. 17 da Lei n. 11.577, de 14-10-1950).

---

2. ALONSO OLEA, Manuel. *Derecho del trabajo*. Madrid: Edição da F.D.U.M, 1983, p. 87.

A legislação brasileira não tem disposições semelhantes para tratar do filho, salvo no caso da Lei n. 8.112, que permite, inclusive, a licença à mãe adotante. O art. 210 da Lei n. 8.112 permite que a servidora que adotar ou obtiver guarda judicial de criança até um ano de idade tenha 90 dias de licença remunerada. No caso de adoção ou guarda judicial de criança com mais de um ano de idade, o prazo será de 30 dias. O servidor terá direito, pelo nascimento ou pela adoção de filhos, a licença-paternidade de cinco dias consecutivos (art. 208 da Lei n. 8.112).

15.5 ACIDENTADO

Prescreve o art. 118 da Lei n. 8.213/91 que "o segurado que sofreu acidente do trabalho tem garantida, pelo prazo mínimo de 12 meses, a manutenção do seu contrato de trabalho na empresa, após a cessação do auxílio-doença acidentário, independentemente da percepção de auxílio-acidente".

O objetivo do legislador é de que o empregado não possa ser dispensado no momento em que mais precisa do emprego, quando termina o benefício previdenciário, para que possa recuperar-se plenamente ou readaptar-se à nova função. Em casos como tais, o empregador logo quer dispensar o empregado, pois este já não tem mais a mesma capacidade que tinha antes do acidente.

A garantia de emprego examinada decorre de questão social, de o empregado ter-se acidentado na empresa, não podendo ficar desamparado por esta na hora que mais precisa do emprego. Há, portanto, necessidade da continuidade do vínculo empregatício, pois o obreiro não terá condições de conseguir novo emprego. O ideal seria que o empregado não pudesse ser dispensado em período superior aos 12 meses, pois sua lesão pode ser definitiva, ficando incapacitado de encontrar novo emprego.

Vinha a garantia de emprego do acidentado sendo prevista em normas coletivas, como ocorre com os metalúrgicos, na qual é garantido o emprego a pessoa com moléstia profissional ou em virtude de acidente do trabalho, desde que atenda a determinadas condições cumulativas. Essa garantia de emprego, entretanto, é muito mais ampla que a do art. 118 da Lei n. 8.213, pois não fala em 12 meses de garantia de emprego, mandando reintegrar o empregado acidentado.

O TST, por meio do antigo Precedente em dissídios coletivos de n. 30, já vinha garantindo "ao trabalhador vítima de acidente de trabalho 180 (cento e oitenta) dias de estabilidade no emprego, contados após a alta do órgão previdenciário". Essa orientação teve validade até a edição da Lei n. 8.213, que criou a estabilidade ao acidentado (art. 118), como se observa da nova redação do citado Precedente.

A garantia de 12 meses de estabilidade ao empregado acidentado no trabalho somente ocorre após a cessação do auxílio-doença acidentário, independentemente da percepção de auxílio-acidente. Assim, não havendo a concessão de auxílio-doença acidentário, o empregado não faz jus à garantia de emprego do art. 118 da Lei n. 8.213. Se o empregado se afasta apenas por até 15 dias da empresa, não há a concessão do auxílio-doença, e, não sendo concedido este, não haverá estabilidade.

Se no decorrer do ajuizamento da ação trabalhista expirar o prazo de 12 meses para a garantia do emprego ao acidentado, o empregado não poderá ser reintegrado, apenas será paga a indenização do período respectivo.

O art. 118 da Lei n. 8.213, na verdade, mantém por mais 12 meses o contrato de trabalho do empregado acidentado e não a função, devendo o trabalhador reassumir seu mister no trabalho ou outra função compatível com seu estado após o acidente.

O dispositivo em comentário dificulta a possibilidade da dispensa do operário, pois raramente o trabalhador acidentado encontraria outro emprego nessas condições. O que vai ocorrer na prática é a dispensa do obreiro, preferindo a empresa pagar a indenização do período de estabilidade a reintegrar o acidentado, ficando prejudicado o intuito do legislador, que era garantir efetivamente o emprego ao trabalhador acidentado. Preferível teria sido a reintegração do trabalhador no emprego, como ocorre em certas normas coletivas.

No contrato por tempo determinado ou de experiência, não há direito à garantia de emprego prevista no art. 118 da Lei n. 8.213, pois as partes conhecem antecipadamente a data do término do contrato, e não há despedida arbitrária ou sem justa causa, mas o fim normal do pacto laboral.

No México, o art. 498 da Lei Federal do Trabalho garante a reserva do emprego até um ano após a data do acidente.

No Uruguai, o trabalhador que tem moléstia profissional não pode ser suspenso nem despedido durante a enfermidade e nos seis meses posteriores à sua reintegração, sob pena de ser paga indenização equivalente a três meses de salário por cada ano de serviço, sem qualquer limite (art. 10 da Lei n. 11.577, de 14-10-1950). O trabalhador que tem enfermidade comum, se for dispensado durante a enfermidade ou dentro dos 30 dias seguintes, fará jus a uma indenização correspondente ao dobro da normal, exceto se o empregador demonstrar a notória má conduta do trabalhador ou que a despedida não está direta ou indiretamente ligada à enfermidade.

15.6 EMPREGADOS ELEITOS DIRETORES DE SOCIEDADES COOPERATIVAS

A Lei n. 5.764, de 16 de dezembro de 1971, versa sobre a política nacional de cooperativismo, instituindo o regime jurídico das sociedades cooperativas. Em seu art. 55, ficou estatuído que "os empregados de empresas que sejam eleitos diretores de sociedades cooperativas pelos mesmos criadas gozarão das garantias asseguradas aos dirigentes sindicais pelo artigo 543 da CLT". Verifica-se que estamos diante de outra modalidade de garantia de emprego, pois o art. 55 da Lei n. 5.764 remete o intérprete ao § 3º do art. 543 da CLT. O objetivo da manutenção do emprego é permitir que o empregado possa exercer o mandato para que foi eleito, sem sofrer represália patronal.

O empregado terá de trabalhar na empresa para a qual foi constituída a cooperativa. Se pertencer a cooperativa que não é da empresa, poderá ser dispensado.

Estabelece o art. 47 da Lei n. 5.764 que a cooperativa será administrada por uma diretoria ou conselho de administração. A garantia de emprego abrange aquele que for eleito diretor. Há entendimentos de que o membro do Conselho de Administração goza de estabilidade, porque dirige a sociedade. Não se faz distinção entre membro titular ou suplente, apenas que o membro seja eleito, além do que o suplente pode assumir as obrigações do titular. Os membros do Conselho Fiscal não gozam de estabilidade, pois não são diretores, nem há previsão da lei nesse sentido[3].

Compreende a garantia de emprego os empregados de empresas eleitos diretores de sociedades cooperativas, ainda que sejam de mais de uma empresa, abrangendo toda a categoria, e não apenas as relativas àquelas empresas para que trabalham[4].

Inicia-se a garantia de emprego desde o registro da candidatura e vai até um ano após o término do mandato. Para a rescisão do contrato de trabalho, será necessário inquérito para apuração de falta grave, pois é a exigência da parte final do § 3º do art. 543 da CLT.

Na França, a Lei n. 78.763, de 19 de julho de 1978, dispõe sobre as sociedades cooperativas, garantindo no art. 18 reserva do contrato de trabalho do gerente, do membro do conselho de administração ou órgão de direção, do diretor geral e dos componentes do conselho fiscal.

---

3. Acórdão da SDI do TST, AR 22/84, rel. Min. Fernando Vilar, j. 6-12-1989, *DJU*, I, 24-8-1990, p. 8.292.
4. TST, 4ª T., RR 223.242/91.8, 9ª R., rel. Min. Almir Pazzianotto Pinto, j. 17-8-1992, *DJU*, I, 2-10-1992, p. 16.956.

15.7 MEMBRO DO CONSELHO CURADOR DO FGTS

Os representantes dos trabalhadores no Conselho Curador do FGTS, efetivos e suplentes, têm direito à garantia de emprego, desde a nomeação até um ano após o término do mandato de representação, somente podendo ser dispensados por motivo de falta grave, devidamente apurada por meio de processo sindical (§ 9º do art. 3º da Lei n. 8.036). As pessoas detentoras da garantia de emprego em comentário serão os três trabalhadores titulares do Conselho Curador (art. 3º da Lei n. 8.036) e os seus três suplentes.

Aqui também há a continuidade do contrato de trabalho do empregado, que não pode ser prejudicado pelo empregador por ter de participar das reuniões do Conselho Curador do FGTS. O objetivo da norma é garantir o emprego para os trabalhadores que estão no Conselho Curador, que representam todos os demais e não podem ficar privados de seu emprego, por ato arbitrário do empregador, em razão de suas faltas ao serviço.

Uma vez a cada dois meses, o trabalhador faltará ao serviço para comparecer às reuniões do Conselho (§ 7º do art. 3º da Lei n. 8.036). Sua falta também será abonada pelo empregador, para que possa desempenhar corretamente a referida representação (§ 7º do art. 3º da Lei n. 8.036).

O mandato dos representantes dos trabalhadores é de dois anos. Assim, a garantia de emprego será de três anos.

15.8 MEMBRO DO CNPS

Os representantes dos trabalhadores, que estiverem em atividade, titulares e suplentes, no Conselho Nacional de Previdência Social (CNPS), terão direito à garantia de emprego, desde a nomeação até um ano após o término do mandato de representação, somente podendo ser dispensados por motivo de falta grave, regularmente comprovada por intermédio de processo judicial (§ 7º do art. 3º da Lei n. 8.213).

A justificação da garantia estabelecida pela lei são as constantes faltas que o trabalhador irá ter na empresa, não podendo sofrer represália por parte do empregador, que poderia dispensá-lo pelo fato de ter de se ausentar do trabalho.

Os beneficiários com a garantia de emprego serão três trabalhadores titulares e três suplentes.

As faltas dos representantes dos trabalhadores serão abonadas, considerando-se jornada trabalhada.

O mandato do representante do trabalhador é de dois anos. Assim, sua garantia de emprego será de três anos.

16
INDENIZAÇÃO

16.1 HISTÓRICO

Com base no Código Napoleônico, o direito de dispensar era absoluto, havendo necessidade apenas da concessão de aviso prévio. Certos motivos não eram mais aceitos para justificar a dispensa, como os de ordem política ou confessional[1].

A Lei francesa de 17 de dezembro de 1980 estabeleceu em seu art. 1º que "no contrato de arrendamento de serviços a duração indefinida pode terminar sempre por vontade de qualquer dos contratantes. Entretanto, a terminação do contrato por vontade de um só dos contratantes pode dar lugar ao pagamento de danos e prejuízos". Com fundamento no citado dispositivo surge a teoria do pagamento da indenização pela ruptura do contrato de trabalho, tomando-se por base a teoria do abuso de direito.

O sistema francês de indenização acabou influenciando outras legislações.

A indenização do direito civil era devida na existência de culpa ou de responsabilidade objetiva. No direito do trabalho, não se pode falar em culpa para o pagamento da indenização, mas sim na dispensa sem justa causa, que ensejaria a indenização ao trabalhador. Assim, se fosse dispensado com justa causa ou se pedisse demissão, não faria jus a indenização.

16.2 DENOMINAÇÃO

Indenização provém do latim *indemnitas* de *in* + *damnus*, com o significado de reparação do dano, de ressarcimento pela lesão de um direito.

A indenização trabalhista é proveniente do direito civil, que nesse ramo do direito significa o pagamento pela reparação de um dano. Entretanto, não se pode dizer que no contrato de trabalho há exatamente um dano, tal qual previsto no direito civil.

---

1. BRUN, André; GALLAND, H. *Droit du travail*. Paris: Sirey, 1958, p. 565.

Há várias indenizações, como a pela dispensa sem justa causa do empregado, a indenização de férias, porque estas não foram gozadas e estão sendo pagas no termo de rescisão do contrato de trabalho. A que nos interessa nesse momento é apenas a indenização pela despedida do empregado.

Em outros países, é comum encontrarmos as expressões *"licenciement"* (em francês), *"licenziamento"* (em italiano), *"licenciamiento"* (em espanhol). Para nós, licença ou licenciamento é o afastamento temporário do empregado, havendo ou não pagamento de salário, dependendo do caso.

São encontradas, ainda, as expressões "indenização por despedida", "indenização de antiguidade", "de ancienidade" etc.

16.3 CONCEITO

A indenização é uma limitação econômica ou poder de despedir do empregador quando o empregado é dispensado. Não impede o direito potestativo do empregador de despedir o empregado, mas apenas traz uma limitação econômica para esse fim, que torna um pouco mais difícil a dispensa.

Geralmente, a indenização é calculada em razão do número de anos trabalhados na empresa. Quando o empregador dispensa vários empregados ao mesmo tempo, a reparação econômica que tem de pagar aos obreiros é representativa. Impede que o empregador dispense os empregados por mero capricho.

É uma espécie de compensação pelo prejuízo da cessação do contrato de trabalho e das vantagens daí advindas. Representa uma reparação ou ressarcimento para o empregado pela perda do emprego.

16.4 FUNDAMENTOS

A indenização apenas limita a dispensa, não a impede, amenizando a perda do emprego.

Não previne a indenização a dispensa, mas somente acaba remediando o efeito, que é a perda do emprego.

O mero pagamento da indenização não traz, porém, de volta o emprego do trabalhador. O pagamento de um valor após a lesão também não é suficiente para o integral ressarcimento do lesado, como ocorre no direito privado. A mera reparação do dano após o fato já ter sido consumado é relativa, pois não retorna as partes exatamente à situação anterior.

16.5 INDENIZAÇÃO PREVISTA NO INCISO I DO ART. 7º DA CONSTITUIÇÃO

O ordenamento jurídico brasileiro prevê no inciso I do art. 7º da Constituição que são direitos dos trabalhadores urbanos e rurais "relação de emprego protegida contra despedida arbitrária ou sem justa causa, nos termos de lei complementar, que preverá indenização compensatória, dentre outros direitos".

Critica Arion Sayão Romita o referido dispositivo dizendo que relação de emprego não é direito. É a relação jurídica gerada pela prestação do trabalho subordinado por uma pessoa física a outrem. "Bastaria dizer 'proteção contra a despedida arbitrária'. É, portanto, de proteção que se trata."[2]

O legislador constituinte empregou duas denominações: a) despedida arbitrária; b) despedida sem justa causa. De certa forma, toda dispensa é arbitrária, ou seja, é feita sem justa causa. A dispensa sem justa causa é a não fundada em motivo disciplinar. Só não é arbitrária a dispensa que for com justa causa. A dispensa com justa causa é a contida no art. 482 da CLT. A sem justa causa é a que não puder ser enquadrada no citado dispositivo legal. As expressões são sinônimas. O emprego pelo constituinte das duas expressões mostra pleonasmo e redundância. Entretanto, se o legislador constituinte colocou duas palavras diferentes no inciso I do art. 7º da Constituição, quer dizer que devem ter significados diversos, pois do contrário a Lei Maior não teria feito referência expressa usando de conjunção alternativa. O legislador complementar deve considerar a existência de duas figuras distintas para tratar da indenização compensatória[3].

Dispensa não arbitrária é a feita sem arbítrio, estando dentro das regras ou restrições estabelecidas pelo legislador. Seria a dispensa socialmente justificada da legislação alemã: ligada a pessoa do empregado, sua conduta ou questões de funcionamento da empresa ou do estabelecimento. Dispensa arbitrária é a que é feita sem justificativa ou motivação por parte do empregador. O art. 165 da CLT dispõe que dispensa arbitrária é a que não se fundar em motivo disciplinar, técnico, econômico ou financeiro.

A lei complementar tanto dirá respeito à indenização compensatória como à proteção da relação de emprego.

---

2. ROMITA, Arion Sayão. Proteção contra a despedida arbitrária (garantia de emprego?). In: *Os direitos sociais na Constituição e outros estudos*. São Paulo: LTr, 1991, p. 129. No mesmo sentido o autor escreveu em "Proteção contra a despedida arbitrária" (*Trabalho & Processo*, São Paulo: Saraiva, n. 1, p. 24, jun. 1994).

3. No mesmo sentido o pensamento de Arion Sayão Romita (Despedida abusiva. In: *Os direitos sociais na Constituição e outros estudos*. São Paulo: LTr, 1991, p. 140).

O inciso I do art. 7º da Constituição não é uma norma de eficácia plena, mas norma de eficácia limitada, pois o legislador complementar irá complementá-la.

Entende também Arion Sayão Romita que há "impropriedade redacional contida na dicção 'dentre outros direitos': deveria constar entre e não dentre. Dentre significa do meio de. Exemplifica o Aurélio: 'Dentre a multidão saiu uma criança correndo'. E adverte: 'Não confundir com entre'. Pois o constituinte confundiu..."[4].

Não precisa também haver menção a "dentre outros direitos", pois o *caput* do art. 7º da Constituição já menciona que "são direitos dos trabalhadores urbanos e rurais, além **de outros** (que só podem ser direitos) que visem à melhoria de sua condição social". Afirma Carlos Alberto Chiarelli que o inciso I do art. 7º da Lei Magna é "confuso tecnicamente, indeciso politicamente, feio estilisticamente e falho redacionalmente"[5].

A determinação constitucional contida tanto no inciso I do art. 7º como no *caput* é exemplificativa e não taxativa, em razão de permitir o estabelecimento de outros direitos na lei complementar.

O FGTS coexistirá com a indenização compensatória que for estabelecida, pois o inciso III do art. 7º da Lei Maior assegura o FGTS como direito do trabalhador e o inciso I do mesmo artigo prevê que a lei complementar irá tratar de indenização compensatória.

A lei complementar não poderá prever o FGTS como a indenização compensatória, pois o FGTS já é um direito do trabalhador (art. 7º, III, da Lei Maior) e a indenização compensatória está prevista no inciso I do art. 7º. São direitos que se complementam e são cumulativos. Não há fusão dos dois regimes. A indenização compensatória será obrigatoriamente prevista na lei complementar, pois a linguagem do inciso I do art. 7º da Constituição é imperativa: "que preverá indenização compensatória". Logo, a lei complementar não poderá deixar de estabelecer a indenização compensatória.

Enquanto não for promulgada a lei complementar mencionada no inciso I do art. 7º da Constituição, fica limitada a proteção nele referida ao aumento da indenização calculada sobre os depósitos do FGTS para 40% ou 20% (art. 10, I, do ADCT). Esse pagamento tem natureza de indenização compensatória pela dispensa do trabalhador.

A proteção contida no inciso I do art. 7º da Constituição é bastante ampla, tanto que provisoriamente, até que seja editada a lei complementar, fica limitada a

---

4. ROMITA, Arion Sayão. Proteção contra a despedida arbitrária (garantia de emprego?). In: *Os direitos sociais na Constituição e outros estudos*. São Paulo: LTr, 1991, p. 129.
5. CHIARELLI, Carlos Alberto Gomes. *Trabalho na Constituição*: direito individual. São Paulo: LTr, 1989, v. I, p. 33.

indenização pela dispensa do trabalhador a 40% ou 20% dos depósitos fundiários. O constituinte poderia dizer que a indenização seria igual a 40% dos depósitos do FGTS, porém afirmou que seria limitada. Isso quer dizer que a indenização prevista no inciso I do art. 10 do ADCT é inferior à que futuramente será definida na lei complementar. Houve, segundo se depreende, a redução da indenização que futuramente será determinada ao empregado pela dispensa arbitrária ou sem justa causa.

Representa o inciso I do art. 7º da Constituição uma regra de proteção à continuidade do contrato de trabalho, por ter por objetivo impedir a dispensa arbitrária ou sem justa causa, permitindo a continuidade do pacto laboral. É realmente uma forma de proteção contra a despedida arbitrária.

16.6 PERÍODOS EM QUE A INDENIZAÇÃO É DEVIDA

Antes de 1966, a indenização era a única forma de compensação que o empregado recebia pela perda do emprego. Com a instituição do FGTS, com a Lei n. 5.107/66, os empregadores somente passaram a admitir trabalhadores que optassem pelo novo sistema, com a finalidade de que o empregado não adquirisse a estabilidade no emprego aos 10 anos de serviço. Com isso, desapareceu também a indenização pelo período anterior à opção do FGTS, que foi substituída pelos depósitos fundiários.

Somente os empregados que tenham tempo de serviço anterior à opção ou anterior a 5 de outubro de 1988 é que fazem jus a indenização caso sejam dispensados. Entretanto, o FGTS já deve encontrar-se depositado pelo empregador. O único acréscimo que o empregador tem na dispensa do empregado é a indenização de 40% sobre os depósitos do FGTS, que deverá ser depositada na conta vinculada do trabalhador.

16.7 CONTRATO POR TEMPO INDETERMINADO

Quando o contrato de trabalho termina no prazo avençado pelas partes, não há falar em indenização, pois as partes sabiam quando o pacto iria terminar, em razão de que não houve rescisão antecipada. O art. 477 da CLT é claro no sentido de que a indenização só é devida se não houver prazo estipulado para o término do pacto laboral. Com a rescisão antecipada do pacto laboral por tempo determinado, há necessidade de uma sanção, que consiste na indenização.

A indenização devida pela rescisão do contrato por tempo indeterminado que for feita pelo empregador será de um mês de remuneração por ano de serviço efetivo, ou por ano e fração igual ou superior a seis meses (art. 478 da CLT). A indenização será paga com base na maior remuneração que tenha percebido o empregado na empresa (art. 477 da CLT), mesmo se o empregado estivesse exercendo cargo de confiança. Se o salário for pago por dia, o cálculo da indenização terá por base 30 dias. Se pago por hora, a indenização será apurada na base de 240 horas por mês[6], hoje 220 horas. Para os comissionistas ou aqueles que recebem percentagens, a indenização será calculada pela média das comissões ou percentagens percebidas nos últimos 12 meses de serviço. Para os empregados que trabalham por tarefa ou serviço feito, a indenização será calculada na base média do tempo costumeiramente gasto pelo interessado para realização de seu serviço, tomando em conta o valor do que seria feito durante 30 dias. No cálculo da indenização, será computável a gratificação de Natal à razão de 1/12 por ano (Súmula 148 do TST). A gratificação periódica contratual também irá ser computada para o cálculo da indenização (Súmula 78 do TST e Súmula 207 do STF), assim como as horas extras prestadas habitualmente (Súmula 24 do TST), o adicional de periculosidade (Súmula 132 do TST) e o adicional de insalubridade pagos em caráter permanente (Súmula 139 do TST). Para efeito da contagem do tempo de serviço para a indenização, consideram-se tempo à disposição do empregador os períodos em que o empregado estiver afastado do trabalho prestando serviço militar e por motivo de acidente do trabalho (parágrafo único do art. 4º da CLT).

Se o empregado for readmitido, serão computados como tempo de serviço os períodos, ainda que descontínuos, em que tiver trabalhado anteriormente na empresa, salvo se houver sido despedido por falta grave, recebido indenização legal ou se aposentado espontaneamente (art. 453 da CLT). Mesmo se o empregado tiver pedido demissão, na hipótese de readmissão conta-se o período de serviço anterior encerrado com sua saída espontânea (Súmula 138 do TST). Entretanto, inobstante o pagamento da indenização, presume-se em fraude à lei a rescisão contratual se o empregado permaneceu prestando serviços ou foi readmitido em curto prazo (Súmula 20 do TST).

Há que se ressaltar, porém, que o primeiro ano de duração do contrato de trabalho por tempo indeterminado é considerado período de experiência, e, antes que se complete, nenhuma indenização é devida (§ 1º do art. 478 da CLT).

Na França, a lei de 13 de julho de 1967 torna obrigatória indenização nos despedimentos de empregados com mais de dois anos, que foram contratados por tempo indeterminado. Corresponde a 1/20 do salário mensal e a 10 horas para os horistas, calculada por ano de serviço.

---

6. Era o número de horas máximas trabalhadas no mês no período anterior a 5 de outubro de 1988.

Em Portugal, a Lei n. 48, de 11 de julho de 1977, proíbe a dispensa sem motivo justificado e por motivo de ordem política ou ideológica. A indenização de antiguidade é calculada na base de um mês de remuneração completa por ano de serviço ou fração de três meses. Se o trabalhador for diarista, semanalista ou quinzenalista, a base será de quatro semanas (arts. 12 e 20).

Dispõe o art. 72 do Código de Trabalho da República Dominicana sobre a indenização de antiguidade no emprego, fixando uma retribuição de 10 dias de salários para o trabalhador que tem mais de três meses no emprego e chegando a um ano, quando a antiguidade excede a 20 anos.

Em El Salvador, o empregado dispensado pode solicitar sua reintegração no emprego. Caso o patrão não concorde, deverá ser indenizado. Terá direito a meio mês de salário se o tempo de serviço for inferior a três meses e chegando a três meses por cada cinco anos ou fração que exceda de dois anos (art. 31 do Código de Trabalho).

Fixa o art. 276 do Código de Trabalho da Venezuela em 15 dias de salários por cada ano de serviço, até um máximo de seis meses de indenização.

16.8 CONTRATOS POR TEMPO DETERMINADO

O art. 479 da CLT assegura ao empregado dispensado sem justa causa, antes do término do contrato por tempo determinado, uma indenização, que é calculada pela metade do valor da remuneração que seria devida ao obreiro até a cessação do referido pacto.

O Decreto n. 59.820, de 1966, que regulamentava a Lei n. 5.107/66 (FGTS), assegurava o direito do empregador de pagar a indenização do art. 479 da CLT mediante a utilização dos depósitos do FGTS do empregado optante (§ 3º do art. 30). A orientação da jurisprudência era a mesma (Súmula 125 do TST). Se houvesse diferença, ficaria a cargo do empregador. O art. 14 do Decreto n. 99.684/90 dá a entender que a regra que foi prevista anteriormente no Decreto n. 59.820 continua a ser aplicada, ou seja, é possível utilizar o FGTS depositado para abater a indenização devida pela metade, preconizada pelo art. 479 da CLT.

O empregado também é obrigado a pagar uma indenização ao empregador se sair da empresa antes do término do contrato por tempo determinado, desde que ocasione prejuízo ao empregador (art. 480 da CLT). A indenização, contudo, não poderá exceder àquela a que teria direito o empregado em idênticas condições.

Nos contratos por tempo determinado que contiverem cláusula assecuratória do direito recíproco de rescisão antes de expirado o termo ajustado, aplicam-se, caso seja exercido tal direito por qualquer das partes, os princípios que regem a rescisão dos contratos por tempo indeterminado (art. 481 da CLT). Nesse caso, a indenização a ser paga será a prevista para os contratos por tempo indeterminado.

No contrato de safra, expirado normalmente o contrato, a empresa pagará ao safrista, a título de indenização do tempo de serviço, a importância de 1/12 do salário mensal, por mês de serviço ou fração superior a 14 dias (art. 14 da Lei n. 5.889/73). O empregado rural passou a ter direito ao FGTS em 5 de outubro de 1988, sendo que este substitui a referida indenização.

Rescindidos os contratos de trabalhadores da construção civil realizados por obra certa, em razão do término da obra ou serviço, tendo o empregado mais de 12 meses de serviço, terá direito a indenização por tempo de trabalho, na forma do art. 478 da CLT, com 30% de redução (art. 2º da Lei n. 2.959/56). Aqui se nota também que o legislador prestigiou a regra de que o primeiro ano de duração do contrato é considerado período de experiência, não sendo devida nenhuma indenização, como ocorre nos contratos por tempo indeterminado. O FGTS substituiu a referida indenização a partir de 5 de outubro de 1988.

Os trabalhadores temporários também tinham direito a uma indenização por dispensa sem justa causa ou término normal do contrato, correspondente a 1/12 do pagamento recebido (art. 12, *f*, da Lei n. 6.019/74). Como o trabalhador temporário passou a ter direito ao FGTS (§ 2º do art. 15 da Lei n. 8.036), não é mais devida a referida indenização.

16.9 ESTABILIDADE

O empregado com mais de 10 anos na empresa não poderia ser dispensado, a não ser na ocorrência de falta grave devidamente apurada mediante inquérito judicial (art. 492 c/c art. 853 da CLT).

Quando se verificar que o empregado não cometeu falta grave, o empregador deve readmiti-lo no serviço; porém, se for desaconselhável a reintegração do estável, em razão de incompatibilidade, o tribunal do trabalho poderá converter a obrigação de reintegrar na obrigação de o empregador pagar uma indenização em dobro (art. 496 da CLT).

Na Itália, a Lei n. 108, de 11 de maio de 1990, estabelece que o juiz pode ordenar a reintegração do empregado. O art. 1º dispõe que, sem prejuízo do direito à indenização pelo dano previsto no § 4º, o trabalhador pode solicitar ao empregador que, em lugar da reintegração no emprego, pague-lhe indenização equivalente a 15 salários.

Os empregados estáveis que forem dispensados em caso de fechamento de estabelecimento, filial ou agência, ou supressão necessária de atividade, têm direito a indenização em dobro, salvo motivo de força maior (art. 498 da CLT).

O empregador que dispensasse o empregado com o objetivo de que não viesse a adquirir estabilidade deveria pagar em dobro a indenização (§ 3º do art. 499 da CLT).

16.10 CULPA RECÍPROCA

Havendo culpa recíproca para a dispensa, pois tanto empregado como empregador cometeram faltas que deram origem à rescisão, a indenização será devida pela metade (art. 484 da CLT). Se o empregado era estável, a indenização será simples. Se não era, a indenização simples será devida pela metade.

16.11 FORÇA MAIOR

Em caso de força maior, que é o acontecimento inevitável a que o empregador não deu causa, por ter afetado substancialmente sua atividade econômica ou financeira, decorrente de extinção da empresa ou de um estabelecimento, o empregado estável terá direito a indenização simples, na forma dos arts. 477 e 478 da CLT; o empregado sem direito a estabilidade terá metade da indenização que seria devida na rescisão sem justa causa, ou seja, metade da indenização dos arts. 477 e 478 da CLT. Se o contrato for por tempo determinado, a indenização será metade da prevista no art. 479 da CLT, ou seja, 1/4 da remuneração que seria devida até o termo do pacto (art. 502 da CLT).

16.12 *FACTUM PRINCIPIS*

No caso de paralisação temporária ou definitiva do trabalho, motivada por ato de autoridade municipal, estadual ou federal, ou pela promulgação de lei ou resolução que impossibilite a continuação da atividade, prevalecerá o pagamento da indenização, que ficará a cargo do governo responsável (art. 486 da CLT). Isso vem a ser o *factum principis* para efeitos trabalhistas. Se o Estado provoca a paralisação temporária ou definitiva do trabalho, deve responder pelo pagamento de indenização aos trabalhadores.

16.13 MORTE DO EMPREGADOR

Se o empregador era pessoa física e vem a falecer, a indenização devida ao empregado será simples ou em dobro, dependendo de o empregado ser ou não estável (art. 485 da CLT).

16.14 APOSENTADORIA

Pedindo o empregado aposentadoria, não há falar em pagamento de indenização, pois é como se o empregado pedisse demissão.

16.15 INDENIZAÇÃO ADICIONAL

A indenização adicional foi criada pelo art. 9º da Lei n. 6.708, de 30 de outubro de 1979. Seria devida a indenização adicional quando o empregado fosse dispensando, sem justa causa, no período de 30 dias que antecedesse a data-base de sua correção salarial, equivalendo a um salário mensal do obreiro. A instituição da indenização adicional teve por objetivo impedir ou tornar mais onerosa a dispensa do empregado nos 30 dias que antecedessem sua data-base, pois os empregadores tinham por prática dispensar empregados com o objetivo de não pagar o salário reajustado, contratando logo a seguir outro empregado com salário inferior.

A Lei n. 7.238, de 29 de outubro de 1984, reproduziu o mesmo art. 9º da Lei n. 6.708, no seu art. 9º, no qual também se concede a indenização adicional. A Súmula 306 do TST entendeu que os dispositivos citados não foram revogados pela legislação salarial posterior, permanecendo em vigor.

A Súmula 314 do TST esclareceu ainda que,

> ocorrendo a rescisão contratual no período de 30 dias que antecede à data-base, observada a Súmula de n. 182 do TST, o pagamento das verbas rescisórias com o salário já corrigido não afasta o direito à indenização adicional prevista nas Leis n. 6.708/79 e 7.238/84.

A indenização adicional não é devida em si pela despedida arbitrária ou sem justa causa, mas pelo fato de o empregado ter sido dispensado nos 30 dias que antecedem à correção de seu salário determinada na data-base da categoria. Tal indenização adicional visa fazer com que haja um óbice econômico para que o empregador não proceda à dispensa do empregado na data-base quando são corrigidos os salários dos trabalhadores, sem que se pague o salário corrigido a seu empregado, tendo também por objetivo indireto impedir a contratação de empregado por salário inferior ao do obreiro dispensado.

17
AVISO PRÉVIO

17.1 ORIGENS

As origens do aviso prévio não são encontradas no direito do trabalho. Surgiu o instituto em estudo como uma forma de uma parte avisar a outra que não mais tem interesse na manutenção de determinado contrato.

Nas corporações de ofício, o companheiro não poderia abandonar o trabalho sem conceder aviso prévio ao mestre. Não havia, porém, a mesma reciprocidade do mestre ao companheiro.

O art. 81 do Código Comercial de 1850 o prevê da seguinte maneira: "não se achando acordado o prazo do ajuste celebrado entre o preponente e os seus prepostos, qualquer dos contraentes poderá dá-lo por acabado, avisando o outro da sua resolução com 1 (um) mês de antecipação". A segunda parte do mesmo artigo menciona, ainda, o pagamento de salário durante o referido aviso prévio: "os agentes despedidos terão direito ao salário correspondente a esse mês, mas o preponente não será obrigado a conservá-los no seu serviço". Já se verificava que o aviso só caberia em relação a contratos por tempo indeterminado, possuindo certas características, como a necessidade de notificação da parte contrária, o prazo da comunicação e o pagamento de salário durante esse período.

O Código Civil de 1916 tratava do aviso prévio no art. 1.221, no tocante à locação de serviços. O Código Civil de 2002 versa sobre aviso prévio em relação ao contrato de prestação de serviços no art. 599:

> Art. 599. Não havendo prazo estipulado, nem se podendo inferir da natureza do contrato, ou do costume do lugar, qualquer das partes, a seu arbítrio, mediante prévio aviso, pode resolver o contrato.
>
> Parágrafo único. Dar-se-á o aviso: I – com antecedência de 8 dias, se o salário se houver fixado por tempo de um mês, ou mais; II – com antecipação de 4 dias, se o salário se tiver ajustado por semana, ou quinzena; III – de véspera, quando se tenha contratado por menos de sete dias.

Aqui também só caberia o aviso em razão de contratos por tempo indeterminado, havendo, ainda, os elementos comunicação e prazo para a consecução do aviso em razão do tempo de pagamento do salário. O elemento pagamento de remuneração durante o aviso prévio não era encontrado.

No âmbito do direito do trabalho, a Lei n. 62, de 5 de junho de 1935, especificou o aviso prévio no art. 6º, em que tal comunicação só era exigida do empregado em favor do empregador. A CLT tratou do aviso prévio nos arts. 487 a 491.

A Constituição de 1988 versou pela primeira vez sobre aviso prévio no inciso XXI do art. 7º, com a seguinte redação: "aviso prévio proporcional ao tempo de serviço, sendo no mínimo de 30 dias, nos termos da lei".

17.2 DENOMINAÇÃO

A palavra "aviso" é derivada de avisar, do francês *aviser*, com o significado de notícia, informação, comunicação. Prévio, do latim *praevius*, vem a ser o que é anterior, preliminar.

O nome correto do instituto em estudo é, porém, aviso prévio e não aviso breve, como é comum ser empregado, principalmente entre os trabalhadores de baixa instrução. Prévio quer dizer com antecedência. Breve significa de pouca extensão, ligeiro.

17.3 CONCEITO

Consiste o aviso prévio na comunicação que uma parte do contrato de trabalho deve fazer à outra de que pretende rescindir o referido pacto sem justa causa, de acordo com o prazo previsto em lei, sob pena de pagar uma indenização substitutiva.

17.4 FUNDAMENTOS

O aviso prévio é um limite econômico ao direito potestativo do empregador de dispensar o empregado. Não impede a dispensa. Há necessidade de sua concessão, sob pena de pagar uma indenização correspondente.

Tem o aviso prévio vários objetivos. O primeiro é comunicar à outra parte do contrato de trabalho que não há interesse na continuação do pacto. Num segundo plano, o aviso prévio também pode ser analisado como o período de tempo mínimo que a lei determina para que seja avisada a parte contrária de que vai ser rescindido o contrato de trabalho, de modo que o empregado possa procurar novo emprego. Em terceiro lugar, diz respeito ao pagamento que vai ser efetuado pelo empregador ao empregado pela prestação de serviços durante o restante do contrato de trabalho, ou à indenização substitutiva pelo não cumprimento do aviso prévio por qualquer das partes. Há, assim, a combinação dos elementos comunicação, prazo e pagamento.

17.5 IRRENUNCIABILIDADE

O aviso prévio é um direito irrenunciável do empregado. O pedido de dispensa do seu cumprimento "não exime o empregador de pagar o valor respectivo, salvo comprovação de haver o prestador dos serviços obtido novo emprego" (Súmula 276 do TST).

A expressão "pedido de dispensa do cumprimento", contida no citado verbete, refere-se ao aviso prévio concedido pelo empregador. Dessa forma, o empregado não poderia renunciar ao aviso prévio, salvo a prova de ter obtido novo emprego, que é a finalidade do instituto, ficando o empregador obrigado a pagar o valor correspondente. Tratando-se de aviso prévio concedido pelo empregado, poder-se-ia pensar que o empregador renunciaria ao direito ao aviso prévio do empregado, permitindo que este não mais trabalhasse e, consequentemente, não haveria necessidade de prova de novo emprego, pois o empregado é que quis retirar-se do serviço, inexistindo direito ao pagamento do restante do período do aviso, em razão de não ter havido a prestação de serviços pelo obreiro. Caso, entretanto, o empregado deixe de cumprir o aviso prévio por ele oferecido ao empregador, sem a concordância deste, deverá indenizá-lo.

17.6 CABIMENTO

Como regra, o aviso prévio só é devido nos contratos de trabalho por tempo indeterminado, como se verifica do art. 487 da CLT. Nos contratos por tempo determinado, as partes já sabem quando terminará o pacto, sendo desnecessário o aviso prévio. É possível afirmar, portanto, que, regra geral, não cabe o aviso prévio nos contratos por tempo determinado, inclusive os de experiência.

A Lei n. 11.729 da Argentina prevê, porém, o aviso prévio mesmo quando haja prazo determinado na contratação. O aviso prévio do empregador ao empregado é, em regra, de um mês (art. 231). Não dado o aviso, há pagamento de indenização substitutiva (art. 232).

Na Itália, o art. 2.096 do Código Civil afirma que as partes podem rescindir o contrato sem necessidade de aviso prévio quando o pacto ainda estiver no período de prova.

O art. 542 do Anteprojeto de Código de Trabalho de Evaristo de Moraes Filho indica a possibilidade da rescisão do contrato de trabalho se o pacto estiver no período de prova. O aviso prévio é de um terço da duração do ajuste, completando-se a favor do empregado as unidades parceladas.

No direito brasileiro, o aviso prévio é um direito recíproco, tanto devido pelo empregado como pelo empregador, de avisarem a parte contrária de que não mais têm interesse na continuação do contrato de trabalho. O prazo atualmente de 30 dias vale tanto para o empregado como para o empregador. Há sistemas que estabelecem que o aviso prévio dado pelo empregador ao empregado deve ser maior do que quando o obreiro pede para sair da empresa.

Tem cabimento, por conseguinte, o aviso prévio na rescisão do contrato de trabalho sem justo motivo, ou seja, no pedido de demissão do empregado ou na dispensa por parte do empregador. Havendo dispensa por justa causa, o contrato de trabalho termina de imediato, inexistindo direito a aviso prévio. Concedendo, entretanto, o empregador aviso prévio na despedida por justa causa, presume-se que a dispensa foi imotivada, pois na justa causa não há necessidade de aviso prévio, cabendo ao empregador fazer a prova da falta grave. A extinção da empresa pode ser equiparada à rescisão do contrato de trabalho sem justa causa, pois o empregado não dá nenhum motivo para o término do contrato de trabalho, sendo devido, assim, o aviso prévio. A Súmula 44 do TST esclarece que "a cessação da atividade da empresa, com o pagamento da indenização, simples ou em dobro, não exclui, por si só, o direito do empregado ao aviso prévio". Se a empresa vier a falir, entendemos que o aviso prévio será devido, pois o risco do empreendimento é do empregador (art. 2º da CLT) e não pode ser transferido ao empregado, não se enquadrando tal hipótese como justo motivo para a rescisão do contrato de trabalho.

Na existência de culpa recíproca na rescisão do contrato de trabalho, não é devido o aviso prévio. Nesse caso, o que ocorre é que há justo motivo para rescisão do contrato de trabalho (art. 487 da CLT), que foi dado por ambas as partes, ficando prejudicado o aviso prévio, pois o contrato de trabalho termina de imediato. O TST tem o mesmo entendimento por intermédio da Súmula 14. Se o contrato de trabalho for rescindido por acordo entre as partes, não caberá aviso prévio.

Esclareceu o art. 481 da CLT que, se houver uma cláusula nos contratos por tempo determinado assegurando o direito recíproco de rescisão antecipada do pacto, aplicam-se, caso seja exercido tal direito, as regras que tratam da rescisão do contrato por tempo indeterminado, sendo devido, então, o aviso prévio. O requisito seria a existência da referida cláusula no contrato de trabalho, que geraria o direito ao aviso prévio. Tal fato valeria para qualquer contrato por tempo determinado, inclusive o de experiência. A Súmula 163 do TST mostra que é cabível o aviso prévio nas rescisões antecipadas dos contratos de experiência, na forma do art. 481 da CLT.

No contrato de trabalho temporário, regido pela Lei n. 6.019/74, é indevido o aviso prévio, pois as partes já conhecem antecipadamente o final do contrato, que não poderá ser feito por mais de 90 dias. O art. 12 da referida norma não menciona o direito a aviso prévio, justamente porque as partes já conhecem quando se encerrará o citado ajuste.

17.7 FORMA

A lei não estabelece a forma como o aviso prévio deve ser concedido. Admite-se que ele possa ser concedido verbalmente, pois até mesmo o contrato de trabalho pode ser feito dessa forma. Se a parte reconhece que o aviso prévio foi concedido, ainda que verbalmente, será plenamente válido.

Para que não haja dúvidas, o aviso prévio deve sempre ser concedido por escrito, em pelo menos duas vias, ficando uma em poder do empregado e outra com o empregador, representando, assim, uma prova concreta em relação à parte que pretendeu rescindir o contrato de trabalho, cabendo à outra parte fazer prova em sentido contrário. Poderá ser feito inclusive por telegrama, desde que haja prova de que o empregado o recebeu.

17.8 PRAZO

Determinava o art. 487 da CLT dois prazos de aviso prévio, em razão do tempo de pagamento do salário: a) de oito dias, se o pagamento fosse efetuado por semana ou tempo inferior; b) de 30 dias aos que percebessem por quinzena ou mês, ou que tivessem mais de 12 meses de serviço na empresa.

O inciso XXI do art. 7º da Constituição modificou essa situação ao prever que o aviso prévio será de no mínimo 30 dias, norma essa autoaplicável. Com a nova disposição da Lei Maior, restou revogado o inciso I do art. 487 da CLT, que previa o aviso prévio de oito dias. Agora, independentemente da unidade de tempo de pagamento do salário ao empregado ou de o obreiro ter ou não 12 meses de serviço na empresa, o aviso prévio sempre será de 30 dias, inclusive para o empregado doméstico, que não tinha direito a aviso prévio e passou a tê-lo com a Constituição (parágrafo único do art. 7º). Nada impede que as partes ou a norma coletiva fixem prazo de aviso prévio superior a 30 dias, pois se deve apenas obedecer ao mínimo de 30 dias, mas não há um prazo máximo. Não poderão, porém, as partes fixar um prazo inferior a 30 dias, diante do texto da Constituição, principalmente quando o aviso prévio é dado pelo empregador ao empregado.

A proporcionalidade do aviso prévio disciplinada no inciso XXI do art. 7º da Lei Maior é que será objeto de lei ordinária, que poderá especificar o aviso prévio de mais um dia para cada ano de serviço; contudo, até o momento inexiste a referida norma. Como o legislador constituinte estabelece o mínimo de 30 dias para o aviso prévio, nada impede que a legislação ordinária fixe prazo superior.

17.9 GENERALIDADES

Uma das características do aviso prévio é a possibilidade de fazer com que o empregado possa procurar outro emprego.

Se a rescisão do contrato de trabalho for promovida pelo empregador, o horário normal de trabalho do empregado será reduzido de duas horas diárias, de forma que o obreiro possa procurar novo emprego (art. 488 da CLT). Ao empregado é facultado trabalhar sem a redução das duas horas diárias, podendo faltar por sete dias corridos, visando buscar novo emprego. A possibilidade, entretanto, de o empregado não trabalhar por sete dias é uma faculdade do obreiro, não podendo ser imposta pelo empregador. Deve haver a opção do empregado quando do recebimento do aviso prévio, quando se manifestará se prefere trabalhar 30 dias, com redução do horário normal em duas horas, ou não prestar serviços por sete dias corridos.

Não concedendo o empregador a redução do horário de trabalho, tem-se que o aviso prévio não foi concedido, pois não se possibilitou ao empregado a procura de novo emprego, que é a finalidade do instituto, mostrando que houve a sua ineficácia. Assim, deve ser concedido ou pago de maneira indenizada outro aviso prévio, que integra o tempo de serviço do empregado para todos os efeitos. A Súmula 230 do TST deixa claro que "é ilegal substituir o período que se reduz da jornada de trabalho, no aviso prévio, pelo pagamento das horas correspondentes". Era o que se fazia antigamente, pagando-se ao empregado 60 horas (30 dias x 2 horas diárias). Logo, se a empresa pagar como extras as horas que deveriam corresponder à redução do horário de trabalho, deve pagar novamente o aviso prévio, pois não se possibilitou ao trabalhador a busca de outro emprego.

Determina o art. 489 da CLT que a rescisão do contrato de trabalho só se torna efetiva depois de expirado o prazo do aviso prévio. Há, porém, a possibilidade de reconsideração do aviso prévio, que deve ser feita, a princípio, antes de expirado seu prazo. É uma forma de continuidade do contrato de trabalho. À outra parte caberá ou não aceitar a reconsideração, mostrando a bilateralidade do contrato de trabalho, pois a reconsideração dependerá da concordância da outra parte. Aceita a reconsideração ou continuando a prestação dos serviços (reconsideração tácita) após o término do aviso prévio, o contrato continuará normalmente, como se não houvesse sido dado o aviso (parágrafo único do art. 489 da CLT).

O art. 481 da CLT mostra que, se nos contratos por tempo determinado for inserida uma cláusula que trate da possibilidade de rescisão antecipada do pacto, serão aplicáveis os princípios que regem os contratos por tempo indeterminado, incluindo, portanto, o aviso prévio. Indica a Súmula 163 do TST que cabe aviso prévio nas rescisões antecipadas dos contratos de experiência, na forma do art. 481 da CLT.

Se o empregador, durante o aviso prévio dado ao empregado, cometer ato que justifique a rescisão imediata do contrato, deverá pagar a remuneração correspondente ao aviso prévio, sem prejuízo da indenização que for devida (art. 490 da CLT). O empregado que cometer justa causa durante o aviso prévio perde o direito ao restante do respectivo prazo (art. 491 da CLT) e ao pagamento das indenizações legais. Entende-se que no caso do art. 491 da CLT o empregado perde o direito à indenização, pois a lei não faz nenhuma ressalva nesse sentido, ao contrário do art. 490 da CLT. A Súmula 73 do TST esclarece que "falta grave, salvo a de abandono de emprego, praticada pelo empregado, no decurso do prazo do aviso prévio, dado pelo empregador, retira àquele qualquer direito a indenização". Os dias de aviso prévio já trabalhados deverão, porém, ser pagos ao trabalhador.

18
FGTS

18.1 DENOMINAÇÃO

A denominação correta do tema ora em estudo é Fundo de Garantia do Tempo de Serviço, como se verificava da Lei n. 5.107/66. Atualmente, até o inciso III do art. 7º da Constituição usa a denominação "fundo de garantia do tempo de serviço". Não se trata, portanto, de "fundo de garantia **por** tempo de serviço", mas sim "do tempo de serviço".

Na prática, usa-se a abreviação FGTS.

18.2 CONCEITO

O FGTS é um depósito bancário vinculado, pecuniário, compulsório, realizado pelo empregador em favor do empregado, visando formar uma espécie de poupança para este, que poderá ser sacada nas hipóteses previstas em lei, além de se destinar ao financiamento para aquisição de moradia pelo Sistema Financeiro da Habitação.

18.3 FINALIDADE

Passou o FGTS a representar uma contribuição de intervenção no domínio econômico, destinada a financiar o desenvolvimento econômico no setor habitacional e também a compensar o tempo de serviço trabalhado pelo empregado na empresa. Anteriormente, o fundo de indenizações trabalhistas só servia – como o próprio nome diz – para pagar indenizações trabalhistas, porém não havia sua utilização para financiar o sistema financeiro habitacional. Passa também o FGTS a ter a característica social, de ajudar o desenvolvimento econômico do país no campo habitacional.

Teve por objetivo o FGTS proporcionar uma reserva de numerário ao empregado para quando fosse dispensado da empresa, podendo inclusive sacar o FGTS em outras hipóteses previstas na lei. Ao mesmo tempo, pretendia-se, com os recursos arrecadados, financiar a aquisição de imóveis pelo Sistema Financeiro da Habitação e até mesmo incrementar a indústria da construção civil.

18.4 CRÍTICA

A finalidade principal do FGTS foi proporcionar a dispensa por parte do empregador, tendo este de pagar apenas uma indenização sobre os depósitos do FGTS, liberando-os para o saque. Assim, a empresa não tinha mais de arcar com a estabilidade do empregado, que, para ser despedido, provocava ônus muito maior, pois só era dispensado mediante inquérito para apuração de falta grave, e, caso este não apurasse a falta, o obreiro retornava ao serviço ou tinha direito a indenização em dobro do período trabalhado, o que era muito oneroso para a empresa. Leciona Amauri Mascaro Nascimento que o FGTS traz um

> maior incentivo à dispensa do empregado, uma vez que substituiu a estabilidade decenal e a indenização de dispensa sem justa causa. Enquanto os sistemas jurídicos modernos caminham para o maior controle da dispensa imotivada, permite a sua ampliação e a rotatividade da mão de obra[1].

Um dos outros objetivos da instituição do FGTS foi acabar com a estabilidade. Os empresários reivindicavam o fim da estabilidade, pois, segundo o seu entendimento, ela prejudicava a atividade econômica da empresa, pois esta era obrigada a ficar com o empregado estável mesmo contra a sua vontade, em razão de que não poderia dispensá-lo. Afirmava-se que muitos investimentos externos não foram feitos no Brasil em virtude da impossibilidade de o empregador dispensar o empregado com mais de 10 anos de serviço.

Intensifica, porém, o FGTS a rotatividade da mão de obra, pois o empregador pode dispensar o empregado liberando os depósitos do FGTS e pagando a indenização de 40%, enquanto, se o empregado tivesse estabilidade, não poderia fazê-lo, salvo mediante apuração de falta grave, em inquérito para esse fim.

Constata-se, também, a partir da vigência da Lei n. 5.107, que muitas vezes o empregador dispensa o empregado a fim de substituí-lo por outro, pagando ao último salário inferior, já que deixa de existir a estabilidade.

O empregado estável que optasse pelo FGTS poderia ser dispensado, pois renunciava à estabilidade. O empregador apenas teria de liberar o FGTS acrescido da indenização de 40% do FGTS.

A lei do FGTS também objetivava impedir os empregados de fazerem acordos com o empregador para serem indenizados. Entretanto, os acordos continu-

---

1. NASCIMENTO, Amauri Mascaro. *Iniciação ao direito do trabalho*. 21. ed. São Paulo: LTr, 1994, p. 348.

aram a ser feitos, pois muitas vezes o empregado pede demissão e acorda com o empregador ser dispensado, visando sacar os depósitos do fundo.

Perde, portanto, o FGTS um ideal social, até então existente, para ter uma característica econômica, permitindo a dispensa do trabalhador. É correta a afirmação de Antônio Álvares da Silva: "com o intuito de facilitar a dispensa, transformou-se o tempo de casa em mera conta bancária"[2].

Segundo o art. 1º da Lei n. 5.107, visava o FGTS assegurar aos empregados uma garantia pelo tempo de serviço prestado às empresas, mediante opção do empregado. O referido sistema era compatível com a estabilidade decenal, porém o que ocorria na prática é que a maioria das empresas não admitia o empregado caso ele não fizesse a opção pelo FGTS, objetivando, assim, que o obreiro deixasse de atingir o tempo suficiente para adquirir a estabilidade.

O empregado, contudo, não tinha liberdade para optar pelo FGTS. O empregador impunha a opção como condição à admissão ao emprego, visando com que o empregado não viesse futuramente a adquirir estabilidade. O obreiro, em razão de precisar do emprego, optava pelo FGTS. Nos casos de empregados desqualificados, optava-se entre ficar empregado ou continuar desempregado. A opção, portanto, passou, costumeiramente, a ser a regra. Acabava sendo uma espécie de opção forçada, sendo incentivada pelo empregador, pois trocava a permanência do empregado na empresa pelos depósitos do FGTS. O sistema proporcionava, assim, a rotatividade da mão de obra.

Em relação, porém, a empregados mais esclarecidos ou de maior escolaridade, o direito de opção poderia realmente existir, pois o trabalhador poderia obter outro emprego. O empregador, se efetivamente necessitasse do empregado, por ser um técnico altamente especializado, poderia concordar em admiti-lo sem opção ao FGTS, ficando no regime de estabilidade, com indenização.

Era comum o empregado ser dispensado e readmitido logo em seguida, para que não adquirisse estabilidade no emprego. A empresa normalmente nessas condições determinava que o empregado optasse no segundo contrato pelo FGTS para posteriormente não ter direito à estabilidade. A Súmula 20 do TST esclareceu que, "não obstante o pagamento da indenização de antiguidade, presume-se em fraude à lei a resilição contratual, se o empregado permaneceu prestando serviços, ou tiver sido, em curto prazo, readmitido".

Estabeleceu o inciso III do art. 7º da Constituição o direito ao FGTS, terminando com o sistema de opção até então existente e também com a estabilidade

---

2. SILVA, Antônio Álvares. *Proteção contra a dispensa na nova Constituição.* 2. ed. São Paulo: LTr, 1992, p. 256.

ou indenização contidas na CLT, salvo para os empregados que tinham tempo de serviço anterior à opção ou a 5 de outubro de 1988.

Discutia-se sobre a equivalência entre a estabilidade ou o FGTS. Evidentemente que não havia igualdade nos sistemas, ou não correspondiam exatamente os depósitos do FGTS às importâncias que seriam devidas ao empregado caso este fosse estável e houvesse a dispensa. Verificava-se que o valor depositado no FGTS não era igual à indenização estabelecida na CLT. O empregado que percebesse baixo salário poderia ter uma indenização menor do que os depósitos do FGTS, acrescidos de juros e correção monetária. O trabalhador que tivesse salário elevado poderia ter a indenização maior do que os depósitos do FGTS, pois a indenização seria calculada com base na maior remuneração que tivesse recebido na empresa (art. 477 da CLT). Se a indenização fosse paga em dobro, era maior do que os depósitos do FGTS. Não se poderia dizer que o empregado ficaria sujeito a ambos os sistemas, em parte ao regime do FGTS (depósitos) e em parte à indenização da CLT, pois os regimes eram alternativos. De outro lado, a Constituição usava a expressão "equivalência" e não "igualdade" de regimes e direitos. Os regimes, portanto, eram diferentes em suas estruturas, mas deveriam ser equivalentes em suas finalidades: proporcionar ao trabalhador receber uma indenização no caso da dispensa. Assim, surgiu a interpretação da palavra "equivalência" pela Súmula 98 do TST, com a seguinte redação "a equivalência entre os regimes do FGTS e da estabilidade da CLT é meramente jurídica e não econômica, sendo indevidos quaisquer valores a título de reposição de diferença".

Nem o FGTS, nem o sistema de indenização ou estabilidade resolveram definitivamente o problema da rotatividade da mão de obra. Ao contrário, o FGTS incentivou essa rotatividade, pois, salvo os casos de direito adquirido à estabilidade, o empregado pode ser dispensado, pagando a empresa apenas a indenização de 40%, as verbas rescisórias e autorizando o levantamento dos depósitos do FGTS. A estabilidade também acabava estimulando a rotatividade da mão de obra, pois, quando o empregado chegava próximo ao sétimo ou oitavo ano de casa, era dispensado, visando evitar a estabilidade no emprego. A Súmula 26 do TST só considerava obstativa a dispensa quando o empregado alcançava nove anos de serviço na empresa.

Não solucionou o FGTS o problema da segurança do trabalhador no emprego, que era obtida quando adquiria a estabilidade. O empregado passou a ser dispensado para dar lugar a outro, que seria contratado com salário inferior.

A instituição do FGTS resolveu um problema para o Governo: o de conseguir numerário para o financiamento da política habitacional do país. O Governo não tinha recursos para esse fim. Com a criação do FGTS, foram obtidos recursos vultosos para seu caixa, que seriam destinados ao financiamento da política habitacional do país. Cumpria-se, assim, um fim social de construir habitações e até mesmo se incrementava a indústria da construção civil. Entretanto, se todos os trabalhadores precisassem retirar os depósitos do FGTS, não haveria numerário suficiente para esse fim, pois está empregado em projetos de habitação popular, com pagamento a longo prazo.

Antes da Constituição de 1988 verificava-se que havia maior facilidade para a dispensa do empregado, pois o empregador liberava os depósitos do FGTS, pagando apenas a indenização de 10% sobre esses depósitos. A Constituição de 1988 dificultou um pouco mais o despedimento do empregado, tornando mais onerosa a indenização devida pelo empregador ao empregado no caso da dispensa. Houve o aumento do valor de indenização para 40% dos depósitos fundiários a ser paga pelo empregador ao obreiro no caso de dispensa (art. 10, I, do ADCT). Até que a lei complementar prevista no inciso I do art. 7º da Constituição seja editada, esse é o sistema de indenização em caso de dispensa. Para o pequeno empregador, a despesa com a dispensa do empregado é grande, ao ter de pagar a indenização de 40% do FGTS, o aviso prévio e as demais verbas rescisórias e outros direitos assegurados em normas coletivas. Assim, há necessidade de que os empregadores selecionem melhor os empregados a contratar, visando evitar ter de dispensá-los no futuro.

Acaba o FGTS sendo uma forma de flexibilização da dispensa do trabalhador, pois esta não fica impedida, como na estabilidade.

Com a instituição do FGTS e o inciso III do art. 7º da Constituição, o princípio da continuidade do contrato de trabalho sofreu um duro golpe, em razão de que o último dispositivo acabou com a estabilidade e a indenização até então existentes, deixando de haver a opção pelo FGTS para este ser um direito de todo empregado. Passa a existir um único regime: o FGTS. Este proporcionou a descontinuidade do trabalhador na empresa, permitindo a rotação da mão de obra, instituindo a dispensa mediante pagamento de indenização. Representa, portanto, uma forma de incompatibilidade com a continuidade do contrato de trabalho, em razão de deixar de existir a estabilidade.

Impõe o FGTS ao empregador apenas a obrigação de contribuir para o Fundo, sem garantir o emprego para o trabalhador, podendo dispensá-lo sem justificativa. Não garante, contudo, o FGTS a obtenção de outro emprego igual ao anterior. Permite uma facilidade para a dispensa do trabalhador, fomentando a rotação de mão de obra.

O sistema contido no inciso I do art. 10 do ADCT efetivamente não protege o trabalhador contra a dispensa arbitrária. O empregador acaba preferindo pagar a indenização de 40% do FGTS a manter o contrato de trabalho do empregado. O levantamento do FGTS, com a indenização de 40%, não é a mesma coisa que a garantia do emprego.

Não visa o FGTS efetivamente combater o desemprego, mas proporcionar ao empregado minorar os efeitos do desemprego, de forma temporária, pois tem um valor que pode servir-lhe para sua subsistência enquanto não consegue outra colocação para trabalhar.

Outros meios protetivos devem ser criados pelo Direito de forma a preservar a dignidade da pessoa, a valorização do trabalho, evitando a rotação de mão de obra, que foi institucionalizada pelo FGTS.

Roberto de Oliveira Santos propõe um sistema para evitar dispensas: no primeiro ano de trabalho, o FGTS teria a alíquota de 16%. No segundo ano, a alíquota seria de 15%, até atingir o porcentual de 8%. O empregado mais antigo traria menores custos para o empregador, importando na permanência dos empregados mais velhos na empresa, com a respectiva manutenção dos postos de trabalho[3]. O inconveniente é que, com a alíquota alta do FGTS nos primeiros anos do contrato de trabalho, o empregador não teria interesse em contratar novos empregados, pois, somando-se com os demais encargos sociais, ficaria muito oneroso o custo para a empresa.

A Lei n. 9.491, de 9 de setembro de 1997, tentou coibir a prática que ocorria de as empresas fazerem um acordo com o empregado. Este era dispensado, levantava o FGTS e percebia o seguro-desemprego, porém tinha de devolver a indenização de 40% do FGTS à empresa. A referida norma deu nova redação ao art. 18 da Lei n. 8.036 e a seu § 1º, estabelecendo que o empregador não mais deveria pagar diretamente ao empregado o FGTS incidente sobre as verbas rescisórias, sobre os salários do mês anterior, ainda não depositados, e também a indenização de 40%. Passou-se agora a exigir que esses valores fossem depositados na conta vinculada do empregado, para depois serem sacados pelo empregado. O procedimento tem por objetivo evitar que o empregado devolva a indenização de 40% ao empregador, em razão do acordo celebrado.

18.5 VANTAGENS E DESVANTAGENS

Quando foi instituído o FGTS, com a transferência de recursos para o antigo BNH, objetivava-se também a criação de empregos, pois foram destinados recursos para a construção civil, em que não se exigia alta qualificação profissional

---

3. SANTOS, Roberto de Oliveira. *Trabalho e sociedade na lei brasileira*. São Paulo: LTr, 1993, p. 264.

para a admissão de obreiros. Trabalhadores migrantes, inclusive rurais, poderiam ser admitidos para a construção de imóveis.

A CLT tinha o objetivo de impedir que o trabalhador fosse despedido em razão da existência da estabilidade. O FGTS permite e facilita ao empregador a dispensa, tendo apenas de pagar a indenização, que era antes de 10% e agora passa a ser de 40%.

Com o FGTS, o empregador deixa de ter um passivo trabalhista, relativo às indenizações de dispensa, que era obrigado a constituir, bastando fazer os depósitos do FGTS. Em compensação, desaparece a estabilidade com a opção pelo fundo, passando o empregado a ter um direito: o seu tempo de serviço é coberto pelo fundo.

Nos serviços em que se exija qualificação do empregado, o empregador terá dificuldades em dispensar o trabalhador e contratar outra pessoa para seu lugar, dada a especialização da mão de obra. Nesses casos, a tendência é a continuidade do contrato de trabalho com tais pessoas.

O ideal é que o trabalhador somente fosse dispensado por falta grave ou motivo socialmente justificável, conforme a previsão da legislação alemã, pois há de se analisar a questão pelo lado social, de que o trabalhador precisa do emprego para poder sobreviver, juntamente com sua família.

Atualmente, com o regime do FGTS, a empresa pode deixar o empregado trabalhar por muitos anos, sem ter de se preocupar com o fato de o obreiro adquirir estabilidade.

O primeiro ano de duração do contrato de trabalho por tempo indeterminado é considerado período de experiência, e, antes que se complete, nenhuma indenização será devida (§ 1º do art. 478 da CLT). Ocorria de os empregados serem dispensados antes de completarem um ano de casa, pois assim o empregador não tinha de pagar indenização. O parágrafo único do art. 18 da Lei n. 5.107 estabeleceu que a conta individualizada do empregado não optante, dispensado sem justa causa antes de completar um ano de serviço, reverterá a seu favor. O objetivo do parágrafo único era evitar a dispensa do empregado com menos de um ano de serviço, pois de qualquer forma a indenização contida no FGTS pertenceria a ele. Assim, não tinha o empregador nenhuma vantagem em dispensar o obreiro, pois não existia nenhuma economia que poderia fazer com encargos sociais, já que o levantamento do FGTS e o pagamento da indenização de 10% seriam devidos.

No sistema do FGTS, o empregado, ao ser despedido, levanta os depósitos fundiários, mesmo não tendo um ano de casa. Em caso de força maior, fechamento do estabelecimento, o saque dos depósitos é integral.

A ideia do FGTS era de que deveria corresponder a um salário por ano de serviço. 8% do salário multiplicado por 12 meses resultam em 96% ao ano. Com mais 4% de juros ao ano, o total chega a um salário mensal por ano trabalhado na empresa. Entretanto, a indenização era calculada à razão do maior salário do empregado na empresa, enquanto o FGTS incide sobre a remuneração, que pode ser variável. O período igual ou superior a seis meses é considerado ano para o fim da indenização.

Em alguns casos, o sistema do FGTS é pior do que a indenização que existia anteriormente. Basta destacar que a indenização é calculada sobre o maior salário recebido pelo empregado na empresa (art. 477 da CLT). Suponha-se que um empregado percebesse como último salário $ 100,00 e tivesse trabalhado nove anos na empresa. Multiplicando-se $ 100,00 por nove anos, o empregado receberia $ 900,00 de indenização. Supondo-se uma economia estável, sem inflação. Se se tomar o mesmo salário e multiplicá-lo por 8%, pelos 108 meses trabalhados e incluindo os 13os salários, o resultado é $ 936,00. Se a indenização fosse em dobro, pelo empregado ter, por exemplo, 11 anos de trabalho, montaria a indenização no valor de $ 2.200,00 e de FGTS o valor de $ 1.144,00, incluída a incidência sobre os 13os salários do período. Isso demonstra, nas hipóteses mencionadas, que a indenização, no segundo caso, era melhor do que o FGTS. O aumento da indenização do FGTS de 10% para 40% realmente veio a melhorar e aumentar o valor devido ao empregado quando dispensado.

Era maior o valor da indenização se o tempo de serviço do empregado na empresa fosse de muitos anos e menor na hipótese inversa. Agora, apenas a indenização do FGTS na despedida irá depender do tempo em que o empregado ficou na empresa, pois o direito aos depósitos é do empregado.

O valor da indenização do FGTS e das verbas rescisórias em decorrência do número de anos trabalhados pelo empregado na empresa pode servir de fator inibidor em relação a dispensas arbitrárias praticadas pelo empregador. Se o empregado tiver mais de 10 anos na empresa, o valor da indenização do FGTS e demais verbas rescisórias pode ser bastante alto, criando obstáculos ao empregador para despedir arbitrariamente o empregado, principalmente quando ele tem salário elevado.

Enquanto esteve em vigor a Lei n. 5.107, os juros e a correção monetária eram computados em relação ao saldo existente no primeiro dia do trimestre anterior (§ 2º do art. 19 do Decreto n. 59.820/66). Os depósitos dos dois meses subsequentes eram desprezados. Nesse período, portanto, os depósitos do FGTS estavam desatualizados, sendo corroídos pela inflação e pelo fato de que não eram levados em conta dois meses para o cálculo dos juros e da correção monetária. Posteriormente, o Decreto n. 71.636, de 29 de dezembro de 1972, estabeleceu que o crédito dos juros e correção monetária seria feito anualmente. Isso acarretava maiores prejuízos ao empregado, pois, se este fosse dispensado no meio do ano, só receberia os juros e a correção monetária até 31 de dezembro do ano anterior. Foi novamente alterada a redação do § 2º do art. 19 do Decreto n. 59.820, por meio do Decreto n. 76.750, de 5 de dezembro de 1975, determinando que os juros e a correção monetária sobre os depósitos serão considerados efetuados no primeiro dia do trimestre civil subsequente e os saques como realizados no último dia do trimestre civil anterior.

O FGTS, na verdade, não garante o tempo de serviço do empregado, mas a indenização por ser dispensado, até mesmo diante do fato de que não é calculado de acordo com o número de anos de serviço na empresa, como era a indenização, mas mediante depósitos mensais.

Quando há a possibilidade de se conseguir novo emprego, o empregado muitas vezes prefere ser dispensado para receber o FGTS, destinando aquilo que saca para a finalidade mais necessária no momento. Muitas vezes, o empregado força a dispensa, em razão de sua baixa produtividade, má vontade no trabalho e outros procedimentos. O empregador, na maioria dos casos, prefere dispensar o empregado a discutir a justa causa na Justiça do Trabalho. Paga as verbas rescisórias, a indenização de 40% do FGTS e libera os depósitos fundiários, ficando livre do empregado.

Durante o período em que esteve em vigor a Lei n. 5.107, essa norma não era aplicada ao trabalhador rural, pois o art. 20 da Lei n. 5.889/73 dispunha que "lei especial disporá sobre a aplicação, ao trabalhador rural, no que couber, do regime do Fundo de Garantia do Tempo de Serviço". Até a vigência da Constituição de 1988 e da Lei n. 7.839/89, o trabalhador rural não tinha garantido seu tempo de serviço por intermédio do FGTS. Entretanto, o Decreto n. 73.626, de 12 de fevereiro de 1974, assegurava ao rural o direito a estabilidade, pois o art. 4º mandava aplicar os arts. 492 a 500 da CLT, fazendo jus também à indenização da CLT, caso fosse dispensado. Com a Constituição de 1988, o FGTS passou a ser direito não só do trabalhador urbano, mas também do rural (art. 7º, III).

Na vigência da Lei n. 5.107/66, o FGTS poderia ser sacado não apenas quando o empregado era dispensado, mas também na hipótese de se estabelecer por conta própria, em razão de casamento. Atualmente, essas hipóteses não mais estão previstas na legislação.

No caso de pedido de demissão, o empregado não faria jus a indenização, independentemente de seu tempo de casa. No sistema do FGTS, mesmo em caso de pedido de demissão o empregado pode sacar o FGTS para aquisição de casa própria, ou para pagamento de suas prestações ou então quando se aposentar. Isso quer dizer que não perde os depósitos.

Nos contratos por tempo determinado, inclusive no temporário, o empregado tem direito a sacar os depósitos fundiários (art. 20, IX, da Lei n. 8.036), independentemente de ter ou não havido rescisão antecipada do contrato de trabalho e inclusive de ser o empregado ou empregador que a promoveu. No sistema anterior, não havia um dispositivo expresso nesse sentido. Na rescisão antecipada do contrato de trabalho promovida pelo empregador, o empregado teria direito à metade dos salários até o término do contrato de trabalho (art. 479 da CLT). No caso de o empregado rescindir antecipadamente o contrato, não tinha direito a indenização. Entretanto, terminado normalmente o contrato de trabalho, o empregado não tinha direito a indenização. A exceção era o art. 2º da Lei n. 2.959/56, que previa o pagamento de indenização ao empregado que tivesse mais de 12 meses de serviço no caso do término da obra ou serviço, sendo de 70% da prevista no art. 478 da CLT.

O art. 13 da Lei n. 7.839/89 e depois o art. 15 da Lei n. 8.036/90 resolveram a questão de o trabalhador temporário ter direito ao FGTS. Foi deixado claro que empregador é o fornecedor ou tomador de mão de obra; o trabalhador, o prestador de serviços a locador ou tomador de mão de obra, incluindo assim o trabalhador temporário como beneficiário do direito ao FGTS.

Mesmo em caso de morte ou de aposentadoria do empregado, o FGTS é devido ao obreiro e será por ele ou seus dependentes sacado. Ao contrário, a indenização não seria devida ao obreiro caso falecesse ou viesse a aposentar-se.

Nos casos de força maior, em que houvesse a extinção da empresa, a indenização do estável ou do instável era devida pela metade, mas essas pessoas podiam ser dispensadas. Agora, os depósitos do FGTS são devidos de forma integral, mesmo ocorrendo a referida hipótese, não havendo sua redução pela metade, até pelo fato de que já estão depositados no banco. Apenas a indenização do FGTS é reduzida: quando ocorrer despedida por culpa recíproca ou força maior, reconhecida pela Justiça do Trabalho, a indenização do FGTS será de 20%.

Na hipótese de fato do príncipe, a indenização prevista na CLT seria devida pelo governo responsável (art. 486 da CLT). O FGTS, se depositado, será sacado pelo empregado, do contrário fica a cargo da Fazenda Pública o pagamento da respectiva indenização.

Na dispensa com justa causa não era devida nenhuma indenização, perdendo também o obreiro o direito a estabilidade. Mesmo se o empregado for dispensado com justa causa, não perderá os depósitos do FGTS. Não poderá sacar o FGTS no momento da dispensa, mas poderá sacá-lo se atender aos outros requisitos do art. 20 da Lei n. 8.036, inclusive quando se aposentar.

Na vigência da Lei n. 5.107, o art. 7º da referida norma dispunha que o empregado dispensado por justa causa tinha direito aos depósitos, mas perdia, a favor do Fundo, a parcela de sua conta vinculada correspondente à correção monetária e aos juros capitalizados durante o tempo de serviço prestado à empresa de que for despedido (art. 7º da Lei n. 5.107 e art. 23 do Regulamento do FGTS). A Lei n. 7.839 e a Lei n. 8.036 não mais trataram do tema. Agora, mesmo que o empregado seja dispensado com justa causa, não perderá a correção monetária e os juros do período em que trabalhou para a empresa.

Um processo judicial relativo a indenização ou estabilidade era muito oneroso para a empresa, caso esta perdesse a demanda. No caso do FGTS, o depósito é feito mensalmente à razão de 8% da remuneração do empregado, não tendo a empresa de fazer nenhum desembolso extra nesse sentido na data da dispensa. Quando o trabalhador é dispensado, os depósitos já deveriam estar depositados na conta vinculada do obreiro. A empresa não tem de pagar um valor alto, de uma vez, na rescisão do contrato de trabalho. Apenas libera os depósitos fundiários e deposita a indenização de 40% sobre os depósitos, que também será sacada pelo obreiro. O passivo trabalhista já ficava coberto pelo FGTS, que deveria garantir o tempo de serviço do empregado, segundo a lei.

Para o empregado, o FGTS consistia numa vantagem em caso de insolvência do empregador, pois na dispensa decorrente desse fato o empregador não teria como pagar indenização. Agora, os depósitos do FGTS já deveriam ter sido feitos na conta do empregado. O problema verificado na prática é que muitas vezes o primeiro procedimento do empregador é suspender os depósitos do FGTS quando passa por problemas financeiros.

Há dificuldade de administração das contas do FGTS, pois são muitas contas com valores pequenos. Esse aspecto já era criticado por Cesarino Junior em 1968[4]. Atualmente, verifica-se que a crítica tinha procedência, pois em certos casos a Caixa Econômica Federal não consegue encontrar certas contas de empregados, principalmente quando os depósitos cessaram ou quando houve transferência de um banco para outro. Nesses casos, o prejudicado tem sido o trabalhador. Já vi várias ações nesse sentido em que o empregado afirma que não conseguiu levantar os depósitos do FGTS e a empresa prova ter feito os depósitos fundiários, mas a Caixa Econômica Federal não os encontra. Mesmo com a informática, a Caixa Econômica Federal tem dificuldade para operar as contas do FGTS, como nos casos anteriormente mencionados. Na prática, verifica-se que o trabalhador até mesmo esquece de contas que teve anteriormente em outras empresas, em razão de não ter sacado os depósitos, como na hipótese de ter pedido demissão, sendo

---

4. CESARINO JR., A. F. *Estabilidade e fundo de garantia*. Rio de Janeiro: Forense, 1968, p. 95-97.

que os valores acabam ficando com o Fundo e não com o trabalhador. Para os bancos, o custo unitário da manutenção e administração das contas do FGTS era muito alto, tanto que a Lei n. 8.036 transferiu para a Caixa Econômica Federal os depósitos e a administração das contas, centralizando os valores apenas na Caixa.

Com o FGTS, certos trabalhadores passaram a prestar serviços mais de 10 anos na empresa, o que não ocorria com a estabilidade.

O empresário, não precisando manter o empregado na empresa, depois de 10 anos, em razão da estabilidade, aceita-o naturalmente por longo tempo, o que também representa uma estabilidade indireta.

III
CAUSAS DA DESCONTINUIDADE DO CONTRATO DE TRABALHO

1
CONSIDERAÇÕES INICIAIS

Nesta parte da obra, serão analisados três tópicos: o custo do trabalho e os encargos sociais, a automação e a globalização.

Não serão estudadas todas as causas da descontinuidade do pacto laboral, mas as mais atuais ou importantes, principalmente com incidência no Brasil, como o custo do trabalho e os encargos sociais, a automação e a globalização. Esses temas não serão exauridos, mas apenas relacionados os aspectos que dizem respeito à descontinuidade do contrato de trabalho, pois têm sido apontados como causas da perda de postos de trabalho os temas anteriormente mencionados.

2
CUSTO DO TRABALHO E ENCARGOS SOCIAIS

2.1 JUSTIFICATIVA

Os altos encargos sociais representam custo à manutenção dos postos de trabalho. É preciso também verificar o custo do trabalho para saber se este influi nas dispensas ou contratações de trabalhadores. Seria um dos problemas da continuidade do contrato de trabalho ou uma causa da sua descontinuidade. Há necessidade, portanto, de estudo do tema para chegarmos às conclusões ao final desta obra, verificando qual seria o custo do trabalho e os encargos sociais incidentes.

2.2 CONCEITO

O custo do trabalho tem uma concepção mais ampla. É o gênero, envolvendo salário, indenizações e encargos sociais. Encargo social é espécie.

Para saber quanto representam os encargos sociais em cada país e principalmente no Brasil, há um problema conceitual de saber o que vem a ser encargo social.

Para o empresário, encargo social seria todo pagamento feito ao empregado, exceto o salário, incluindo as contribuições incidentes sobre o salário, o pagamento do empregado nas hipóteses de interrupção do contrato de trabalho, seguro de vida, os adicionais legais, benefícios indiretos (cesta básica, convênio médico, auxílio-refeição), transporte etc.

Outra corrente entende que nos encargos sociais devem ser incluídos os impostos e as contribuições pagas pelas empresas, como COFINS, PIS, contribuição social sobre o lucro etc. De fato, são encargos, mas não incidem sobre a remuneração paga ao empregado.

Os sindicatos de trabalhadores entendem que encargos sociais são as contribuições previdenciárias, as contribuições de terceiros arrecadadas pelo INSS (SESC, SESI, SENAC, SENAI etc.), a contribuição do FGTS, o salário-educação, a contribuição de acidente do trabalho e a contribuição ao Incra.

O Departamento Intersindical de Estatística e Estudos Socioeconômicos (DIEESE) tem o mesmo entendimento anterior, dizendo que encargos sociais são apenas os referentes a obrigações sociais, como para aposentadoria, para a proteção ao desemprego e acidente do trabalho. Seriam apenas as contribuições devidas ao INSS, FGTS, acidente do trabalho, salário-educação etc. A maioria dos pagamentos não é feita diretamente ao trabalhador, nem entra em sua renda.

José Pastore destaca que encargos sociais são todas as despesas pagas pela empresa para contratar ou dispensar um empregado, como salários, prêmios regulares, benefícios concedidos, seguridade social, licenças, férias, pagamentos de dias não trabalhados etc.[1].

Em relatório, a OIT considera que "os custos do trabalho contemplam a remuneração pelo trabalho efetivamente realizado, inclusive os bônus, prêmios, despesas com alimentação, transporte, e outros assim como o pagamento dos dias não trabalhados, as contribuições à previdência, seguros, e outros"[2].

Encargo social difere de salário. Os encargos sociais são contribuições devidas ao Estado e incidentes sobre a folha de pagamento. Os salários são os pagamentos feitos pelo empregador ao empregado em decorrência do contrato de trabalho. A causa de ambos é diversa. Enquanto nos encargos sociais há o atendimento de situações previdenciárias ou de intervenção do Estado no domínio econômico (FGTS), nos salários, é o pagamento pelo empregador ao empregado em decorrência da prestação dos serviços.

José Pastore afirma que os encargos sociais numa empresa do setor industrial no Brasil são os seguintes:

Grupo A	
Itens de Encargos	Incidência (%)
Previdência Social	20,0
Acidentes do trabalho (média)	2,0
FGTS	8,0
Salário-educação	2,5
Incra	0,2
SESI	1,5
SENAI	1,0
SEBRAE	0,6
Subtotal 1	35,8

---

1. PASTORE, José. *Flexibilização dos mercados de trabalho e contratação coletiva*. São Paulo: LTr, 1994, p. 133-134.
2. *Statistics of labour costs*, 11ª Conferência sobre Estatísticas do Trabalho, Relatório, II, Genebra, OIT, 1966.

Grupo B	
Repouso semanal	18,91
Férias	9,45
Abono de férias	3,64
Feriados	4,36
Auxílio-enfermidade	0,55
Aviso prévio	1,32
Subtotal 2	38,23
Grupo C	
13° salário	10,91
Despesa de rescisão contratual	2,57
Subtotal 3	13,48
Grupo D	
Incidência do FGTS sobre o 13° salário	0,87
Incidência cumulativa 1°/2° grupo	13,61
Subtotal 3	14,48
Total	101,99[3]

Os encargos sociais contidos na tabela apresentada envolvem o tempo não trabalhado por força de lei[4]. Referem-se a todas as despesas decorrentes da lei para contratar e descontratar um empregado, exceto o salário, segundo R. A. Hart[5]. José Pastore afirma que os encargos sociais compreenderiam o custo total que o empregador tem com a contratação, remuneração e descontratação do empregado. Nesse conjunto estariam compreendidas as despesas com salários, bônus, prêmios e outras que a empresa tem, por força de lei ou de contrato coletivo, para manter os empregados trabalhando ou dispensá-los[6].

Não há dúvida de que o porcentual do grupo A, subtotal 1, de 35,8%, representa efetivamente encargo social.

Estabelecer, porém, porcentagens fixas como custo do empregado entre um tipo de contrato e outro é incorreto, pois dependem de uma série de fatores: se o empregado é dispensado ou pede demissão, se é dispensado com ou sem justa

---

3. PASTORE, José. *Flexibilização dos mercados de trabalho e contratação coletiva*. São Paulo: LTr, 1994, p. 135.
4. PASTORE, José. O "custo Brasil" na área trabalhista (propostas para modernização das relações do trabalho). In: *Direito e processo do trabalho*: estudos em homenagem a Octávio Bueno Magano. São Paulo: LTr, 1996, p. 36.
5. Apud PASTORE, José. Ob. cit., p. 36.
6. PASTORE, José. *Flexibilização dos mercados de trabalho e contratação coletiva*. São Paulo: LTr, 1994, p. 136.

causa, na aposentadoria do empregado, nos contratos por tempo determinado e indeterminado, de acordo com o tempo de casa, a inclusão ou não de adicionais pagos ao empregado etc. Todos esses fatores poderão aumentar ou diminuir o custo do empregado para a empresa, dependendo da hipótese.

Muitos dos encargos sociais mencionados são pagamentos feitos diretamente aos trabalhadores, como as férias e o 13º salário, não sendo destinados a um fundo ou à previdência social. Não é o fato de as férias serem previstas em lei que as torna encargos sociais, pois a lei dispõe que elas têm natureza salarial. Logo, não podem ser consideradas encargos sociais.

O descanso semanal remunerado não pode ser considerado encargo social, pois, por exemplo, quem ganha por mês já tem incluído o respectivo valor no salário (§ 2º do art. 7º da Lei n. 605/49). Os feriados também estão incluídos no cálculo do salário mensal, pois o divisor será 30. Ao contrário, se o seu salário é semanal ou horário, o repouso semanal e os feriados serão custo para o empregador.

As férias não podem ser consideradas encargo social, pois, se o trabalhador as gozou, têm natureza salarial. Se o trabalhador foi dispensado, têm natureza indenizatória, sendo uma das verbas rescisórias.

O aviso prévio não é custo para o empregador se o obreiro não for dispensado. Só será custo se o empregado for dispensado.

O auxílio-enfermidade não será custo para o empregador se o empregado não ficar doente. Ao contrário, se o empregado ficar doente ou afastado ou sofrer acidente do trabalho, terá de pagar os 15 primeiros dias de seu salário, sendo que a partir do 16º dia há a concessão de benefício previdenciário.

Não se pode dizer que encargos sociais, como 13º salário, férias mais 1/3 são tributos, por serem decorrentes de previsão em lei e serem compulsórios. Entretanto, não há atividade administrativa plenamente vinculada (art. 3º do CTN) para a exigência dos referidos pagamentos, não há lançamento, justamente porque não se trata de uma imposição que vai para o Estado, mas para o trabalhador.

Entende, porém, Arnaldo Süssekind que as despesas decorrentes de atos ilícitos, como indenização de aviso prévio não concedido e indenização sobre os depósitos do FGTS, também não são incluídas no cálculo, desde que o empregado não seja dispensado pela empresa. Salário-enfermidade seria uma despesa aleatória que não se inclui também no cálculo, porque o empregado nem sempre fica doente[7].

---

7. SÜSSEKIND, Arnaldo. Contratos provisórios de trabalho: constitucional e eficaz?, *LTr*, São Paulo, 62-04/446.

2 • CUSTO DO TRABALHO E ENCARGOS SOCIAIS 243

Para o Ministro Arnaldo Süssekind, o custo do trabalho seria representado da seguinte forma:

I – Encargos sociais (Previdência Social, FGTS, Sesi/Sesc/Sest/Senai/Senac/Senat/Sebrae, Incra e Salário-educação)		35,80%
II – Encargos trabalhistas		
a) 13º salário	10,91%	
b) Gratificação de férias	3,64%	
c) Incidência de I s/II	<u>5,36%</u>	<u>19,91%</u>
		55,71%[8].

Nota-se, portanto, que os critérios apontados pelos autores para definir o custo do trabalho e os encargos sociais não são unânimes.

2.3 COMPARAÇÃO

Estudo comparado indica que o Brasil tem encargos sociais mais altos que os outros países do Mercosul, quando analisados apenas os porcentuais incidentes sobre o salário:

	Brasil	Argentina	Uruguai	Paraguai
Seguridade	20	33,0	19,50	15,50
FGTS	8			
Salário-educação	2,5			
Acidente do trabalho	2		2	
Serviço Social	1,5			
Form. Prof. (Senai)	1			1
SEBRAE	0,6			
INCRA	0,2			
Total	35,8	33,0	21,5	16,5

Conclui-se da tabela acima que Argentina, Uruguai e Paraguai têm encargos sociais mais baixos. Verifica-se que o Brasil tem uma diferença de porcentual de encargos sociais de 2,8% a mais de encargos sociais do que a Argentina; 14,3% a mais do que o Uruguai e 19,3% a mais do que o Paraguai. Essa questão pode implicar a preferência da instalação de uma empresa em qualquer dos outros

---

8. Ibid., 62-04/446-448.

países, em vez de no Brasil, em razão de os encargos sociais serem inferiores. Nos demais países do Mercosul, os encargos também são diferentes, o que mostra que uma empresa poderá instalar-se no país que tiver encargos sociais menores, daí a necessidade de harmonização desses procedimentos, inclusive para o Brasil, se não quisermos que as empresas multinacionais venham a instalar-se em outros países, como tem ocorrido com fábricas instaladas da Ford e Fiat na Argentina ou da Volkswagen no México, que acabam exportando veículos para o Brasil. Há um prejuízo tanto na contratação de trabalhadores como na manutenção dos contratos de trabalho em vigor.

Com base na tabela supraindicada, infere-se que os encargos sociais brasileiros são 8,4% maiores que a Argentina, 66,51% maiores do que o Uruguai e 116,96% a mais do que no Paraguai.

José Pastore[9] mostra os encargos sociais nos países do Mercosul, tomando por base seu critério de cálculo para horistas no setor industrial, fazendo comparações entre o Brasil e os demais países:

	Brasil	Argentina	Uruguai	Paraguai
Horas anuais trabalhadas	2.015	2.264	2.264	2.304
A – Contribuições sociais				
INSS/Seguridade	20	33,00	19,50	15,50
FGTS	8,0	—	—	—
Salário-educação	2,5	—	—	—
Acidente do trabalho	2,0	—	2,0	—
Serviço Social SESI	1,5	—	—	—
Formação Prof. (SENAI)	1,0	—	—	1,0
Sebrae	0,6	—	—	—
Incra	0,2	—	—	—
Subtotal A	35,8	33,00	21,50	16,50
B – Tempo não trabalhado 1				
DSR	18,91	—	—	—
Férias	9,45	4,54	8,11	4,77
Feriados	4,36	3,24	1,62	3,18
Abono de férias	3,64	—	—	—
Aviso prévio	1,32	—	—	—
Auxílio-doença	0,55	6,78	—	—
Subtotal B	38,23	14,56	9,73	7,95

---

9. PASTORE, José. *Encargos sociais*. São Paulo: LTr, 1997, p. 91.

C – Tempo não trabalhado 2				
13º salário	10,91	9,74	9,74	9,95
Rescisão	2,57	4,00	2,00	4,00
Subtotal C	13,48	13,74	11,74	13,55
D – Outros				
Seguro de vida	—	0,04	—	0,12
Imposto sobre remuneração	—	—	1,00	—
Subtotal D	—	0,04	1,00	0,12
E – Reflexos anteriores				
Incidência de A sobre B	13,68	4,80	2,09	1,31
Incidência do FGTS sobre 13º	0,87	—	—	—
Incidência de A sobre 13º	3,21	2,09	2,09	1,57
Outras incidências	—	0,92	—	—
Subtotal E	14,55	8,93	4,09	2,88
Total geral	102,06	70,27	48,06	41,00

No Brasil, a maior parte dos encargos sociais é destinada ao INSS, com exceção das contribuições de terceiros e do FGTS. Na Argentina, os empregadores recolhem 16% para aposentadoria, 6% para saúde, 9% a título de ajuda familiar e 2% para serviços sociais[10]. No Uruguai, são 14,5% destinados à aposentadoria e 5% à saúde; o custeio do acidente do trabalho varia entre 0,4% a 15%, sendo que a média no setor industrial é de 2%. No Paraguai, 12% são destinados à seguridade social, 2% à aposentadoria e 1,5% à saúde[11].

Utilizando a metodologia de José Pastore, no Brasil os encargos representam 102,06%, na Argentina 70,27%, no Uruguai 48,06%, no Paraguai 41%[12]. De acordo com esse método, os encargos brasileiros seriam 45,2% mais altos do que os argentinos; 112,3% maiores que os uruguaios e 148,9% maiores que os paraguaios. O autor afirma que os encargos sociais nos países do Mercosul ficam em torno de 60%[13].

Na Argentina, as férias são devidas em dias corridos, variando de acordo com o tempo de serviço: 0 a 5 anos, 14 dias; 5 a 10 anos, 21 dias; 10 a 20 anos, 28 dias; mais de 20 anos, 35 dias.

---

10. PASTORE, José. *Encargos sociais*. São Paulo: LTr, 1997, p. 90.
11. Ibid., p. 92.
12. Ibid., p. 91.
13. PASTORE, José. O "custo Brasil" na área trabalhista (propostas para modernização das relações do trabalho). In: *Direito e processo do trabalho*: estudos em homenagem a Octávio Bueno Magano. São Paulo: LTr, 1996, p. 52.

No Brasil, as férias são gozadas em dias corridos e não se leva em conta o tempo de serviço, mas as faltas ao trabalho: até cinco faltas, 30 dias; de seis a 14 faltas, 24 dias; de 15 a 23 faltas, 18 dias; de 24 a 32 faltas, 12 dias.

São as férias devidas no Paraguai depois do primeiro ano de serviço, em dias corridos, variando de acordo com o tempo de serviço: de 0 a 5 anos, 12 dias; de 5 a 10 anos, 18 dias; mais de 10 anos, 30 dias (art. 218 da Lei n. 213/93).

As férias no Uruguai são de 20 dias por ano. A partir do quinto ano de trabalho em uma mesma empresa, esses 20 dias são acrescidos de mais um dia para cada quatro anos de trabalho. As férias são sempre adquiridas no dia 31 de dezembro de cada ano. Não se exige que o empregado tenha exatamente um ano de casa, mas que tenha começado a trabalhar e chegue até 31 de dezembro, tendo direito a férias proporcionais.

Não se pode converter uma parte das férias em dinheiro nos demais países do Mercosul, nem as faltas afetam as férias do empregado. No Brasil, Uruguai e Paraguai, a doença decorrente de acidente do trabalho suspende o gozo das férias. Na Argentina, isso não ocorre.

Nos outros países do Mercosul, quanto mais tempo de casa, mais férias. No Brasil, o empregado já tem direito a férias de 30 dias depois do primeiro ano de trabalho na empresa.

Os demais países do Mercosul não têm o terço constitucional, que acrescenta, em geral, mais o pagamento de 10 dias em dinheiro. Na prática, no Brasil as férias para o empregador custam 40 dias em dinheiro: 30 dias de salário mais 10 dias referentes ao terço constitucional.

Na Argentina, no Uruguai e no Paraguai, não se remunera o repouso semanal, apenas as horas trabalhadas. No Brasil, o horista tem o pagamento em separado do repouso semanal remunerado, enquanto o mensalista já tem incluído no seu salário o descanso semanal remunerado (§ 2º do art. 7º da Lei n. 605/49).

O Brasil possui sete feriados federais, um estadual e quatro municipais, totalizando 12 feriados. Todos eles são remunerados, embora o trabalhador não preste serviços. A Argentina, o Uruguai e o Paraguai têm mais de 15 feriados, porém são poucos os feriados remunerados. Na Argentina e no Paraguai são 10; no Uruguai são cinco.

Em outros países os feriados estão assim especificados: Alemanha, 12; Áustria, 13; Bélgica, 10; Colômbia, 20; Cingapura, 11; Dinamarca, 11; Espanha, 13; Estados Unidos, 10; França, 11; Grécia, 7; Holanda, 11; Hong Kong, 11; Indonésia, 12; Inglaterra, 8; Israel, 10; Itália, 10; Japão, 12; Malásia, 13; Portugal, 13; Suécia,

2 • CUSTO DO TRABALHO E ENCARGOS SOCIAIS | **247**

8; Suíça, 8; Tailândia, 13; Taiwan, 17. Nos Tigres Asiáticos e no Japão é comum os empregados trabalharem nos feriados.

No Japão, os encargos sociais são menores nas pequenas empresas do que nas maiores[14].

Os encargos estão assim representados no Japão:

	Empresas	Empregado
Aposentadoria	6,0%	6,0
Seguro-saúde	3,5	3,5
Seguro-emprego	1,4	0,5
Seguro-acidentes	0,9	—
Total	11,8	10,0[15]

Não possui o Japão seguro-desemprego, mas as empresas descontam 1,4% das folhas de pagamento de seus empregados para o seguro-emprego. Forma-se um fundo com esse valor. Quando há dificuldades financeiras, as empresas podem sacar parcelas do referido fundo para evitar o desemprego. Antes de o empregado ser dispensado, há vários cortes da remuneração dos empregados, como dos bônus, que podem constituir 40% da remuneração do trabalhador. Os recursos do fundo são destinados, em sua maior parte, para as empresas que entram em dificuldade visando não dispensar seus empregados. A menor parte é destinada ao pagamento aos desempregados[16]. O referido sistema é destinado à prevenção do desemprego e não ao período em que o empregado já está desempregado.

O salário mínimo no Brasil é de aproximadamente US$ 250. Na Argentina, é de US$ 200. No Paraguai, US$ 212 e no Uruguai, US$ 110. Entretanto, normalmente na Argentina e no Uruguai os salários são mais altos do que os pagos aos brasileiros. Há de se admitir que os salários em geral pagos aos empregados brasileiros são baixos se comparados aos dos trabalhadores de outros países.

---

14. PASTORE, José. *Relações do trabalho no Japão*. 2. ed. São Paulo: LTr, 1994, p. 12.
15. PASTORE, José. *Flexibilização dos mercados de trabalho e contratação coletiva*. São Paulo: LTr, 1994, p. 58.
16. PASTORE, José. *Encargos sociais*. São Paulo: LTr, 1997, p. 75.

Abaixo é indicado o salário-hora, já acrescido dos encargos sociais em alguns países:

Alemanha	US$ 21,50
Suécia	US$ 20,93
Suíça	US$ 20,86
Itália	US$ 16,29
França	US$ 15,25
EUA	US$ 14,83
Austrália	US$ 12,88
Japão	US$ 12,84
Grã-Bretanha	US$ 12,42
Espanha	US$ 11,58
Israel	US$ 7,69
Grécia	US$ 5,49
Coreia	US$ 4,16
Taiwan	US$ 3,98
Portugal	US$ 3,57
Brasil	US$ 3,26

Confrontando os salários pagos no Brasil com os pagos na China, um operário brasileiro ganha, em média, US$ 3,26 por hora, enquanto o chinês US$ 0,32. O mecânico brasileiro ganha, em média, US$ 7,52, e o chinês US$ 0,66. Os gerentes e engenheiros brasileiros percebem US$ 18,82 por hora e os chineses US$ 0,85 por hora, segundo pesquisa feita pela Coopers & Lybrand, a pedido da Fundação Abrinq. Essa pesquisa mostra por que houve fechamento de muitas fábricas de brinquedos no Brasil, pois na China, assim como nos chamados Tigres Asiáticos, a mão de obra é muito barata, visto que trabalham praticamente num sistema desregulamentado, sem nenhuma proteção trabalhista. A competitividade entre os países acaba influindo na continuidade do contrato de trabalho de certos empregados, que acabam perdendo seus postos de trabalho em razão do preço dos produtos colocados por países como China e Tigres Asiáticos. Assim, as empresas brasileiras de brinquedos acabaram fechando, por não terem como concorrer com produtos com custo trabalhista muito baixo e preço final também baixo. É o "dumping" social.

Não se pode comparar o custo do trabalho no Brasil com o dos países asiáticos, pois nesses países quase não são reconhecidos direitos trabalhistas. Em Hong Kong, por exemplo, nem mesmo há salário mínimo fixado por lei. O empregado, na verdade, trabalha para comer. Sabe-se que os salários são entre US$ 50,00 a

US$ 100,00 por mês, para jornadas de trabalho de até 16 horas. Os trabalhadores prestam serviços em péssimos ambientes de trabalho, expostos a elementos insalubres ou perigosos, sem que haja pagamento de qualquer adicional ou controle por meio da Segurança e Medicina do Trabalho. Há muito emprego de trabalho de mulheres e menores, com pagamento de valores ínfimos e jornadas excessivas, como os países que fazem tapetes (Paquistão, Índia). Às vezes, as pessoas trabalham apenas para comer. Em certos casos o trabalho é mesmo escravo. O valor da mão de obra nesses países é muito baixo, inexistindo encargos sociais para custeio até de aposentadoria (Hong Kong). Por esses motivos, uma camisa pode custar US$ 1,65 (Coreia) ou um brinquedo da Disney R$ 40,00 (China ou Taiwan), enquanto a camisa produzida no Brasil custa pelo menos mais de R$ 10,00 e o brinquedo mais do dobro.

A boneca Barbie é produzida em Hong Kong. Custa 65 centavos de matéria-prima e 35 de mão de obra. Sai do local custando dois dólares. Nos Estados Unidos, é vendida por 10 dólares. Um dólar é o lucro da empresa Mattel e o restante diz respeito a custos no mercado americano, como transporte, marketing e venda no atacado e no varejo.

Nos países desenvolvidos, o valor do salário é maior, enquanto os encargos são menores. No Brasil, os trabalhadores têm baixos salários, porém os encargos sociais são onerosos para o empregador.

Um trabalhador na Europa custa às vezes seis ou sete vezes mais do que um trabalhador da América Latina. Na França, o custo em média da dispensa de um trabalhador é de aproximadamente 7.500 dólares; na Inglaterra, a dispensa arbitrária custa 5.000 libras; na Espanha, custa de 17.000 a 34.000 dólares[17].

No Brasil, os salários não são altos, até são baixos em relação a outros países. O salário mínimo de R$ 1.412,00 é ainda relativamente baixo, comparado com outros países. Não é o salário mínimo um fator impeditivo da contratação de novos trabalhadores ou da manutenção dos postos de trabalho, dado o seu baixo valor.

Na França, em Portugal, na Espanha e na Alemanha, é comum haver várias modalidades de contratação de trabalhadores, com menores encargos sociais. Na Espanha e na Argentina, existem diversos tipos de contratos por tempo determinado, para várias situações. A legislação brasileira, porém, não permite a contratação com menores encargos sociais. A única determinação existente é a da Lei n. 9.601, que institui o contrato de trabalho por tempo determinado e reduz certos encargos sociais por 36 meses.

---

17. BRONSTEIN, Arturo. La flexibilidad del trabajo: panorama general. In: ALVAREZ, Óscar Hernandez (coord.). *La flexibilización del trabajo*: un estudio internacional. Caracas: Univ. Centro Occidental Lisandro Alvarado, 1990, p. 49-50.

A contratação por tempo determinado na França, com menores encargos trabalhistas, pode ser realizada nas seguintes situações: a) trabalho sazonal; b) aumento temporário da carga de trabalho; c) para jovens que estão em fase de formação; d) substituição de trabalhadores que foram desligados da empresa.

Na Alemanha, a contratação por tempo determinado com menores encargos trabalhistas é possível nas seguintes situações: a) para jovens em fase de formação, principalmente aprendizes; b) novos empregados.

Na Itália, a contratação por tempo determinado pode ser feita por 12 meses: a) para jovens em fase de formação; b) trabalho sazonal; c) naquilo que for estabelecido em negociação coletiva.

Na Espanha, há contratação para: a) jovens em fase de formação; b) trabalho sazonal; c) em decorrência de negociação coletiva; d) para contratação de novos empregados; e) para o aumento temporário da carga de trabalho; f) para os trabalhadores que foram desligados da empresa; g) para novas atividades empresariais; h) para a contratação de adultos de meia idade que têm dificuldade de entrar no mercado de trabalho.

Os excessivos encargos sociais incidentes sobre a folha de pagamentos é que são onerosos para o empregador. Muitas vezes, o que o empregador faz é pagar uma parte dos salários no holerite e outra parte fora do recibo de pagamento, para não incidirem sobre a segunda parte os encargos sociais. Outras vezes o empregado simplesmente não é registrado, em virtude do custo trabalhista que representa, sendo sonegados todos ou vários direitos trabalhistas. O obreiro não é, assim, beneficiário da Previdência Social, em razão da falta de anotação em sua CTPS.

Há, portanto, necessidade de flexibilização de direitos trabalhistas. O sistema nacional de encargos sociais e trabalhistas é permanente e rígido, não admitindo negociação, enquanto o sistema contratado é flexível e temporário, podendo ser adaptado às necessidades das partes[18] e às crises econômicas.

2.4 CRÍTICA

A diminuição dos encargos sociais pode implicar a criação de postos de trabalho, com a diminuição do preço do produto da empresa, mantendo os postos de trabalho já existentes, reduzindo o preço do produto em relação à concorrência. Essa afirmação é, porém, relativa, pois, com a automação, o empregador poderia substituir os postos de trabalho por máquinas, que iriam fazer o mesmo serviço

---

18. PASTORE, José; MARTINS, Ives Gandra da Silva. A dimensão tributária dos encargos sociais. In: MARTINS, Ives Gandra da Silva (coord.). *Desafios do século XXI*. São Paulo: Pioneira, 1997, p. 149.

dos empregados. Inexiste estudo de credibilidade que demonstre que a redução de encargos sociais leva à contratação de mais trabalhadores. O empregador poderá simplesmente não contratar outros funcionários, trabalhando com os que já possui, utilizando-se da automação para o aumento da produção. Todavia, a diminuição de encargos sociais pode levar à continuidade da relação de emprego, mantendo os postos de trabalho já existentes.

A retirada da lei de certas conquistas trabalhistas ou direitos trabalhistas pode diminuir o custo do empregador em relação à mão de obra, mas, por outro lado, implica que os trabalhadores não terão garantias mínimas para o trabalho, importando perdas para os obreiros e piores condições de trabalho.

A Lei n. 9.601 reduziu a alíquota do FGTS de 8% para 2% e algumas das contribuições incidentes sobre a folha de pagamento. As contribuições para o financiamento das prestações de acidente do trabalho, do sistema "S" (SENAI, SESI, SESC, SENAC, SEST, SENAT, SEBRAE), do Incra e do salário-educação serão diminuídas em 50%, porém apenas por 36 meses, pois o Congresso Nacional parte do pressuposto de que após esse período haveria uma estabilização econômica. Não está incluída na redução acima mencionada a contribuição devida ao Serviço Nacional de Aprendizagem Rural (SENAR), que continuará sendo a normal. Na tabela seguinte verifica-se a redução:

	Normal	Lei n. 9.601	Redução
Previdência Social	20,0%	20,0%	—
Acidente do trabalho (média)	2,0%	1,0%	1,0%
Sesi	1,5%	0,75%	0,75%
Senai	1,0%	0,50%	0,50%
Sebrae	0,6%	0,3%	0,3%
Incra	0,2%	0,1%	0,1%
Salário-educação	2,5%	1,25%	1,25%
FGTS	8,00%	2,00%	6,00%
Total	35,80%	25,90%	9,90% (média)

Limita a Lei n. 9.601/98 a redução dos encargos por apenas 36 meses a contar de 22 de janeiro de 1998. Provavelmente, a partir daí os empregadores já não irão querer contratar empregados na forma da referida norma, pois deixará de existir a redução de encargos sociais para a contratação na forma da Lei n. 9.601, que é o menor custo da mão de obra. Se a contratação for superior a 36 meses, as empresas não terão redução de encargos no período do 37º mês em diante, a contar da data da publicação da referida norma.

Isso significa que apenas a redução de encargos estará condicionada ao prazo de 36 meses e não o contrato de trabalho por tempo determinado. Após os 36 meses, a empresa que contratar nos moldes da Lei n. 9.601 não terá de observar os parágrafos do art. 443 da CLT (justificar a contratação por tempo determinado) e o art. 451 da mesma norma (poderá prorrogar o contrato mais de uma vez), não pagando também o aviso prévio e a indenização de 40% dos depósitos fundiários.

Passados os 36 meses, somente nova lei poderá determinar a redução dos encargos sociais, podendo alterar a redação do art. 2º da Lei n. 9.601.

Com a redução da alíquota do FGTS de 8% para 2%, a garantia do tempo de serviço de um empregado que tivesse contrato de trabalho por tempo determinado previsto na CLT e de outro empregado previsto contratado com base na Lei n. 9.601 seria a mesma? Parece que não. Por isso, a melhor forma é a redução dos encargos sociais, no tocante às contribuições devidas pelo empregador, mas de modo que o empregado não seja prejudicado, como foi mencionado.

Não há dúvida de que devem ser reduzidos encargos sociais, mas não direitos básicos do empregado, que lhe garantem o seu tempo de serviço, conquistados durante muitos anos de discussões, como ocorre com a substituição da estabilidade decenal na empresa pelo FGTS.

Deveriam ser extintas ou estabelecidas outras formas de financiamento em relação às contribuições de terceiro, como as do SESI, SESC, SEST, SEBRAE, INCRA e salário-educação, que encarecem em muito a folha de pagamento do empregador e impedem indiretamente a contratação de outros trabalhadores. As contribuições devidas ao SENAR, SENAI, SENAC, SENAT, que são as relativas à formação profissional, ou deveriam ser mantidas, ou então deveriam ser extintas, criando-se nova forma de financiamento para o custeio da aprendizagem, pois é sabido que essas entidades prestam bons serviços à comunidade e formam profissionais, embora nem sempre as empresas se utilizem destas instituições para a formação de seus funcionários.

Poderiam ser mudadas as finalidades dos serviços prestados por SENAI, SENAC, SENAR, SENAT. Em vez de fazer apenas aprendizagem, poderiam tratar de treinamento, reciclagem e readaptação profissional. Seria uma forma de formação profissional. Na prática, o atual sistema forma muito aprendiz para lidar com máquinas ultrapassadas na fase de produção, como tornos, quando estamos na era da informática, da produção computadorizada.

A contribuição do Incra não reverte para empregado ou empregador e este não tem nenhum interesse em pagá-la. Não deveria tal contribuição incidir sobre a folha de pagamento ou deveria ser extinta.

Muitas das contribuições incidentes sobre o salário não vão diretamente para o empregado, como as contribuições de terceiros. A contribuição de aposentadoria e acidente do trabalho beneficia o empregado apenas se necessitar da Previdência Social.

Os encargos sociais no Brasil são fixos, incidindo sobre a folha de pagamentos. São onerosos para o empregador. Se os encargos sociais fossem variáveis, que pudessem ser negociados, seria muito melhor na hora das dificuldades.

Para o comprador, pouco importa se o salário é direto ou indireto, tendo ou não encargos sociais. O que importa é quanto custa o produto. O certo é que no custo do produto estão incluídos o salário e os encargos sociais, influindo, portanto, em seu preço final.

A reforma tributária pode ajudar a criar empregos, desde que diminua o custo das empresas, principalmente dos encargos sociais hoje existentes incidentes sobre a folha de pagamentos.

3
AUTOMAÇÃO

3.1 JUSTIFICATIVA

A automação pode ser uma das causas da descontinuidade do contrato de trabalho. O empregador, ao automatizar sua produção, acaba dispensando empregados. É preciso, portanto, ser estudado um sistema de proteção contra a automação.

3.2 HISTÓRICO

Com a invenção da máquina a vapor e do tear, houve uma preocupação social em relação à perda de postos de trabalho. Certas pessoas, exaltadas, tentaram até destruir as máquinas, pois as consideravam causadoras do desemprego.

Ao ser criada a máquina ou a ferramenta há a substituição da energia humana ou animal, representando qualidade e quantidade de produção, porém reduz-se a necessidade de trabalhadores.

Após a Revolução Industrial, passou-se a uma nova fase com a automação. A primeira máquina surgiu em 1708, o avião a jato em 1937. O computador de primeira geração foi criado em 1946. O de quarta geração em 1982.

Apesar das novas máquinas, os empregos foram sendo criados, exigindo dos trabalhadores novas aptidões e qualificações.

As Constituições brasileiras não trataram da proteção do trabalho em relação à automação.

Na Constituinte de 1988, a Subcomissão de Ciência e Tecnologia incorporou a proposta que foi apresentada pelo Movimento Brasil Informática (MBI), fazendo algumas modificações nas propostas até então apresentadas. Esse texto passou a fazer parte do relatório da Deputada Cristina Tavares, tendo o seguinte teor:

Art. 7º As normas de proteção dos trabalhadores obedecerão aos seguintes preceitos, na forma da lei, além de outros que visem à melhoria de seus benefícios: I – participação dos trabalhadores nas vantagens advindas da introdução de novas tecnologias; II – reaproveitamento de mão de obra e acesso a programas de reciclagem prestados pela empresa, sempre que a introdução de novas tecnologias, por ela adotada, importar em redução ou eliminação de postos de trabalho e/ou ofício; III – participação das organizações de trabalhadores na formulação de políticas públicas relativas à introdução de novas tecnologias.

A proposta mencionada foi totalmente modificada em votação, sendo aprovada a seguinte emenda, de autoria do constituinte Francisco Diógenes:

Art. 7º As normas de proteção aos trabalhadores obedecerão aos seguintes preceitos, além de outros que visem à melhoria de seus benefícios: I – participação dos trabalhadores nas vantagens advindas do processo de automação; II – prioridade no reaproveitamento de mão de obra e acesso aos programas de reciclagem promovidos pela empresa.

Pelo dispositivo citado, não havia necessidade de lei para estabelecer as citadas regras, como ocorria na redação anterior. A lei, porém, era necessária, pois as normas mencionadas não eram autoaplicáveis.

A parte do texto referente ao reaproveitamento da mão de obra foi suprimida. Na Comissão de Sistematização, havia o seguinte texto: "participação nas vantagens advindas da modernização tecnológica e da automação". Verificou-se que a modificação do texto foi decorrente da composição havida na Assembleia Nacional Constituinte de retirar do empresário a responsabilidade pela reciclagem da mão de obra.

O inciso XXVII do art. 7º da Constituição de 1988 estabeleceu "proteção em face da automação, na forma da lei". A referida lei até agora não existe.

3.3 DIREITO COMPARADO

Na França, lei de 24 de fevereiro de 1984 previu que deve haver adaptação do trabalhador às novas qualificações profissionais.

Na Espanha, o art. 49.9 do Estatuto dos Trabalhadores determina a extinção do contrato de trabalho pela cessação da indústria, comércio ou serviço de forma definitiva, fundada em causas tecnológicas, sempre que haja sido autorizada na forma da referida norma.

Prescreve o art. 51 do Estatuto dos Trabalhadores que a extinção das relações de trabalho fundada em motivos tecnológicos deve ser autorizada pela autoridade competente, mediante apresentação de petição do empresário interessado. Os trabalhadores, por meio de seus representantes, poderão solicitar a autorização se racionalmente poderia ser admitido que seriam trazidos prejuízos ao empresário, de impossível ou difícil reparação. O empresário estará obrigado a abrir um período de 30 dias para discussão e consulta com os representantes legais dos trabalhadores, facilitando as informações e os documentos necessários. Os representantes legais dos trabalhadores terão preferência para serem mantidos na empresa. A indenização, em caso de suposta autorização da cessação do contrato de trabalho, será de 20 dias por ano de serviço, com limite máximo de 12 mensalidades.

3.4 ETIMOLOGIA

A palavra "automação" pode ser entendida como originária da tradução do inglês *automation*. O termo mais correto deveria ser "automatização", pois é proveniente de automatizar, automático, autômato, que são palavras derivadas do grego *automatos*. Encontra-se, porém, nos dicionários a palavra "automação", com o significado de "funcionamento de uma máquina ou de grupo de máquinas que, sob o comando de um programa único, realiza, sem intervenção humana intermediária, e com correção automática de erros e desvios verificados, uma série de operações programadas, industriais, estatísticas, matemáticas"[1].

3.5 CONCEITO

Tecnologia, para Ruy Gama, é

o estudo e conhecimento científico das operações técnicas ou da técnica. Compreende o estudo sistemático dos instrumentos, das ferramentas e das máquinas empregadas nos diversos ramos da técnica, dos gestos e dos tempos de trabalho e dos custos, dos materiais e da energia empregada[2].

Cassio Mesquita Barros afirma que "as modificações tecnológicas podem ser consideradas o processo pelo qual as economias se modificam no curso do tempo em relação aos bens que produzem, bem como os processos de sua produção"[3].

Representa a automação a instituição de um processo que diminui ou dispensa a intervenção do homem.

A nova tecnologia pode ser a decorrente da informática, com o uso de computador e outros equipamentos, a biotecnologia, os novos aproveitamentos de recursos energéticos, a engenharia genética (clonagem) etc.

---

1. MACHADO FILHO, Aires da Mata. *Novíssimo dicionário ilustrado*. Urupês: AGE, s.d.p., p. 133.
2. GAMA, Ruy. *A tecnologia e o trabalho na história*. São Paulo: Nobel-USP, 1986, p. 31.
3. BARROS, Cassio Mesquita. Impacto das novas tecnologias no âmbito das relações individuais do trabalho. *LTr*, São Paulo, 51-9/1.045, set. 1987.

3.6 CLASSIFICAÇÃO

A tecnologia pode importar na diminuição de empregos ou na dispensa de trabalhadores, da seguinte forma: a) quantitativa: em que se verifica o número de trabalhadores afetados; b) funcional: que diz respeito às funções ou profissões afetadas pela dispensa.

3.7 PROTEÇÃO CONTRA A AUTOMAÇÃO

A proteção contra a automação é uma forma de salvaguardar o empregado em decorrência das novas tecnologias que vão surgindo, preservando também os postos de trabalho. O avanço da tecnologia causa a preocupação da proteção contra a automação.

Tem-se verificado que as empresas procuram produzir mais, com equipamentos mais modernos, porém com menos mão de obra empregada.

A disposição contida no inciso XXVII do art. 7º da Lei Maior, ao determinar a proteção em face da automação, na forma da lei, mostra que se trata de regra não autoaplicável, de norma de eficácia limitada, dependente de lei ordinária para fixar seu conteúdo. Até o momento essa norma não existe. Consiste num princípio protecionista.

É amplo o conteúdo da Constituição, envolvendo qualquer proteção contra a automação e não apenas em relação aos empregados das empresas que fizerem automação de sua produção ou de seus serviços. Diz respeito tanto aos empregados urbanos como aos rurais.

As determinações que tratam sobre automação não são muitas. Algumas delas versam apenas indiretamente sobre o assunto.

O § 4º do art. 218 da Lei Maior prevê o estímulo para as empresas que

> invistam em pesquisa, criação de tecnologia adequada ao País, formação e aperfeiçoamento de seus recursos humanos e que pratiquem sistemas de remuneração que assegurem ao empregado, desvinculada do salário, participação nos ganhos econômicos resultantes da produtividade de seu trabalho.

Esse dispositivo não trata exatamente de participação nos lucros, que tem previsão no inciso XI do art. 7º da Constituição. Versa sobre tema ligado à tecnologia, tanto que o art. 218 da Constituição faz referência ao fato de que o Estado promoverá e incentivará o desenvolvimento científico, a pesquisa e a capacitação tecnológica. Está incluído o art. 218 no Capítulo IV (Da Ciência e Tecnologia) do Título VIII (Da Ordem Social). A semelhança com o inciso XI do art. 7º da Constituição refere-se apenas ao fato de que o sistema de remuneração é desvinculado do salário e não da remuneração, além do que o art. 218 menciona a participação em ganhos econômicos resultantes da produtividade de seu trabalho e não da participação nos lucros. O art. 218 da Constituição está, portanto, ligado a questões tecnológicas.

Reza o § 4º do art. 239 da Constituição que o financiamento do seguro-desemprego receberá uma contribuição adicional da empresa cujo índice de rotatividade da força de trabalho supere o índice médio de rotatividade do setor, na forma estabelecida por lei.

O art. 3º da Lei n. 7.232/84 (Lei de Informática) dispõe sobre o estabelecimento de mecanismos e instrumentos para assegurar o equilíbrio entre os ganhos da produtividade e os níveis de emprego na automação dos processos produtivos.

Délio Maranhão fez proposta à Comissão Interministerial de Atualização da CLT, no seguinte sentido:

> Art. 59. No caso de modernização do equipamento tecnológico da empresa, poderão ser alteradas as condições de trabalho do empregado, sem prejuízo para este, e mediante acordo com a respectiva entidade sindical, homologado pela Delegacia Regional do Trabalho.
>
> § 1º Se do aperfeiçoamento tecnológico resultar considerável aumento de produção e o salário do empregado tiver sido ajustado por unidade de peça ou por tarefa, poderá ser alterada a tarifa contratual, sempre que a manutenção desta acarretar elevação do custo da produção capaz de anular ou reduzir sensivelmente o próprio objetivo econômico do aperfeiçoamento.
>
> § 2º A alteração a que se refere o parágrafo anterior será realizada mediante acordo, nos termos do *caput* deste artigo ou, não havendo acordo, através de revisão judicial do contrato, atendidos sempre os legítimos interesses dos contratantes e assegurados justo salário ao empregado e justa retribuição ao empregador.

A determinação diz respeito à não aplicação do art. 468 da CLT, quanto à alteração do contrato de trabalho proveniente da nova tecnologia utilizada pelo empregador. Com as inovações tecnológicas, pode ser alterada a remuneração do empregado, segundo o projeto, porém isso só poderia ser feito por acordo ou convenção coletiva, segundo o inciso VI do art. 7º da Constituição.

No Senado Federal, existe o Projeto de Lei n. 2.902-A, que trata do tema, mas não traz grande contribuição sobre o assunto, pois não enfrenta a questão como deveria. O projeto tem sete artigos, mas apenas cinco são aproveitáveis, pois um trata de revogar as disposições em contrário e o outro dispõe que a lei entra em vigor na data de sua publicação. Prevê que, se a empresa adotar programa de automação, deverá criar uma comissão paritária, com o objetivo de negociar a redução dos efeitos negativos que possa acarretar no emprego (art. 1º). Os empregados devem ser reaproveitados mediante processos de readaptação ou de capacitação para o exercício de novas funções, por meio de treinamento (§ 1º do art. 1º). Os empregados mais idosos terão preferência no processo de reaproveitamento e realocação (§ 3º do art. 1º). Os sindicatos devem manter centrais coletivas para reciclar e recolocar a mão de obra, visando reabsorvê-la. O Governo deve incentivar a criação de centros de pesquisas e comissões para a reciclagem de mão de obra, decorrentes de modernização, informatização e automação das empresas (art. 3º). Essas questões deveriam ser disciplinadas por negociação coletiva, principalmente por acordo coletivo, que poderia adaptar as necessidades de cada tipo de empresa, não necessitando de lei para tanto.

A lei poderá estabelecer a forma da proteção, mediante seguro-desemprego, cursos de reciclagem, criação de garantias de emprego.

A ampliação do seguro-desemprego, com o aumento do seu valor e de suas parcelas, não resolve o problema. Pode criar outros, como acontece em relação a certos empregados que pedem para ser dispensados para receber o FGTS e o seguro-desemprego e vão trabalhar em outra empresa, sem carteira assinada, para aumentar seu rendimento, passando a ter duas remunerações: o salário pago pela empresa e o seguro-desemprego, pago pela Previdência Social. Na prática, muitos empregados usam esse procedimento, embora seja completamente ilegal.

3.8 VANTAGENS E DESVANTAGENS

Seria possível apontar várias vantagens ou desvantagens em relação à automação, tanto para o empregado como para o empregador.

Com a automação há mais produtividade, necessitando o empregador de menos mão de obra. Nos bancos, por exemplo, um caixa eletrônico pode fazer 2 mil operações, enquanto um caixa humano, no mesmo tempo, só faz 200 transações por dia. Há maior eficiência na produção, com redução de custos e economia de vários componentes da produção.

O mesmo trabalho que era feito por várias pessoas é hoje realizado por poucas pessoas, em razão da tecnologia utilizada. A produção tem necessitado de menos mão de obra, em razão da automação. O empregado na área de produção é o que sofre o maior impacto com as novas tecnologias.

Num supermercado, a reposição, que antes era feita por várias pessoas, passou a ser realizada por poucas, pois as caixas registradoras, ao registrarem o pagamento da mercadoria comprada, já dão baixa da mercadoria no estoque.

Máquina americana colhedora de laranja pode apanhar cem laranjeiras por hora. Para um pomar com a produção média de São Paulo de 11.000 caixas, a colheita demoraria um dia. Há com isso uma diminuição no custo da produção, mas também extinguiria empregos dos colhedores.

Uma máquina cortadora de cana corta 40 toneladas por hora. Um boia-fria corta no máximo 13 toneladas por dia. Uma máquina faz o trabalhado de 100 cortadores.

Mesmo para o café plantado em morros, já há máquina para colher o café.

Os japoneses fazem com poucos trabalhadores o que os ocidentais fazem com muitos. Cita-se o exemplo da Mazda, no Japão, que fazia um serviço com cinco funcionários, enquanto a Ford precisava de quatrocentos[4].

A produção com a informatização aumenta, muitas vezes sem nenhuma contratação de empregados.

Para os empregadores, a automação visa à diminuição de custos, ao aumento de eficiência, qualidade e competitividade. A máquina acaba substituindo a mão de obra.

Trabalhar em casa pode ser feito com computadores conectados em rede. Certas empresas não necessitam do funcionário dentro do escritório, como vendedores, que podem levar o *lap top* e o telefone celular. Há possibilidade de elevação da produtividade; não há distração. A rotatividade de trabalhadores é menor. Há economia de tempo, de despesas de locomoção, vestuário, estacionamento, refeições.

A automação mostra também que a tecnologia proporciona desenvolvimento aos países.

Em relação aos empregados, a automação pode gerar desemprego, a descontinuidade do contrato de trabalho, mas também insegurança no próprio emprego, em razão da possibilidade de redução do quadro de pessoal.

Da utilização da automação também surgem novas doenças, como a Lesão por Esforços Repetitivos (LER); dos olhos, pelo fato de o trabalhador prestar serviços diante da tela do computador; a tenossinovite, que é a inflação da bainha dos tendões; a tendinite, a paratendinite, a epicondilite, a síndrome do túnel do carpo e também lesões musculares. São doenças decorrentes do uso das novas tecnologias, principalmente de digitadores, pianistas, datilógrafos ou outras pessoas que fazem movimentos repetitivos com as mãos ou braços no uso de certo equipamento. Essas doenças mereceriam proteção mais adequada. Como são novos agravos, ainda não há tratamento ou prevenção sobre o tema, nem há

---

4. HAMMER, Michael; CHAMPY, James. The promise of Re-engineering. *Fortune*, 3 de maio de 1993, p. 96.

lei regulando o assunto. A Portaria GM-MPAS n. 4.062, de 6 de agosto de 1987, esclarece que a tenossinovite é considerada doença ocupacional, mas apenas de certos profissionais que fazem movimentos repetitivos com o pulso.

O robô passa a ser fundamental em trabalhos insalubres, perigosos e penosos, substituindo o homem, nas hipóteses em que este não pode fazer o trabalho ou é nocivo à sua saúde. Na linha de produção de automóveis, os robôs têm sido muito utilizados para pintura, evitando o contato do homem com elementos insalubres. O ambiente de trabalho fica mais agradável para a prestação de serviço, em razão de que a máquina passa a fazer trabalhos penosos ou insalubres. Geralmente, o robô é também mais veloz do que o homem, implicando maior produtividade, com melhor qualidade do trabalho.

A automação permite também que um único trabalhador possa controlar várias máquinas ao mesmo tempo, fazendo apenas o monitoramento da máquina. Há, assim, necessidade de um número menor de trabalhadores. Com a automação, o trabalho pode tornar-se mais mecânico, rotineiro.

O emprego de tecnologia implica melhor qualificação profissional e edu-cacional. Não é qualquer trabalhador que pode desempenhar a tarefa sem que haja treinamento.

Para os empregados, a implantação de novas tecnologias deve melhorar a segurança e saúde no trabalho, de forma que não façam serviços repetitivos, cansativos, penosos, insalubres ou perigosos. Pode diminuir o número de aci-dentes do trabalho.

A máquina, contudo, não faz greve, não pede aumento nem fica doente. Trabalha no calor ou no frio, no claro ou escuro, em locais poluídos, sem recla-mação. Presta serviços insalubres, perigosos, penosos ou em horas extras, sem pagamento de adicional e ainda nos domingos e feriados, sem pagamento em dobro e sem folga compensatória, trabalhando de forma igual todos os dias.

Em razão das novas tecnologias, poderá haver menos trabalho, propor-cionando o melhor aproveitamento dos horários das pessoas. Estas poderiam dedicar-se inclusive a outros afazeres.

Com a instituição da automação na empresa, há predomínio dos *white collars* (trabalhadores de colarinho branco) e diminuição dos *blue collars* (trabalhadores dos macacões azuis), que envolve o trabalho braçal.

A tecnologia pode trazer, em determinado país, a exportação do de-semprego. A empresa, ao conquistar novos mercados, com a tecnologia, cria empregos no local, mas, para onde vende, traz desemprego, arruinando as empresas concorrentes.

3.9 "TELETRABALHO"

Não se pode negar, contudo, que a inovação tecnológica é indispensável para a competitividade das empresas em razão da globalização e da concorrência internacional. As empresas que não se adequarem à automação perderão competitividade no mercado em relação a seus produtos ou serviços.

A palavra "teletrabalho" é um neologismo de duas palavras: *tele*, de origem grega, que significa longe, ao longe, ou longe de, distância; e trabalho, originada do latim *tripalium*, que é uma espécie de instrumento de tortura ou canga (peça de madeira que prende os bois pelo pescoço e os liga ao carro ou ao arado) que pesava sobre os animais.

É chamado o *teletrabalho* de trabalho periférico, à distância, remoto.

Nos Estados Unidos, usa-se a palavra *telecommuting*, que significa trocar o transporte pela telecomunicação, visando evitar o deslocamento casa-trabalho e trabalho-casa[5]. *Telecomutters* são pessoas que trabalham em suas residências, onde têm computadores conectados com suas empresas. Seria uma forma de trabalho à distância. *Networking* é trabalhar ligado à rede. *Remote working* é o trabalho remoto ou à distância. *Flexible working* é o trabalho flexível. *Home working* é o trabalho em casa. No Reino Unido, usa-se *teleworking*.

Em alemão, utiliza-se a expressão "trabalho por telecomunicação" (*telearbeit* ou *fernarbeit*). *Telearbeiter* é o "teletrabalhador".

Em italiano, é usada a palavra "*telelavoro*". Em espanhol, "*teletrabajo*".

Em francês, usa-se "*telependulaire*", "*télétravail*".

Hoje se fala em enviar o trabalho à pessoa e não a pessoa ao trabalho.

O trabalho à distância é o gênero. Entre suas espécies há o trabalho em domicílio e o teletrabalho.

O trabalho em domicílio pode ser feito por meio de teletrabalho, mas isso não é a regra, pois pode não ocorrer.

Di Martino e Wirth definem o *teletrabalho* como o efetuado em um lugar distanciado das oficinas centrais de produção; o trabalhador não mantém contato pessoal com seus colegas, estando em condições de se comunicar com eles por meio de novas tecnologias[6].

---

5. Jack Nilles usa a referida palavra (*Telecommuting happen*: a guide for telemanagers and telecommuters. New York: International Thonson, 1994).
6. DI MARTINO, Vittorio; WIRTH, Linda. Teletrabajo: un nuevo modo de trabajo y de vida. *Revista Internacional del Trabajo*, Genebra, OIT, 1990, 109 (4):471.

Pinho Pedreira afirma que o teletrabalho é a atividade do trabalhador desenvolvida total ou parcialmente em locais distantes da sede principal da empresa, de forma telemática. Explica que a atividade do trabalhador pode ser desenvolvida totalmente fora da empresa ou de forma parcial, parte na empresa e parte fora dela[7].

Javier Thibault Aranda define o teletrabalho como "forma de organização e/ ou execução do trabalho realizado em grande parte, ou principalmente, à distância e mediante o uso intensivo das técnicas de informática e ou da telecomunicação"[8].

A lei italiana 191, de 16 de junho de 1998, dispõe sobre a implantação do teletrabalho na administração pública. Afirma que teletrabalho é

> a prestação de trabalho realizada por um trabalhador em uma das administrações públicas (...) em um lugar considerado idôneo, situado fora da empresa, onde a prestação seja tecnicamente possível e com prevalente suporte de uma tecnologia da informação e da comunicação que permita a união com a Administração de que depende.

O art. 165° do Código de Trabalho de Portugal afirma que teletrabalho é "a prestação laboral realizada com subordinação jurídica, habitualmente fora da empresa e através do recurso a tecnologias de informação e de comunicação".

Considera-se teletrabalho ou trabalho remoto a prestação de serviços fora das dependências do empregador, de maneira preponderante ou não, com a utilização de tecnologias de informação e de comunicação, que, por sua natureza, não configure trabalho externo. (art. 75-B da CLT).

Teletrabalho é o trabalho à distância com uso de tecnologia de informação e de recursos eletrônicos. O trabalho não é realizado na sede da empresa. É feito à distância, que é o elemento espacial. É fundamental a utilização de meios telemáticos.

Não será teletrabalho o enviado ao empregador por meios de comunicação comuns, como telefone, correio.

Jack Nilles fala em enviar o trabalho ao trabalhador e não o trabalhador ao trabalho.

A Convenção 177 da OIT trata do trabalho em domicílio. Essa convenção não foi ratificada pelo Brasil. O art. 1° prevê que o trabalho em domicílio significa o trabalho que uma pessoa, designada como trabalhador em domicílio, realiza em seu domicílio ou em outros locais que escolher, mas distintos dos locais

---

7. PEDREIRA, Luiz de Pinho. O teletrabalho. *LTr*, São Paulo, 64-05/584.
8. THIBAULT ARANDA, Javier. *El teletrabajo*: análisis jurídico-laboral. 2. ed. Madrid: Consejo Económico y Social, 2001, p. 28.

de trabalho do empregador, em troca de remuneração, com o fim de produzir um produto ou prestar um serviço, conforme as especificações do empregador, independentemente de quem proporcione os equipamentos, materiais ou outros elementos utilizados. Fica excetuado dessa condição o que tiver nível de autonomia e de independência econômica suficiente para ser considerado trabalhador independente, em virtude da legislação nacional ou de decisões judiciais. Uma pessoa que tenha a condição de assalariado não deve ser considerada trabalhador em domicílio pelo fato de realizar ocasionalmente o seu trabalho como assalariado em seu domicílio, em vez de realizá-lo em seu local de trabalho habitual (art. 1º, *b*). O empregador é entendido como uma pessoa física ou jurídica que, de modo direto ou por um intermediário, oferece trabalho em domicílio por conta de sua empresa (art. 1º, *c*). Prevê no art. 4º que, na medida do possível, a política nacional em matéria de trabalho em domicílio deve promover a igualdade de tratamento entre os trabalhadores em domicílio e os outros trabalhadores assalariados, levando em conta as características particulares do trabalho em domicílio e, se for o caso, as condições aplicáveis a um trabalho idêntico ou similar realizado na empresa. Foi complementada pela Recomendação 184.

O *teletrabalho* não se confunde com certos trabalhadores da área de informática, como analistas, programadores, digitadores e operadores, pois é o realizado à distância, fora do ambiente normal de trabalho, que é feito dentro da empresa. O trabalho daquelas pessoas também pode ser realizado fora da empresa, mas não é feito por meio de comunicação eletrônica, mas desenvolvido no tomador dos serviços.

Todo teletrabalho é considerado trabalho à distância, mas nem todo trabalho à distância pode ser considerado teletrabalho. O trabalho em domicílio também é um trabalho à distância, mas pode usar tecnologia ou não. As costureiras não usam tecnologia ou aparelhos eletrônicos para trabalhar. Logo, não é teletrabalho, mas trabalho à distância.

Trabalho em domicílio é mais frequente em atividades manuais, como de costureiras. O teletrabalho é mais comum em atividades em que a pessoa deve ter conhecimentos especializados, como de jornalistas, de tradução.

Nem todo teletrabalho é trabalho em domicílio, pois o trabalhador pode trabalhar no seu veículo, conectado com o empregador por meio de computador, *smartphone*, iPhone etc.

O trabalho realizado por vendedores e representantes comerciais autônomos é trabalho à distância, mas não é teletrabalho, caso não haja utilização de tecnologia.

Teletrabalho é usado para o trabalho à distância com o uso de tecnologia. *Telecomutting* é usado no caso de substituição do deslocamento do trabalhador até a empresa.

Pinho Pedreira indica três grupos de teletrabalho:

a) trabalho em telecentros, locais das próprias empresas, porém situados fora da sede central. Seriam pequenos estabelecimentos da empresa, separados da sede central, mas dela dependentes e que se comunicam por meios eletrônicos;

b) teletrabalho em domicílio. É chamado de telecabana ou vicinal. Os americanos e ingleses o denominam *Advance Business Center* (ABC). Pode ocorrer com qualquer trabalhador que presta serviços na sua residência para outra pessoa;

c) teletrabalho nômade, que é o realizado por pessoas que não têm lugar fixo para a prestação dos serviços e passam a maior parte do tempo fora da empresa[9]. É encontrado no trabalho dos autônomos, representantes comerciais etc.

O teletrabalho pode ser esporádico, em que é realizado alguns dias por mês e não todos os dias fora da sede da empresa e mediante conexão virtual com ela. Pode ser realizado apenas fora da empresa. Pode ser misto, em que parte do tempo é feito na empresa e parte em local distante dela, como pode ocorrer com vendedores, que vêm para empresa apenas quando haja necessidade de reuniões presenciais.

A nova tecnologia pode influir no tempo em que o empregado fica à disposição do empregador, surgindo o "teletrabalho", o trabalho à distância e ressurgindo o trabalho em domicílio, em que o trabalhador fica em casa e aí trabalha, comunicando-se com outras pessoas por fax, telefone, telefone celular, internet, "modem" etc. O prestador dos serviços passa a se utilizar de outros tipos de equipamentos, como *lap top*, *handhelds*, *notebook*, *scanners*, computador, impressoras portáteis, telefone celular multifunção ou *smartphones*, *tablet*.

O trabalhador pode fazer seu serviço em qualquer parte do mundo e enviar seu relatório via *e-mail*, fax etc. Muitas vezes, só comparece na empresa quando há necessidade de reuniões. Nos Estados Unidos, empresas de programas de computadores têm contratado indianos, na Índia, para desenvolverem programas, sendo o trabalho enviado pela internet. Esses trabalhadores são usados por serem altamente especializados e pelo fato de que o custo do seu trabalho é mais baixo do que o de obreiros de outros países. *Call centers* são estabelecidos

---

9. PEDREIRA, Luiz de Pinho. O teletrabalho. *LTr*, São Paulo, 64-05/583.

na Índia para atendimento de seguros ou outras modalidades visando ao atendimento nos Estados Unidos. Isso ocorre em razão de que o custo é baixo e de que os indianos falam inglês.

Alguns correspondentes de jornais e revistas escrevem textos à distância e mandam o artigo por e-mail ou outra forma de comunicação eletrônica. É o que ocorre com correspondentes internacionais, mas também ocorre com jornalistas locais, que muitas vezes nem sequer vão à redação do jornal. Podem trabalhar em qualquer lugar e enviam seu artigo pela internet para o jornal.

É comum verificar no aeroporto pessoas com computadores abertos, verificando gráficos, lendo textos, conectados à internet, enviando mensagens e consultando e-mails pelo telefone. Executivos levam seu *lap top* em viagens e trabalham no quarto do hotel, que fornece gratuitamente ou mediante pagamento o uso de internet.

Em vez de se fazer o trabalho num escritório comum, passa a haver o trabalho em um escritório virtual.

Conheço juízes que moram em outras cidades. Fazem e corrigem votos e enviam-nos pela internet ou recebem textos pela internet. Podem não vir todos os dias ao tribunal. Há juízes que vão ao Tribunal nos dias de sessão. Nos outros dias trabalham em casa, que rende muito mais e não precisa perder tempo no trânsito.

Há funcionários do TRT ou do TST que trabalham em casa. Vêm uma vez por semana para entregar os processos e pegar outros.

O trabalhador poderá ficar mais tempo em casa com a família, aprimorando-se culturalmente e até se dedicando ao lazer. Pode ser uma forma de manter a continuidade do contrato de trabalho e de evitar as dispensas.

As mulheres podem adaptar-se ao teletrabalho em razão dos afazeres domésticos, que também demandam tempo. Seria possível a combinação dos afazeres domésticos com o próprio trabalho na residência da pessoa, como já acontece com o trabalho em domicílio. Mulheres que têm crianças podem melhor ajustar suas necessidades ao trabalho desenvolvido em sua residência.

Estudantes podem fazer o trabalho em casa, conciliando a prestação de serviços com seu horário escolar.

As vendas podem ser feitas até pela internet ou por telefone. A tradução de documentos ou textos pode ser realizada na casa do tradutor e enviada por fax ou pela internet ao editor. Seriam formas de trabalho em domicílio. O vendedor, viajante ou pracista pode trabalhar no seu próprio veículo, que é dotado de telefone celular e fax.

Deficientes físicos também poderão melhor utilizar o teletrabalho, pois não precisarão fazer deslocamentos de uma localidade para outra.

Surge também o *tele-ensino*, como já ocorre nos telecursos de 1º e 2º graus, em que o ensino é feito pela própria televisão. Os professores e alunos não precisam estar necessariamente dentro da escola, podendo as aulas ser ministradas e assistidas pela televisão.

Permite o *teletrabalho* a formação de novos campos de trabalho.

A empresa não precisará ter mesas, salas e outros equipamentos para os empregados. Quando forem necessárias reuniões, a empresa pode alugar salas para esse fim. O espaço físico da empresa pode diminuir bastante, trazendo diminuição do custo para a manutenção da própria empresa. Esta não precisará ter certos equipamentos. Poderão as empresas contar com trabalhadores em qualquer parte do mundo, bastando a utilização de equipamentos de comunicação entre as pessoas.

O *teletrabalho* pode trazer certos problemas para o trabalhador, como o de não ter exatamente uma carreira dentro da empresa, mas trabalhar fora dela. Deixa de haver a interação do trabalhador dentro da empresa. O trabalhador não terá, porém, um horário rígido a cumprir. Se o trabalhador passa a prestar serviços como autônomo, perde a condição de empregado e benefícios indiretos decorrentes do contrato de trabalho, como cesta básica, assistência médica etc. Em caso de dispensa, o obreiro não terá direito a verbas rescisórias, indenização. Isolado, o trabalhador terá mais dificuldades em se defender[10], em fazer reivindicações. Pode haver a diluição da categoria. As despesas do trabalhador podem coincidir com despesas domésticas, confundindo-se necessidades familiares com as de trabalho. Diminuem, porém, as despesas externas (condução, combustível etc.). O risco de acidentes do trabalho diminui, mas, se o trabalhador faz digitação, pode ter problemas de Lesão por Esforços Repetitivos (LER), como tenossinovite etc. Pode ocorrer desemprego em razão da falta de formação do trabalhador. O descanso do trabalhador fica reduzido, pois se confunde o trabalho com a casa. O trabalhador pode comer mais e engordar, por ficar em casa. Quando o trabalhador tem problemas de locomoção não vai trabalhar. Isso não o impede, porém, de trabalhar em casa no computador.

Traz vantagens o *teletrabalho*, como a redução do deslocamento e da perda de tempo com ida e volta ao trabalho, esperando horas no trânsito caótico das cidades. O desgaste físico do trabalhador com a ida e volta para o emprego e

---

10. BARROS, Cassio Mesquita. Teletrabalho. In: GRECO, Marco Aurélio Greco; MARTINS, Ives Gandra da Silva. *Direito e internet*. São Paulo: Revista dos Tribunais, 2001, p. 40.

o dispêndio de muito tempo parado no trânsito são menores. Pode diminuir o trânsito nas cidades e o dióxido de carbono na atmosfera. Melhora o transporte nas cidades e até a qualidade de vida das pessoas. Diminui o consumo de combustíveis e melhora a qualidade do ar. O empregador não tem de pagar o transporte do empregado nem horas extras, pois não há controle de horário. O empregado pode ser contactado por telefone, telefone celular, fax, "modem", internet, *smartphone* etc. Permite a circulação das informações de forma mais rápida. O acesso é generalizado.

As faltas ao serviço ficarão, porém, mitigadas, pois o trabalhador presta serviços em casa ou em outro local, mas não na empresa.

Haverá maior flexibilidade de horário ou até sua ausência. O trabalhador não prestará serviços nas dependências da empresa.

Em alguns casos, o empregado passa a ter contato com determinados segredos do empregador, acessados no computador mediante senhas e que não podem ser divulgados a outras pessoas. Esses dados podem ser de interesse das empresas concorrentes, como de lista de clientes, produtos etc.

O teletrabalhador deverá ser uma pessoa que tem certa qualificação ou escolaridade, pois precisará ter conhecimentos de certas tecnologias para usar o computador, acessar a internet etc.

O empregador não terá como saber quem tem efetivamente acesso ao computador utilizado pelo trabalhador. Isso pode representar um problema em relação à segurança de dados.

A nova tecnologia pode influir no tempo em que o empregado fica à disposição do empregador, surgindo o "teletrabalho", o trabalho à distância e ressurgindo o trabalho em domicílio, em que o trabalhador fica em casa e aí trabalha, comunicando-se com outras pessoas por fax, telefone celular, internet, telefone, *lap top*, computador, "modem" etc. O trabalhador poderá ficar mais tempo em casa com a família, aprimorando-se culturalmente e até se dedicando ao lazer. Pode ser uma forma de manter a continuidade do contrato de trabalho e de evitar as dispensas.

Certos correspondentes de jornais e revistas escrevem textos à distância e mandam o artigo por fax.

As vendas podem ser feitas até pela internet ou por telefone. A tradução de documentos ou textos pode ser realizada na casa do tradutor e enviada por fax ao editor. Seriam formas de trabalho em domicílio. O vendedor pode trabalhar no carro, com telefone celular e fax. O executivo pode laborar num quarto de hotel, levando até mesmo o seu *lap top*.

Acaba criando a nova tecnologia uma nova forma de subordinação, pois o empregado pode até não ficar subordinado diretamente ao empregador, mas indiretamente. Passa a existir uma "telessubordinação" ou parassubordinação, como já se verifica na Itália em relação a trabalhadores autônomos. Na telessubordinação, há subordinação à distância, uma subordinação mais tênue do que a normal. Entretanto, o empregado pode ter o controle de sua atividade por intermédio do próprio computador, pelo número de toques, por produção, por relatórios etc.

Giuseppe Ferraro afirma que a parassubordinação seria uma variedade da relação de trabalho autônomo, compreendida também num contrato de obra ou de obra profissional (arts. 2.229 e s. do CC)[11]. Assevera que o elemento conectivo da relação em questão pode ser genericamente individualizado no vínculo de dependência substancial e de disparidade contratual do prestador de obra em relação ao sujeito que usufrui da sua prestação. Seria uma situação análoga à do trabalho dependente[12]. É o reconhecimento jurídico de uma categoria de relação afim ao trabalho subordinado, com um resultado semelhante[13]. Exemplifica com o contrato de agência e dos profissionais liberais, entre outros[14]. Na Itália, depreende-se que a parassubordinação está ligada a certos contratos com autônomos, que têm certa dependência com o tomador dos serviços, mas que não se confunde com a típica subordinação, que difere da autonomia, em que o trabalhador também assume os riscos de sua atividade, ao contrário do empregado.

Dependendo do caso, o elemento pessoalidade da relação de emprego por parte do empregado também pode ser difícil de ser apurado. O empregador não terá como verificar quem efetivamente presta os serviços: se é o empregado ou um preposto deste, como seu filho, sua esposa, pois não há o controle pessoal do trabalho do obreiro e o serviço não é desenvolvido dentro da empresa.

Entretanto, o computador não existe em certas localidades no Brasil, além do que muitos trabalhadores não têm educação suficiente para poder operá-los, havendo necessidade de fazerem cursos técnicos de profissionalização para esse fim.

Dispõe o art. 6º da CLT que "não se distingue entre o trabalho realizado no estabelecimento do empregador, o executado no domicílio do empregado e o realizado a distância, desde que estejam caracterizados os pressupostos da relação de emprego". Considera o art. 83 da CLT trabalhador em domicílio a pessoa

---

11. FERRARO, Giuseppe. *Il contratti di lavoro*. Padova: Cedam, 1991, p. 225.
12. FERRARO, Giuseppe. *Il contratti di lavoro*. Padova: Cedam, 1991, p. 226.
13. Ibid., p. 226-227.
14. Ibid., p. 233-234.

que executa seu serviço na habitação do empregado ou em oficina de família por conta de empregador que o remunere, devendo receber pelo menos um salário mínimo por mês.

O Código de Trabalho de Portugal, de 2009, prevê que o trabalhador em regime de teletrabalho tem os mesmos direitos e deveres com a mesma categoria ou com função idêntica, nomeadamente no que se refere a formação, promoção na carreira, limites da duração do trabalho, períodos de descanso, incluindo férias pagas, proteção da saúde e segurança no trabalho, reparação de acidentes de trabalho e doenças profissionais, e acesso a informação das estruturas representativas dos trabalhadores (art. 169, n. 1).

Prevê o parágrafo único do art. 6º da CLT que "os meios telemáticos e informatizados de comando, controle e supervisão se equiparam, para fins de subordinação jurídica, aos meios pessoais e diretos de comando, controle e supervisão do trabalho alheio".

Telemática é a ciência que trata da manipulação e utilização da informação por meio do uso combinado de computador e meios de telecomunicação. É a utilização do computador em rede, de *modem*, e-mail, *notebook*, *tablet*, *smartphone*, *cloud computing* (acesso a banco de dados virtuais), *logmein* (computador acessado por meio de celular ou *tablet*), *iCloud* (dados que podem ser colocados no computador-mãe da Apple e acessados de qualquer lugar por computador ou celular).

Informática é a ciência que visa ao tratamento da informação por meio do uso de equipamentos e procedimentos da área de processamento de dados.

Comando é dirigir, mandar, governar, liderar, conduzir, ordenar.

Controle é ter o domínio.

Supervisionar é dirigir, orientar ou inspecionar.

Os meios pessoais e diretos de comando, controle e supervisão do trabalho alheio são feitos por intermédio do poder de direção do empregador, que dirige o empregado. Este se subordina ao empregador.

Meios de controle informatizados podem ser feitos por *login* ou *logout*, no controle de dados na entrada e saída por registros feitos no computador, que inclusive indicam horário, no controle de produção por toques no teclado.

O trabalho *on-line* é o realizado de forma interativa, bidirecional e a tempo real. O empregado fica conectado com o computador central da empresa. O empregador pode fiscalizar ou controlar o trabalho do empregado. O trabalhador prestaria serviços como se estivesse dentro da empresa. A subordinação pode ser feita por meio da informática. O trabalho pode ser feito também com o uso da internet.

Caso o trabalhador trabalhe de forma desconectada (*off-line*), haverá maior dificuldade em medir o tempo despendido por ele na prestação de serviços ao empregador. Nesse caso, a comunicação é feita por telefone. O empregador, de um modo geral, não controla o trabalho do empregado, salvo se isso for feito por outros meios, mas não mediante conexão do computador do trabalhador ao da empresa.

Há também o trabalho chamado de *one way line* ou unidirecional. A conexão é simples, num único sentido. O empregador não tem controle direto do trabalho do empregado.

Alain Supiot leciona que "a técnica do sistema indiciário deve permitir adaptar no campo de aplicação do direito do trabalho as novas formas de exercício do poder da empresa, evitando uma definição restritiva da subordinação baseada em um só critério"[15].

A lei francesa Madelin, de 11 de fevereiro de 1994, deu nova redação ao art. 120-3 do Código do Trabalho. A Corte de Cassação entende, com base no citado dispositivo, que há presunção de que o teletrabalhador, inscrito como comerciante, artesão ou agente comercial, não está vinculado a um contrato de trabalho. É uma hipótese de inversão do ônus da prova. Trata-se de presunção relativa, que admite prova em sentido contrário. O trabalhador poderá demonstrar que é realmente empregado, apesar de ser inscrito como comerciante, artesão ou agente comercial, provando que existe a subordinação jurídica. Gallardo Moya afirma que "em caso de litígio a presunção será favorável à extralaboralidade, e o trabalhador deverá provar todos os requisitos que se exigem para qualificar a relação laboral, e no caso de dúvida, a relação será não laboral"[16].

A jurisprudência espanhola sobre o teletrabalho faz distinção entre empregado e outro tipo de trabalhador em razão de quem é o proprietário do programa de computador[17]. Se o programa é da empresa, há contrato de trabalho. Caso o programa seja do trabalhador, não existe contrato de trabalho. Esse critério é relativo, pois o trabalhador pode usar a sua ferramenta de trabalho e, mesmo assim, ser empregado, como usar sua caneta, sua colher de pedreiro etc. O fato de o programa de computador e o computador serem do trabalhador não quer dizer que ele é autônomo. Pode ser, como pode não ser.

---

15. SUPIOT, Alain. *Au-delà de l'emploi*: transformations du travail et devenir du droit du travail en Europe. Paris: Flamarion, 1999, p. 195.
16. GALLARDO MOYA, Rosario. *El viejo y el nuevo trabajo a domicilio*. Madrid: Ibidem, 1998, p. 68.
17. Ibid., p. 72, nota 93.

Em certo caso foi reconhecido o vínculo de emprego no teletrabalho:

Relação de emprego. A prestação de serviços na residência do empregado não constitui empecilho ao reconhecimento da relação de emprego, quando presentes os pressupostos exigidos pelo art. 3º da CLT, visto que a hipótese apenas evidencia trabalho em domicílio. Aliás, considerando que a empresa forneceu equipamentos para o desenvolvimento da atividade, como linha telefônica, computador, impressora e móveis, considero caracterizada hipótese de teletrabalho, visto que o ajuste envolvia execução de atividade especializada com o auxílio da informática e da telecomunicação (TRT 3ª R., RO 977/2009.129.03.00-7, rel. Juiz Conv. Jesse Cláudio Franco de Alencar, *DJe* 26-11-2009, p. 97).

O comparecimento, ainda que de modo habitual, às dependências do empregador para a realização de atividades específicas que exijam a presença do empregado no estabelecimento não descaracteriza o regime de teletrabalho ou trabalho remoto. (parágrafo 1.º do art. 75-B da CLT).

A prestação de serviços na modalidade de teletrabalho deverá constar expressamente do contrato individual de trabalho (art. 75-C da CLT), que especificará as atividades que serão realizadas pelo empregado. Poderá ser realizada a alteração entre regime presencial e de teletrabalho desde que haja mútuo acordo entre as partes, registrado em aditivo contratual. Poderá ser realizada a alteração do regime de teletrabalho para o presencial por determinação do empregador, garantido prazo de transição mínimo de quinze dias, com correspondente registro em aditivo contratual.

Talvez no futuro o trabalho das pessoas seja feito nas suas próprias residências. É claro que o futuro a Deus pertence, mas "a melhor forma de apostar no futuro é fazê-lo brotar no presente", como dizia Juscelino Kubitschek. Assim, há necessidade de se analisar o presente para compatibilizá-lo com as novas tecnologias e formas de trabalho.

3.10 DISPENSA

A dispensa dos empregados por motivo de automação não pode ser considerada despedimento com causa justificada, mas sem justa causa.

A melhoria da condição social do trabalhador deve ser respeitada em razão da utilização de novas tecnologias, pois é um dos principais objetivos do direito do trabalho.

Certas tecnologias são fundamentais para o ser humano, como o telefone e os sistemas de telecomunicação, tendo por objetivo melhorar a vida das pessoas. Não pode, portanto, a nova tecnologia vir a causar prejuízos ao empregado, principalmente ocasionando a sua dispensa. Devem ser estudados mecanismos para minorar ou controlar as dispensas dos trabalhadores.

Antes de o empregado ser dispensado, a empresa deveria verificar a possibilidade de colocá-lo em outra função, de reciclá-lo, readaptá-lo ou retreiná-lo para o uso das novas tecnologias. Esses sistemas deveriam ser estabelecidos com a colaboração não só do Governo, mas também de toda a sociedade e dos sindicatos, isto é, de todas as pessoas interessadas no tema. Apenas no caso de tais procedimentos não serem possíveis de utilização é que o empregado deveria ser dispensado. Entretanto, deveria haver também um critério para as dispensas, como: despedimento dos trabalhadores mais jovens em detrimento dos mais velhos; ou dos que têm menores encargos sociais e familiares, como os solteiros em relação aos casados e com filhos etc.

3.11 CRIAÇÃO DE POSTOS DE TRABALHO

A afirmação de que a informática impossibilita a criação de postos de trabalho é inverídica.

No decorrer da história, verifica-se que as novas tecnologias foram extinguindo e criando empregos. A curto prazo, a nova tecnologia destrói mais do que cria empregos. As novas tecnologias fizeram desaparecer diversas profissões. A longo prazo, no entanto, podem ser criados novos empregos. A perda de postos de trabalho tem atingido, geralmente, os trabalhadores com baixa qualificação.

Nos Estados Unidos, não são preenchidas as vagas existentes na área de serviços de programação de computadores ou desenvolvimento de sistemas (*software*) pois inexistem trabalhadores qualificados em número suficiente para esse fim. A televisão, por exemplo, diminuiu o número de ouvintes de rádio e leitores de jornais, mas criou novos empregos na área.

O Japão tem alto índice de robotização, mas seu nível de desemprego é menor que o dos Estados Unidos. A tecnologia acaba criando novos postos de trabalho, apesar da extinção de outros. Postos de trabalho acabam surgindo em novos segmentos da economia.

Na França, houve grande aumento da procura por telefones celulares, em virtude de seu baixo preço. Estima-se que, em razão da procura, foram criados 40 mil novos empregos nos últimos cinco anos.

Muitos trabalhadores saem de uma área que extingue empregos pela automação, mas podem ir para outra. Exemplo são os trabalhadores da área de telégrafos, que podem ter ido para a área de telefonia.

Os fazendeiros do Estado de São Paulo devem mecanizar inteiramente o corte de cana. O corte manual implica a necessidade da queima da cana, que facilita a operação, porém causa graves danos ao meio ambiente. Com a mecanização, cinco operadores irão operar a máquina, que desempregará 45 cortadores manuais. São criados empregos de melhor qualidade, pois os operadores devem ter mais qualificação que os cortadores, porém 45 pessoas ficarão desempregadas.

A automação tende a causar transferência da mão de obra da indústria para o setor de serviços. Pode ocorrer de os trabalhadores conseguirem trabalho nas cidades. Em razão da automação, poderão voltar para o campo, onde também não há trabalho, em decorrência do uso de em razão, máquinas para adubar, colher etc.

Não se pode, porém, afirmar categoricamente que a eliminação de postos de trabalho na indústria vá ser compensada pela criação de postos na área de serviços. A afirmação é relativa, inexistindo estudos comprovadores nesse sentido. Seria impreciso também asseverar que os novos empregos criados no setor de informática estariam compensando a perda de postos de trabalho em outros setores, até em razão da necessidade de qualificação, que nem todos os trabalhadores têm.

Provavelmente a tecnologia não vai absorver os empregos que foram perdidos em outras empresas, pois a tendência seria precisar de cada vez menos empregados, em razão do aumento de produção decorrente do uso de máquinas.

3.12 NEGOCIAÇÃO COLETIVA

A negociação coletiva passa a desempenhar papel fundamental em razão da automação.

Quando há ofertas de postos de trabalho, o sindicato resiste às inovações tecnológicas. Ao contrário, se há desemprego, o sindicato passa a negociar outras condições de trabalho em razão das novas tecnologias, principalmente a manutenção do nível de emprego.

Deveria a negociação coletiva prever mecanismos para a proteção do trabalho decorrente da automação, assim como o sindicato poderia fiscalizar tais hipóteses. A legislação nacional ou as normas coletivas deveriam estabelecer critérios para dispensas coletivas decorrentes da automação. Entretanto, o Brasil não possui nem mesmo normas sobre dispensa coletiva.

Nos acordos coletivos europeus, tem sido inserida uma cláusula de direito à informação quando o empregador for fazer a automação. São criados órgãos, por meio do instrumento normativo, para discutir, negociar e controlar as transformações tecnológicas. Geralmente, são estabelecidas cláusulas de: garantia do nível de emprego e de remuneração; reaproveitamento de mão de obra; redução da jornada para manter o nível total de empregos; saúde e segurança, em razão da utilização de novas tecnologias.

No direito alemão, as normas coletivas estabelecem que o empregado não pode ficar mais de quatro horas diárias diante do monitor[18]. Entretanto, não são incluídas nos contratos coletivos disposições sobre as decisões empresariais[19]. Muitos empregados representados pela central sindical DGB estão trabalhando menos de 40 horas semanais, por força de contrato coletivo. O empregador compromete-se a compensar os prejuízos causados ao empregado com a automação. Antes de o empregado ser dispensado, o empregador deve oferecer outro posto de trabalho equivalente, custear seu retreinamento. Não sendo possível observar essas regras, aumenta-se o prazo do aviso prévio, além de o empregador ter de pagar uma indenização não prevista em lei[20]. Em certas normas coletivas, é estabelecida a impossibilidade da dispensa de pessoas a partir de 40 ou 55 anos de idade, além de manter a faixa de renda a partir da idade entre 50 e 55 anos[21].

Na União Europeia, a introdução de novas tecnologias tem de seguir as determinações previstas pelas Políticas Diretivas do Conselho, aprovadas em 1975. As empresas, antes de adotar inovações que causem dispensas ou modifiquem as condições de trabalho, devem negociar com os representantes dos trabalhadores. Nos países europeus, não está prevista na lei a proteção à automação[22], mas é estabelecida, de comum acordo, nas normas coletivas. Os trabalhadores devem ter acesso a informações detalhadas a respeito das novas tecnologias e seus efeitos nos contratos de trabalho.

Nos Estados Unidos, inexiste restrição legal à implantação de novas tecnologias, apenas a lei trata de questões relativas à saúde e segurança do trabalho. O tema é previsto na negociação coletiva. Os contratos coletivos que versam sobre o assunto costumam prever aviso prévio superior ao normal, retreinamento e recolocação dos trabalhadores na empresa. Tem ocorrido que, se as empresas aumentam o lucro em razão da maior eficiência com a tecnologia, os sindicatos aumentam também suas exigências por salários, podendo ser a diminuição de custos com o emprego da tecnologia diluída com a concessão de outros benefícios aos trabalhadores.

No Japão, os sindicatos têm entendido que a implantação de novas tecnologias é necessária, buscando minorar os efeitos que possa ter sobre os empregos.

---

18. DÄUBLER, Wolfgang. *Direito do trabalho e sociedade na Alemanha*. São Paulo: LTr, 1997, p. 211.
19. Ibid., p. 212.
20. DÄUBLER, Wolfgang. *Direito do trabalho e sociedade na Alemanha*. São Paulo: LTr, 1997, p. 218-219.
21. Ibid., p. 221.
22. Como o Brasil pretende fazer por intermédio do inciso XXVII do art. 7º da Constituição, ao determinar que a lei ordinária trate do tema.

Os sindicatos procuram negociar a implantação da tecnologia mediante outras compensações.

Provavelmente o empregador não irá querer inserir na norma coletiva cláusula sobre garantia de emprego quando ocorrer a efetiva instituição das novas tecnologias, pois aquela garantia implicaria a manutenção de custo fixo para a empresa, como pagamento de salários aos empregados e encargos sociais, que a implantação da automação pretende diminuir.

Em geral, na negociação coletiva poderia ser estabelecida a manutenção do nível de emprego em troca da não concessão de reajuste salarial na data-base; a diminuição de determinados benefícios concedidos pela empresa; o encurtamento da jornada de trabalho, com redução de salários.

A implantação de novas tecnologias não deveria diminuir os salários dos empregados, salvo se houvesse negociação com o sindicato para a manutenção dos postos de trabalho.

Os sindicatos pretendem, porém, participar dos projetos em relação à automação desde sua elaboração, em que ainda estão sendo previstas as medidas tendentes à implantação de novos sistemas. É uma forma de conhecer o problema em sua origem, na fase em que ainda está sendo discutida a implantação da nova tecnologia, de forma que sejam preservados os postos de trabalho.

Acordo firmado pelos bancários com o Banespa prevê a participação dos trabalhadores tanto na fase de estudos como de implantação das inovações tecnológicas.

Em razão de o empregado passar a ter de desempenhar mais de uma função com a automação, o Sindicato dos Metalúrgicos de Osasco negociou adicional de polivalência.

As empresas que estabelecessem processo de automação deveriam contribuir em maior escala com o retreinamento da mão de obra.

3.13 CONCLUSÃO

A automação é necessária. Exemplo são as comunicações, o controle de trânsito e de tráfego aéreo, o sistema bancário. A não utilização da automação poderia trazer como consequência o caos nas áreas citadas.

Na prática, verifica-se que o inciso XXVII do art. 7º da Constituição não vai ser regulamentado, como não foi, por exemplo, a participação dos empregados na gestão, tornando-se letra morta. Por esse motivo passa a ser fundamental as convenções e os acordos coletivos tratarem do tema.

A legislação protetora não nasce com a mesma velocidade que surgem as inovações tecnológicas. Deve, porém, a legislação ser adaptada ao momento econômico e tecnológico pelo qual passamos.

A proteção estabelecida pela lei, dependendo do caso, pode acabar desprotegendo o trabalhador, pelos maiores encargos que possam ser atribuídos ao empregador. Este, em vez de contratar empregados, ou vai deixar de contratá-los, ou vai admiti-los em número menor.

Se a lei desestimular a criação da tecnologia, o Brasil ficará em desvantagem em relação a outros países.

A automação acaba sendo mais um elemento para o aumento do desemprego, decorrente também de recessão, globalização, inflação etc. A recessão tem como consequência o desemprego, pois a atividade econômica declina, não sendo necessários tantos empregados nas empresas. O desemprego, porém, não é causado apenas pela automação, mas por outros fatores, como inflação, internacionalização da economia, falta de investimentos etc.

As crises, porém, mostram a experiência que se adquire e proporcionam oportunidades para futuros êxitos.

A tecnologia proporciona diminuição de postos de trabalho em certos setores, podendo criar novas vagas em outros setores, como nos de informática.

A mão de obra precisa ser retreinada em razão da nova tecnologia, de forma a se adaptar às novas qualificações exigidas.

O trabalhador deve procurar manter sua educação para sempre, fazendo novos cursos, reciclagens etc., de forma que haja um aprimoramento contínuo para ajustar-se às novas tecnologias.

O homem precisa adequar-se ao trabalho com as novas tecnologias, porém tem de ser compreendido como *homo sapiens* e não apenas como *homo faber*[23].

No futuro, talvez haverá a fábrica sem operários, em razão dos processos de automação. Haverá apenas dois animais na fábrica. O cachorro e o homem. O cachorro para impedir o homem de tocar na máquina e o homem para dar comida ao cachorro[24]. É preciso, porém, estabelecer regras, inclusive coletivas, para preservar os postos de trabalho dos empregados ou minorar as condições decorrentes da automação, de forma que os trabalhadores tenham um mínimo de prejuízo, podendo manter seus postos de trabalho.

---

23. NASCIMENTO, Amauri Mascaro. *Direito do trabalho na Constituição de 1988*. São Paulo: Saraiva, 1989, p. 143.
24. HUNTINGTON, Samuel P. *El choque de civilizaciones*. Barcelona: Paidós, 2001.

Dependendo do caso, o trabalhador deve ter um proveito com a automação, com a participação sobre o ganho econômico do empregador obtido com a produtividade, como era a previsão da Constituinte, podendo ser aplicado por analogia o § 4º do art. 218 da Constituição, inclusive com a alteração da tarifa para a fixação de seu salário, de forma que não tenha prejuízo.

4
GLOBALIZAÇÃO

4.1 HISTÓRICO

Para uns, a globalização vem a ser uma das etapas da evolução histórica da humanidade. Para outros, representa uma nova fase na história econômica.

A globalização já existiu em outras épocas com diferentes denominações.

No século IV a.C., Alexandre fundou o Império Macedônico, que ia da Grécia até o Oceano Índico, indicando certa globalização.

No Império Romano já havia globalização com a conquista de outros povos.

Nos séculos XIV e XV, houve grande avanço e intensificação no comércio internacional entre certas cidades, principalmente italianas. Foi uma espécie de globalização, com a internacionalização das economias das cidades.

As descobertas de outros continentes também foram uma forma de globalização, com Cristóvão Colombo descobrindo a América e Pedro Álvares Cabral, o Brasil. Houve comércio entre os países e até com as pessoas que passaram a residir nas novas terras, importando produtos dos países de origem.

As guerras napoleônicas também foram uma forma de internacionalização.

No início do século XX, a economia já tinha por base o capitalismo, era aberta, existindo a livre circulação de mercadorias e capitais.

Ocorreu também internacionalização com a queda do muro de Berlim e o término da União Soviética. As economias desses países passaram a ser abertas, sujeitas às regras de mercado, só atingindo o apogeu com o colapso do regime socialista, em 1989-1991[1].

No início do século, a economia já tinha por base o capitalismo, era aberta, existindo a livre circulação de mercadorias e capitais.

Na Alemanha, costuma ser citado o exemplo da empresa Siemens, que abriu uma filial em Moscou no final do século XX.

---

1. CAMPOS, Roberto. A quarta globalização. *O Globo*, 11-5-1997, 1º caderno, p. 7.

A internacionalização das economias também foi feita por meio de franquias de produtos ou serviços. As franquias já existiam no mercado pelo menos desde a década de 1970, como Dunkin' Donuts e McDonald's. A franquia implica uma forma mais barata de as empresas colocarem seus produtos e serviços em outros países, em razão do menor custo.

Na União Europeia, trabalhadores de baixos salários rumam para países em que o salário é superior.

A palavra "globalização" pode ser considerada nova, mas seu conteúdo é o mesmo de outras épocas: a internacionalização das economias ou dos mercados.

4.2 ABERTURAS DAS ECONOMIAS

As crises são cíclicas. No início do século foi a quebra da bolsa nos Estados Unidos. Em 1997, foi a crise asiática. Logo em seguida, a crise no Japão. Depois, a crise na União Soviética. Outras crises virão, porém terão de ser enfrentadas.

Arion Sayão Romita ensina que o processo de globalização é irreversível, permitindo "o deslocamento rápido, barato e maciço de mercadorias, serviços, capitais e trabalhadores. Grandes mercados regionais se tornaram possíveis e pode-se pensar, num futuro próximo, no surgimento de um único mercado planetário de bens e de trabalho"[2].

No Brasil, a internacionalização da economia acabou trazendo desemprego. Antes de 1990, estavam fechadas as importações de certos bens, trazendo atraso na utilização e no acesso a novas tecnologias. A economia brasileira foi aberta, com a importação de produtos estrangeiros, como os chineses ou os países asiáticos, que inviabilizaram as atividades de certas indústrias de brinquedos, com muitas dispensas de trabalhadores. Agora, há mais acesso à nova tecnologia, porém o desemprego está aí. A abertura das importações mostrou que os produtos brasileiros têm alto custo de produção e atraso tecnológico em muitos casos. Com a necessidade de competitividade, esse quadro deve se reverter, sob pena de as empresas deixarem de existir.

O capital é livre para se movimentar. Sabe-se que não tem pátria e acaba migrando para onde haja melhores possibilidades de obtenção de lucros. Escolhe o país em que pretende instalar-se, da noite para o dia. Vai utilizar a base humana que lhe promete maior lucratividade, isto é, irá instalar-se no local em que a mão de obra é mais barata. Com a mudança do capital de um país para outro, constata-se que os empregos num local desaparecem para ser criados em outro país,

_____

2. ROMITA, Arion Sayão. *Globalização da economia e direito do trabalho*. São Paulo: LTr, 1997, p. 28.

em razão dos menores custos. Isso cria desemprego no país de origem e emprego no de destino. O trabalho, entretanto, não tem a mesma mobilidade do capital.

Têm as empresas exportado bens de baixo custo para países em que esses bens têm valor superior. Têm as empresas também passado a produzir onde a mão de obra é mais barata para poder exportar seus produtos, tendo custos muito inferiores caso produzissem em países desenvolvidos.

A empresa, ao produzir nos locais com custos trabalhistas mais baixos, exportando para os países desenvolvidos, acaba provocando desemprego nesses países, pois fica muito mais barato produzir fora desses países do que neles próprios.

A expressão "dumping social" passou a ser mais usada durante a Rodada Uruguai, em que se discutiram custos de mão de obra. No "dumping social", as empresas procuram obter competitividade de seus produtos, mediante diminuição de condições ou de direitos trabalhistas dos empregados, com a finalidade de colocar o produto mais barato no mercado.

Os países deveriam tentar a harmonização das legislações trabalhistas, visando evitar o "dumping social". É impossível obter uniformidade das legislações trabalhistas nos países, em razão da cultura, história, geografia, costumes de cada povo. Alegam os países em desenvolvimento que as discussões sobre o estabelecimento de direitos mínimos trabalhistas podem gerar problemas econômicos. Assim, acabam não garantindo os mesmos direitos que os países em desenvolvimento, como piso salarial mínimo.

Já na reunião de Filadélfia, de 1944, estabeleceu-se que os estados-membros da OIT respeitariam os padrões de "concorrência leal, baseada no respeito às normas sociais". As convenções da OIT também têm por objetivo desestimular o "dumping social". Seria o mínimo a ser observado pelos países.

Objetiva a globalização obter eficiência e produtividade, com o consequente aumento de lucratividade da empresa.

Se houvesse maior restrição às remessas de capitais para outros países, talvez o desemprego nos países em desenvolvimento fosse menor, pois o capital teria de ser empregado no próprio país e não em outro, criando novos postos de trabalho. Entretanto, inibiria investimentos nos países que assim procedessem. A maior oferta de trabalhadores também poderia reduzir o nível dos salários, tornando a produção mais barata.

Constata-se que o capitalismo não tem criado o número de empregos suficiente para evitar o desemprego e a marginalização do trabalhador, de modo, inclusive, a manter os trabalhadores ocupados.

A globalização acaba tornando o desemprego universal e não apenas localizado.

Nos Estados Unidos, a caixa do McDonald's era de Porto Rico. Outra caixa era da África. Vendedoras da Macy's eram de Aruba e da Jamaica. *Pizzaiolo* era mexicano ou cambojano. *Maître* do restaurante era da Colômbia. Motorista de táxi era russo, assim como o vendedor do cachorro quente. É a globalização! Os postos de gasolina geralmente não têm frentistas. O próprio motorista põe a gasolina no tanque do veículo.

Aqui, o art. 1º da Lei n. 9.956, de 12 de janeiro de 2000, proíbe o funcionamento de bombas de autosserviço operadas pelo próprio consumidor nos postos de abastecimento de combustíveis, em todo o território nacional. Exige, portanto, que os postos de gasolina tenham frentista.

Tem, de modo geral, a globalização abrangido bens, capitais, mas não as pessoas.

Os mercados financeiros e de produtos têm sofrido internacionalização ou globalização, mas isso não tem ocorrido com o mercado de trabalho. O capital normalmente tem livre movimento, o que não acontece com o trabalho, que tem ficado em cada região.

O mercado de trabalho em muitos países tem regras rígidas de imigração para o trabalho. Apenas nos blocos comerciais ou uniões é que isso, à primeira vista, não acontece. Foi celebrada a Convenção Internacional sobre a Proteção dos Direitos dos Trabalhadores Migrantes e seus Familiares, no âmbito da ONU, aprovada pela Resolução n. 158 (XLV), de 18 de dezembro de 1990, visando evitar a discriminação que tais trabalhadores sofrem em outros países.

Os sindicatos, contudo, não entraram no processo de globalização, como tem ocorrido em relação à economia em geral. Até mesmo seria difícil, diante da padronização de reivindicações, dadas as peculiaridades, as tradições, a cultura e a história de cada país. A taxa de sindicalização nos países decresceu. Em certos casos, há menor poder de negociação dos sindicatos, permitindo à empresa escolher a negociação mais favorável para si.

As negociações coletivas têm a tendência de serem feitas no âmbito da empresa. Na Suécia, existiam convênios coletivos de abrangência nacional, passando a ser celebrados no âmbito setorial. Nos países em que havia acordos por setores, agora são realizados no âmbito da empresa individual.

Um aumento de salário pode implicar a perda de muitos empregos, daí as negociações coletivas acabarem muitas vezes prolongando a jornada de trabalho sem que haja aumento de salário, porém os postos de trabalho são preservados.

O mesmo acontece em hipótese da instalação da empresa em outro lugar ou país. As negociações são para a permanência da empresa no local, com condições de trabalho *in peius*, contudo são mantidos os empregos.

A greve também tem sido utilizada como forma de pressão quanto ao fechamento de empresas que vão para outros lugares.

O importante não é apenas a economia de mercado, a internacionalização das economias, mas a vida das pessoas, que dependem do trabalho para sobreviver. Deve-se, portanto, valorizar o trabalho, de forma a dignificar a pessoa do trabalhador, como um dos objetivos do Estado Democrático de Direito (art. 1º, III, da Lei Maior).

Será que estamos caminhando para a globalização da pobreza? O capital, ao sair de um lugar para outro, deixa o desemprego num país e cria postos de serviço em outro. O capital não tem pátria.

IV
CONSEQUÊNCIAS DA RIGIDEZ DA LEGISLAÇÃO TRABALHISTA E DESCONTINUIDADE DO CONTRATO DE TRABALHO

1
INTRODUÇÃO

Nesta parte, serão examinadas as consequências da rigidez da legislação trabalhista e a descontinuidade do contrato de trabalho.

Não serão examinadas todas as hipóteses possíveis. Apenas serão verificadas as consequências mais comuns dos últimos tempos, como o trabalho informal, a terceirização, o desemprego. Deixarão de ser estudados detalhadamente esses temas. Serão analisados apenas os elementos mais importantes em relação à descontinuidade do contrato de trabalho.

2
TRABALHO INFORMAL

2.1 O DIREITO DO TRABALHO E A ECONOMIA

O direito do trabalho relaciona-se com a Economia a partir do momento em que o Estado intervém no sistema produtivo, estabelece políticas que têm reflexos no nível de emprego. A relação entre empregado e empregador tem causa econômica. A Economia tem por objetivo primordial o estudo da produção, distribuição e consumo de bens indispensáveis ou úteis à vida coletiva. Os fatos econômicos dão ensejo, porém, a modificações na estrutura jurídica. Exemplos são a globalização, o Mercosul, as crises econômicas etc. O governo intervém na economia estabelecendo uma política econômica, uma política salarial, que terão influência na relação de emprego.

Evaristo de Moraes Filho afirma que "pode-se dizer sem receio de errar que nenhum outro ramo do direito vive tão próximo das manifestações econômicas como o direito do trabalho. O seu conteúdo é econômico por excelência"[1]. Entretanto, leciona Arion Sayão Romita que "o direito do trabalho se propõe realizar o socialmente desejável, mas encontra limitações no economicamente possível"[2]. George Gurvitch afirma que, "nos vários tipos de sociedade, ora é a economia que, ultrapassando a realidade jurídica, serve-lhe de fator, ora o direito que, guiando a realidade econômica, condiciona-a"[3]. Miguel Reale declara que há "uma interação dialética entre o econômico e o jurídico, não sendo possível reduzir essa relação a nexos causais, nem tampouco a uma relação entre forma e conteúdo"[4]. Não há como deixar de reconhecer o impacto dos fenômenos da economia na formulação das regras de direito. Como assevera, porém, Rudolf Stammler: "se o conteúdo dos atos humanos é econômico, a sua forma é necessariamente jurídica". Menciona Miguel Reale que

> o Direito é como o rei Midas. Se na lenda grega esse monarca convertia em ouro tudo aquilo em que tocava, aniquilando-se na sua própria riqueza, o Direito, não por castigo, mas por

---

1. MORAES FILHO, Evaristo de. *Tratado elementar de direito do trabalho*. Rio de Janeiro-São Paulo: Freitas Bastos, s.d.p., v. I, p. 166.
2. ROMITA, Arion Sayão. Sindicalismo e flexibilização do direito do trabalho. In: *Sindicalismo, economia, estado democrático*. São Paulo: LTr, 1993, p. 24.
3. GURVITCH, George. *Sociologia jurídica*. Rio de Janeiro: Livraria Kosmos, 1946, p. 340.
4. REALE, Miguel. *Lições preliminares de direito*. 23. ed. São Paulo: Saraiva, 1996, p. 21.

destinação ética, converte em jurídico tudo aquilo em que toca, para dar-lhe condições de realizabilidade garantida, em harmonia com os demais valores sociais[5].

O direito do trabalho não pode ignorar os fatores macroeconômicos, como a relação entre população e população ativa, as modificações decorrentes da tecnologia, o grau de investimento público ou privado, o grau de consumo, a capacidade de poupança, a distribuição da renda nacional, o nível de emprego, a produtividade, os preços etc.

Após 1946, com o final da Segunda Guerra Mundial, há a consagração do regime de economia de mercado com finalidade social, sendo a busca do pleno emprego um dos objetivos das políticas governamentais. Exemplos dos reflexos da política governamental no direito do trabalho são a limitação da jornada de trabalho, que pode influir no volume de produção. Ao se observar certas regras mínimas trabalhistas, até mesmo de segurança e higiene do trabalho, pode ocorrer o aumento dos custos das mercadorias e dos serviços. O mesmo se pode dizer com o aumento do salário mínimo, que, em contrapartida, pode gerar um aumento do poder de compra e de venda de mercadorias e serviços.

2.2 REGRAS DE PROTEÇÃO

O grau de proteção do direito do trabalho deve centrar-se mais na desigualdade de contratar do trabalhador em relação ao patrão do que na intensidade da subordinação. A necessidade econômica e social é que determinará a maior ou menor incidência da regra tutelar, de modo realmente a proteger o hipossuficiente.

Surge, assim, um direito do mercado de trabalho, que tem como principal fundamento a regulação do sistema de relações de trabalho, mediante o estímulo ao incremento do emprego ou da ocupação, bem como a proteção do hipossuficiente, daquele que tem menores condições de contratar, justificando sua extensão ao trabalho autônomo ou até a outras formas de trabalho. Com isso, pretende-se acabar ou diminuir o trabalho informal, que de certa maneira é uma forma de discriminar e diferenciar a proteção entre trabalho subordinado e trabalho autônomo.

O Estado moderno enfrenta uma situação de crise, como resultado da crescente desigualdade social, a exigir políticas cada vez mais onerosas e complexas.

As políticas sociais modernas encontram vários impedimentos para sua aplicabilidade efetiva, como o crescente desemprego, o custo cada vez mais alto

---

5. Ibid., p. 22.

dos sistemas de seguridade social, as cargas tributárias elevadas, o impacto das novas tecnologias, a formação profissional, a competitividade comercial internacional (globalização) e a necessidade do desenvolvimento econômico.

É visível a crise do Estado do Bem-Estar Social (*Welfare State*), provocada pela excessiva benesse em conceder muitas prestações em certos regimes de seguridade social. As modificações de caráter demográfico, com o aumento da expectativa de vida, causam desequilíbrio entre a população ativa e a população inativa, implicando a existência de problemas no âmbito da Previdência Social, sendo necessária a revisão da idade mínima para que a pessoa possa aposentar-se. A isso se agrega o aumento contínuo do desemprego.

Essa dura realidade está a exigir o implemento de políticas sociais eficazes, para a promoção de uma ordem mais justa, tanto no plano nacional como no internacional. Verifica-se, na prática, a paulatina desmoralização do sistema normativo oficial, que existe, porém é sistematicamente descumprido, pelas mais variadas justificativas. Como afirma Ney Prado, "há a prevalência do Estado sobre o homem, da criatura sobre o criador, da forma sobre a essência"[6].

A proteção coletiva é indispensável na sociedade liberal, não somente por uma questão de justiça, mas também para que seja eficaz. Não há, a rigor, antinomia ou contradição entre proteção e liberalismo, nem entre proteção social e eficácia econômica. Afinal, o mercado não é perfeito. Daí se dizer que só é eficaz se estiver regulado. A liberdade excessiva pode, porém, destruí-lo.

A política de emprego é um dos segmentos da política social, tendo por objetivo o aproveitamento, a preparação e a remuneração da mão de obra por conta alheia. Na Alemanha, é denominada política do trabalho. Exemplo no Brasil seria as empresas com seis ou mais empregados ficarem obrigadas a admitir, como assistidos, menores entre 12 e 18 anos de idade (Decreto-lei n. 2.318, de 31-12-1986). É uma forma de dar emprego aos adolescentes.

A intervenção estatal no mercado de trabalho tem dois fundamentos distintos: a) o primeiro tem caráter normativo, parte da concepção de que o trabalhador não é um simples fator da produção, como a terra e o capital e, por isso, merece uma proteção especial, porque é o polo mais fraco da relação; b) o segundo é que há necessidade de uma permanente atenção estatal, de maneira a regular o mercado, pois a maioria dos fatores que o influenciam é encontrada externamente.

Nos anos 1980, o emprego tornou-se o mais grave problema social e econômico em quase todos os países, principalmente na Europa e nos Estados Unidos.

---

6. PRADO, Ney. *Os notáveis erros dos notáveis*. Rio de Janeiro: Forense, 1987, p. 123.

Nota-se que é mister a existência de uma forma eficaz e produtiva da utilização das formas de emprego em um contexto de ajustamento estrutural do próprio mercado, visando à não provocação de tensões sociais.

Criaram-se instrumentos diversos, ortodoxos e heterodoxos, com vistas a aumentar o nível de ocupação, tanto por meio da tradicional solução estatal quanto mediante pactos sociais ou acordos de nível nacional. Os resultados nem sempre foram os esperados. Exemplos foram os diversos planos econômicos adotados no Brasil de 1986 em diante, que não deram o resultado desejado e provocaram uma série de distorções subsequentes. Entre elas, a principal foi o aumento da inflação, que determinou uma crise econômica e, por consequência, desemprego.

Os interessados na relação de emprego começam a armar estratégias para sua manutenção. Em países europeus, os trabalhadores aceitam restrições salariais com a finalidade de preservar e aumentar o nível de emprego e as prestações sociais. Os sindicatos começam a aceitar maior flexibilidade quanto a salários e mobilidade funcional, encarados como instrumentos geradores de emprego. Discute-se a possibilidade de se estabelecerem várias modalidades de contrato de trabalho por tempo determinado, até com a diminuição de encargos sociais, para que as empresas contratem mais trabalhadores e se diminua o desemprego.

No âmbito do direito internacional do trabalho, a Convenção n. 122 da OIT preocupa-se, por exemplo, com a política de emprego e indiretamente com o desemprego, contendo várias disposições sobre o trabalho precário e o trabalho clandestino. A Recomendação n. 169 prega a luta contra o desemprego e a importância de se cuidar do setor informal.

Mario Pinto afirma que o pleno emprego, tradicional objetivo de política jurídica e social, tende a ser substituído por conceito mais abrangente: o de ocupação[7]. A ocupação compreende desde o trabalho autônomo, as formas de emprego atípicas até o trabalho familiar[8].

O desemprego parcial ou trabalho a tempo parcial passa a desempenhar uma forma de divisão do posto de trabalho, de partilha do trabalho. Os defensores da partilha do trabalho por meio das técnicas de desemprego parcial afirmam que mais empregos foram gerados do que perdidos em razão da revolução tecnológica, do que resultaria um saldo positivo. Se na Europa não se utilizassem esses meios, inclusive a flexibilização dos direitos trabalhistas e a terceirização, o desemprego seria muito maior do que já é. A redução da jornada de trabalho, com a redução de salários, tam-

---

7. PINTO, Mario. Trabalho temporário e política de emprego. *Revista Española de Derecho del Trabajo*, Madrid: Civitas, n. 21, jan./mar. 1985.
8. PINTO, Mario. Garantia do emprego e a crise econômica. *Leopoldianum, Revista de Estudos e Comunicações*, Santos: Edições Loyola, n. 37, p. 9, 1986.

bém é uma forma de manutenção de postos de trabalho, visando evitar a economia informal. A jornada deixa de ser diária, estabelecendo-se módulos anuais, de maneira que o empregado trabalhe um número maior ou menor de horas por dia, diante das necessidades de produção, havendo anualização do número de horas trabalhadas.

Observou-se que a redução em meia hora no horário de atendimento bancário, a partir de 16 de abril de 1997, na cidade de São Paulo, não implicou aumento de empregos nos bancos, mas diminuição dos postos de trabalho, pois o banco não precisa de tantos funcionários, podendo colocar um funcionário para trabalhar seis horas, das 10 às 16 horas, sem a necessidade de dois turnos de trabalho. O que há no caso é a diminuição de postos de trabalho e o aumento de tempo de espera dos clientes nas agências.

Aparece o trabalho sob a forma de estágio, trabalho em domicílio, trabalho autônomo, subcontratação, terceirização etc. Mulheres, estudantes e idosos têm tido preferência por empregos que não tenham jornada integral, de modo que possam cuidar de afazeres domésticos, de concluir o curso que estão fazendo ou de combinar uma forma de aumentar a aposentadoria, sem necessidade de uma jornada desgastante de oito ou mais horas por dia. O excesso de encargos sociais e tributários incidentes sobre a relação de emprego é uma das concausas da informalidade. Em alguns países, as atividades atípicas aproximam-se ou até superam as decorrentes da relação de emprego, sendo estimuladas nas legislações de Alemanha, Bélgica, Espanha, França, Itália, Noruega, Holanda, Portugal e Suécia. O *Kapovaz*, por exemplo, corresponde no direito alemão ao contrato de trabalho intermitente, caracterizado pela incerteza e variabilidade dos períodos de emprego, conforme a conveniência da empresa.

A redução de direitos dos que têm emprego pode significar maior extensão da proteção, visto que tende a incluir todos os trabalhadores, em diversos regimes jurídicos, muitos dos quais estão atualmente impedidos de obter acesso à ocupação.

A flexibilidade enseja ao empregador a distribuição de seu estoque de horas de trabalho conforme as variações da demanda e o interesse da produção, evitando as horas extraordinárias em períodos de pico e o desemprego parcial nos períodos de queda de produção ou de crise econômica.

É, porém, na competição que se vai encontrar o estímulo para a produtividade, para a qualidade, para o barateamento dos custos e para a generalização do acesso de todos às vantagens do progresso. É o que vem acontecendo com a globalização, que tem mostrado que a concorrência e a competição são naturais e inerentes ao ser humano. A pessoa que não é estimulada acaba acomodando-se e conformando-se em repetir padrões rotineiros e burocráticos. Existindo liberdade e incentivo, o homem acaba criando e evoluindo, em função até mesmo da necessidade de modificação.

2.3 ECONOMIA INFORMAL

O estudo da economia informal proporciona excelente ensejo para repensar o papel do Estado, que tem sido acusado da existência da miséria e pobreza generalizadas, principalmente nos países subdesenvolvidos, diante do excesso de proteção, ocasionando também injustiça social. A ordem jurídica não pode negar os valores da ordem econômica que a precede enquanto fatos. A tendência tem sido, contudo, a tolerância da informalidade.

Na economia informal verificam-se certas situações que são proibidas por lei, mas toleradas e observadas na prática, como os camelôs, o jogo do bicho, a venda sem nota, a pessoa trabalhar sem carteira assinada, os cassinos clandestinos, o contrabando, a sonegação etc.

O trabalho informal, apesar de tolerado, deve ser mais bem analisado, como forma de evitar a descontinuidade do contrato de trabalho.

O Direito, porém, não cria empregos. O emprego é criado por um conjunto de fatores decorrentes da economia.

As normas trabalhistas não podem ser rígidas, imutáveis, em razão das modificações econômicas que ocorrem no curso do tempo. Daí, a melhor solução é que as condições de trabalho sejam especificadas em normas coletivas, que podem melhor se adaptar à mudança das condições econômicas, assim como podem verificar peculiaridades existentes em certa empresa em relação à categoria.

2.3.1 Denominação

Recebe a informalidade várias denominações, como economia informal, invisível, oculta, subterrânea, submersa, paralela, negra, não oficial, secundária, marginal, alternativa, irregular. Essas denominações indicam a mesma concepção: o desvio da normalidade, do padrão comum.

2.3.2 Conceito

A economia informal, segundo Ney Prado, é

> o conjunto de atividades econômicas que o estado de necessidade social ou a busca de lucros ilícitos leva a que sejam realizadas informalmente, de modo que não são detectadas, nem medidas, nem consideradas nas contas nacionais[9].

Na informalidade, ocorre que algo está à margem da organização normal na sociedade. Tanto pode referir-se ao aspecto trabalhista e previdenciário como

---

9. PRADO, Ney. *Economia informal e o direito no Brasil*. São Paulo: LTr, 1991, p. 26.

também ao fiscal, com a sonegação de tributos, ou ainda ao penal, como o tráfico de entorpecentes, as clínicas de aborto, o jogo do bicho etc.

Geralmente, há trabalho informal quando o obreiro presta serviços sem proteção trabalhista e previdenciária ou quando está apenas parcialmente protegido pelas referidas legislações. Na maioria das vezes, esse tipo de trabalho é prestado em estabelecimentos pequenos, isto é, para microempresa, empresa de pequeno porte ou empresa familiar, em que há preponderância da mão de obra sobre o capital, visando à produção artesanal ou à prestação de serviços. É possível também a prestação de serviços ser feita com autonomia, eventualmente etc., porém sem qualquer legalização da atividade da pessoa.

O trabalhador da economia informal não é exatamente um desempregado, no estrito termo da palavra, pois tem uma ocupação, mas acaba sendo um subempregado. É uma forma de se atenuar o desemprego.

Para o trabalhador, o principal problema da informalidade é a falta de proteção trabalhista e previdenciária. Uma das consequências é a instabilidade social.

A pessoa que trabalha informalmente não é, contudo, conhecida dos cadastros do Ministério do Trabalho ou faz jus a direitos trabalhistas. Só faz jus ao direito ao trabalho.

A empresa também é beneficiária do trabalho informal, pois não paga todos os direitos trabalhistas para o empregado, como piso da categoria, férias, 13º salário, não recolhe os encargos sociais, como FGTS e a contribuição previdenciária etc. Em consequência, o custo da mão de obra de seus trabalhadores é muito menor do que o de outras empresas, além do que o custo de seu produto também é inferior ao de outras empresas, causando concorrência desleal às empresas legalizadas. No que diz respeito à mão de obra, os trabalhadores informais oferecem seu trabalho por preço inferior ao do mercado. No tocante às empresas, há a venda de seus produtos por preço abaixo do custo. Às vezes, há a informalidade da própria empresa, que não é registrada na Junta Comercial, nem paga muitos dos tributos devidos ou então vende sem nota fiscal. Em certos casos, a utilização da informalidade pelas empresas é uma forma de sobrevivência, em razão de que não têm condições de pagar os tributos e encargos trabalhistas, pois, do contrário, acabam fechando. O empresário pode entender que é uma forma de inteligência, em razão de que entre ter de produzir por um preço maior, por que não produzir pelo menor, ainda que ilicitamente?

2.3.3 Dados sobre a economia informal

José Pastore afirma que antes da Constituição de 1988 o porcentual de trabalhadores no mercado informal era de 45%. Com a Lei Maior de 1988, que incluiu vários direitos no seu bojo, que não eram previstos anteriormente, estima que o mercado informal aumentou para 55%[10].

Em números globais, para alguns pesquisadores, a economia invisível no Brasil representaria valores superiores à nossa dívida externa ou o equivalente ao PIB da Argentina, Venezuela ou Dinamarca. Isso corresponderia em 1994 a 30% de nosso PIB. Evidentemente, esses números podem ser contestados, em função de os métodos empregados incluírem certos fatores e excluírem outros.

A OIT considera informais empreendimentos de até cinco empregados, nos quais a economia da empresa confunde-se com a economia familiar. Entende o IBGE que é informal a empresa quando não há separação entre a contabilidade familiar e a do empreendimento.

A legislação brasileira considera empregado, com iguais direitos, tanto um técnico altamente especializado como um simples servente de pedreiro. As empresas têm iguais responsabilidades trabalhistas perante a lei, tanto a oficina de "fundo de quintal" como a gigantesca multinacional, independentemente do local de sua instalação.

Na formalidade, o trabalhador tem direito a tudo. Pode até não querer trabalhar ou fazer greve. Na informalidade, o trabalhador recebe apenas pelo serviço que presta, ficando à margem dos demais direitos trabalhistas. Como afirma o professor José Pastore, o Brasil "é um país do tudo ou nada"[11].

A proteção exagerada da legislação acaba gerando a desproteção do trabalhador, que é dispensado da empresa e jogado abruptamente no mercado informal de trabalho.

Não há negar, porém, que, apesar de a economia informal não ser oficial, ela dá empregos a milhões de brasileiros, produzindo divisas para o país, sendo uma forma de sobrevivência das pessoas.

Calcula-se que, para cada real arrecadado pelo Estado em contribuições sociais, menos da metade chega efetivamente à população e é empregado em seu benefício. O restante, que é a maior parte, fica retido na burocracia governa-

---

10. PASTORE, José. Relações do trabalho numa economia que se abre. *LTr*, São Paulo, 59-01/20.
11. PASTORE, José. O "custo Brasil" na área trabalhista (propostas para modernização das relações do trabalho). In: *Direito e processo do trabalho*: estudos em homenagem a Octávio Bueno Magano. São Paulo: LTr, 1996, p. 52.

mental[12], em contratações ou obras públicas que muitas vezes são desnecessárias e superestimadas.

2.3.4 Estatismo

Um direito formulado com fins exclusivamente distributivistas não favorece nem os ricos, nem os pobres, mas os que estão mais bem organizados para aproximar-se do poder[13]. Os problemas são tratados de acordo com os procedimentos oferecidos pelo poder. O Estado acaba prevendo tudo e a tudo provê, indicando uma burocratização e centralização do poder.

O estatismo impulsiona a economia invisível porque regula tudo, trazendo um excesso de regulação. Esse excesso traz a informalidade. Se o Estado intervém em tudo, até onde não é necessário, acaba gerando uma disfunção, competindo onde não tem de competir. É o que ocorre com certas atividades que deveriam ser delegadas à iniciativa privada. O Estado acaba não tolerando competição, pois impõe a regra do jogo. É a comparação que muitas vezes se constata em adesivos colocados nos vidros dos automóveis: "*don't steal, Government hates competition*". Como regra, o Estado persegue cartéis, monopólios e outras disfunções, desde que não sejam os seus próprios, como se observava em relação ao monopólio do petróleo e outros. Nesses casos, o Estado gera permanente risco ao Estado de Direito, porque, ao regular excessivamente, acaba trazendo a informalidade. A norma acaba não sendo cumprida, em razão de não ser espontânea.

Temos um direito do trabalho de razoável nível técnico. Entretanto, constata-se que é descumprido na maioria das relações laborais que se desenvolvem no país. Alguns indivíduos e empresas fizeram a opção pela informalidade por vontade própria. Grande parte das empresas, porém, permaneceu marginalizada em relação à legislação porque, se tivesse de cumpri-la integralmente, seus negócios se tornariam inviáveis. Constata-se a existência de um grande contingente de trabalhadores marginalizados, que são contratados sem direitos trabalhistas e sem carteira assinada, além de muitas empresas que estão na completa informalidade, pois o elevado custo da mão de obra implica custo muito grande para elas, além dos demais impostos ou contribuições incidentes sobre sua atividade.

O aumento do número de direitos que foram sendo previstos para os empregados no decorrer dos tempos, de uma legislação excessivamente protecionista ao empregado, com excesso de encargos sociais, tem permitido e estimulado a informalidade. Daí, começam a surgir as teorias no sentido de flexibilizar o

---

12. PRADO, Ney. *Economia informal e o direito no Brasil*. São Paulo: LTr, 1991, p. 98.
13. SOTO, Hernando de. *Economia subterrânea*. Rio de Janeiro: Globo, 1986, p. 263.

direito do trabalho, conforme uma política de emprego e de diminuição de encargos sociais incidentes sobre a mão de obra. A Lei n. 9.601/98 passou a prever a contratação temporária de empregados, com a diminuição de encargos sociais para quem o fizer até 22 de julho de 1999.

Há a ideia de que o Direito e a lei tudo resolvem e de que é possível condicionar a realidade à norma. Até parece que é possível condicionar a realidade à norma, pois o que se verifica é que essa realidade cada vez mais dela se distancia.

2.3.5 Igualdade

O legislador nacional muitas vezes teve o intuito de empregar a lei como forma de distribuição de riquezas. Dá-se ênfase aos benefícios trazidos pela lei, mas desconsideram-se os custos dela decorrentes. Defende-se uma legislação social avançada, mas é ignorada a coerência que deve existir ao se analisar o estádio de desenvolvimento do país.

A legislação brasileira, muitas vezes, procura prever igualdade de tratamentos, mas acaba criando desigualdade, pois exagera nessa isonomia, produzindo uma legislação divorciada da realidade, em que situações distintas acabam recebendo tratamento igual. Aqui, devem-se lembrar das sábias lições de Rui Barbosa, na *Oração aos Moços*, de que "a regra da igualdade não consiste senão em aquinhoar desigualmente os desiguais, na medida em que se desigualam"[14].

Consideram-se com iguais direitos e obrigações da relação de emprego tanto um alto executivo quanto um servente de pedreiro. Por outro lado, atribuem-se às empresas idênticas responsabilidades, independentemente de seu porte econômico ou finalidade; não importa se uma simples oficina de fundo de quintal ou se uma poderosa multinacional, se sediada numa pequena cidade do interior, às margens de um dos rios da Amazônia ou numa megalópole como a grande São Paulo.

Não menos atuante para desajustar a legislação do trabalho com a realidade é a preocupação excessiva com a proteção do trabalhador. De certa forma, a proteção ao trabalhador é o fundamento do direito do trabalho, porém seu excesso produz a norma inadequada, levando a um resultado prático totalmente diverso daquilo que se pretendia.

Quando a informalidade cresce dentro de limites intoleráveis de descumprimento da lei, o mundo dos trabalhadores divide-se em dois: uma parte fica totalmente desprotegida, enquanto a outra parte é muito protegida.

---

14. BARBOSA, Rui. *Oração aos moços*. Rio de Janeiro: Casa de Rui Barbosa, 1956, p. 32.

Hugo Sinzheimer esclareceu que

o direito do trabalho não tem sido isoladamente considerado. É um complemento da economia. Pode subsistir somente se existe uma economia capaz de garantir as condições de vida dos trabalhadores, de protegê-los das vicissitudes de uma economia desordenada.

Que sentido terá o direito do trabalho se for somente um direito de uma elite de trabalhadores que tem a sorte de trabalhar, se por seu turno, junto a esse direito, abre-se uma tumba econômica de desemprego estrutural? Se as leis naturais da economia não forem reprimidas razoavelmente em benefício do trabalhador?[15].

O direito do trabalho acaba sendo um privilégio daqueles que têm carteira assinada e os benefícios daí decorrentes. Esta acaba sendo a diferença entre quem tem emprego e quem não o possui. O trabalhador empregado pode deixar de trabalhar para fazer reivindicações de melhores salários, de melhores condições de trabalho. O que não tem emprego formal nada tem senão seu trabalho, enquanto gozar de saúde e capacidade física para poder trabalhar. Quem trabalha no sistema formal tem tudo, principalmente proteção; para o sistema informal: injustiça e descrédito.

Pelo excesso de encargos previstos na lei e também por outros motivos é que há essa divisão perversa entre duas realidades: estar empregado ou na informalidade. Constata-se que é a própria lei a fonte de injustiça, que deve, portanto, ser mudada.

A proteção excessiva acaba implicando, assim, injustiça realimentadora do trabalho informal e de mais injustiça. A proteção exagerada pode gerar desproteção e informalidade.

Evaristo de Moraes Filho já afirmou que não se deve

esquecer também o perigo de excessiva tutela, algo demagógica, que enxerga coação por toda parte, sempre vendo no empregado uma vítima, fazendo vitoriosos muitas vezes a sua má-fé e o seu arrependimento futuro, depois da passagem pelo escritório de algum advogado[16].

A Constituição assegura os valores sociais do trabalho e a livre-iniciativa (art. 1º, IV), a isonomia perante a lei (art. 5º, *caput*) e o reconhecimento do direito individual ao trabalho (art. 6º). São esses os dispositivos constitucionais que devem ser efetivamente implementados em benefício da totalidade dos trabalhadores. De nada adianta para as pessoas que estão na economia informal existirem na Lei Maior dispositivos como participação nos lucros, duração de trabalho de oito horas diárias e 44 semanais, férias, 13º salário etc., pois na prática não são beneficiárias desses direitos.

---

15. SINZHEIMER, Hugo. *Crisis económica y derecho del trabajo*. Madrid: Ministerio de Trabajo y Seguridad Social, 1984, p. 98.
16. MORAES FILHO, Evaristo de. *Introdução ao direito do trabalho*. São Paulo: LTr, 1978, p. 204.

Nota-se que a lei que anteriormente tinha aplicabilidade e resolvia os problemas sociais hoje está desatualizada, estando completamente divorciada da realidade dos fatos, sendo descumprida e tornando-se inútil.

Do ponto de vista filosófico e de aplicação efetiva da norma, o Direito que só é bom para uma parte dos trabalhadores é um Direito inadequado. Não se pode conceber um "meio Direito". Ou ele serve para ser aplicado a todos, ou deve ser modificado. O Direito deve ser instrumento e não fim. É como ferramenta da sociedade que o Direito deixa de ser um fim para ser um meio, devendo passar a prever soluções jurídicas para regular a informalidade. Havendo distância entre a realidade dos fatos e o Direito, a tendência é o descumprimento das regras estabelecidas pelo último, que, portanto, é inadequado e precisa ser modificado.

2.4 CAUSAS

Um país constata a existência de uma economia invisível quando a necessidade pressiona expressivos segmentos da sociedade para atividades produtivas marginais.

O subdesenvolvimento pode ser um fator a aumentar a economia informal. A inadequada atuação do Estado também. Esses elementos podem atuar de maneira isolada ou conjunta. Nesse ângulo, encontramos tanto países desenvolvidos, ricos, com economias informais provocadas pelo excesso de legislação, regulação e tributação, como nos países subdesenvolvidos constatamos uma legislação excessivamente tutelar, protecionista, que tudo regula, corporificada pela falta de dinheiro, pela miséria, o desemprego e a pobreza.

Cassio Mesquita Barros aponta como fatores determinantes do aumento do segmento informal do trabalho os seguintes:

> a) o aumento de encargos trabalhistas introduzidos pela Constituição de 1988; b) o longo período de recessão econômica (desde 1987, a economia brasileira não crescia 10 anos seguidos); c) o descrédito no poder de fiscalização do governo; d) o imperativo das empresas de enfrentarem a abertura da economia e a concorrência externa, o que veio a acarretar mudanças nos perfis ocupacionais e na organização do processo de produção econômica[17].

É preciso a redefinição da atuação do Estado, como criador e aplicador do Direito, visando minimizar os inconvenientes da economia informal e proporcionar as condições normativas para a retomada do desenvolvimento econômico,

---

17. BARROS, Cassio Mesquita. Modernização e desemprego. In: MARTINS, Ives Gandra da Silva (coord.). *Desafios do século XXI*. São Paulo: Pioneira, 1997, p. 166.

assegurando uma forma de se atingir o pleno emprego. O inciso VIII do art. 170 da Constituição menciona a busca do pleno emprego. Não poderia o legislador constituinte determinar o pleno emprego, que não iria ocorrer. Apenas pode ser observado como um dos princípios da política econômica. Pela Constituição, vem a ser um princípio aplicável à ordem econômica.

O Direito acaba ajudando a informalidade. A partir do momento em que regula excessiva ou desnecessariamente a vida humana na sociedade, surge a informalidade. O Estado deveria intervir menos em certas áreas, visando evitar a marginalização. Como afirma Miguel Reale, "o Direito é feito para a vida e não a vida para o Direito"[18]. Tem o Direito de ser uma espécie da vestimenta para a vida em sociedade, porém não pode ser uma armadura ou camisa de força, de forma a engessar os movimentos das pessoas.

Pode também o Direito impedir o desenvolvimento quando regula excessivamente a atividade econômica. A informalidade é uma consequência do ordenamento jurídico inadequado.

Em sua origem, o Direito nascia única e exclusivamente dos fatos. O crescimento da sociedade e da forma de regulá-la acabou distanciando os fatos das normas, implicando a desregulação generalizada.

Um ordenamento jurídico que passa a ser um repositório de preceitos utópicos que não podem ser cumpridos não pode ter outra consequência do que o descumprimento generalizado de seus preceitos, de maneira habitual.

O distanciamento entre a realidade e o Direito traz como consequência o descumprimento habitual da norma e, com isso, a perda da autoridade da ordem jurídica do Estado que a impõe. O que acontece é que as pessoas acabam por descumprir a norma, por irreal, por ignorar a realidade dos fatos. Como diz Georges Ripert, "quando o Direito ignora a realidade, a realidade se vinga, ignorando o Direito", que, portanto, deve ser modificado.

O direito do trabalho, ao estabelecer uma proteção dos direitos do trabalhador, esquece-se da proteção maior que é o direito ao trabalho, de o trabalhador ter direito a um emprego e de estar protegido contra as dispensas.

Não deveria o direito do trabalho pretender proteger apenas o empregado, mas o trabalhador, que também merece proteção. A exceção seria o funcionário público, que tem relação administrativa com o Estado.

O excesso de legislação protecionista e de regulamentação incentiva a contratação no setor informal, deixando o trabalhador de ter carteira assinada,

---

18. REALE, Miguel. *Filosofia do direito*. São Paulo: Saraiva, 1972, v. II, p. 535.

de ter direitos trabalhistas e previdenciários e outros benefícios decorrentes da relação de emprego. Tem sido constatado que, quanto mais há regulamentação legal, mais prejuízo tem o trabalhador, que acaba indo para o mercado informal, sendo que poucos acabam sendo protegidos. O Banco Mundial já constatou que "a regulamentação governamental elaborada – com boa intenção – para proteger os trabalhadores (...) cria um pequeno grupo de privilegiados interessados em perpetuar o seu 'status' favorecido"[19].

A diminuição dos direitos dos trabalhadores não implica a criação de empregos. Não há estatísticas nesse sentido. Se o empregador já não registra o empregado nem mesmo paga o salário mínimo ou o piso salarial da categoria, não irá contratar.

---

19. WORLD BANK. Workers in an integrating world, Washington, Word Development Report, 1995, p. 34.

3
TERCEIRIZAÇÃO

3.1 CONSIDERAÇÕES INICIAIS

A terceirização é um fenômeno que se apresenta com maior ou menor intensidade em quase todos os países. Num mundo que tende para a especialização em todas as áreas, pode gerar a terceirização novos empregos e novas empresas, desverticalizando-as, para que possam exercer apenas a atividade para a qual se aprimoraram, delegando a terceiros a possibilidade de fazer serviços em que não se especializaram.

Constitui-se a terceirização numa realidade que o direito do trabalho tem que analisar. Este é um ramo do Direito bastante dinâmico que deve verificar os avanços na estrutura da empresa e compatibilizá-los de acordo com a legislação vigente.

Surge a terceirização a partir do momento em que há desemprego na sociedade. É o que ocorre no Brasil, quando passamos por crises econômicas, em que o empresário procura diminuir seus custos, principalmente com a mão de obra.

Tem-se uma ideia de terceirização no período da Segunda Guerra Mundial, quando as empresas produtoras de armas estavam sobrecarregadas com a produção. Verificaram que poderiam delegar serviços a terceiros, que seriam contratados para dar suporte ao aumento da produção de armas.

No Brasil, a noção da terceirização foi trazida por multinacionais na década de 1950, pelo interesse que tinham em se preocupar apenas com a essência do negócio. A indústria automobilística é exemplo de terceirização, ao contratar a prestação de serviços de terceiros para a produção de componentes do automóvel, reunindo peças fabricadas por terceiros, e faz a montagem final do veículo.

As empresas que têm por atividade a limpeza e conservação também são consideradas pioneiras na terceirização no Brasil, pois existem desde aproximadamente 1967.

Na França, foi editada a Lei n. 72-1, de 3 de janeiro de 1972, que trata do trabalho temporário. Define a referida lei o *entrepreneur* (o empreiteiro ou o empresário), que é a pessoa física ou jurídica que coloca provisoriamente à disposição dos tomadores de mão de obra ou clientes as pessoas assalariadas que deveriam ser remuneradas para determinado fim. O trabalho temporário pode ser usado inclusive no meio rural (arts. 28 a 31). Essa norma acaba servindo de base para a legislação nacional sobre o trabalho temporário.

Passou a terceirização a ser feita pelas empresas de segurança, pelas empresas de trabalho temporário (Lei n. 6.019/74).

A terceirização é, portanto, um fenômeno que vem sendo largamente utilizado no mundo moderno, especialmente na Europa. No Brasil, também é adotada pelas empresas.

Em países industrializados, passou a surgir posteriormente um fenômeno de gerenciamento das empresas terceirizadas, a que se deu nome de quarteirização.

O inciso VIII do art. 170 da Constituição estabelece o princípio de que a ordem econômica busca o pleno emprego. Essa é, contudo, uma regra programática que deve ser complementada pela lei ordinária, não querendo dizer, portanto, que a terceirização é proibida quando implica a diminuição dos postos de trabalho nas empresas, pois é apenas um princípio a ser buscado. O pleno emprego pode ser entendido no sentido de ausência de desemprego involuntário ou da existência de trabalho para todos aqueles que desejam trabalhar, de acordo com a OIT.

Segundo Rafael Caldera,

> o direito do trabalho não pode ser inimigo do progresso, porque é fonte e instrumento do progresso. Não pode ser inimigo da riqueza, porque sua aspiração é que ela alcance um número cada vez maior de pessoas. Não pode ser hostil aos avanços tecnológicos, pois eles são efeito do trabalho. Sua grande responsabilidade atual é conciliar este veloz processo de invenções que a cada instante nos apresenta novas maravilhas com o destino próprio de seus resultados, que deve ser não o de enriquecer unicamente uma minoria de inventores, de capitães de indústria, de executivos e auxiliares imediatos, mas sim o de gerar empregos que possam atender aos demais e oferecer a todos a possibilidade de uma vida melhor[1].

3.2 DIREITO INTERNACIONAL

A Organização Internacional do Trabalho (OIT) não trata especificamente do tema terceirização, mas se observa certa permissão nesse sentido.

A Convenção n. 161 da OIT, aprovada pelo Decreto Legislativo n. 86, de 14 de dezembro de 1989, e promulgada pelo Decreto n. 127, de 23 de maio de 1991,

---

1. CALDERA, Rafael. Discurso. *Anais do XII Congresso Internacional de Direito do Trabalho e Seguridade Social*, Caracas, 1985, v. I, p. 18 e 27.

discorreu sobre serviços de saúde do trabalho (art. 7º). Permite que tais serviços sejam organizados para uma só empresa ou para várias empresas, o que também mostra que as empresas podem terceirizar as atividades de assistência médica, o que torna tais serviços permitidos.

Não trata do tema a Convenção n. 122 da OIT, de 1964, que foi aprovada pelo Brasil em 1970, mas de política de emprego.

Recomendam a Convenção n. 34, de 1933, e a Convenção n. 96, de 1949, a supressão progressiva das agências remuneradas de colocação de mão de obra com fins lucrativos. Estimulam a criação de serviços públicos gratuitos em tal sentido, que também faz parte da previsão da Convenção n. 88, de 1948, e da Convenção n. 96, de 1968. Esta última convenção foi denunciada pelo Brasil em 1972.

3.3 DENOMINAÇÃO

Vários nomes são utilizados para denominar a contratação de terceiros pela empresa para prestação de serviços ligados à sua atividade-meio. Fala-se em terceirização, subcontratação, terciarização, filialização, reconcentração, desverticalização, exteriorização do emprego, focalização, parceria etc.

Entende-se que terciarização é vocábulo não contido nos dicionários e que seria um neologismo[2]. *Terciariu* seria originário do latim, proveniente do ordinal três.

Na Geologia, prefere-se a palavra "terciário", pois as eras geológicas são divididas em quatro, sendo a última a cenozoica, dividida em dois períodos: o terciário e o quaternário.

Argumenta-se que o correto seria o termo "terciarização" em função de que o setor terciário na atividade produtiva seria o setor de serviços, pois o primário corresponderia à agricultura e o secundário à indústria.

Por terceirização tem-se entendido o fato de a empresa contratar serviços de terceiros para suas atividades-meio ou fim.

O uso da denominação "terceirização" poderia ser justificado como decorrente da palavra latina *"tertius"*, que seria o estranho a uma relação entre duas pessoas. No caso, a relação entre duas pessoas poderia ser entendida como a realizada entre o terceirizante e seu cliente, sendo que o terceirizado ficaria fora

---

2. Arion Sayão Romita menciona que "terceirização é vocábulo não dicionarizado. É neologismo bem formado" (A terciarização e o direito do trabalho. In: *Sindicalismo, economia, estado democrático*. Estudos. São Paulo: LTr, 1993, p. 32).

dessa relação, daí, portanto, ser terceiro. A terceirização, entretanto, não fica restrita a serviços, podendo ser feita também em relação a bens ou produtos.

Ao processo de reconcentração de empresas, nos Estados Unidos, dá-se o nome de *down sizing*, de enxugamento das estruturas. O descarte da atividade-meio, especialmente do setor de serviços, é denominado *out sourcing*. A reconcentração e a desverticalização de empresas são processos de terceirização, sendo que na primeira as empresas são concentradas numa espécie de fusão, e a desverticalização é o descarte de atividades não rendosas dentro da empresa, que está mais próxima de nossa terceirização. Fala-se, também, em desverticalização no sentido da contratação de serviços de terceiros, que antes eram executados pela própria empresa, geralmente em relação a empresas de menor porte.

A exteriorização do emprego seria uma forma de transferência do posto de trabalho para outra empresa. O empregado perderia o emprego em relação ao antigo empregador.

No direito francês, adotou-se o termo "subcontratação" (*sous-traitance*, que tem o sentido de variedade de empreitada). A empresa tomadora de serviços repassa suas atividades ou parte delas a outra empresa, que irá incumbir-se da execução dos serviços para os clientes da primeira. No Japão também se adota o termo "subcontratação", por meio dos *dispatched workers*, ou seja, dos trabalhadores subcontratados. Não se pode dizer, porém, que há subcontratação. O que há, na verdade, é contratação e não subcontratação.

No Brasil, o termo "terceirização" foi adotado inicialmente no âmbito da administração de empresas. Posteriormente, os tribunais trabalhistas também passaram a utilizá-lo, podendo ser descrito como a contratação de terceiros que visava à realização de atividades que não constituíssem o objeto principal da empresa. Empregar-se-á o termo "terceirização" por estar sendo adotado na prática.

3.4 CONCEITO

A terceirização está definida na Lei n. 6.019/74. Trata-se, na verdade, de uma estratégia na forma de administração das empresas, que tem por objetivo organizá-la e estabelecer métodos da atividade empresarial do que uma visão jurídica. É claro que a empresa deverá obedecer às estruturas jurídicas vigentes, principalmente as trabalhistas, sob pena de arcar com as consequências delas decorrentes, que dizem respeito a direitos trabalhistas sonegados ao empregado.

A terceirização é a possibilidade de contratar empresa prestadora de serviços para a realização de atividades específicas da tomadora[3]. Essa contratação pode envolver tanto a produção de bens como de serviços, como ocorre na necessidade de contratação de empresa de limpeza, de vigilância ou até para serviços temporários.

O objetivo principal da terceirização não é apenas a redução de custos, mas também trazer maior agilidade, flexibilidade e competitividade à empresa. Esta pretende, com a terceirização, a transformação de seus custos fixos em variáveis, possibilitando o melhor aproveitamento do processo produtivo, com a transferência de numerário para aplicação em tecnologia ou em seu desenvolvimento, e também de novos produtos. Entretanto, a empresa, ao fazer a terceirização, acaba suprimindo postos de trabalho, implicando a descontinuidade da relação de emprego.

Na verdade, os empresários pretendem, na maioria dos casos, a diminuição de encargos trabalhistas e previdenciários com a utilização da terceirização, podendo ocasionar desemprego no setor, mas não é essa a causa preponderante do desemprego. Existem notícias de que para cada emprego perdido na empresa há a criação de três novos na atividade terceirizada. Proporciona, também, a terceirização a possibilidade de o funcionário trabalhar por conta própria, passando a ter o sonho do negócio próprio e de ser patrão.

Exemplo mais evidente de terceirização é o realizado na indústria automobilística, em que praticamente esta apenas monta o automóvel, mas todas as peças são fabricadas por terceiros, seguindo a padronização imposta pela montadora de veículos. Trata-se, portanto, de terceirização na atividade-fim da empresa, que é produzir o automóvel. Ninguém nunca disse que esse tipo de atividade, que existe há mais de 50 anos, é ilícito.

No mercado de serviços, muitos ex-diretores de empresas têm sobrevivido prestando serviços à própria empresa da qual foram demitidos. Alguns ex-empregados não querem voltar a ser empregados, preferindo montar seu próprio negócio e serem patrões, nascendo assim a terceirização dos serviços.

3.5 VANTAGENS E DESVANTAGENS

Adotando a empresa a terceirização, poderá concentrar seus recursos e esforços em sua própria área produtiva, na área em que é especializada, melhorando a qualidade do produto e sua competitividade no mercado, com o aprimoramento

---

3. MARTINS, Sergio Pinto. *Terceirização e o direito do trabalho*. 17. ed. São Paulo: Saraiva, 2019, p. 31.

do produto. A empresa buscará especialização e centralização de seus esforços na área que tem vocação específica. Pode-se dizer que o objetivo a ser alcançado será o incremento da produtividade e também da qualidade do produto ofertado ao cliente, reduzindo, inclusive, perdas no processo produtivo. Objetiva-se, portanto, a racionalização da produção, visando à melhoria da produtividade e qualidade do produto, com custos mais baixos. Cria-se uma forma de simplificação da estrutura organizacional da empresa, racionalizando-a, além do primeiro passo para a própria reestruturação da empresa, principalmente nas empresas gigantescas, que, pelas suas dimensões, perdem eficácia, mormente nas épocas de fraco movimento, mostrando vários setores da empresa completamente ociosos. Com isso, pretende-se uma redução de custos, principalmente dos custos fixos, transformando também os custos fixos em variáveis e aumentando os lucros da empresa, gerando eficiência e eficácia nas ações da empresa, além de economia de escala, eliminando desperdícios.

Na empresa terceirizada, pode haver a criação de empregos, em razão da necessidade de maior número de funcionários para prestar serviços. São constituídas novas empresas, que também dão origem a novos postos de trabalho. A mão de obra no mercado é aumentada em razão da criação dessas novas empresas, normalmente micro e médias empresas, inclusive do trabalho autônomo.

Para o trabalhador, é possível apontar as seguintes vantagens: implementação do sonho de ter o seu próprio negócio, deixando de ser empregado para ser patrão; independência na prestação dos serviços, que não tinha quando era empregado e estava sujeito a ordens de serviço; maior motivação para produzir, pois o negócio é seu. Desenvolve no trabalhador seu lado empreendedor, de produzir alguma coisa por sua própria conta.

Como desvantagem para o trabalhador podem-se indicar o fato de perder o emprego, a descontinuidade do contrato de trabalho, a falta de remuneração certa por mês.

A principal desvantagem é o desemprego, além da rotatividade da mão de obra. A segunda desvantagem é a falta de carteira assinada por parte do trabalhador, que deixa de perceber salários e vantagens ou benefícios decorrentes do contrato de trabalho ou das normas coletivas da categoria. A terceira perda é de que o trabalhador deixa de ter uma tutela trabalhista de modo a protegê-lo. O ambiente de trabalho em que passa a trabalhar o obreiro na terceirizada pode ser degradado, mormente quando as subcontratadas não têm a mesma estrutura das empresas tomadoras do serviço. O trabalhador também pode ser deslocado para empresas que são instaladas em regiões ainda não industrializadas, o que importa em reduzida organização sindical ou sindicatos fracos, que não têm poder de negociação. Muitas vezes, contrata-se com empresa que não tem idoneidade financeira, principalmente por ser pequena, não tendo condições de cumprir com as regras legais e convencionais, não pagando o piso salarial da categoria ou não registrando o funcionário desde o momento em que ele começa a trabalhar na empresa, não tendo, também, suporte financeiro para adimplir suas obrigações. Implica o enfraquecimento do sindicato e a desestruturação da categoria. Para a empresa, haverá desvantagens, pois poderá haver maior dependência de terceiro, além do risco da escolha de parceiros inadequados e do custo das demissões.

Por outro lado, é mister lembrar que os ex-funcionários que são escolhidos para ser terceirizados devem ter vocação para a direção de suas empresas. Nem todo executivo que se considera realizado como empregado poderá ser como empresário. É preciso, portanto, vocação. Logo, não se pode pretender fazer terceirização em relação a pessoas que não têm um lado empreendedor, que sempre foram submissas, pois com certeza o processo não dará certo.

Os sindicatos de trabalhadores, porém, não simpatizam com a terceirização. Argumentam que há a perda da carteira de trabalho assinada, dos benefícios previstos para a categoria, do próprio emprego e outros reflexos como a perda de receitas sindicais (contribuições sindical, assistencial etc.), o enfraquecimento da agremiação ou da categoria em termos de negócio. Ponderam que existe a inibição do sindicalismo, com a desagregação dos filiados da categoria, podendo afetar as bases sindicais, reduzindo a dimensão da categoria e a representatividade do sindicato. Asseveram que há também a perda de receitas sindicais, tanto em relação à mensalidade dos associados, que deixam de sê-lo, quanto no tocante às contribuições confederativa, sindical e assistencial. Entretanto, esquecem-se de que a terceirização também pode gerar mais empregos e a criação de novas empresas. A criação de novas empresas gera novos postos de trabalho. As contribuições que deixam de ser recolhidas ao sindicato dos trabalhadores passam a ser devidas aos sindicatos dos empregadores, mas serão destinadas a uma agremiação. Trata-se, portanto, de mera realocação de mão de obra e de recursos.

No Japão, por exemplo, os sindicatos têm outra mentalidade, estão mais preocupados com a produção, com a manutenção da empresa e, por consequência, com a possibilidade de serem gerados novos empregos. Admitem os referidos sindicatos perdas de certos benefícios visando à manutenção da empresa, principalmente em épocas de crise, inclusive por meio de procedimentos tendentes à terceirização.

Vem, por outro lado, o sindicato mostrando interesse em influir no processo de terceirização. As empresas devem informá-lo ou consultá-lo sobre a intenção de iniciar processos de terceirização, o que é feito mediante cláusula em acordo ou convenção coletiva. Exemplo foi o da comissão de fábrica da Volkswagen, que firmou com a empresa um acordo, garantindo a negociação de qualquer transferência de atividades para terceiros. Os sindicatos, ao negociarem terceirização, têm exigido que as empresas mantenham o nível de emprego para aceitarem essa forma de transferência de atividades.

Em 1995, a Ford do Brasil e o sindicato de metalúrgicos fizeram um acordo para reverter a situação de terceirização da vigilância na empresa. Em vez da terceirização na área de vigilância, foram aproveitados funcionários da própria empresa, do setor de produção, para fazer vigilância. Posteriormente, a empresa deixou 400 trabalhadores em casa, com licença remunerada parcial, durante quatro meses. Se a produção fosse muito baixa após esse período, os empregados seriam dispensados. Passados quatro meses, apenas 15 trabalhadores perderam seus postos de trabalho. O acordo realizado acabou preservando postos de trabalho. Isso mostra que a negociação coletiva pode ser fundamental para evitar a terceirização.

É claro que, num primeiro momento, não se pode negar a existência da supressão de empregos, mas, num contexto geral, a terceirização pode provocar resultados positivos na empresa. A consequência será a melhoria geral para a sociedade, inclusive gerando vantagens sociais, pois, com o aumento de competitividade, serão gerados novos postos de trabalho, formando-se inclusive novas categorias, contribuindo, também, para o desenvolvimento das relações entre o capital e o trabalho.

Um dos principais riscos da terceirização é contratar empresa inadequada para realizar os serviços, que não tenha competência e idoneidade financeira, pois poderão advir problemas no futuro, principalmente de natureza trabalhista. Outro risco é pensar a terceirização apenas como forma de reduzir custos, pois, se eles não forem alcançados ou no final a terceirização não der certo, implicará o desprestígio de todo o processo.

A terceirização tem sido feita principalmente em relação às atividades--meio da empresa, para que a empresa terceirizante possa dedicar-se mais à sua atividade-fim, ao objetivo principal do empreendimento. O art. 4º-A da Lei n. 6.019/74 permite a terceirização tanto na atividade meio como na atividade--fim da empresa. O STF admite a terceirização na atividade fim da empresa: "É lícita a terceirização ou qualquer outra forma de divisão do trabalho entre pessoas jurídicas distintas, independentemente do objeto social das empresas envolvidas, mantida a responsabilidade subsidiária da empresa contratante" (Tema 725).

3.6 TERCEIRIZAÇÃO LEGAL E ILEGAL

O art. 170 da Constituição consagra o princípio da livre-iniciativa, o que mostra serem lícitos quaisquer serviços, como se observa do Código Civil ao tratar da prestação de serviços (arts. 593 a 609) e da empreitada (arts. 610 a 626), até mesmo porque os prestadores de serviços pagam impostos, como o ISS (Lei Complementar n. 116/2013).

Os processos de terceirização que estamos enfrentando talvez nada mais sejam do que o retorno a sistemas de locação de serviços e de empreitada do direito civil, embora sob outros rótulos, diante da necessidade de competitividade interna e externa e das crises econômicas que pontificam em nossos tempos.

É lícita a terceirização feita para o trabalho temporário (Lei n. 6.019/74), desde que não sejam excedidos os 180 dias de prestação de serviços pelo funcionário na empresa tomadora; em relação a vigilantes (Lei n. 7.102/83); de serviços de limpeza; da empreitada (arts. 610 a 626 do CC), da subempreitada (art. 455 da CLT); da prestação de serviços (arts. 593 a 599 do CC); das empresas definidas na lista de serviços submetidos ao ISS, conforme a redação da Lei Complementar n. 116/2013, pois tais empresas pagam inclusive impostos; em relação ao representante comercial autônomo (Lei n. 4.886/65).

Para que a terceirização seja plenamente válida no âmbito empresarial, não podem existir elementos pertinentes à relação de emprego no trabalho do terceirizado, principalmente o elemento subordinação. O terceirizante não poderá ser considerado superior hierárquico do terceirizado, nem haver controle de horário e o trabalho não poderá ser pessoal do próprio terceirizado, mas por intermédio de outras pessoas. Deve haver total autonomia do terceirizado, ou seja, independência, inclusive quanto a seus empregados. Na verdade, a terceirização implica a parceria entre empresas, com divisão de serviços e assunção de responsabilidades próprias de cada parte. Da mesma forma, os empregados da empresa terceirizada não deverão ter nenhuma subordinação com a terceirizante nem poderão estar sujeitos ao poder de direção da última; caso contrário, existirá vínculo de emprego. Aqui, há que se distinguir entre subordinação jurídica da técnica, pois a subordinação jurídica se dá com a empresa prestadora de serviços, que admite, dispensa, transfere, dá ordens; já a subordinação técnica pode ficar evidenciada com o tomador, que dá as ordens técnicas de como pretende que o serviço seja realizado, principalmente quando o é nas dependências do tomador. Os prestadores de serviço da empresa terceirizada não estarão, porém, sujeitos a prova, pois são especialistas no assunto.

A empresa prestadora de serviços terá trabalhadores permanentes, embora prestando serviços para tomadores diversos, enquanto na empresa tomadora a mão de obra extra será utilizada apenas quando necessária. O verdadeiro terceirizado, porém, será aquele que efetivamente assume as obrigações trabalhistas de sua atividade, pouco importando se seus trabalhadores exerçam atividade fora da sede de seu empregador.

Se o terceirizado vai trabalhar no mesmo local, fazendo os mesmos serviços, no mesmo horário de trabalho, prestando serviços com exclusividade ao suposto terceirizador, sendo que a empresa terceirizada nem mesmo tem estabelecimento próprio, não se pode pensar, evidentemente, em terceirização, mas em contrato de trabalho. Se o empregador tem por objetivo unicamente reduzir despesas e encargos sociais ou até os salários de seus funcionários, fazendo terceirização ilegal, inexistirá a terceirização, pois será vedado o *leasing* de mão de obra.

Deve-se evitar a terceirização com pessoas físicas que exercem individualmente suas atividades, inclusive ex-empregado que passe a trabalhar em sua residência, o que poderia dar ensejo à existência de contrato de trabalho em domicílio (art. 6º da CLT), desde que presente a subordinação. O mesmo se pode dizer em relação à repetição das mesmas empresas prestadoras dos serviços ou sempre dos mesmos trabalhadores prestando serviços na tomadora, desde que evidenciada a subordinação. Deve-se dar preferência a que o terceirizado seja pessoa jurídica, pois o contrato de trabalho se forma apenas com pessoa física (art. 3º da CLT). O próprio ex-funcionário da empresa não deve, de preferência, ser contratado para a prestação dos serviços terceirizados, rotulando-o a empresa de autônomo. A contratação poderá ser feita se os serviços não forem prestados no próprio local de trabalho, não haja exclusividade, nem subordinação nos serviços prestados a terceirizante. O fato de o terceirizado ser rotulado de autônomo, tendo inscrição na Prefeitura e no INSS ou ser constituído sob a forma de empresa, não implicará a plena constituição da terceirização se continuar a existir o elemento subordinação.

O terceirizado também não deveria ser contratado como microempresa ou como autônomo, hipóteses reveladoras da continuidade do vínculo empregatício se o terceirizado já trabalhou como empregado na empresa, principalmente se persistir o elemento subordinação. Os serviços prestados pelo terceirizado não devem ser feitos exclusivamente ao terceirizante, o que pode demonstrar certo grau de dependência do primeiro em relação ao segundo, caracterizando a subordinação. Descrição demasiada de como o terceiro manejará o seu pessoal evidencia a subordinação ao terceirizante, porque o contratado seria controlado e não empresário-parceiro. Os contratos entre as partes não devem ser reajustados de acordo com índices de correção do salário, pois denotaria a natureza salarial do pagamento. O fato de o empregado comprar as ferramentas de trabalho ou as máquinas do empregador também não irá descaracterizar o contrato de trabalho se persistir o elemento subordinação. Se a empresa determina como o serviço deve ser feito ao terceirizado, pode haver um indício de subordinação, já que o prestador vai receber ordens no sentido de como e o que deverá fazer.

É possível fazer uma síntese: a terceirização ilícita implica a locação permanente de serviços, no fornecimento de mão de obra mais barata, reduzindo salário e desvirtuando a relação de emprego, mostrando também a escolha de parceiros inadequados quando são inidôneos financeiramente. Já na terceirização lícita, nota-se que a empresa se dedica a um número menor de atividades; há menor desperdício no processo de produção, desconcentração da mão de obra, importando muitas vezes até em condição vital de sobrevivência para a empresa com a diminuição de custos, porém inexiste relação de emprego, visto que o elemento subordinação não está presente.

Nem sempre, porém, será fácil identificar a verdadeira terceirização, lícita ou legal, da terceirização fraudulenta, ilícita ou ilegal, que será a tarefa destinada ao Poder Judiciário trabalhista, que terá de dirimir a questão.

O empregado que for demitido não poderá prestar serviços para esta mesma empresa na qualidade de empregado de empresa prestadora de serviços antes do decurso de prazo de 18 meses, contados a partir da demissão do empregado (art. 5º-D da Lei n. 6.019/74).

A empresa contratante é subsidiariamente responsável pelas obrigações trabalhistas referentes ao período em que ocorrer a prestação de serviços, e o recolhimento das contribuições previdenciárias observará o disposto no art. 31 da Lei n. 8.212, de 24 de julho de 1991 (§ 5º do art. 5º-A da Lei n. 6.019/74).

3.7 CONCLUSÕES

A terceirização não deixa de ser uma forma de modernização das relações trabalhistas, pois em certos países se verifica que uma das maneiras de a empresa obter competitividade é por meio da flexibilização dos direitos trabalhistas. Estamos diante dessa realidade, que o direito do trabalho deve enxergar, sob pena de deixar de haver evolução e do próprio desenvolvimento do país, em total descompasso com outros países que até então eram subdesenvolvidos. A terceirização da mão de obra pode implicar inclusive a própria sobrevivência da empresa, em função da necessidade da diminuição de custos operacionais. É uma realidade econômica que o Direito não pode ignorar.

Em contrapartida, pode gerar desemprego em certo setor, mas pode criar empregos em outro.

Se não houvesse na Europa a terceirização e os contratos por tempo determinado, principalmente na Espanha, talvez o índice de desemprego fosse muito maior do que já é.

Caso se pretenda terceirizar serviços com o intuito de burlar as disposições trabalhistas, é evidente que será atraída a aplicação do art. 9º da CLT e também da Súmula 331 do TST, sendo que o vínculo de emprego irá formar-se diretamente com o tomador dos serviços – aquele que terceirizou a prestação de serviços.

A verdadeira terceirização deve ser entendida como parceria, cooperação, entre o prestador de serviços e o tomador desses serviços. As partes envolvidas são verdadeiros parceiros comerciais, que têm inter-relação e coparticipação para atingir um fim comum: produção de bens e serviços para o mercado. Seria o caso, então, de falar em "parceirização", desde que o parceiro seja pessoa idônea financeiramente e não existam os elementos tipificadores da relação de emprego.

As fraudes sempre existiram e continuarão a existir. O que se proíbe é a intermediação ilícita da mão de obra, como é o *marchandage*, a exploração do homem pelo próprio homem, com o objetivo de fraudar os direitos do trabalhador.

Mesmo o sindicato detém importante papel para acabar com as fraudes, seja na fiscalização da terceirização, visando resguardar os direitos dos trabalhadores, seja na própria flexibilização desses direitos, que poderá ser feita inclusive para pior, como a perda da carteira assinada, mas com o ganho do trabalhador em constituir sua própria empresa e ser patrão. O sindicato deve também se preocupar com a manutenção e a criação de novas empresas, pois só assim é que serão mantidos ou criados novos empregos.

4
DESEMPREGO

4.1 CONCEITOS

São usadas as seguintes denominações: desemprego, *unemplyment* (inglês), *chômage* (francês), *desempleo* (espanhol), *Arbeitslosigkeit* (alemão).

O desemprego pode ser: a) sazonal, se ocorre ao final de certas temporadas ou épocas do ano, como na safra, no Natal, quando diminuem as vendas do comércio e cessam os contratos por tempo determinado celebrados pelas empresas. É um desemprego previsível; b) friccional: no qual existe desproporção entre a qualidade da mão de obra ofertada e procurada no mercado. É o que ocorre quando a mão de obra disponível não é qualificada para ocupar certos postos de trabalho; c) conjuntural: decorrente de crises econômicas, da conjuntura econômica dentro de certo período; d) estrutural: proveniente de novas estruturas, como de novas tecnologias. Não decorre de alterações conjunturais passageiras, mas da própria estrutura, da alteração na organização do trabalho.

Desemprego oculto envolve o trabalho precário e a desistência da procura do emprego por desalento.

O IBGE não inclui no cálculo do desemprego oculto por desalento nem o trabalho precário (subocupado, sub-remunerado). O DIEESE e a Fundação Seade colocam esses dados.

Desemprego aberto designa as pessoas economicamente ativas, involuntariamente ociosas, que estão procurando emprego. Para o IBGE, é a população econômica ativa que estava sem trabalho nos últimos 30 dias.

4.2 CONSEQUÊNCIAS DO DESEMPREGO

Traz o desemprego as seguintes consequências para o trabalhador: a) diminuição do padrão de vida para sua família com a perda de renda. Parte o desempregado para vender pequenos objetos nas ruas, como forma de sobreviver; b) sentimento de inutilidade, desprestígio, impotência e rejeição social. O desemprego acaba gerando angústia na pessoa, de se sentir inútil, por não poder trabalhar, de não poder sustentar a família. Pode ocasionar problemas familiares e até doenças. Surgem os problemas sociais, pois muitas vezes o desempregado acaba pedindo esmolas nas ruas, partindo para a criminalidade, vendendo drogas, praticando furtos e roubos. Há vergonha de estar o empregado sem trabalho e insegurança. Passa o trabalhador a ser considerado supérfluo.

Para a empresa, o desemprego: a) pode representar diminuição da produtividade; b) implica perda de trabalhadores qualificados, treinados e capacitados. Há necessidade de treinamento de outros trabalhadores; c) importa redução do consumo. As empresas vendem menos, pois seus produtos deixam de ser comprados, em razão do menor número de consumidores com poder aquisitivo para comprar suas mercadorias, podendo dispensar outros trabalhadores.

Para o Governo, o desemprego traz também várias consequências: a) implica aumento de recursos destinados ao seguro-desemprego, necessitando de maiores recursos para seu custeio, aumentando a carga tributária para esse fim; b) o trabalhador deixa de recolher sua parte da contribuição previdenciária, havendo diminuição na arrecadação da citada exação. Há menos ativos sustentando os inativos; c) o desempregado continua usando os benefícios que a saúde pública proporciona, sem estar contribuindo, o que traz maiores encargos para o Estado custear essas atividades, sem que sejam arrecadadas contribuições; d) há queda da produtividade nacional, com a diminuição do produto interno bruto; e) há o aumento da criminalidade e da miséria em certas regiões; f) diminui o crescimento econômico do país.

4.3 DADOS ESTATÍSTICOS

Relatório da OCDE[1] mostra que o desemprego estava assim especificado:

Desempregados (milhões)					
	81/90	91	92	93	94
Alemanha	2,1	2,6	3,0	3,9	4,4
EUA	8,2	8,4	9,4	8,9	8,4
Japão	1,5	1,4	1,4	1,7	1,8

Taxa de desemprego (População economicamente ativa %)					
Alemanha	7,1	6,7	7,7	10,1	11,3
EUA	7,1	6,7	7,4	7,0	6,5
Japão	2,5	2,1	2,2	2,5	2,6

---

1. Apud ANDRADE, Everaldo Gaspar Lopes de. *Direito do trabalho*: ensaios filosóficos. São Paulo: LTr, 1995, v. I, p. 26.

Nos Estados Unidos, a média do desemprego na década de 1950 foi de 4,5%. Na década de 1960, de 4,8%. Nos anos 1970, subiu para 6,2%. Nos anos 1980, 7,3%. Nos três primeiros anos da década de 1990, passou para 6,8%[2]. No ano de 1992, somente 18% dos empregos que haviam sido perdidos foram recuperados, embora em outras recessões todos os empregos houvessem sido recuperados[3]. Afirmam Donald L. Barlett e James B. Steele que entre 1981 e 1991 mais de 1,8 milhão de empregos na área industrial desapareceram nos Estados Unidos[4].

A OIT, em relatório anual, esclarece que em 1996, da população total estimada em 6 bilhões de pessoas, 1 bilhão, ou cerca de 30% da força de trabalho, não têm emprego ou estão subempregadas[5]. Segundo a OIT, o desemprego estrutural em novembro de 1996 correspondia a 150 milhões de trabalhadores[6]. A OIT estima o desemprego no mundo:

1991	187 milhões
1992	189,9 milhões
1995	157,3 milhões
2000	177,2 milhões
2002	191,4 milhões
2003	191,1 milhões
2004	184,7 milhões
2005	191,8 milhões
2006	195,2 milhões

O IBGE apurou as seguintes médias anuais de taxas de desemprego no Brasil:

1982	6,27%
1983	6,70%
1984	7,12%
1985	5,25%
1986	3,59%

---

2. U. S Department of Labour, Bureau of Labor Statistics, Employment and Earnings, janeiro de 1994, p. 182.
3. HENKOFF, Ronald. Where will the jobs come from? *Fortune*, p. 58, 19 out. 1992.
4. BARLETT, Donald L.; STEELE, James B. *America*: what went wrong? Kansas City: Andrews and McMeel, 1992, p. xi.
5. OIT. *ILO, World employment 1996/97*: national policies in a global context, Genebra, International Labour Office, 1996, p. 212.
6. Apud SÜSSEKIND, Arnaldo. A atualização do direito do trabalho e o malogro dos contratos provisórios. *Suplemento Trabalhista LTr*, São Paulo, n. 161/97.

1987	3,73%
1988	3,85%
1989	3,35%
1990	4,28%
1991	4,83%
1992	5,76%
1993	5,31%
1994	5,06%
1995	4,64%
1996	5,42%
1997	5,66%
1998	7,59%
2002	11,7%
2003	12,4%
2004	11,5%
2005	9,9%
2006	10,0%
2007	9,3%
2008	7,9%
2009	8,1%
2010	6,7%
2011	6,0%
2012	5,5%
2013	5,4%
2014	4,8%
2017	12,7%
2021	13,2
2022	9,6
2023	7,8

Muitas vezes, as pesquisas econômicas não incluem na taxa de desemprego oficial o trabalho clandestino, precário ou subemprego, nem o de ambulantes ou camelôs. Se formos incluir as pessoas que estão no mercado informal, sem contrato de trabalho, teremos que o nível de desemprego será muito maior do que o noticiado pelas estatísticas. O DIEESE entende que o desemprego começa a partir de 10 anos de idade e refere-se a quem não trabalha, incluindo quem não mais procura trabalho. Para o IBGE, o desemprego começa aos 16 anos de idade e para quem procura trabalho e não acha.

4 • DESEMPREGO **321**

O IBGE não considera desempregado o trabalhador que há pouco tempo perdeu o emprego e está procurando novo posto de trabalho. Só depois de algum tempo e caso tenha desistido de procurá-lo é que entra na lista de desemprego aberto. Se o trabalhador, embora tenha perdido o emprego, possui fonte de renda alternativa, não é considerado desempregado, como ocorre com a atividade autônoma.

Para o DIEESE, o fato de o trabalhador estar procurando novo emprego ou ter nova fonte de renda em atividade não empregatícia não o exclui da condição de desempregado. Entende-se que a diferença de metodologia está no fato de que no trabalho muito precário não há condição de emprego. Está na condição de desempregado. É a pessoa que desistiu provisoriamente de procurar emprego: o desalentado.

O SEADE entende que a diferença de metodologia está no fato de que o trabalho muito precário não tem condição de emprego. Está na condição de desempregado. A pessoa que desistiu provisoriamente de procurar emprego: o desalentado.

A comparação entre o desemprego e a informalidade mostra que o Brasil tem alta taxa de informalidade, enquanto a Europa tem alto desemprego, mas baixa informalidade.

4.4 TRANSFERÊNCIA DOS TRABALHADORES

No curso do tempo, os trabalhadores foram saindo da agricultura para a indústria e desta para os serviços como forma de evitar o desemprego.

Quando a agricultura deixou de produzir resultados, os trabalhadores foram para a indústria. Quando esta passou a utilizar a automação, os trabalhadores foram para o setor de serviços.

Na década de 1950, nos Estados Unidos, 33% dos trabalhadores estavam no setor industrial. Nos anos 1960, o número de empregos no referido setor caiu para 30% e na década de 1980, para 20%. Atualmente, menos de 20% está empregado no setor industrial[7]. Na agricultura estão 2% da população. Em outras épocas era praticamente a totalidade. O setor de serviços hoje emprega mais de 82% da população[8].

Na Europa, em 1960, um em cada quatro trabalhadores estava empregado na indústria. Em 1990, apenas um em cada cinco trabalhadores[9].

---

7. BARLETT, Donald L.; STEELE, James B. *America*: what went wrong? Kansas City: Andrews and McMeel, 1992, p. 18.
8. PASTORE, José. *O desemprego tem cura?* São Paulo: Makron Books, 1998, p. 47.
9. *Employment/Unemployment study*: interim report by the secretary general. Paris, Organization for Economic Co-operation and Development, 1993, p. 6.

No Brasil, o setor agrícola ainda tem 22% da mão de obra[10].

Entre 1960 e 1990, a produção de bens continuou a crescer, mas o número de empregos começou a cair. Em 1870, havia três milhões de pessoas nas várias categorias de prestação de serviços. Em 1990, 90 milhões. O emprego oferecido na área de prestação de serviços salvou as economias modernas dos efeitos do desemprego[11].

Cada vez menos trabalhadores são necessários para a produção de bens e serviços.

O setor de serviços, porém, não mais tem condições de absorver tanta mão de obra de outros setores, como ocorria anteriormente.

Agora, os trabalhadores estão migrando para a área de tecnologia. Estima Peter Drucker que os novos tipos de trabalhadores, ou trabalhadores da informação (*information workers*), "já perfazem pelo menos um terço, e, mais provavelmente, mais de dois quintos de todos os empregados"[12].

Antigamente as mulheres não procuravam trabalho, pois ficavam em casa cuidando da casa e dos filhos. Hoje, a mulher compete no mercado de trabalho com o homem, mas também entra no contexto das pessoas que estão desempregadas. Há mais pessoas compondo a população econômica ativa.

O ingresso dos jovens ou menores no mercado de trabalho acaba tirando vaga de pessoas mais velhas, causando o desemprego dos maiores de 18 anos. Ocorre muitas vezes a substituição do trabalhador mais velho, que tinha um salário maior, por um trabalhador adolescente, com salário menor. É melhor, contudo, que o adolescente fique desempregado, para que possa continuar os seus estudos e sua formação, do que o seu pai, que sustenta a família. Não sendo isso possível, é preferível o menor trabalhar a ficar nas ruas, consumindo drogas ou praticando furtos ou roubos.

4.5 CRÍTICA

Atualmente, há praticamente dois sistemas de emprego: a) o americano, com baixo desemprego, flexibilidade dos direitos trabalhistas, porém com altos desníveis salariais; b) o europeu: que não tem tanta flexibilidade como o americano, que protege o salário, contudo tem alto nível de desemprego.

---

10. PASTORE, José. *O desemprego tem cura?* São Paulo: Makron Books, 1998, p. 47.
11. Historical Statistics of The United States, Department of Commerce Washington, DC 195, Series D, p. 138.
12. DRUCKER, Peter. The new society of organizations. *Harvard Business Review*, p. 101, set./out. 1992.

Talvez o maior desemprego na Europa seja justificado pelo fato do elevado custo de admissão e dispensa do trabalhador, combinado com vários benefícios sociais que estimulam a permanência na inatividade por longos períodos. É o exemplo do seguro-desemprego pago ao trabalhador por longos períodos de tempo, ou enquanto o trabalhador dele necessitar (Dinamarca). Nesses sistemas há estímulo ao trabalhador continuar desempregado, a não procurar emprego, pois continuará recebendo indefinidamente o seguro-desemprego. No Brasil, o período máximo do seguro-desemprego é de cinco meses, dependendo do atendimento de certos requisitos, podendo ser prorrogado excepcionalmente para sete meses (§ 4º do art. 2º da Lei n. 8.900/94).

A perda do emprego implica para o Estado maiores gastos com seguro-desemprego e de assistência à saúde. Os gastos com saúde aumentam, pois não são cobertos pela empresa, em razão da dispensa. A sociedade toda acaba pagando pelo desemprego, em razão da necessidade de pagamento continuado do seguro-desemprego, sem contribuição da empresa e dos desempregados. Na França, houve redução de impostos para a manutenção dos empregos, proporcionando ao governo não gastar com o seguro-desemprego.

O seguro-desemprego, porém, não evita o desemprego nem ataca as causas que lhe dão origem. Acaba minorando os efeitos do desemprego. Não resolve o problema do desemprego do trabalhador. Serve apenas para remediar provisoriamente a falta de pagamento de salário enquanto o trabalhador não consegue novo emprego. Entretanto, se o empregado continua desempregado por longo tempo, o seguro-desemprego não cobre todo o período e o obreiro fica sem remuneração para poder sobreviver. Na verdade, o seguro-desemprego é um desemprego inseguro e nada tem de seguro, pois o empregado recebe o seguro apenas por certo período e no restante, caso não tenha emprego, não tem remuneração.

Sala Franco afirma que, se há desemprego, é porque os salários são excessivos, o que não é verdade. Para reduzir o desemprego bastaria reduzir o salário. No Brasil, os salários não causam o desemprego, pois já são baixos, mas um conjunto de fatores.

O desemprego também acaba tendo reflexos no índice de sindicalização dos empregados, pois o obreiro, ao perder o posto de trabalho, num segundo momento acaba desfiliando-se da agremiação. Esta, então, deixa de arrecadar recursos para seus planos sindicais. Acaba o desemprego enfraquecendo a organização sindical em todas as regiões de nosso planeta. O sindicato, ficando fraco, diminui a capacidade de reivindicação.

Assevera José Pastore que o desemprego, atualmente, pode ser entendido como uma combinação da robotização, da globalização e da excessiva regulamentação dos mercados de trabalho[13].

---

13. PASTORE, José. Muitos direitos e poucos empregos. In: *A agonia do emprego*. São Paulo: LTr, 1997, p. 77.

Os altos custos de encargos sociais incidentes sobre a mão de obra nos países industrializados têm implicado o desemprego. Nos tigres asiáticos tem ocorrido o inverso, isto é, o baixo custo da mão de obra e dos encargos sociais sobre ela incidentes, além do que não há tanta regulamentação de direitos.

A proteção excessiva determinada pelo direito do trabalho na dispensa do trabalhador pode ocasionar desemprego, pois o empregador pode entender por não contratar trabalhadores, em razão de que será mais oneroso para dispensá-los quando for necessário. O excesso de proteção acaba gerando desproteção, podendo ocasionar desemprego.

Não pode a proteção ao emprego chegar a ponto de impossibilitar ou inviabilizar a atividade econômica do empregador, pois somente se a empresa continuar a existir é que haverá a possibilidade de serem criados novos empregos e mantidos os atuais. Entretanto, o trabalhador também não pode ser explorado nem trabalhar em condições desumanas.

As causas apontadas do desemprego seriam: inflexibilidade da legislação, juros altos que inibem investimentos, globalização, automação. O desemprego pode ser considerado um conjunto de fatores: aumento de produção, com a diminuição da necessidade de trabalhadores, decorrente da automação; falta de investimentos públicos ou privados que gerem empregos. A política de juros altos inibe investimentos, pois as empresas não tomam empréstimos bancários para se modernizarem e para a criação de empregos.

Tem-se constatado que, quanto maior a rigidez da legislação, maior é a possibilidade de desemprego.

O crescimento econômico sustentado talvez seja a melhor hipótese da criação de empregos e diminuição do desemprego. Empregos dependem de investimentos. A recessão importa menos empregos, pois implica diminuição da atividade econômica, quando as empresas dispensam trabalhadores. As empresas têm dispensado empregados por vários motivos, inclusive em razão de sua própria sobrevivência.

Para a criação e manutenção de empregos é preciso: estabilidade da moeda e redução da taxa de juros, de modo a criar investimentos; prática de política econômica estável e contínua, além de investimento na educação e em processos de treinamento e reciclagem profissionais.

Lisa Lynch afirma que os investimentos feitos em educação são mais notados nos países desenvolvidos. Os Estados Unidos gastam 1,8% da folha de pagamento em treinamento e reciclagem de pessoa, a Alemanha 1,8%, a Austrália 1,7%, a França 1,6% e a Inglaterra 1,3%[14].

---

14. LYNCH, Lisa. Payoffs to alternative training strategies work. In: FREEMAN, Richard B. *Workin under different rules*. New York: Russel Sage Foundation, 1993, p. 73.

Uma das razões de desemprego no país é o aumento da População Economicamente Ativa (PEA) em porcentuais mais elevados do que os do crescimento demográfico. Enquanto o crescimento da população passou de uma média anual de 2,8% na década de 1980 e 1,5% nos anos 1990, a população em idade de trabalhar, que crescia à taxa de 3,1%, ainda aumenta na proporção de 2,7% ao ano.

Outro dos fatores do desemprego é a renda baixa do brasileiro, que precisa ter mais de um emprego para se sustentar ou então necessita fazer horas extras pelo mesmo motivo.

Caso a força de trabalho continue aumentando mais do que a capacidade da economia de criar postos de trabalho, o desemprego continuará aumentando, mesmo que haja recuperação econômica.

Empregos dependem de investimentos públicos ou privados e não de leis. Não são criados empregos por lei, mas com política de investimentos, política de emprego etc. O problema da continuidade do contrato de trabalho ou do emprego tem características jurídicas, mas é muito mais econômico, pois depende de uma política econômica e social do governo, de investimentos públicos e privados, da inflação etc. O emprego depende de unidades produtivas. Há necessidade de investimentos para a criação de empregos. A ausência de investimentos importa na diminuição da contratação de empregados e da geração de postos de trabalho. Sem investimentos não há emprego.

Talvez a tendência no futuro seja poucas pessoas terem empregos e outras terem trabalho, em razão da diminuição dos postos de trabalho.

O direito do trabalho parte de um pressuposto de proteção ao emprego. No futuro, talvez tenha de proteger o trabalho em sua totalidade e não apenas o emprego. Talvez o ideal venha a ser um contrato de atividade, como menciona Jean Boissonat[15]. A atividade seria tudo aquilo que engloba as ações socialmente úteis[16].

O desaparecimento dos empregos é resultado de uma mudança socioeconômica que vem sendo realizada.

De certa forma, dificilmente a totalidade dos empregos existentes anteriormente será devolvida ao trabalhador.

Há necessidade de limitar a perda do emprego e de manter os já existentes, mediante uma política de emprego.

---

15. BOISSONAT, Jean. Outra maneira de trabalhar. *LTr*, São Paulo, 62-03/321.
16. Ibid., 62-03/322.

4.6 ÁREAS QUE PODERIAM SER DESENVOLVIDAS

O turismo seria um setor que poderia ser aproveitado no Brasil. Poderia assim criar empregos, implicando aumento de divisas para o Brasil. Infelizmente o turismo no Brasil é pouco explorado, quando deveria ser muito melhor, pois temos várias belezas naturais, sol o ano todo na maior parte do território nacional, principalmente no nordeste do país. Frei Luís Maria A. Sartori estima que no mundo todo a indústria do turismo

> gera em torno de 212 milhões de empregos. Isso significa que em cada nove pessoas empregadas no planeta, uma atua no turismo. No Brasil, tal atividade emprega 5,8 milhões de pessoas (uma em cada onze). Só no Rio de Janeiro, entre empregos diretos e indiretos, o turismo propicia 525 mil postos de trabalho e movimenta US$ 200 milhões. Além disso, trata-se de um setor em que menos se precisa investir para gerar emprego[17].

A Associação Brasileira das Entidades de Hospedagem, Gastronomia e Turismo estima que para cada U$ 1 bilhão de investimentos no setor de petróleo são gerados 380 empregos diretos. No turismo, seriam gerados 12.650 empregos diretos e indiretos.

A globalização e a concorrência têm baixado os preços das passagens aéreas, da hospedagem. Mais pessoas têm acesso às viagens, havendo necessidade da criação de novos empregos no setor de turismo para atender à demanda.

A construção civil pode empregar muitas pessoas, desde que haja investimento nesse segmento da economia, pois não é afetada por automação e não exige grau de escolaridade dos trabalhadores, apenas habilidade e força física, dependendo do caso. A mão de obra não precisa, portanto, ser especializada. Na área pública poderia haver maiores investimentos em obras públicas, de modo a fazer obras e absorver a mão de obra disponível.

É sabido que os programas de obras públicas têm empregado muitos trabalhadores. Nem sempre, porém, o governo tem interesse ou necessidade de fazer certas obras públicas, deixando de contratar trabalhadores nessa área. Há uma carência de investimentos em obras de construção civil. O capital não tem sido investido com grande afluência na construção civil, de modo que o nível de emprego diminuiu muito nessa área.

Investimentos poderiam ser feitos em estradas, pontes, prédios, hotéis, escolas, hospitais etc. Isso gera empregos na construção civil. Concluída a construção, em certos casos, novas pessoas são necessárias para trabalhar na escola, no hospital etc.

---

17. SARTORI, Frei Luís Maria A. *O desemprego mundial*: causas e soluções. São Paulo: LTr, 1998, p. 29-30.

Há necessidade de investimentos na área para a criação de empregos. Os financiamentos deveriam apenas ter taxa de inflação para viabilizar o pagamento pelas pessoas. Com altas taxas de juros, não há interessados, o que inviabiliza as construções e as contratações de pessoas.

A abertura do comércio aos domingos pode demandar a necessidade de mais empregados. Será necessário um número maior de pessoas para atender aos compradores.

Não há, porém, perspectiva clara de que o trabalho aos domingos iria implicar a contratação de trabalhadores, pois o empregador poderia instituir um sistema de rodízio. O comércio passaria a funcionar sete dias por semana, em vez de seis dias. Irá o comércio abrir cerca de 52 dias a mais um ano. Uma pessoa que não tem tempo para fazer compras durante a semana poderia fazer compras aos domingos. Para o funcionário também seria bom apenas quanto ao maior recebimento de comissões.

O transporte também poderá ser mais necessário no domingo, por causa da abertura do comércio, havendo necessidade da contratação de mais funcionários para esse fim.

Há argumentos de que, se fossem cancelados alguns feriados e dias-ponte, poderia implicar a criação de empregos, pois haveria mais necessidade de trabalho.

Na Europa, tem sido feita a troca de veículos para reduzir o desemprego no setor automobilístico. Cada país estabelece uma regra. O Governo geralmente dá um bônus e as montadoras fazem um desconto. Normalmente era oferecida uma isenção de até U$ 1.000 na entrega de um carro de mais de 10 anos de uso. Em 1994 na França foram vendidos 550 mil veículos nessas condições.

A criação de empregos na área da indústria automobilística brasileira pode ser feita pela renovação da frota nacional, incentivando a pessoa a trocar de automóvel. O governo pode isentar o ICMS ou o IPI, ou criar formas que venham a incentivar a compra de automóveis e ao mesmo tempo aumentar as vendas de veículos e, em consequência, a contratação de pessoas.

No ano de 1999, houve negociação entre Governo, empresas e trabalhadores para a manutenção de nível de emprego na indústria automobilística, em que o Governo federal reduz o IPI, o estadual o ICMS, permitindo que as empresas possam vender seus veículos por preço menor, evitando também o reajuste de preços de seus produtos e, em contrapartida, mantenham o nível de emprego. O aumento do consumo de veículos permite a manutenção do nível de emprego no setor automobilístico.

As cooperativas também poderiam ser utilizadas para a colocação de mão de obra. Entretanto, há necessidade de que essas cooperativas não sejam empregadas com meios fraudulentos, de forma a mascarar e prejudicar os direitos dos trabalhadores.

Outra forma de reduzir o desemprego pode ser de estimular as aposentadorias, com idades inferiores às normais, como tem sido feito em alguns países da Europa.

4.7 BUSCA DO PLENO EMPREGO

Pleno emprego é a situação em que a demanda de trabalho é igual ou inferior à oferta. Isso significa que todos que desejarem vender sua força de trabalho pelo salário corrente terão condições de obter um emprego. Em termos globais, podemos dizer que é o grau máximo de utilização dos recursos produtivos tanto materiais como humanos dentro de uma economia. Numa economia dinâmica é muito difícil ocorrer a eliminação total do desemprego, pois: atividades como agricultura não ocupam a mesma força continuamente (efeito sazonal); é necessário algum tempo para que as pessoas troquem de emprego, uma vez que ninguém quer viver desempregado; existe uma situação de pleno emprego caso não exceda 3% a 4% de mão de obra desempregada (versão moderna da teoria keynesiana).

A Constituição portuguesa assegura a todos o direito ao trabalho (art. 58, 1). O dever de trabalhar é inseparável do direito ao trabalho. Incumbe ao Estado, por meio da aplicação de planos de política econômica e social, garantir o direito ao trabalho, assegurando a execução de políticas de pleno emprego (art. 58, 3, *a*).

Dispunha o art. 145 da Constituição de 1946 que a ordem econômica era organizada conforme os princípios da justiça social, conciliando a liberdade de iniciativa com a valorização do trabalho humano. O parágrafo único dispunha que a todos seria assegurado trabalho que possibilitasse existência digna, sendo o trabalho obrigação social.

Previa o inciso VI do art. 160 da Emenda Constitucional n. 1, de 1969, que um dos princípios da ordem econômica e social era "a expansão das oportunidades de emprego produtivo".

Estabelece o inciso VIII do art. 170 da Constituição que a ordem econômica tem por base o princípio da busca do pleno emprego.

A busca do pleno emprego pode até parecer uma condição utópica, inatingível, mas, na verdade, é uma forma de política econômica adotada pelos Governos, com o objetivo de ser atingida.

O objetivo do constituinte parece ser atingir o ideal de Keynes, no sentido de emprego pleno de todos os recursos e fatores da produção.

Pleno emprego, para a OIT, é a ausência de desemprego involuntário ou a existência de trabalho para todos aqueles que desejam trabalhar.

O pleno emprego tem sentido econômico e não jurídico. É uma forma de garantir o direito social ao trabalho (art. 6º da Constituição) ou o primado do trabalho (art. 193 da Lei Magna).

O jurista deve, porém, dar subsídios jurídicos para que os economistas possam estabelecer um sistema voltado para o pleno emprego, como requer a Constituição.

Pleno emprego quer dizer emprego total, emprego para todos que procuram trabalho.

Há relação entre pleno emprego e oferta de trabalhadores. Se aumentar a oferta de trabalhadores sem que haja postos de trabalho, temos desemprego.

O pleno emprego só será conseguido com investimentos, de forma a gerar postos de trabalho.

José Pastore informa que no Brasil, em 1970, para criar um emprego era necessário um investimento de US$ 10.000. Na década de 1980, esse número passou para US$ 15.000. Hoje, são necessários US$ 30.000[18]. Constata-se que há necessidade de muito mais capital para gerar o mesmo posto de trabalho.

Declara José Pastore que "já foi o tempo em que com 1% de crescimento econômico gerava-se 0,5% de emprego. Hoje, para gerar esse montante de emprego é preciso crescer mais de 2%"[19].

Para que haja a geração de empregos, é preciso crescimento sustentado. No período do "milagre econômico", a taxa de investimento foi de 25% do PIB, enquanto o crescimento chegou a 10% ao ano. Atualmente a taxa de investimento é de 17% do PIB, sendo que o crescimento está em torno de 2% a 3% ao ano. Para que houvesse a criação de empregos, o PIB teria de crescer entre 6% e 7% ao ano.

A conquista e a manutenção de um nível de pleno emprego são um importante fator de crescimento econômico, acompanhadas da elevação do padrão de vida da população. Os governos podem aplicar uma política de pleno emprego, por meio de recursos fiscais, como incentivos e empreendimentos geradores de emprego e monetários quando ocorre o direcionamento dos créditos e das verbas. Exemplo da crise de 1929, o pleno emprego tornou-se um objetivo nacional de todos os grandes países industrializados e mais especificamente nos EUA, com a implantação do New Deal e a aprovação da Lei do Emprego em 1946.

---

18. PASTORE, José. Relações do trabalho numa economia que se abre. *LTr*, São Paulo, 59-01/20.
19. PASTORE, José. A agonia do emprego: investimentos de menos e regulamentos de mais. *LTr*, São Paulo, 60-01/19.

V
SOLUÇÕES E ALTERNATIVAS PARA A CONTINUIDADE DO CONTRATO DE TRABALHO

V

SOLUÇÕES E ALTERNATIVAS
PARA A CONTINUIDADE DO
CONTRATO DE TRABALHO

1
FLEXIBILIZAÇÃO DO DIREITO DO TRABALHO

1.1 INTRODUÇÃO

Para uns, a flexibilização é o anjo; para outros, o demônio. Para certas pessoas, é a forma de salvar a pátria dos males do desemprego; para outras, é uma forma de destruir tudo aquilo que o trabalhador conquistou em séculos de reivindicações, que apenas privilegia os interesses do capital.

Nesse ponto, verifica-se uma teoria que prega a necessidade de o Estado intervir nas relações de trabalho para regulá-las, principalmente diante dos excessos praticados pelo empregador contra o trabalhador, que é o hipossuficiente. A outra teoria prega maior mobilidade das condições de trabalho na empresa, de forma que possam ser modificadas a qualquer tempo, para que em épocas de crises econômicas possa manter os empregos e assegurar também a sobrevivência da empresa.

O direito do trabalho é um ramo da ciência do Direito muito dinâmico, que vem sendo modificado constantemente, principalmente para resolver o problema do capital e do trabalho. Para adaptar esse dinamismo à realidade laboral, surgiu uma teoria chamada de flexibilização dos direitos trabalhistas. Essa teoria nasce a partir das crises econômicas existentes na Europa por volta de 1973, em função do choque dos preços do petróleo. Como dizia Camões: "mudam-se os tempos, mudam-se as vontades; muda-se o ser, muda-se a confiança; todo o mundo é composto de mudança, tomando sempre novas qualidades". Havia, portanto, necessidade de mudanças também no campo do direito do trabalho.

1.2 DENOMINAÇÃO

É usada a expressão "direito do trabalho da crise", em razão de que há necessidade de dotar o direito do trabalho de novas medidas em razão das crises econômicas.

Os termos "adaptabilidade" e "capacidade de acomodação" significam o ajustamento das regras trabalhistas à realidade dos dias atuais.

É encontrada, ainda, a expressão "desregulamentação", que significaria substituir a norma estatal pela norma das partes, pela norma coletiva ou individual.

Usa-se a denominação "flexibilização" para dar mais elasticidade às regras trabalhistas, em contrapartida àquela fixação rígida que sempre se preconizou. Seria uma nova forma de enfrentar as crises econômicas.

A crise não é apenas uma das questões que envolvem a necessidade de mudança de normas trabalhistas rígidas, mas também as novas tecnologias, o desemprego, a falta de criação de empregos, a globalização etc.

A denominação "flexibilização" parece mais adequada. Flexibilidade é qualidade de flexível, que deixa de ser rígido; elasticidade, destreza, agilidade, flexão, flexura; faculdade de ser manejado; maleabilidade; aptidão para variadas coisas ou aplicações; é o que pode dobrar ou curvar; é o contrário da rigidez. Na prática, os estudiosos acabaram preferindo o termo "flexibilização".

Sob o aspecto jurídico, é uma norma ou instituição ou situação que era inflexível e passa a sofrer um processo de mudança visando à sua atenuação ou adaptação à realidade. A analogia feita por Mario Pasco Cosmopolis bem serve para explicar a flexibilização: ela desempenha função equivalente à da poda de uma árvore ou de seus galhos, eliminando os ramos secos e supérfluos com o propósito de robustecer o tronco[1].

1.3 CONCEITO

A flexibilização do direito do trabalho é o conjunto de regras que tem por objetivo instituir mecanismos tendentes a compatibilizar as mudanças de ordem econômica, tecnológica, política ou social existentes na relação entre o capital e o trabalho[2].

É conjunto porque forma um todo organizado, um sistema para o fim de estabelecer mecanismos para compatibilizar as regras do direito do trabalho com as mudanças, isto é, uma reunião de medidas visando flexibilizar as relações trabalhistas.

Nota-se também que o sistema compreende as modificações de ordem econômica, tecnológica ou social e não apenas regras jurídicas.

---

1. PASCO COSMOPOLIS, Mario. La flexibilización en América Latina. In: *Direito e processo do trabalho*: estudos em homenagem a Octávio Bueno Magano. São Paulo: LTr, 1996, p. 117.
2. MARTINS, Sergio Pinto. *Flexibilização das condições de trabalho*. 6. ed. São Paulo: Saraiva, 2020, p. 38.

A flexibilização das regras trabalhistas é também uma forma de atenuar o princípio da proteção à relação laboral.

Há necessidade, assim, de adaptação, desregulação ou flexibilização, de modo a adaptar o Direito à realidade e não o inverso.

Os exemplos mais comuns seriam a flexibilização da jornada de trabalho (*flextime*), que é usada principalmente nos países de língua inglesa, em que o funcionário entra mais cedo, saindo mais cedo do trabalho, ou ingressa mais tarde no serviço, saindo, também, em horário mais adiantado do que o normal, estabelecendo, assim, seu próprio horário de trabalho, trabalhando mais horas num determinado dia ou semana para trabalhar um menor número de horas em outros dias, porém há necessidade de se observar um número mínimo de horas trabalhadas no ano, no mês ou na semana; o *job sharing* ou a divisão do posto de trabalho por mais de uma pessoa; o contrato segundo as necessidades do empreendimento (*Kapovaz*) do direito alemão, conforme lei de 26 de abril de 1985; o *part time*, ou seja, o trabalho a tempo parcial; o trabalho à distância, que é o trabalho não prestado na sede do empregador, como o teletrabalho e o trabalho em domicílio; o estágio; o trabalho temporário; o contrato de trabalho por tempo determinado; o contrato de safra ou de temporada; e o trabalho avulso, que geralmente é feito na orla marítima, em que o trabalhador, sendo sindicalizado ou não, presta serviços a uma ou mais empresas, mediante intermediação do sindicato da categoria ou do órgão gestor de mão de obra.

Diferencia-se a flexibilização da desregulamentação das relações do trabalho. Desregulamentar tem o sentido de desprover de normas heterônomas as relações de trabalho. As próprias partes é que estabelecerão as regras para reger suas relações. Na flexibilização, são alteradas as regras existentes, diminuindo a intervenção do Estado, porém garantindo um mínimo indispensável para que o empregado possa sobreviver, além de uma proteção mínima necessária. A flexibilização é feita com a participação do sindicato. A desregulamentação das condições de trabalho não poderá, porém, implicar a precarização do trabalho. Na flexibilização os direitos trabalhistas podem ser alterados, com exceção de direitos mínimos, nas hipóteses dos incisos VI, XIII e XIV do art. 7º da Constituição, mediante compensação com outras vantagens e assistência do sindicato.

1.4 DIREITO COMPARADO

Na Bélgica, a flexibilidade é mais da jornada de trabalho e dos contratos a tempo parcial.

Na Itália, lei de 1984 dispõe sobre a contratação a tempo parcial, regulando os "contratos de solidariedade", que têm menor proteção legal, tanto no direito do trabalho como no direito previdenciário.

Na Espanha, há várias formas de contratos de trabalho a prazo.

Na França, em 1982, o Código de Trabalho permitiu a celebração de acordos coletivos derrogatórios de normas estatais, que seriam normas *in pejus* (para pior). O acordo é firmado mediante aprovação da comissão de fábrica ou de acordos entre sindicatos e empresas, podendo prever congelamento de salários por determinado período. O empregador, em contrapartida, deve fazer mais investimentos.

Nos Estados Unidos, há o *concession bargaining*, que tem por objetivo a redução de salários como forma de evitar o fechamento de empresas ou o deslocamento para outro país.

1.5 CLASSIFICAÇÃO

Tem-se dividido a flexibilização do trabalho em: a) quantitativa externa, que trata da contratação do trabalhador e das facilidades com que pode ser despedido de acordo com as necessidades da empresa; b) quantitativa interna, que engloba a utilização do tempo do empregado, como o horário de trabalho, o trabalho a tempo reduzido; c) funcional, que diz respeito aos métodos ou às técnicas de gestão de mão de obra em decorrência das exigências da produção.

Uma segunda classificação poderia ser feita quanto ao objeto: a discussão sobre a manutenção do contrato de trabalho, naquele sistema clássico de estabilidade e continuidade do contrato de trabalho; o salário e as formas de dispensa.

Outra classificação seria quanto ao tempo: a) duração do contrato de trabalho: temos as formas dos contratos envolvendo o tempo, como por tempo determinado, trabalho temporário; b) duração do trabalho: como no trabalho a tempo parcial (*part time*) ou no trabalho apenas em um dia ou alguns da semana; c) de horário, quando se fala em *flextime* ou *flexible working hours*: é uma prática que permite aos trabalhadores acordar o início e o término do horário de trabalho para adaptá-lo às suas necessidades pessoais. Às vezes trabalham mais num dia, para trabalhar menos no outro. É utilizado em relação aos trabalhadores de colarinho branco.

Classifica-se, ainda, a flexibilização quanto à mobilidade: a) externa: de admitir ou dispensar o trabalhador; b) interna: de transferir, mudar a função do empregado, como no caso de extinção de aposentadoria por invalidez (art. 475, § 1º, da CLT).

1 • FLEXIBILIZAÇÃO DO DIREITO DO TRABALHO **337**

Pode a flexibilização ser definida quanto ao salário: a redução do salário em épocas de crises econômicas. Fala-se que o salário deveria ter duas partes, uma fixa e outra variável, que dependeria do desempenho do trabalhador, como de participação nos lucros ou resultados, de comissões de vendas etc.

1.6 FATORES

Os fatores da flexibilização têm eminente natureza econômica: a) desenvolvimento econômico; b) globalização, que determina a competição econômica internacional; c) crises econômicas; d) mudanças tecnológicas; e) aumento do desemprego; f) existência da economia informal.

1.7 TENDÊNCIAS

A tendência da flexibilização é decorrência do surgimento das novas tecnologias, da informática, da robotização, que mostram a passagem da era industrial para a pós-industrial, revelando uma expansão do setor terciário da economia. Assim, deveria haver uma proteção ao trabalhador em geral, seja ele subordinado ou não, tanto o empregado como também o desempregado. É nesse momento que começam a surgir contratos distintos da relação de emprego, como contratos de trabalho a tempo parcial, de temporada, de estágio etc. Esses contratos, porém, acabam sendo uma forma de oferecer trabalho às pessoas.

A flexibilização das normas do direito do trabalho visa assegurar um conjunto de regras mínimas ao trabalhador e, em contrapartida, a sobrevivência da empresa, por meio da modificação de comandos legais, procurando outorgar aos trabalhadores certos direitos mínimos, para que o obreiro possa sobreviver condignamente e, ao empregador, a possibilidade de adaptação de seu negócio, mormente em épocas de crise econômica. Para fiscalizar essa flexibilização, essa maleabilidade, é que o sindicato passa a deter papel principal, ou seja, na participação das negociações coletivas que irão conduzir ao acordo ou à convenção coletiva de trabalho, de modo a permitir também a continuidade do emprego do trabalhador e a sobrevivência da empresa, assegurando um grau de lucro razoável à última e certas garantias mínimas ao trabalhador. É uma forma de adaptação das normas vigentes às necessidades e conveniências de trabalhadores e empresas.

Como tendências da flexibilização, teríamos: a) o aumento da utilização dos contratos atípicos; b) a instituição de outras formas de contratos por tempo determinado e a tempo parcial; c) a contratação de trabalhadores em domicílio e de estagiários; d) a modificação do módulo semanal de trabalho para anual; e)

A CONTINUIDADE DO CONTRATO DE TRABALHO • SERGIO PINTO MARTINS

a subcontratação; f) a necessidade da revisão dos sistemas de seguridade social em razão do desemprego.

1.8 LEGISLAÇÃO EXISTENTE

A Constituição de 1988 prestigiou em vários momentos a flexibilização das regras do direito do trabalho, determinando que os salários poderão ser reduzidos por convenção ou acordo coletivo de trabalho (art. 7º, VI); a compensação ou a redução da jornada de trabalho só poderá ser feita mediante acordo ou convenção coletiva (art. 7º, XIII); o aumento da jornada de trabalho nos turnos ininterruptos de revezamento para mais de seis horas diárias será estabelecido por intermédio de negociação coletiva. O inciso XXVI do art. 7º do Estatuto Supremo reconheceu não só as convenções coletivas, mas também os acordos coletivos de trabalho. O inciso VI do art. 8º da mesma norma estatuiu a obrigatoriedade da participação dos sindicatos nas negociações coletivas de trabalho. Pode-se dizer, também, que até mesmo a participação nos lucros e na gestão da empresa são formas de flexibilização laboral, de maneira que o empregado possa participar democraticamente na gestão da empresa e em seus resultados positivos (art. 7º, XI, da Lei Ápice), sendo que a participação em relação aos lucros pode ser feita por convenção ou acordo coletivo (art. 621 da CLT).

Como vemos, há uma flexibilização de certas regras do direito do trabalho que só podem ser realizadas com a participação do sindicato, podendo tanto ser instituídas condições de trabalho *in mellius* (redução da jornada) ou *in pejus*, para pior, como no aumento da jornada nos turnos ininterruptos de revezamento ou na redução de salários.

Existem outras formas de flexibilização previstas na legislação ordinária, como: o trabalho em domicílio (arts. 6º e 83 da CLT), o contrato por tempo determinado (§§ 1º e 2º do art. 443 da CLT), o contrato de aprendizagem (art. 428 da CLT), o contrato de técnico estrangeiro (Decreto-lei n. 691, de 18-7-1969), o contrato de safra (art. 14, *caput* e parágrafo único, da Lei n. 5.889/73), o estágio (Lei n. 11.788).

Há também a possibilidade de se instituir formas de flexibilização, mas quanto à proteção que se deve dar ao trabalhador, assegurando-lhe vantagens mínimas, como de segurança no emprego, da criação de empregos ou de política de emprego etc.

Se a Europa não tivesse utilizado a flexibilização do trabalho e a terceirização, talvez o índice de desemprego ainda fosse maior. A flexibilização foi uma forma de ampliar os empregos, de acordo com as necessidades do mercado, com a redução de custos. Caso não se tivesse utilizado da flexibilização, seria ainda maior a migração de capitais para onde o custo da mão de obra fosse mais barato.

A flexibilização deveria ocorrer por meio de normas coletivas, principalmente do acordo coletivo, que melhor teria condições de adaptar as peculiaridades de cada empresa. Muitas das regras jurídicas que temos são rígidas e ultrapassadas, pois foram idealizadas para outro momento histórico. Em épocas de crise, não se pode estabelecer regras rígidas sobre salário e jornada de trabalho.

A Lei n. 4.923 permite a redução da jornada de trabalho e dos salários mediante acordo com o sindicato (art. 2º), porém dispõe que o salário só pode ser reduzido em 25%, respeitado o salário mínimo. Entendo que o salário poderá ser reduzido no valor que as partes entenderem melhor, em função da possibilidade da redução de salários contida no inciso VI do art. 7º da Constituição, que não prevê limites, apenas se deve observar o salário mínimo, por uma interpretação sistemática da Constituição, analisando-se também o inciso IV do art. 7º. O salário mínimo é a importância mínima que o trabalhador pode receber. Logo, não poderia ser reduzido o salário do trabalhador a valor inferior ao mínimo.

O art. 503 da CLT autorizava a redução de salários em casos de força maior e prejuízos. Entretanto, esse artigo pode ser considerado revogado, visto que a Constituição dispõe que para haver redução de salários é preciso convenção ou acordo coletivo (art. 7º, VI).

Em nosso país, a tendência parece ser a da ampliação dos contratos a termo ou de contratação parcial. A Lei n. 9.601/98 estabelece novas hipóteses de contratos por tempo determinado, independentemente das condições previstas no § 2º do art. 443 da CLT, desde que represente acréscimo no número de empregados; o mesmo projeto prevê a redução das contribuições sociais. O Governo editou a Medida Provisória n. 1.709/98 instituindo o trabalho a tempo parcial. Este não poderá exceder de 25 horas semanais. É, ainda, possível fazer a contratação a prazo certo nos casos: a) de obra certa (Lei n. 2.959/56); b) contrato de safra (art. 14 da Lei n. 5.889/73); c) trabalho temporário (Lei n. 6.019/74); d) contratos por tempo determinado descritos nos parágrafos do art. 443 da CLT, incluindo o de experiência; e) contrato de aprendizagem. Em outras hipóteses não será permitida a contratação temporária.

O § 2º do art. 59 da CLT, com redação da Lei n. 9.601, passou a permitir acordo de compensação de horas num período máximo de 120 dias, desde que não sejam excedidas mais de 10 horas diárias. Recentemente, foi dada nova redação ao citado § 2º do art. 59 da CLT, por intermédio da Medida Provisória n. 1.709/98, permitindo a compensação da jornada de trabalho por acordo ou convenção coletiva, limitada ao período máximo de um ano, desde que também não sejam excedidas mais de 10 horas diárias.

1.9 CRÍTICA

Raso Delgue assevera que a flexibilização pode significar tanto uma desregulação ilimitada como estar estabelecida em limites precisos. Uma desregulação absoluta do direito do trabalho levaria a situações de exploração do empregado, implicando insegurança e destruição ao elemento mais importante do trabalho: o homem. A flexibilização é necessária, implicando uma racionalização do aparato normativo do direito do trabalho e adaptando-o às transformações sociais[3], inclusive em razão da automação e do aumento de produção dela decorrente, porém não pode levar a abusos.

Embora nascida a flexibilização no contexto do direito econômico e também na Economia, tendo reflexos no campo do direito do trabalho, a tese da flexibilização ganha hoje generalizada aplicação em qualquer ramo da ordem jurídica que necessite adaptar-se à realidade da atual sociedade. A flexibilização envolve aspectos sociológicos e psicológicos[4], que acabam refletindo no Direito.

A flexibilização tem sido a resposta ao Estado onipotente, onipresente e onisciente, que representa muito mais um fator de atraso e de recessão econômica do que de progresso. Num mundo em que o comunismo, o muro de Berlim, o autoritarismo, o dirigismo e o intervencionismo desapareceram ou estão desaparecendo, pois já esgotaram seu potencial, há também necessidade de combater-se o informalismo.

No direito do trabalho, verificava-se que certos institutos tradicionais tornaram-se obsoletos em decorrência de várias crises e, atualmente, devido à globalização, em razão da incapacidade de solucionar todos os problemas da relação entre o capital e o trabalho. O marco inicial passou a ser a existência do desemprego. Se há desempregados é porque as empresas tiveram de fazer dispensas, pois as vendas diminuíram e, em contrapartida, seus lucros. Se os lucros diminuíram, um dos fatores é que a mão de obra tem um custo muito alto. Seguindo esse raciocínio, se reduzirem-se estes encargos, haverá a possibilidade da manutenção de empregos e da criação de outros.

Surge, assim, a flexibilização como solução para a revisão do Direito, mas, especialmente, para aqueles ramos mais proximamente relacionados com a economia. Na verdade, nenhum ramo jurídico tem sentido isoladamente, mormente se o considerarmos no contexto econômico.

---

3. RASO DELGUE, Juan. Flexibilización: desregulación o adaptación del derecho del trabajo. *Revista de la Facultad de Ciencias Jurídicas Políticas*, Universidad Central de Venezuela, Caracas, n. 87, p. 416, 1993.

4. BRONSTEIN, Arturo. La flexibilización del trabajo: panorama general. In: *La flexibilización del trabajo: un estudio internacional*. Barquisimeto: Diario de Tribunales, 1990, p. 15.

No setor fiscal, por exemplo, com a flexibilização e diminuição de tributos pode-se resgatar grande quantidade de empresas que estão na clandestinidade, à margem da lei, de maneira total ou parcial, que passariam a gerar divisas para o Estado, empregos para os trabalhadores e, num contexto geral, prosperidade para a nação.

No campo do direito do trabalho, a proteção não deve existir apenas para o trabalhador empregado, mas para a ocupação, de proteger o direito ao trabalho, como direito social, como determina o art. 6º da Constituição, de maneira a efetivar-se o princípio da ordem econômica, para atingir a busca do pleno emprego (art. 170, VIII, da Lei Maior). A ordem econômica deve realmente ser fundada na valorização do trabalho humano e na livre-iniciativa, como indica o mesmo art. 170 da Constituição. Para isso, devem ser reduzidas as desigualdades regionais e sociais também no campo do trabalho (art. 170, VII). O próprio art. 1º da Constituição determina que um dos fundamentos da República Federativa do Brasil é a valoração social do trabalho e da livre-iniciativa (IV). O art. 193 da Lei Magna dispõe que a ordem social tem como base o primado do trabalho. Deve-se, portanto, assegurar que a pessoa tenha realmente o direito ao trabalho. Indiretamente, deve-se garantir o desenvolvimento nacional (art. 3º, I), para erradicar a pobreza e a marginalização (art. 3º, III).

A manutenção dos postos de trabalho também depende da possibilidade do exercício da livre-iniciativa pelo empresário, pois, se ela não puder ser realizada, inexistirão empregos. O empresário só poderá contratar mais empregados se tiver melhores condições econômicas para isso. Caso não as possua, fecha suas portas e deixa de trabalhar. O prejuízo, quando isso ocorre, é geral: da nação, que deixa de arrecadar impostos das empresas, assim como deixa de haver o desenvolvimento esperado do país; dos trabalhadores, que perdem seus postos de trabalho.

O legislador deve estar atento não à grande empresa, que é minoria, mas à pequena empresa, que é maioria e acaba empregando a maior parte das pessoas.

Deveria também o legislador ater-se às peculiaridades estaduais, municipais, regionais, locais etc. No campo do direito do trabalho isso é praticamente impossível, pois o inciso I do art. 22 da Constituição determina apenas que a União irá legislar sobre direito do trabalho. Num país continental como o nosso, essa uniformidade da legislação nacional em certos casos é inviável, impraticável, inaplicável. Tirando os aspectos negativos que isso representava, um exemplo era o salário mínimo regional, que, embora fixasse valores diversos em cada Estado, indicava as diferenças de custo de vida existentes em cada região. O que muitas vezes se compra com certo valor no norte ou nordeste do país não se compra no sul do país. Tanto que já se indicou que São Paulo, por exemplo, é uma das cidades mais caras do mundo para se viver.

Há, portanto, necessidade de revisão ou reformulação dos conceitos, de modo a tornar formal o que é informal.

A opinião pública precisa pressionar, principalmente, os congressistas para que sejam resolvidas as questões anteriormente mencionadas, visando soluções alternativas ou outras que se ajustem à nossa realidade. Não é possível que tenhamos uma norma trabalhista praticamente criada em 1932 ou no Estado Novo, em 1937, consolidada em 1943, que estava imbuída de uma realidade totalmente diferente da qual vivemos hoje, entre elas a globalização e a automação. Não quero dizer com isso que é o caso de se revogar a CLT. Ao contrário, essa norma contém muitos aspectos positivos, que ainda podem ser utilizados, o que é preciso é modernizar nossa legislação, o que pode ser feito até por meio de pequenas leis, de modo a alterar nossa Consolidação e trazê-la para a realidade da virada do século. Deveria ser feita uma simplificação das normas trabalhistas, principalmente do texto constitucional, no qual deveriam constar apenas os princípios basilares do sistema e não descer a casuísmos, como estabelecer percentual de horas extras, número mínimo de dias de aviso prévio etc. O Poder Judiciário acaba tentando adaptar a norma à realidade, estabelecendo uma jurisprudência de transição. Se a lei é a mesma, a diferença deve estar no juiz. A lei deveria, assim, conter apenas as regras gerais e mínimas, cabendo à negociação coletiva estabelecer as peculiaridades, inclusive no âmbito de cada empresa, o que pode ser feito pelo acordo coletivo.

No próprio âmbito da Justiça do Trabalho devem ser buscados meios alternativos para a solução dos conflitos trabalhistas, entre eles poderiam ser utilizados a mediação, a arbitragem, o juizado informal de pequenas causas trabalhistas etc. O processo do trabalho, por natureza, deveria ser mais célere do que qualquer outro, uma vez que a verba discutida tem natureza alimentar.

No tocante à jurisprudência, verifica-se que o TST, por exemplo, não admite o vínculo de emprego entre o cambista do jogo do bicho e seu empregado, sob o argumento de que o ato jurídico deve ter objeto lícito (art. 104 do CC). A mesma jurisprudência entende não haver vínculo de emprego entre o trabalhador e a administração pública, se não houver concurso público (Súmula 331, II, do TST). Não se critica aqui a orientação da jurisprudência, que se firma dentro da legalidade determinada pelo Estado, mas apenas se pretende mostrar que o trabalhador fica marginalizado quanto a seus direitos trabalhistas, embora tenha prestado os serviços.

A economia invisível é, portanto, uma resposta informal que a sociedade desenvolve espontaneamente para sobreviver, pois o Estado foi ineficiente para propiciar os meios indispensáveis para tanto.

Não podem continuar a viger dois sistemas empresariais ou laborais totalmente distintos: o formal e o informal, coexistindo à margem das proteções legais, dividindo a economia do país em dois sistemas econômicos: o real e o invisível.

A economia informal não diz respeito apenas a aspectos policiais ou fiscais, que seriam resolvidos com a imposição de sanções, mas ocorre dentro da nossa sociedade, devendo ser analisada sob o ângulo político e jurídico, principalmente com bom senso e sem discriminações ou preconceitos.

Os caminhos devem ter por objetivo construir uma sociedade mais justa e livre, tal como preconiza o inciso I do art. 3º da Constituição, quando menciona que um dos objetivos fundamentais da República Federativa do Brasil é construir uma sociedade livre, justa e solidária.

Há necessidade de se observar certos postulados básicos, como da desregulação e da realidade. Não se pode esquecer da realidade para a formação do Direito. O Estado deve intervir menos na atividade econômica, surgindo a necessidade da privatização no âmbito das empresas do Estado, principalmente daquelas que não têm atividade inerente a ele, como de comércio, de indústria, de serviços, deixando a iniciativa privada explorar tais atividades, pois ela é muito mais especializada nesse assunto que o Estado. Para este ficariam certas atividades principais, como a saúde, a previdência social, num nível mínimo, a educação etc.

Na necessidade de revisão da legislação, a liberdade deve ser a questão principal. Não há democracia política sem democracia econômica e não há liberdade política sem liberdade de iniciativa, liberdade na obtenção de lucros, liberdade de competição, liberdade de contratação, liberdade de manifestação e de imprensa.

Há de fundar-se a flexibilização no primado do trabalho, sem se preocupar apenas com a proteção do trabalhador, mas também com a manutenção dos postos de trabalho, impedindo o excesso de regulações, de encargos sociais, de modo a possibilitar-se a expansão do emprego. A convenção e o acordo coletivo serão as formas de flexibilizar a legislação para atender às peculiaridades regionais ou de certa empresa, no que diz respeito às condições de trabalho.

A flexibilização não deveria suprimir direito, mas apenas adaptar a realidade existente à norma ou então adequá-la à nova realidade. Em razão das inovações tecnológicas e da competitividade no mercado internacional, a empresa moderna só irá sobreviver se conseguir reduzir seus custos, de modo a competir no mercado, tanto interno como externo. Para isso, é necessária a adaptação da realidade do caso concreto à situação jurídica existente no país, que pode ser feita pelos processos de flexibilização, de modo, inclusive, a cumprir a finalidade social a que se dirige a aplicação da norma e das exigências do bem comum (art. 5º da LINDB).

1.10 CONCLUSÃO

Seria demasiado chegar a ponto de utilizar da ironia de Anatole France, ao dizer que se deve dar ao rico sua riqueza e ao pobre sua pobreza. Não é assim. Deve-se assegurar um mínimo de direitos ao trabalhador para que este possa sobreviver, que, com certeza, não é o nosso salário mínimo, podendo haver a flexibilização, mas também uma forma de manutenção da empresa, para que esta possa continuar a gerar empregos. Não se pode fazer uma flexibilização total, a ponto de nem mesmo ser cumprida a lei. Há necessidade do estabelecimento de uma regra mínima, determinada pelo Estado, e a negociação das partes, em que o empregado é representado pelo sindicato. A flexibilização não deveria também reduzir ainda mais os salários dos trabalhadores, inclusive o mínimo, pois tais salários já são muito baixos.

As normas coletivas têm melhor possibilidade de adaptação às características de cada região, em relação às suas peculiaridades. O sindicato postula algo, mas cede em outra coisa, de modo que existe negociação e não imposição às partes pela norma estatal.

Não se pode negar, porém, que a flexibilização das regras trabalhistas é uma forma de continuidade do contrato de trabalho, além de ser uma possibilidade de criação de futuros empregos.

A inflexibilidade da nossa legislação trabalhista acaba influenciando, porém, o trabalho informal.

É preciso que o sistema de confrontação existente entre empregado e empregador passe à negociação, à cooperação entre as partes, de modo, inclusive, a enfrentar a concorrência externa, manter os postos de trabalho e evitar o desemprego.

A flexibilização não poderá, porém, ser uma forma de supressão de direitos.

2
ALTERNATIVAS PARA A CONTINUIDADE DO CONTRATO DE TRABALHO

2.1 INTRODUÇÃO

Neste capítulo serão indicadas várias alternativas para a continuidade do contrato de trabalho ou então para que as pessoas possam ter uma ocupação.

2.2 SERVIÇO VOLUNTÁRIO

A Lei n. 9.608, de 18 de fevereiro de 1998, dispôs sobre o serviço voluntário, servindo para conseguir ocupação às pessoas.

Serviço voluntário é a atividade não remunerada prestada por pessoa física a entidade pública de qualquer natureza ou a instituição privada de fins não lucrativos que tenha objetivos cívicos, culturais, educacionais, científicos, recreativos ou de assistência à pessoa (art. 1º).

Nota-se que o serviço poderá ser prestado à entidade pública ou apenas à entidade privada sem fins lucrativos.

Reza o parágrafo único do art. 1º que o serviço voluntário não gera vínculo empregatício nem obrigação de natureza trabalhista, previdenciária ou afim. Não gera vínculo de emprego o serviço voluntário porque não há remuneração, porém não deixa de ser uma forma de manter a pessoa ocupada.

Tem-se verificado que essas Organizações não Governamentais (ONGs) podem também ter papel muito importante para contratar trabalhadores. Qualquer organização precisa de um *office boy* e de uma secretária. Se fossem abertas novas organizações, poderiam ser criados novos postos de trabalho.

Em São Paulo, o prefeito Celso Pitta estabeleceu um programa para que as pessoas que moram embaixo de pontes ou "sem teto" passassem a varrer as ruas ou trabalhar na limpeza dos logradouros públicos em troca de aproximadamente um salário mínimo. Não se trata, porém, de serviço sem remuneração, mas com pagamento pelo serviço prestado.

O setor social, mediante programa social, poderia ser uma forma de absorver os desempregados, mediante o pagamento de um salário, ainda que baixo, aos trabalhadores que prestassem serviços sociais à comunidade.

2.3 PARTICIPAÇÃO NOS LUCROS OU RESULTADOS

Para a empresa, seria muito melhor instituir remuneração variável, com base na produção do trabalhador. Para o trabalhador isso gera insegurança, pois, se produzisse pouco, também teria uma pequena remuneração.

Entretanto, a participação nos lucros ou resultados pode ser uma alternativa para a manutenção de postos de trabalho. Os empregados poderiam atingir metas ou melhorar a qualidade do produto ou a produtividade e o empregador, em contrapartida, pagaria a participação, que não teria a incidência de FGTS ou das contribuições previdenciárias. Para o empregador, o custo seria muito menor. Geraria lucro, que poderia ser compartilhado com os empregados. Seria uma forma de manter postos de trabalho. Não seria preciso criar nada, bastando implementar a participação nos lucros ou resultados, que é prevista na Lei n. 10.101/2000, ou então aplicar o art. 621 da CLT, que já permitia a instituição da participação nos lucros ou resultados, por meio de convenção ou acordo coletivo. O acordo coletivo seria até melhor, pois estaria mais próximo de atingir as peculiaridades de cada empresa.

A participação nos lucros é uma forma de compatibilizar o capital com o trabalho, de forma que o trabalho tenha uma remuneração pelo lucro obtido pelo capital.

2.4 REDUÇÃO DA JORNADA DE TRABALHO

No início da Revolução Industrial, no século XIX, houve um aumento de produtividade e, em contrapartida, uma redução do módulo semanal de trabalho de 80 para 60 horas semanais.

Na maioria dos países da Europa, por volta de meados de 1800, a jornada de trabalho era de 12 a 16 horas, principalmente entre mulheres e menores. Nos Estados Unidos, no mesmo período, a jornada de trabalho era estabelecida entre 11 e 13 horas[1].

Robert Owen, em 1800, limitou na sua fábrica na Escócia a jornada em 10h30.

---

1. MARTINS, Sergio Pinto. *Direito do trabalho*. 40. ed. São Paulo: Saraiva, 2024, p. 623.

Em 1802, na Inglaterra, a Lei de Saúde e Moral dos Aprendizes (*Moral and Health Act*) limitou a jornada de trabalho em 12 horas, proibindo o trabalho noturno.

Houve movimentos reivindicatórios visando à diminuição da jornada de trabalho, principalmente da instituição da jornada de oito horas. Nos países de língua inglesa, havia uma canção de protesto em que se pretendia a jornada de oito horas, contendo o seguinte estribilho:

Eight hours to work (8 horas para trabalhar)

eight hours to play (8 horas para brincar)

eight hours to sleep (8 horas para dormir)

eight shillings a day (8 shillings por dia)

O *Factory Act*, em 1833, na Inglaterra, limitava a jornada em 12 horas e o módulo semanal em 69 horas.

Na Inglaterra, em 1847, foi fixada a jornada de 10 horas. Na França, em 1848, foi estabelecida a jornada de trabalho de 10 horas; em Paris, 11 horas. Em 1868, nos Estados Unidos, a jornada foi limitada em oito horas para empregados e operários do serviço público federal. Na Suíça, em 1877, a jornada foi limitada em 11 horas. Na Áustria, em 1885, a limitação foi a 10 horas diárias.

O Papa Leão XIII, na Encíclica *Rerum Novarum*, de 1891, já se preocupava com a limitação da jornada de trabalho, de modo que o trabalho não fosse prolongado por tempo superior ao que as forças do homem permitissem. Prevê a Encíclica que "o número de horas de trabalho diário não deve exceder a força dos trabalhadores, e a quantidade do repouso deve ser proporcional à qualidade do trabalho, às circunstâncias do tempo e do lugar, à compleição e saúde dos operários".

Houve certa influência dessa Encíclica, tanto que alguns países começaram a limitar a jornada de trabalho em oito horas. Na Austrália, em 1901, foi especificada a jornada de oito horas. A partir de 1915, foi se generalizando a jornada de oito horas na maioria dos países. Em 1907 e em 1917 foram feitas greves gerais em que havia reivindicação de jornada de oito horas.

A declaração de princípios feita na Conferência das Nações Aliadas, realizada em Paris, e incorporada ao Tratado de Versalhes, estabeleceu que as Nações contratantes se obrigavam a adotar a jornada de oito horas ou a semana de 48 horas de trabalho (art. 427, 4).

A Convenção n. 1 da OIT, de 1919, trata em seu art. 2º da duração do trabalho de oito horas diárias e 48 horas semanais na indústria. A Convenção n. 30, de 1930, estabelece a jornada de trabalho de oito horas para os trabalhadores no comércio e em escritórios, sendo que a jornada de trabalho é considerada o tempo à disposição do empregador. A Convenção n. 31, de 1931, versa sobre a jornada de trabalho dos trabalhadores das minas de carvão, que é fixada em 7h45. A Convenção n. 40, de 1935, reduziu o módulo semanal para 40 horas. A Convenção n. 47, de 1935, estipula a semana de 35 horas. A Convenção n. 67, de 1939, prevê a semana de 48 horas para os trabalhadores de empresas de transporte rodoviário. A Recomendação n. 116, de 1962, trata da adoção progressiva da semana de 48 horas, sendo que devem ser adotadas medidas para a restauração da semana de 48 horas, caso seja excedido o referido limite.

A redução da jornada de trabalho não é novidade, pois durante a Depressão nos Estados Unidos foi utilizada para a tentativa de criação de novos empregos.

O Senador Hugo L. Black, do Alabama, apresentou um projeto de lei ao Senado americano requerendo a semana de trabalho de 30 horas de forma a tornar viável a administração do emprego. O objetivo era que as empresas pudessem contratar mais trabalhadores. Tal projeto foi aprovado em 6 de abril de 1933 no Senado americano. O presidente Roosevelt convenceu a Comissão dos Estudos da Câmara a não aprovar o projeto em troca da aprovação do *National Industrial Recovery Act*.

Bertrand Russel já defendia a ideia de que "não deveria haver 8 horas diárias de trabalho para alguns e zero para outros, mas 4 horas diárias para todos"[2]. Seria uma forma de haver empregos para todos.

A Declaração Universal dos Direitos do Homem, de 1948, fixou, de maneira genérica, que deveria haver uma "limitação razoável das horas de trabalho" (art. XXIV).

O Decreto n. 21.186, de 22 de março de 1932, regulou a jornada de trabalho no comércio em oito horas, e o Decreto n. 21.364, de 4 de maio de 1932, tratou do mesmo assunto na indústria.

O Decreto n. 22.979/33 regulamentou a jornada de trabalho nas barbearias; o Decreto n. 23.084/33, nas farmácias; o Decreto n. 23.104/33, na panificação. Nas casas de diversões, a jornada de trabalho era de seis horas (Decreto n. 23.152/33), o mesmo ocorrendo nos bancos e nas casas bancárias (Decreto n. 23.322/33). Nas casas de penhores, a jornada foi fixada em sete horas (Decreto n. 23.316/33).

Tinham jornada de oito horas os trabalhadores em transportes terrestres (Decreto n. 23.766/34), de armazéns e trapiches das empresas de navegação (De-

---

2. RUSSEL, Bertrand. *In praise of idleness and other essays*. London, 1935, p. 17.

creto n. 24.561/34), indústrias frigoríficas (Decreto n. 24.562/34), empregados em hotéis e restaurantes (Decreto n. 24.696/34). Os trabalhadores em empresas de telegrafia submarina e subfluvial, radiotelegrafia e radiotelefonia tiveram a jornada de trabalho fixada em seis horas (Decreto n. 24.634/34).

A alínea *c* do § 1º do art. 121 da Constituição de 1934 estabelecia "trabalho diário não excedente de oito horas, reduzíveis, mas só prorrogáveis nos casos previstos em lei".

Os jornalistas tiveram sua jornada de trabalho fixada em cinco horas (Decreto-lei n. 910/37) e os professores só podiam ministrar no máximo seis aulas intercaladas (Decreto-lei n. 2.028/37).

Previa a Constituição de 1937: "dia de trabalho de 8 horas, que poderá ser reduzido, e somente suscetível de aumento nos casos previstos em lei" (art. 137, *i*).

Os decretos esparsos que vinham sendo expedidos foram sistematizados pelo Decreto-lei n. 2.308, de 13 de junho de 1940, que estabeleceu a regra geral de oito horas diárias, sendo que certas profissões tinham horário especial. Posteriormente, surgiu a CLT, em 1º de maio de 1943, que incorporou o Decreto-lei n. 2.308 e o restante da legislação esparsa sobre a matéria.

O art. 58 da CLT tem a redação original de 1943, que prevê que a duração normal do trabalho, para os empregados em qualquer atividade, não excederá oito horas diárias, desde que não seja fixado expressamente outro limite.

A Constituição de 1946 estabeleceu "duração diária do trabalho não excedente a oito horas, exceto nos casos e condições previstos em lei" (art. 157, V).

A Constituição de 1967 determinou "duração diária do trabalho não excedente de oito horas, com intervalo para descanso, salvo casos especialmente previstos" (art. 158, VI).

A Emenda Constitucional n. 1, de 1969, praticamente tem a mesma redação: "duração diária do trabalho não excedente a 8 horas, com intervalo para descanso, salvo casos especialmente previstos" (art. 165, VI).

A Constituição de 1988 modificou a orientação que vinha sendo seguida constitucionalmente, estabelecendo no seu art. 7º: "duração do trabalho normal não superior a 8 horas diárias e 44 semanais, facultada a compensação de horários e a redução da jornada, mediante acordo ou convenção coletiva de trabalho" (XIII); "jornada de seis horas para o trabalho realizado em turnos ininterruptos de revezamento, salvo negociação coletiva" (XIV).

Por intermédio de Projeto de Emenda Constitucional n. 231, pretende-se alterar o módulo semanal para 40 horas, ou seja, oito horas de trabalho por dia em cinco dias na semana. O adicional de horas extras será aumentado de 50% para 75%. A PEC foi apresentada em outubro de 1995. Foi aprovada em 1996 pela Comissão Especial da Câmara dos Deputados.

Há, porém, afirmações debochadas como do ditado espanhol: "*hombre que trabaja, pierde tiempo precioso*" ou de Oscar Wilde: "só trabalha quem não tem nada mais interessante para fazer".

Outros afirmam que todo dia é dia de trabalho. Napoleão dizia: as pessoas comem no domingo. Podem trabalhar no domingo.

Os fundamentos para a limitação da jornada de trabalho são pelo menos quatro: a) biológicos, que dizem respeito aos efeitos psicofisiológicos causados ao empregado, decorrentes da fadiga; b) sociais: o empregado deve poder conviver e relacionar-se com outras pessoas, dedicar-se à família, dispor de horas de lazer; c) econômicos; d) humanos.

Objetiva-se reduzir a jornada para que outras pessoas possam trabalhar nessas horas. Assim, mais pessoas estariam empregadas e teriam salários para comprar produtos. Exemplo seria a divisão da jornada de oito horas, sendo que dois empregados cumpririam dois turnos de quatro horas.

Ensina Amauri Mascaro Nascimento que "o trabalho desenvolvido longamente pode levar à fadiga física e psíquica; daí a necessidade de pausas para evitar a queda do rendimento, o acúmulo de ácido lático no organismo e a consequente insegurança do trabalhador"[3]. Vão se acumulando toxinas no organismo. O trabalhador pode ficar estressado e desenvolver doenças coronárias e até úlcera. O excesso de trabalho pode implicar o envelhecimento precoce do empregado, como o aumento de aposentadorias por invalidez.

Os aspectos econômicos dizem respeito à produção da empresa, em que o empresário aumenta a jornada de trabalho, pagando horas extras, justamente para aumentar a produção, daí a necessidade da fiscalização do Estado, de sua tutela, para limitar a jornada de trabalho e para que não haja excessos. A limitação da jornada de trabalho pode diminuir o problema do desemprego. Trabalhando as pessoas em número menor de horas por dia, haverá mais empregos para os outros. Se o empregado trabalhar um número menor de horas, poderá produzir mais e não ficar tão cansado. A limitação da jornada pode adequar a produção da empresa às necessidades do mercado.

Há, ainda, fundamentos sociais e familiares da limitação da jornada de trabalho, pois com a limitação o empregado passa a desfrutar de maior tempo com a família, pode ir ao clube, à igreja, estudar etc.

---

3. NASCIMENTO, Amauri Mascaro. *Iniciação ao direito do trabalho*. São Paulo: LTr, 1992, p. 252.

O principal fundamento humano é diminuir os acidentes do trabalho. É sabido que, no período em que o trabalhador presta serviços cansado ou quando faz horas extras, ocorre maior índice de acidentes do trabalho, principalmente em virtude da fadiga. Muitas vezes, o empregado, para receber o salário das horas extras, presta maior número de horas do que tem condições, e é justamente nesse momento que podem ocorrer os acidentes do trabalho.

Com a redução da jornada de trabalho pode haver diminuição dos acidentes do trabalho, das doenças do trabalho. É sabido que os acidentes do trabalho ocorrem em maior número no período noturno e quando o trabalhador está fazendo horas extras. Haveria mais saúde no ambiente de trabalho. Trabalhar menos seria trabalhar melhor.

Havendo jornada de trabalho menor, o trabalhador terá menos desgaste ou menos cansaço. Diminuirá a fadiga do empregado, que é caracterizada pela acumulação do ácido lático no organismo.

O trabalho em jornadas excessivas pode implicar a invalidez do trabalhador e a velhice precoce. Esta se verifica em trabalhadores rurais que prestam serviços muitas horas ao sol, tendo como consequência o envelhecimento precoce da pele.

A redução do módulo semanal propiciaria trabalhadores mais descansados, mais empenhados, mais eficientes e motivados no trabalho. Esse argumento parece relativo, pois dependerá de cada pessoa. O trabalhador pode estar cansado em razão de noite mal dormida, em decorrência de estar muito tempo no transporte entre sua residência e o trabalho e vice-versa, de ter de entrar em trens e ônibus cheios e ficar muito tempo no trânsito.

A empresa pode exigir mais empenho dos empregados, o que aumenta o estresse no trabalho.

Sob esse ângulo, a redução da jornada implicaria uma regra de saúde pública. O inciso XXII do art. 7º da Constituição prevê a "redução dos riscos inerentes ao trabalho, por meio de normas de saúde, higiene e segurança".

A diminuição da jornada de trabalho proporcionaria ao trabalhador poder estudar, fazer um curso, dedicar-se à comunidade, ir à igreja, frequentar o clube etc.

Com a redução da jornada de trabalho, o trabalhador pode ter uma relação mais próxima com sua família, seus filhos. O trabalhador pode se dedicar à educação dos filhos, pois terá mais tempo, além do repouso semanal remunerado no qual poderá ficar com a família.

Na Itália se diz "*lavorare meno per lavorare tutti*", isto é, trabalhar menos para que todos trabalhem. Na França se fala: "*travailler moins pour que tous travaillent*". Trabalhar menos seria trabalhar melhor. Se cada um trabalhar menos, todos poderão ter um emprego.

Afirma-se que a diminuição da jornada de trabalho aumentaria o emprego e combateria o desemprego. A empresa teria de contratar mais empregados para produzir os mesmos produtos ou serviços. Haveria a possibilidade de gerar 2,2 milhões de novos empregos, segundo o DIEESE[4].

Seria uma forma da busca do pleno emprego (art. 170, VIII, da Constituição).

Haveria redistribuição social dos ganhos de produtividade alcançados com o emprego da tecnologia pelo empregador.

A redução do módulo semanal é uma regra que irá beneficiar o trabalhador, mas não o capital.

Seria uma forma de igualdade entre o trabalhador comum e o servidor público, que já trabalha oito horas por dia e 40 horas semanais.

Os países mais desenvolvidos são os que têm jornada de trabalho menor, como ocorre com a França.

Não haverá, porém, reflexos em certas categorias que trabalham seis horas por dia, como bancários, ascensoristas ou de trabalhadores domésticos. O médico trabalha em mais de um emprego, apesar de ter jornada de quatro horas. A redução da jornada não implica a criação de postos de trabalho para o médico.

Entre 2002 e 2008, o IBGE afirma que as pessoas que fazem 40 horas por semana passaram de 7 para 11 milhões.

A redução do módulo semanal implicaria maior dignidade do trabalhador, de um direito fundamental do trabalhador, de assegurar a existência digna (art. 170 da Constituição), valorização do trabalho, erradicação da pobreza (art. 3º, III, da Lei Maior), redução das desigualdades sociais e regionais e promoveria o bem de todos.

Implica a redução do módulo semanal um avanço social, que era o argumento usado na França para reduzir a duração do trabalho na semana para 35 horas. Seria um direito fundamental do homem, que não poderia ser modificado para pior, para agravar as condições de trabalho. O aumento do módulo semanal implica retrocesso social. Seria andar para trás, retroceder.

---

4. Redução da jornada de trabalho é gerar empregos de qualidade. São Paulo: Departamento Intersindical de estudos e estatística e estudos socioeconômicos, Nota Técnica 57, novembro de 2007.

Com a redução do módulo semanal, haverá aumento do salário real do empregado.

Afirma-se que a modificação da jornada por lei irá criar empregos.

Quem cria emprego é a Economia e não o Direito. Há necessidade de investimentos na produção e aumento de consumo para a criação de empregos.

A redução da jornada não irá abrir postos de trabalho, pois o empregador pode colocar máquinas no lugar do empregado, usar a informatização, robôs ou passar a exigir o trabalho em horas extras. É por isso que a diminuição do módulo semanal tem de ser acompanhada com a elevação do adicional de horas extras para 100%, para que o empregador não exija o trabalho extraordinário do empregado. É uma forma de desestímulo de natureza econômica para contratar horas extras.

A redução da jornada pode implicar diminuição da produtividade, como ocorreu na França.

A ampliação da jornada é uma forma de aumentar a taxa de utilização das máquinas[5].

Há momentos econômicos em que é preciso trabalhar mais.

A redução da jornada de trabalho se justifica em trabalhos excessivos ou penosos, como o do mineiro, que já tem a jornada de seis horas.

Na França, a duração do trabalho semanal era de 48 horas desde 1848.

As leis de 11 e 12 de junho de 1936, em que o primeiro ministro era Léon Blum, reduziram a duração do trabalho para 40 horas semanais. Entretanto, não foram criados postos de trabalho e o número de desempregados aumentou.

O governo de Pierre Mauroy estabeleceu a semana de 39 horas, em 1982, por meio do Decreto n. 82-41, de 16 de janeiro de 1982. A jornada não deveria ultrapassar 10 horas (que era o L 212-1, al.2, do Código de Trabalho).

Em 1995, o Estado francês despendeu em ajudas diversas 100 bilhões de francos para criar menos de 100 mil empregos suplementares, ou seja, mais de um milhão de francos para cada emprego criado[6].

A Lei Robien (Giles Robien), de 11 de junho de 1996, trata da organização do tempo de trabalho. Ela permite às empresas reduzirem o tempo de trabalho de seus assalariados, seja para efetuar novas contratações, seja para evitar um plano de dispensas. Em contrapartida de uma contratação de ao menos 10% de trabalhadores, as empresas são beneficiadas de um alívio das cotizações patronais

---

5. FRIDENSON, Patrick; REYNAUD, Bénédicte. *La France et le temps de travail (1814-2014)*. Paris: Odile Jacob, 2004, p. 16.

6. GIRARD, Bernard; LAUTIER, Guy. *Réussir les 35 heures*. Paris: Maxima, 1999, p. 16.

para a seguridade social. Houve autorização para as empresas financeiras criarem novos empregos ou preservarem os empregos existentes, graças ao partilhamento do tempo de trabalho. Essa determinação foi adotada num contexto de desemprego elevado e persistente, com uma taxa de desemprego de aproximadamente 12%. O objetivo da lei era criar empregos, mas ela, na prática, acabou apenas melhorando as condições de trabalho. Uma das críticas era de que a lei tratava todas as situações de forma igual, tanto para as grandes empresas como para as pequenas, que estavam tentando sobreviver.

Segundo um estudo comparativo do Insee francês no período de 1997 a 2000, a competitividade das empresas que adotaram a jornada de 35 horas, medida pela produtividade global dos fatores capital e trabalho, recuou de 3,7% em relação às empresas que ficaram nas 39 horas.

Em 2001, foi reduzido o módulo semanal de 39 horas para 35 horas na semana, por intermédio da Lei Aubry, aprovada em 1998, mas que só entrou em vigor em 1º de janeiro de 2001. Era uma medida de política econômica no governo do primeiro ministro Lionel Jospin. Tinha uma perspectiva de progresso social, mas era inspirada na divisão do posto de trabalho. O objetivo era a criação de postos de trabalho. Visava também ao combate ao desemprego. Com o módulo semanal de trabalho de 35 horas, são trabalhadas sete horas por dia em cinco dias na semana. Não há estudo científico comprovando que a redução do módulo semanal para 35 horas implicou a criação de empregos. Houve um aumento do custo horário do trabalho, com a redução da jornada, de 11,4%.

A Lei n. 2000-37, de 19 de janeiro de 2000, é a norma relativa à redução negociada do tempo de trabalho para fixar as regras de aplicação para passagem às 35 horas. A passagem para o módulo semanal de 35 horas dependia do tamanho da empresa.

Os economistas Matthieu Chemin e Étienne Wasmer chegaram à conclusão de que a redução de tempo de trabalho não teve impacto significativo em relação ao desemprego[7].

O economista Christian Gianella afirma que houve destruição de empregos com a redução do módulo semanal para 35 horas[8].

Em julho de 2004, verificou-se que o custo social do trabalho na França era superior 20% ao da Itália ou da República Tcheca.

---

7. CHEMIN, M.; WASMER, Étienne. Sing Alsace-Moselle local laws to build a difference-in-differences estimation strategy of the employment effects of the 35-hour workweek regulation in France, forthcoming in the *Journal of Labor Economics*, 2009.

8. GIANELLA, Christian. Les trente-cinq heures: un réexamen des effets sur l'emploi. *Économie et Prévision*, n. 175-176, p. 163-178, 2006.

Em 2005 foi aprovada lei que mantém o módulo semanal de 35 horas, mas é possível trabalhar 13 horas por dia, 48 horas por semana e 405 horas extras por ano. O adicional de horas será de 10% se houver negociação, e de 25%, se não houver negociação. Na verdade, houve aumento do desemprego e a migração das fábricas para fora do país.

Sob o ponto de vista de produtividade, a redução da jornada de trabalho para 35 horas na França foi péssima. Houve a diminuição da produtividade no trabalho.

Não conheço estatísticas do trabalho a tempo parcial, em que houve a redução do módulo semanal para 25 horas por semana. Nunca vi nenhum processo na Justiça do Trabalho discutindo algum direito relativo ao trabalho a tempo parcial. É sinal de que ou o trabalho a tempo parcial é excelente, funcionando muito bem, ou então não é muito usado no Brasil.

O *part time* no sistema inglês, de divisão do posto de trabalho, implicou que o trabalhador passou a ter dois empregos para poder manter a mesma renda.

A redução do módulo semanal beneficia os trabalhadores de baixa renda[9]. Os executivos, chefes ou outros que exercem trabalho intelectual acabam trabalhando mais, pois com o computador e a internet ficam mais tempo ligados à empresa depois do término da jornada de trabalho, nos finais de semana, em suas férias. Trabalham no avião com o computador e também nas viagens.

A diminuição do módulo semanal para 40 horas implicará aumento do custo da hora de trabalho. Haverá o aumento do chamado custo Brasil, que será maior do que em outros países. Diminuiria a competitividade dos produtos brasileiros no exterior. Empresas podem se instalar em outro país, pois o capital não tem pátria, vai para onde o custo do trabalho é menor. Na Europa, o custo do salário-hora é alto e as jornadas são menores. As empresas se mudaram para o leste europeu, como para a Polônia, Eslováquia e República Checa, em que o salário-hora era menor e as jornadas eram maiores. O custo do trabalho mostra por que um veículo hoje é produzido no Brasil, amanhã no México, na Argentina etc.

Helmut Kohl fez campanha de reeleição do lado oriental da Alemanha afirmando *"Gleiche Arbeit, geicher Lohn"* (para o mesmo trabalho, o mesmo pagamento). Na prática, o que se constatou não foi uma igualdade salarial, mas uma desigualdade, com um alto desemprego, principalmente no Leste europeu. Verificou-se que muitas empresas alemãs passaram a contratar empregados na

---

9. ROBINSON, John; GODBEY, Geoffrey. *Time for life*: the surprising ways Americans use their time. University Park: Pennsylvania State University Press, 1997; COSTA, Dora L. The wage an length of work day: from 1890 to 1991. *Journal of Labor Economics*, v. 18, n. I, 2000.

Hungria, República Checa, que faziam o mesmo serviço por US$ 2 ou US$ 3 por hora, enquanto na Alemanha Ocidental ele custava 24 e na Oriental 17,30 por hora.

O custo gerado pela redução do módulo semanal será repassado para os preços dos produtos ou serviços, gerando inflação.

O custo da redução do módulo semanal de 48 horas para 44 horas em 1988 foi absorvido pelas empresas. Estudos do Instituto de Pesquisas Econômicas da USP e do Departamento de Economia da Pontifícia Universidade Católica do Rio de Janeiro mostram que as alterações feitas em 1988 provocaram queda da jornada efetiva de trabalho e aumento do salário-hora real. Não houve efeitos negativos sobre o emprego[10]. Entretanto, a taxa desemprego passou de 5% em 1989 para 11% em 2004.

Estudo de Sadi dal Rosso mostra que a redução do módulo semanal de 48 para 44 horas, ou seja, de 8,33%, implicou a criação de apenas 0,7% de novos empregos[11].

A redução do módulo semanal poderá ter reflexos maiores em pequenas empresas ou microempresas, que não teriam condições de absorver o custo.

Pode a redução da jornada de trabalho aumentar a produtividade individual de cada trabalhador, pois o obreiro irá prestar os serviços mais descansado, tendo um rendimento maior.

Para que houvesse a possibilidade da criação de empregos, a redução da jornada de trabalho deveria vir acompanhada da correspondente redução de salário. Uma redução da jornada de trabalho sem a redução salarial pode não implicar a manutenção dos postos de trabalho, principalmente se o ganho de produtividade for baixo, que não irá importar num aumento de competitividade das empresas. A redução da jornada de trabalho sem a redução do salário importa num aumento do salário-hora do trabalhador, tornando-o mais caro para a empresa. Isso não aumentará o nível de emprego nem necessariamente importará na manutenção de postos de trabalho, pois o empregador pode simplesmente substituir o empregado por uma máquina.

No Brasil, a redução da jornada só pode ser feita por acordo ou convenção coletiva (art. 7º, XIII, da Constituição). Se se quiser reduzir a jornada com a correspondente redução do salário, também será necessário acordo ou convenção coletiva (art. 7º, VI, da Lei Maior).

---

10. GONZAGA, G. et al. Os efeitos da redução da jornada de trabalho de 48 horas para 44 horas semanais em 1988. *Revista Brasileira de Economia*, 57:2, abr./jun. 2003.
11. DAL ROSSO, Sadi. *O debate sobre a redução da jornada de trabalho*. São Paulo: Associação Brasileira de Economia do Trabalho, 1998.

Tenta-se, com a redução da jornada, empregar mais trabalhadores, pelo mesmo período de tempo que o empregador necessita do trabalho.

Na Kellogg's, foram adotados quatro turnos de seis horas, assegurando uma jornada de trabalho de 30 horas por semana, de modo a criar novos empregos. Em 1935, a empresa publicou um estudo mostrando que, após cinco anos da adoção da jornada de trabalho de seis horas, o custo unitário das despesas operacionais fora reduzido em 25%, os custos unitários dos encargos trabalhistas foram reduzidos em 10%, os acidentes do trabalho em 41% e 39% mais pessoas passaram a trabalhar na empresa do que em 1929[12].

Em 1993, a Volkswagen pretendeu adotar a semana de quatro dias para não ter de dispensar 31 mil trabalhadores. Houve a redução do salário em 20% e o módulo semanal de 30 horas. Não foram dispensados tantos trabalhadores em razão do sistema adotado.

A jornada de seis horas nos turnos ininterruptos de revezamento é uma forma de criação de empregos, uma vez que o empregador passou a necessitar de quatro turnos de seis horas e não mais de três turnos de oito horas. O STF entendeu que a concessão de intervalo de 15 minutos ou uma hora não descaracteriza o turno ininterrupto de revezamento. Caso o STF entendesse de forma diversa, as empresas poderiam dispensar muitos trabalhadores, pois o empregador necessitaria apenas de três turmas de trabalho.

A experiência mostra que a redução do módulo semanal, estabelecida pela Constituição de 1988, de 48 horas para 44 horas semanais, não trouxe, porém, aumento de emprego; ao contrário, houve desemprego. Estima-se que houve um aumento de horas extras prestadas pelos empregados de modo geral.

Abaixo consta o módulo semanal em alguns países:

Alemanha	39,5
Austrália	38
Áustria	38
Bélgica	37,5
Brasil	44
Cingapura	40
Colômbia	40
Costa Rica	40
Cuba	40
Dinamarca	36

---

12. The Death of Kellogg's Six-Hour Day, Unnicutt, Benjamin Kline, Iowa City, University of Iowa, p. 22.

Espanha	38
EUA	44,2
Finlândia	37,5
França	35
Grécia	38
Holanda	38
Hong Kong	44
Inglaterra	37,5
Irlanda	38,5
Indonésia	42
Israel	40
Itália	38
Japão	40
Luxemburgo	38,5
Malásia	40
Noruega	35,5
Nova Zelândia	42,5
Portugal	40
Suécia	37,5
Suíça	43
Tailândia	40
Taiwan	48 horas

Na América do Sul, temos:

	Diária	Semanal	Horas Extras	Adicional
Argentina	8 h	48 h	200 h/ano	50% – 100%
Brasil	8h	44 h	2h/dia e 1 ano	50%
Chile	8 h	48 h	2 h/dia	50%
Paraguai	8 h	48 h	27 h/semana	50%
Uruguai	8 h	48 h	8 h/semana	100% – 150%

Entre o Brasil e os demais países do Mercosul, o módulo semanal tem uma diferença de quatro horas, de 48 para 44 horas, o que implica uma diferença de aproximadamente 10% no módulo semanal entre os países.

Os países desenvolvidos vêm adotando o módulo anual, em vez do módulo semanal. Isso permite distribuição das horas de trabalho durante o ano, de forma que em alguns dias ou semanas o trabalhador trabalha mais e depois trabalha menos horas por dia.

Em vez de fazer a redução do módulo semanal por emenda à Constituição, seria melhor fazê-lo por norma coletiva, que seria mais democrática do que a norma estatal, pois elaborada por negociação dos interessados e iria verificar as peculiaridades de cada categoria ou empresa.

Seria melhor diminuir as contribuições das empresas incidentes sobre as folhas de salários, mas não as dos trabalhadores, a fim de que sejam feitas mais contratações nas empresas.

Cada pessoa tem a sua capacidade de trabalho. Uns trabalham mais, outros trabalham menos. Pessoas que têm certa idade ou doenças não têm mais a mesma capacidade física para o trabalho.

A jornada para uma categoria não pode ser a mesma para outra.

Se houver diminuição do salário com a redução do módulo semanal, os trabalhadores provavelmente irão procurar ter mais de um emprego, visando preservar a sua renda para sustentar a família.

A redução da jornada pode implicar mais desemprego, pois a empresa substituirá o trabalhador pela máquina.

2.5 LIMITAÇÃO DAS HORAS EXTRAS

Se os trabalhadores não fizessem horas extras, poderia haver mais empregos. Certos empregados no setor metalúrgico faziam de 90 a 180 horas extras por mês. A redução da jornada pode ajudar na manutenção do emprego e até na contratação de novos funcionários. O mesmo pode se falar em redução dos dias trabalhados, como ocorre em alguns países que instituíram o trabalho por quatro dias na semana. Têm sido feitos acordos ou convenções coletivas nesse sentido.

Os sindicatos pretendem que as horas extras sejam desmotivadas, de forma que haja a possibilidade de contratação de outros trabalhadores para as horas extras de trabalho que serão necessárias na empresa. O trabalho extraordinário prestado com habitualidade dificulta a criação de postos de trabalho. Vêm os sindicatos pretendendo limitar as horas extras em vez de extingui-las, pois também representam maior remuneração para o empregado, que passa a contar com esse *plus* salarial. Há sindicatos que não mais patrocinam reclamações trabalhistas em que a postulação seja o pagamento de horas extras, pois impedem estas a criação de novos postos de trabalho.

A diminuição das horas extras poderia possibilitar a contratação de trabalhadores. O empregado estaria mais descansado, proporcionando maior produção e melhor qualidade, além de evitar acidentes do trabalho. A qualidade dos produtos ou serviços poderia ser melhor do que se fazer um trabalho apressado. Se não existissem as horas extras, o número de processos trabalhistas também seria menor, pois cerca de 90% dos processos têm esse tipo de reivindicação.

A Constituição procurou onerar as horas extras com o adicional de 50%, que é superior ao adicional de 20% previsto na CLT, porém as horas extras continuam sendo prestadas, impedindo, em certos casos, a criação de postos de trabalho.

As horas extras só deveriam ser admitidas em situações excepcionais, e não em situações normais ou ordinárias. O ideal é que as horas extras só fossem prestadas para atender serviços inadiáveis ou em casos de força maior.

Dependendo da hipótese, deveria ser proibido o trabalho em horas extras, principalmente as horas extras habituais, em atividades insalubres e perigosas, que são prejudiciais à saúde do trabalhador. Talvez seria uma forma de reduzir o desemprego, que é a proposta dos sindicatos. O Governo tem estudos para reduzir a jornada de trabalho para 25 horas. As empresas que tiverem mais de 50 empregados deverão manter meio expediente para 20% do pessoal ocupado. A Medida Provisória n. 1.709, que institui o trabalho a tempo parcial, veda o trabalho em horas extras para o regime de tempo parcial, pois, do contrário, este não teria razão de ser, que é a contratação de trabalhadores para parte da jornada da empresa. Do contrário, iria desnaturar esse tipo de contratação, que visa à criação de empregos ou à continuidade dos atuais.

O aumento do adicional de horas extras para até 100% ou mais não tem contribuído para a criação de novos empregos. Os empregadores preferem pagar as horas extras, pois, dependendo do caso, os encargos sociais ainda serão menores do que contratar novos trabalhadores. Os empregados, pela baixa remuneração, fazem horas extraordinárias para complementar seu salário e o orçamento doméstico. As horas extras não são, porém, necessárias todos os dias, mas em certos períodos do ano. Ter um trabalhador ocioso, durante grande parte do tempo de trabalho, custa muito mais para o empregador do que pagar horas extras. Fala-se que o aumento do porcentual de horas extras para até 200% seria uma forma de permitir a criação de empregos adicionais. A redução da jornada permitiria a manutenção e a criação de outros postos de trabalho. Conseguir-se-ia diminuir o desemprego, além do que o empregador teria um trabalhador descansado lhe prestando serviços, o que poderia aumentar a produtividade da empresa.

2.6 REDUÇÃO DE SALÁRIOS

A afirmativa de que salários menores implicam maior contratação de trabalhadores é relativa, pois, com a automação, o empregador pode simplesmente não querer contratar novos trabalhadores, pois há aumento de produção. Na área de injeção de plásticos, uma empresa que tinha uma máquina para cada trabalhador (injetoras) passou a ter apenas um operário para cada duas máquinas, pois as máquinas são automáticas e mais modernas, permitindo que um único operário opere várias máquinas ao mesmo tempo.

2.7 COMPENSAÇÃO DA JORNADA

O art. 59 da CLT e seus parágrafos indica a existência da expressão consagrada na doutrina como acordo de compensação. Ultimamente, tem sido utilizada a expressão "banco de horas" como uma forma de guardar as horas trabalhadas a mais num certo período, que serão compensadas em outro período.

O regime de compensação de horas poderá ser usado por empresas que têm acréscimo de produção sazonal ou para ciclos conjunturais. Nesses casos, a contratação e a dispensa do trabalhador eram mais onerosas para a empresa. Esta investia em treinamento da mão de obra e logo em seguida era obrigada a dispensar o empregado em razão da sazonalidade ou da conjuntura econômica. Há possibilidade de melhor adequar a produção com o sistema de compensação, ainda que esse prazo seja curto, porém o empregador poderá melhor distribuir as horas trabalhadas no referido período, seja aumentando ou diminuindo a jornada quando necessário. Quando há mais produção, trabalham-se mais horas. Quando a produção é menor, o número de horas é menor.

O acordo de compensação tem a finalidade de evitar o desemprego em períodos de baixa produção e de recessão e de diminuir o custo das horas de trabalho quando há necessidade de maior produção.

Na Europa, fala-se em módulo anual de horas trabalhadas, que são mais bem distribuídas no curso do ano. Quando há mais produção, trabalha-se mais. Quando há menos produção, o número de horas trabalhadas por dia diminui. Há também a limitação do número de horas extras prestadas.

A flexibilidade da jornada pode importar em trabalho maior em certos períodos e menor em outros, mas mantém uma estabilidade do emprego, não correndo riscos o empregado de ser dispensado. O empregador teria melhores condições de ajustar sua produção, verificando produtividade. O empregado poderia melhor aproveitar sua jornada de trabalho em relação a outros afazeres,

362 A CONTINUIDADE DO CONTRATO DE TRABALHO • SERGIO PINTO MARTINS

como, até mesmo, estudar. Há notícias de que as empresas até abriram postos de trabalho em razão da flexibilização, como a Volkswagen, em março de 1997: 500 postos.

A jornada compensada permite evitar desperdício na produção. O empregador diminui a jornada do trabalho e quando precisa aumentar a jornada não tem de pagar horas extras, o que encareceria a produção. A compensação da jornada de trabalho é uma forma de manutenção de emprego.

O módulo semanal nos países do Mercosul é o seguinte: Argentina e Paraguai, 48 horas; Brasil, 44 horas; Uruguai, 44 horas no comércio e 48 horas na indústria.

A jornada de trabalho nos quatro países do Mercosul é de oito horas. Na Argentina, é permitida a distribuição das horas de trabalho durante a semana, desde que não exceda de nove horas diárias (LCT, arts. 204 e 205 e Lei n. 18.204, art. 2º). No Brasil, pode haver a compensação das horas desde que não exceda de 10 horas diárias e, atualmente, dentro do limite de um ano. No Paraguai, a compensação não pode exceder de 9 horas e 15 minutos diários. No Uruguai, a distribuição das horas trabalhadas pode ser feita desde que não exceda de 9 horas e 30 minutos por dia. Nos países indicados, a compensação pode ser feita por acordo individual.

No Brasil, a redação original do § 2º do art. 59 da CLT previa o acordo de compensação, de modo que o excesso de horas em um dia fosse compensado pela correspondente diminuição em outro dia, desde que não excedesse o horário normal da semana nem fosse ultrapassado o limite máximo de 10 horas diárias. A Lei n. 9.601 deu nova redação ao citado parágrafo, dispondo que o ajuste será feito mediante acordo ou convenção coletiva e o excesso de horas não deverá exceder, no período máximo de 120 dias, à soma das jornadas semanais de trabalho previstas, nem deveria ultrapassar o limite máximo de 10 horas diárias.

A Medida Provisória n. 1.709/98 dá nova redação ao § 2º do art. 59 da CLT, dispondo que a compensação não pode exceder no período máximo de um ano à soma das jornadas semanais de trabalho previstas, nem ser ultrapassado o limite máximo de 10 horas diárias.

2.8 "BANCO DE DIAS"

A finalidade do "banco de dias" é o estabelecimento de compensação em relação aos dias trabalhados. Há folga quando a produção está baixa e trabalho aos sábados, sem pagamento de horas extras. Não há previsão legal nesse sentido ainda, porém as normas coletivas têm estabelecido condições de trabalho nesse sentido.

2.9 LAY OFF

Lay off é ficar o trabalhador em disponibilidade por certo tempo, até a recuperação da empresa. Seria uma espécie de licença remunerada ao trabalhador, que fica em casa e não é dispensado. A empresa não faz a dispensa, pois precisa de trabalhadores qualificados. Pode determinar que o empregado faça cursos de qualificação profissional. Nos Estados Unidos, o *lay off* é feito por meio de negociação coletiva, segundo critério de idade, estado civil, tempo de serviço. Pode haver redução de salários e suspensão de encargos sociais.

A licença remunerada importa em o empregado continuar a receber salários por certo período de tempo, porém não presta serviços. Em certos casos em que há diminuição da produção, as empresas automobilísticas costumam utilizar da licença remunerada. Os efeitos do contrato de trabalho ficam interrompidos, pois a empresa paga salários e conta o tempo de serviço. Entretanto, há a continuidade do contrato de trabalho, não sendo o trabalhador dispensado, mas fica à disposição da empresa.

Atualmente, o tema está previsto no art. 476-A da CLT, que versa sobre a suspensão temporária para qualificação profissional, porém é dependente de convenção ou acordo coletivo para sua implementação. Há, portanto, necessidade de se negociar com o Sindicato de empregados, que vai fiscalizar a suspensão para a qualificação profissional. O pacto laboral pode ser suspenso por dois a cinco meses, para efeito da qualificação profissional do empregado.

2.10 FÉRIAS COLETIVAS

As férias coletivas muitas vezes são determinadas para adequar a produção em época de pouca procura de produtos, visando diminuir o estoque da empresa, como ocorre na indústria automobilística. Posteriormente, a empresa não precisa conceder ou pagar as férias, por já terem sido concedidas ao trabalhador.

Na área metalúrgica, tem sido comum as empresas concederem férias coletivas antes de dispensarem os empregados. É uma forma de preservar os postos de trabalho, principalmente em relação a trabalhadores qualificados e já treinados pela empresa. A dispensa e a posterior contratação de outros trabalhadores implicariam treinamento e aumento de custos.

2.11 TRABALHO A TEMPO PARCIAL

Na língua inglesa é encontrada a denominação *part time*, que significa parte do tempo ser destinado ao trabalho.

Na Europa, é empregada a expressão trabalho *just in time*, ou seja, dentro de um certo momento.

A Convenção n. 175 da OIT, de 1994, considera trabalhador a tempo parcial o que, assalariado, tem atividade laboral com duração inferior à normal dos trabalhadores a tempo completo, calculada semanalmente, desde que este tenha a mesma atividade, efetuando o mesmo trabalho no mesmo estabelecimento (art. 1º). Essa norma internacional não foi ratificada pelo Brasil. Visa estabelecer proteção aos que escolherem o trabalho a tempo parcial e a possibilidade de criação de novos empregos. O salário do trabalhador será calculado proporcionalmente (por peça, tarefa, hora), de modo que não seja inferior ao salário básico do trabalho a tempo completo, calculado pela mesma maneira (art. 5º).

Em Portugal, o Decreto-lei n. 398, de 2 de novembro de 1983, institui o regime da suspensão do contrato de trabalho e da redução do período normal de trabalho. É permitida a redução temporária dos períodos normais de trabalho ou suspensão dos contratos de trabalho desde que por razões conjunturais de mercado, motivos econômicos ou tecnológicos, catástrofes ou outras ocorrências que tenham afetado gravemente a atividade normal da empresa, sendo indispensáveis para assegurar a sua viabilidade e a manutenção dos postos de trabalho (art. 5º, 1). Os trabalhadores terão direito a retribuição mensal não inferior ao salário mínimo nacional garantido por lei para o setor (art. 6º, 1, *a*). A redução por razões conjunturais de mercado, por motivos econômicos ou tecnológicos terá uma duração máxima não superior a seis meses (art. 16º, 1). Em caso de catástrofe ou outra ocorrência que tenha afetado gravemente a atividade normal da empresa, o prazo é de no máximo um ano (art. 16º, 2).

Considera-se trabalho a tempo parcial aquele cuja duração não exceda 30 horas semanais, sem a possibilidade de horas suplementares semanais, ou, ainda, aquele cuja duração não exceda a 20 e 6 horas semanais, com a possibilidade de acréscimo de até seis horas suplementares semanais (art. 58-A da CLT).

Para os atuais empregados, a adoção do regime de tempo parcial será feita mediante opção manifestada perante a empresa, na forma prevista em instrumento decorrente de negociação coletiva.

As horas suplementares à duração do trabalho semanal normal serão pagas com o acréscimo de 50% sobre o salário-hora normal.

Na hipótese de o contrato de trabalho em regime de tempo parcial ser estabelecido em número inferior a 20 e 6 horas semanais, as horas suplementares a este quantitativo serão consideradas horas extras para fins do pagamento estipulado no § 3º, estando também limitadas a seis horas suplementares semanais.

As horas suplementares da jornada de trabalho normal poderão ser compensadas diretamente até a semana imediatamente posterior à da sua execução, devendo ser feita a sua quitação na folha de pagamento do mês subsequente, caso não sejam compensadas.

O trabalhador comum terá módulo semanal de 44 horas.

Não se confunde o trabalho por tempo parcial com certas categorias que têm jornada diferenciada, como médicos (4 horas), ascensoristas (6 horas) etc.

É bom o trabalho a tempo parcial para pessoas que não podem laborar a jornada completa, como estudantes, que precisam trabalhar e estudar; mulheres, que têm seus afazeres domésticos ou que cuidam de crianças; idosos, que têm algumas horas para trabalhar por dia e receber uma renda adicional etc. Essas pessoas precisam compatibilizar seus compromissos com o trabalho, podendo ocupar postos de trabalho e ter remuneração. Mesmo a tecnologia pode criar empregos a tempo parcial, dada a necessidade de um menor número de horas de trabalho por dia.

O funcionário que presta serviços por tempo parcial não precisa almoçar, dependendo do caso, pois pode entrar já tendo feito sua refeição, não sendo necessário, inclusive, o pagamento de valores para esse fim.

Os supermercados estão dizendo que vão contratar trabalhadores por tempo parcial para prestarem serviços na sexta-feira e no sábado, pois os empregados ficam ociosos nos outros dias. Sexta-feira e sábado são os dias de maior movimento, sendo que o atendimento é deficiente nesses dias, havendo necessidade de mais trabalhadores.

Na Europa, tem-se utilizado muito do trabalho a tempo parcial. Nos Países Baixos, 33% dos trabalhadores são de meio período. Na Noruega, 20%. Na Espanha, um em cada três trabalhadores trabalha meio período. No Reino Unido, quase 40% dos empregos são de meio período[13].

Afirma José Pastore que, nos Estados Unidos, entre os 113 milhões de americanos que trabalham para empresas, 80% são em tempo integral e 20% em tempo parcial. Na década de 1970 eram 92% e 8%, respectivamente[14].

---

13. Employment Outlook July 1993. Organization For Economic Co-operation and Development, julho de 1993, p. 20.
14. PASTORE, José. Pouco emprego, muito trabalho. In: *A agonia do emprego*. São Paulo: LTr, 1997, p. 79.

A tabela a seguir mostra a comparação, em porcentuais, em relação ao tempo de trabalho parcial entre os anos de 1986 e 1995, indicando que houve aumento nesse tipo de prestação de serviços nos países:

País	1986			1995		
	total	homens	mulheres	total	homens	mulheres
Alemanha	12,9	2,1	29,8	16,3	3,6	33,8
Austrália	20,0	7,4	39,2	24,8	11,1	42,7
Bélgica	9,4	2,1	22,6	13,6	2,8	29,8
Canadá	15,2	7,6	25,3	18,6	10,6	28,2
Dinamarca	23,7	8,7	41,9	21,6	10,4	35,5
EUA	17,3	10,2	26,1	18,6	11,0	74,4
França	11,8	3,4	23,2	15,6	5,0	28,9
Grécia	5,8	3,4	11,4	4,8	2,8	8,4
Holanda	25,3	10,1	55,2	37,4	16,8	89,0
Inglaterra	21,6	4,6	45,0	24,1	7,7	44,3
Irlanda	6,2	2,5	14,2	11,3	5,1	21,7
Itália	5,0	2,8	9,5	6,4	2,9	12,7
Japão	16,6	7,3	30,5	20,1	10,1	34,9
Luxemburgo	6,6	1,8	15,4	7,9	1,1	20,3
Noruega	23,1	7,9	45,0	21,2	9,4	46,6
Portugal	6,0	3,4	10,0	7,5	4,3	11,6
Suécia	25,2	6,7	45,1	24,3	9,4	73,3[15]

A legislação brasileira não vedava a contratação por tempo parcial. O trabalho a tempo parcial já poderia ser feito anteriormente, mesmo sem a edição de medida provisória, pois o empregado pode ser contratado à base horária, como ocorre, por exemplo, na construção civil. O salário mínimo é fixado à base horária à razão do divisor 220 (§ 1º do art. 6º da Lei n. 8.542/92), que corresponde ao número máximo de horas mensais trabalhadas, observado o módulo semanal de 44 horas.

O salário a ser pago aos empregados sob o regime de tempo parcial será proporcional à sua jornada, em relação aos empregados que cumprem, nas mesmas funções, tempo integral (§ 1º do art. 59-A da CLT).

Os empregados contratados a tempo parcial não deveriam prestar horas extras, pois, do contrário, desnaturar-se-ia esse tipo de contração, que visa à criação de empregos ou à continuidade dos atuais.

---

15. O'REILLY, Jacqueline; FAGAN, Colete. *Part time prospectos*. London: Routledge, 1998.

O trabalho a tempo parcial pode ajudar a minorar os efeitos do desemprego, porém, dependendo da hipótese, pode se constituir numa forma de desemprego parcial, dada a sua precariedade. Entretanto, é melhor ter um emprego, ainda que o salário seja modesto e o trabalho seja em algumas horas do dia, do que simplesmente não ter emprego.

2.12 *JOB SHARING*

O *job sharing* ou a divisão dos postos de trabalho é muito utilizado nos Estados Unidos. Duas pessoas ocupam dois postos de trabalho que poderiam ser de apenas um trabalhador. A remuneração também é dividida. Dessa forma, são criados novos postos de trabalho.

O *job sharing* se divide em: a) *job pairing*, quando a divisão do trabalho é feita pelos próprios trabalhadores, respondendo todos em conjunto; b) *job splitting*, em que os trabalhadores repartem um único posto de trabalho, respondendo cada um por sua cota.

Na Espanha, a lei de agosto de 1984 determinou medidas de política de emprego, por meio do contrato de trabalho de "relevo", que é uma forma de divisão voluntária do trabalho (*job sharing*).

2.13 CONTRATAÇÃO POR TEMPO DETERMINADO

De um modo geral, as necessidades permanentes e normais da empresa devem ser supridas com pessoal permanente, com contrato de trabalho, e por tempo indeterminado.

O trabalho temporário é regulado pela Lei n. 6.019/74, porém só permite a contratação por tempo determinado por no máximo três meses (art. 10).

Para a empresa, a contratação de trabalhadores temporários acaba servindo para terem agilidade em aumentar ou diminuir o número de trabalhadores necessários, principalmente em épocas de crises econômicas, de variações sazonais ou até de necessidade imediata de aumento de produção por períodos curtos de tempo. Para a empresa, há, porém, desvantagem na contratação de temporários, pois, além de pagar a remuneração do temporário, os encargos sociais (principalmente o FGTS e a contribuição previdenciária), paga ainda uma "taxa", que corresponde à remuneração da empresa de trabalho temporário, que está incluída no preço do serviço do temporário. Isso evidencia que o custo do trabalhador temporário geralmente é muito maior do que contratar um empregado comum mediante pacto laboral por tempo determinado.

Em muitos países, são instituídas várias modalidades de contrato de trabalho a prazo determinado. Tais contratos implicam descontinuidade do pacto laboral em seu término. Entretanto, temporariamente, criam postos de trabalho, pagando remuneração ao trabalhador. É melhor receber salário por pouco tempo, estando empregado, do que nada receber e ficar desempregado.

2.14 PROGRAMA SEGURO-EMPREGO

O governo editou a Medida Provisória n. 680, de 6 de julho de 2015, que sofreu alterações no Congresso Nacional, dando origem à Lei n. 13.189, de 19 de novembro de 2015. Ela trata do Programa Seguro-Emprego (PSE).

O programa é medida a ser utilizada nas crises. Trata-se de espécie de flexibilização de condições de trabalho em razão das crises econômicas. Seu objetivo é evitar as dispensas dos trabalhadores.

Para os empregados, o programa permite a manutenção do emprego, ainda que com salário reduzido.

Para as empresas, é a possibilidade de continuar com empregado treinado e experiente, que já conhece a produção da empresa. Para o governo, evita as dispensas e a utilização dos recursos do seguro-desemprego.

São objetivos do programa: I – possibilitar a preservação dos empregos em momentos de retração da atividade econômica; II – favorecer a recuperação econômico-financeira das empresas; III – sustentar a demanda agregada durante momentos de adversidade, para facilitar a recuperação da economia; IV – estimular a produtividade do trabalho por meio do aumento da duração do vínculo empregatício; e V – fomentar a negociação coletiva e aperfeiçoar as relações de emprego (art. 1º da Lei n. 13.189). A utilização do programa pode ajudar a evitar as dispensas e proteger os empregos (parágrafo único do art. 1º da Lei n. 13.189).

Podem aderir ao PSE as empresas de todos os setores em situação de dificuldade econômico-financeira que celebrarem acordo coletivo de trabalho específico de redução de jornada e de salário (art. 2º da Lei n. 13.189/2015). Tem prioridade de adesão a empresa que demonstre observar a cota de pessoas com deficiência. A adesão só pode ser feita por acordo coletivo de trabalho e não por acordo individual. Deve ser específico para a hipótese de dificuldade econômico-financeira da empresa. Justifica-se a utilização de acordo coletivo pelo fato de que a empresa irá celebrá-lo com o Sindicato dos Empregados. Não pode ser feito por convenção coletiva, pois esta teria efeitos para toda a categoria e não só para uma empresa. Nem todas as empresas estão em situação econômica difícil para se falar em celebrar convenção coletiva com o Sindicato dos Empregados.

A adesão ao PSE pode ser feita até 31 de dezembro de 2017 (§ 1º do art. 2º da Lei n. 13.189). Segundo a lei, não poderá ser feita depois de 31 de dezembro de 2017 (prazo da MP era 31-11-2015). O prazo máximo de permanência no programa é de 24 meses (o prazo da MP era de 12 meses), respeitada a data de extinção do programa. O prazo de extinção do programa é até 31 de dezembro de 2018 (art. 11 da Lei n. 13.189).

Pode haver a redução do salário e da jornada em até 30% (art. 5º da Lei n. 13.189). É hipótese de flexibilização *in pejus* (para pior) de condições de trabalho, mas exige que haja a celebração de acordo coletivo, para que o Sindicato dos Empregados possa fiscalizar a empresa. O valor do salário pago pelo empregador, após a redução, não pode ser inferior ao valor do salário mínimo, que é o valor mínimo que deve ser recebido por um empregado.

Os empregados de empresas que aderirem ao PSE e que tiverem seu salário reduzido fazem jus a compensação pecuniária equivalente a 50% do valor da redução salarial e limitada a 65% do valor máximo da parcela do seguro-desemprego, enquanto perdurar o período de redução temporária da jornada de trabalho (art. 4º da Lei n. 13.189). Essa compensação será feita com valores oriundos do Fundo de Amparo ao Trabalhador (FAT).

A empresa que aderir ao PSE fica proibida de: I – dispensar arbitrariamente ou sem justa causa os empregados que tiverem sua jornada de trabalho temporariamente reduzida enquanto vigorar a adesão ao PSE e, após o seu término, durante o prazo equivalente a um terço do período de adesão; II – contratar empregado para executar, total ou parcialmente, as mesmas atividades exercidas por empregado abrangido pelo programa, exceto nas hipóteses de: a) reposição; b) aproveitamento de concluinte de curso de aprendizagem na empresa, nos termos do art. 429 da CLT; c) efetivação de estagiário; d) contratação de pessoas com deficiência ou idosas; e) contratação de egresso dos sistemas prisional e de medidas socioeducativas (art. 6º da Lei n. 13.189). Durante o período de adesão, é proibida a realização de horas extraordinárias pelos empregados abrangidos pelo programa (§ 2º do art. 6º da Lei n. 13.189). Não tem sentido reduzir salário e jornada se os empregados vão fazer horas extras.

Se a empresa descumprir o acordo coletivo ou as normas relativas ao PSE, fica obrigada a restituir ao FAT os recursos recebidos, devidamente corrigidos, e a pagar multa administrativa correspondente a 100% desse valor, calculada em dobro no caso de fraude (§ 1º do art. 8º da Lei n. 13.189).

No PSE, a divisão de responsabilidades foi feita pelo governo (com o pagamento da compensação por meio do FAT), pelos empregados (com a redução do salário e da jornada) e pelo empregador, que não dispensa os trabalhadores.

2.15 TRABALHO INTERMITENTE

O trabalho intermitente é conhecido como contrato zero hora (*zero hour working*) no Reino Unido. Não há garantia de prestação de serviços. Os empregados só são remunerados quando trabalham (art. 27A do *Employment Rights Act* de 1996). Nos intervalos os empregados esperam em casa, à disposição do empregador, porém não são remunerados. São chamados pelo empregador quando este julgar conveniente, pelo tempo que entender necessário.

No sistema brasileiro, os riscos do empreendimento são do empregador. Se o empregado está à disposição do empregador, aguardando ou executando ordens, deve ser remunerado, pois o período é considerado tempo de serviço (art. 4º da CLT).

Considera-se intermitente o contrato de trabalho no qual a prestação de serviços, com subordinação, não é contínua, ocorrendo com alternância de períodos de prestação de serviços e de inatividade, determinados em horas, dias ou meses, independentemente do tipo de atividade do empregado e do empregador, exceto para os aeronautas, regidos por legislação própria (§ 3º do art. 443 da CLT).

O art. 157 do Código do Trabalho português dispõe que, "em empresa que exerça atividade com descontinuidade ou intensidade variável, as partes podem acordar que a prestação de trabalho seja intercalada por um ou mais períodos de inatividade".

Dispõe o art. 160 do Código do Trabalho português que, "durante o período de inatividade, o trabalhador tem direito a compensação retributiva em valor estabelecido em instrumento de regulamentação coletiva de trabalho ou, na sua falta, de 20% da retribuição base, a pagar pelo empregador com periodicidade igual à da retribuição".

O sistema espanhol mostra que o contrato intermitente não é para atividades normais da empresa. O contrato por tempo indefinido será estabelecido para realizar trabalhos que tenham o caráter de fixos descontínuos e não se repitam em datas certas, dentro do volume normal de atividade da empresa (art. 16, 1, do Estatuto dos Trabalhadores). Deve ser feito por escrito (art. 16, 3).

O contrato de trabalho intermitente deve ser celebrado por escrito (art. 452-A da CLT). Não pode, portanto, ser verbal. Deve conter especificamente o valor da hora de trabalho, que não pode ser inferior ao valor-horário do salário mínimo ou àquele devido aos demais empregados do estabelecimento que exerçam a mesma função em contrato intermitente ou não (art. 452-A da CLT).

O empregador convocará, por qualquer meio de comunicação eficaz, para a prestação de serviços, informando qual será a jornada, com, pelo menos, três dias corridos de antecedência.

Recebida a convocação, o empregado terá o prazo de um dia útil para responder ao chamado, presumindo-se, no silêncio, a recusa.

A recusa da oferta não descaracteriza a subordinação para fins do contrato de trabalho intermitente.

Aceita a oferta para o comparecimento ao trabalho, a parte que descumprir, sem justo motivo, pagará à outra parte, no prazo de 30 dias, multa de 50% da remuneração que seria devida, permitida a compensação em igual prazo.

O período de inatividade não será considerado tempo à disposição do empregador, podendo o trabalhador prestar serviços a outros contratantes.

> § 6º Ao final de cada período de prestação de serviço, o empregado receberá o pagamento imediato das seguintes parcelas: I – remuneração; II – férias proporcionais com acréscimo de um terço; III – décimo terceiro salário proporcional; IV – repouso semanal remunerado; V – adicionais legais (art. 452-A da CLT).

2.16 AUMENTO DAS DIFICULDADES PARA DISPENSAR O TRABALHADOR

Quanto mais alto for o valor pago pela dispensa do empregado, menor será o número de dispensas injustificadas. Isso acaba funcionando como um estímulo negativo a dispensas injustificadas ou arbitrárias. Ao contrário, quanto menos gravoso for o valor econômico que o empregador terá para dispensar o empregado, maior será a possibilidade de ocorrerem dispensas injustificadas, pois o sistema não será restritivo às despedidas. Ocorreria aí um estímulo positivo para as dispensas e para a rotação permanente de mão de obra.

Entretanto, se for muito oneroso para o empregador dispensar o empregado, o primeiro não irá contratar o segundo, pois sabe que irá ter maiores dificuldades para dispensar o trabalhador. Isso inibiria a criação de postos de trabalho.

CONCLUSÃO

Esta obra teve sua preocupação voltada para a continuidade do contrato de trabalho.

Ao final do trabalho, algumas conclusões merecem destaque.

Jeremy Rifkin preconizava o fim dos empregos em 1995 e isso não ocorreu.

É o princípio da continuidade do contrato de trabalho um dos mais importantes princípios do direito do trabalho, que fundamenta a manutenção do pacto laboral.

Visa o princípio da continuidade à conservação do posto de trabalho, dando segurança econômica ao trabalhador.

O objetivo é a permanência do empregado no emprego. O próprio sindicalismo tem tentado esse objetivo.

De modo geral, o princípio da continuidade do contrato de trabalho deve ser interpretado em benefício do empregado, como uma presunção benéfica.

Devem ser assegurados meios legais para a continuidade do contrato, inclusive por intermédio de presunções, como o faz a Súmula 212 do TST. O empregador é que irá provar a falta grave ou o pedido de demissão. São hipóteses em que o ônus da prova é do empregador.

A continuidade do contrato de trabalho permite que os produtos das empresas possam ser comprados, pois, se o trabalhador deixar de ter emprego, menos pessoas terão condições de comprar produtos e as empresas deixarão de vender.

O Brasil teve fases diferentes das de outros países em relação à dispensa do trabalhador. Na primeira fase, o empregado tinha direito a estabilidade com 10 anos de empresa, podendo ser dispensado com tempo inferior, mediante pagamento de indenização. Na segunda fase, foi instituído o FGTS como regime alternativo à estabilidade, permitindo a dispensa do trabalhador, mediante a liberação dos depósitos fundiários e o pagamento de indenização de 10% sobre os referidos depósitos. Na terceira fase, há a disposição contida no inciso I do art. 7º da Constituição, em que a dispensa tem de ser justificada, não podendo ser arbitrária ou sem justa causa, porém a referida norma está dependendo de lei complementar. Até o momento essa norma não foi editada, persistindo a possibilidade de dispensa do trabalhador, com o levantamento do FGTS e da indenização de 40% sobre os depósitos fundiários.

O atual sistema não traz garantia no emprego ao trabalhador, que pode ser dispensado a qualquer momento. Proporciona insegurança para o obreiro.

Não se pode relegar a segundo plano os motivos para dispensa apenas em relação a causas econômicas, de modo que o econômico esteja acima do social. Há necessidade de compatibilização do econômico com o social, de forma que o trabalhador possa subsistir e também sua família, com necessidades vitais e sociais que a remuneração decorrente do trabalho proporciona.

Nos casos em que o obreiro tem direito ao emprego, o certo seria reintegrá-lo no emprego, caso fosse dispensado. O mero pagamento de indenização não traz de volta o emprego ao trabalhador. A garantia de emprego deve ser complementada pela reintegração, como já prevê o parágrafo único do art. 165 da CLT para os cipeiros.

O ideal é que o empregado, antes de ser dispensado, pudesse ser colocado em outra empresa do grupo ou em outra função. Haveria também a possibilidade de o trabalhador passar por um curso de reciclagem ou recapacitação profissional antes de ser dispensado, para que pudesse ser aproveitado na empresa.

Para haver a dispensa do trabalhador, o empregador deveria se pautar por determinados critérios, como: a) capacidade; b) experiência; c) antiguidade; d) idade; e) encargos familiares etc. Esses critérios poderiam ser estabelecidos em futura lei que viesse a regular a dispensa do empregado ou então nas normas coletivas.

Dependendo da hipótese, a dispensa coletiva é a única salvação para evitar o fechamento da empresa, porém deve ser controlada, visando coibir abusos. O controle deve dizer respeito aos motivos alegados para a dispensa, permitindo que cada pessoa prejudicada possa ajuizar ação para discutir seus direitos. A futura lei que tratasse do tema poderia estabelecer critérios para a dispensa do trabalhador, como os indicados no parágrafo anterior, além de promover o retreinamento do obreiro. Essas hipóteses poderiam também ser especificadas em cláusulas da norma coletiva.

A educação é fundamental para a continuidade do contrato de trabalho. Quanto mais o trabalhador for preparado e tiver a possibilidade de fazer vários tipos de serviços, maior a possibilidade de continuar empregado. Entretanto, não se pode dizer que apenas com a educação o trabalhador irá obter emprego, pois certas áreas que exigem educação também têm desemprego.

CONCLUSÃO **375**

Os sindicatos percebem que no momento não há condições de obtenção de aumentos de salários. Preferem preservar o emprego, negociando a manutenção do nível de emprego na empresa ou condições para esse fim, a ficar sem emprego. Os metalúrgicos, em janeiro de 1998, perceberam que é melhor manter o emprego a ficar sem ele. Houve, portanto, uma mudança de mentalidade dos sindicatos no sentido de não fazer greves por reivindicações de aumentos salariais, mas por outras condições de trabalho. Uma das cláusulas do acordo com a Volkswagen foi que a empresa deve investir na fábrica de São Bernardo, fazendo nesse local o veículo mundial. Isso se explica pelo fato de que novos investimentos e a manutenção da fábrica garantiriam postos de serviços para os metalúrgicos, pois a empresa poderia montar a fábrica em outra cidade ou até em outro país.

Talvez no futuro sejam poucos os empregos, mas seja oferecido trabalho ou ocupação. Por isso, é preciso que seja feita alguma coisa agora, para que possa haver resultados melhores no futuro em relação à manutenção dos empregos.

Diminuir a carga tributária é fundamental para que as empresas possam subsistir e fazer novos investimentos, inclusive na contratação de novos trabalhadores. A redução dos encargos sociais também é necessária, por serem excessivos para as empresas, de modo a incentivá-las a contratar novos trabalhadores.

A redução das taxas de juros pode ajudar as empresas a fazer novos investimentos e, por conseguinte, aumentar a procura de trabalhadores para novas atividades ou aumento das atividades já existentes.

O crescimento econômico sustentado também é fundamental para a manutenção dos postos de trabalho e até para a criação de outros.

O aumento do consumo de produtos vendidos pelo comércio fará a indústria produzir mais e também contratar novos trabalhadores, além de manter os empregos já oferecidos. A bolsa família permitiu o aumento do consumo para pessoas de baixa renda e o acesso a bens que não tinham.

Para haver consumo, o trabalhador precisa ter renda ou estar empregado para poder comprar produtos.

Isso importa na existência de um círculo, dependendo um fator do outro.

O futuro do mercado de trabalho está nas pequenas empresas, pois respondem por dois terços da mão de obra em todo o mundo.

A diminuição da idade para a concessão de aposentadoria de 65 para 60 anos seria uma forma de gerar novos postos de trabalho com a aposentadoria, que é a ideia da Alemanha.

A Lei n. 32, de 2 de agosto de 1984, da Espanha permitiu a aposentadoria parcial, dentro de um programa de geração de empregos. O trabalhador acima de 60 anos poderia retirar-se parcialmente até completar a idade definitiva de aposentadoria, aos 65 anos. O trabalhador deixava de prestar serviços numa parte da sua jornada para que outro preste serviços.

A eliminação de postos de trabalho tem sido rápida, porém a recontratação de trabalhadores é muito lenta. A capacidade de geração de novos postos de trabalho só tem ocorrido a longo prazo. O desemprego, em consequência, tem aumentado.

A globalização deve ver o homem como sujeito da relação e não como seu objeto. O homem é o destinatário da globalização e das normas jurídicas.

O Direito deve funcionar como uma forma de pacificação das relações sociais, porém não pode impedir a atividade da empresa ou sua livre-iniciativa.

A lei, porém, não cria empregos. A criação de empregos decorre de investimentos públicos e privados. A norma não gera progresso. O progresso depende dos fatos e não das determinações impositivas da lei. Assevera Bernardo da Gama Lobo Xavier que "não compete aos juristas resolver a crise econômica, mas cumpre-lhes chamar a atenção para as consequências negativas de um direito inadaptado às circunstâncias"[1]. Já afirmou Benjamin Cardozo que o "Direito deve ser estável a fim de proporcionar segurança nas relações jurídicas, mas não deve ser estático, para não impedir a necessária evolução".

Não irá a lei eliminar o desemprego, podendo contribuir para minorá-lo. Seria como se o legislador estabelecesse uma norma dizendo: a partir de agora o desemprego está revogado e definitivamente banido de nosso país. Nada iria acontecer, pois a realidade dos fatos iria simplesmente ignorar a lei.

O empregado não pode, porém, ser entendido como uma peça na engrenagem da empresa. Uma vez gasta e velha, deve ser substituída. É como se fosse uma laranja. Depois de tirado o caldo, só sobra o bagaço. Há necessidade de mais consideração ao empregado, embora no regime capitalista o interesse do empregador seja o lucro, com o retorno do capital investido. Deve realmente haver a valorização do trabalho humano.

A valorização do trabalho humano tem de ser entendida no sentido de que o trabalho não é uma mercadoria, uma coisa. Não é descartável, em que a pessoa é usada e jogada fora, principalmente quando o obreiro já tem idade ou não tem mais condições físicas para trabalhar. O trabalhador é um ser humano, devendo ser valorizado como tal. A dignidade da pessoa humana é decorrente da valorização do trabalho humano: *labor cum dignitate vitae*.

---

1. XAVIER, Bernardo da Gama Lobo. O direito do trabalho na crise. In: *Temas de direito do trabalho*: Anais das IV Jornadas Luso-hispano-brasileiras de Direito do Trabalho. Coimbra: Coimbra Ed., 1990, p. 138.

CONCLUSÃO **377**

É preciso haver a conciliação entre a liberdade de iniciativa e a valorização do trabalho humano. O trabalho tem um dos valores sociais mais relevantes. O valor social do trabalho é um dos fundamentos do Estado Democrático de Direito (art. 1º, IV). Preservar o respeito e a dignidade do homem é uma forma de alcançar segurança e paz social. João Paulo II afirma que

> o trabalho humano é uma das características que distingue o homem das demais criaturas, cuja atividade, relacionada com a manutenção da vida, não pode chamar-se trabalho; só o homem é capaz de trabalhar, só ele o pode levar a cabo, enchendo com o trabalho sua existência sobre a terra. Desse modo, o trabalho traz em si um sinal particular do homem e da humanidade, o sinal da pessoa ativa no meio de uma comunidade de pessoas; esse sinal determina sua característica interior e constitui, num certo sentido, sua própria natureza.
>
> O fundamento para determinar o valor do trabalho humano não é, em primeiro lugar, o tipo de trabalho que se realiza, mas o direito de quem o executa é uma pessoa[2].
>
> O trabalho é um bem do homem – é um bem da sua humanidade – porque, mediante o trabalho, o homem não somente transforma a natureza, adaptando-a às suas próprias necessidades, mas também se realiza a si mesmo como homem e até, num certo sentido, "se torna mais homem"[3].

Para o trabalhador, o desemprego acaba sendo uma situação de injustiça, um mal, que em grau muito elevado causa calamidade social. A continuidade do contrato de trabalho, ao contrário, implica o desenvolvimento do ser humano.

É importante conciliar o capital e o trabalho, inclusive preservando a empresa, de forma que esta possa continuar gerando empregos para os trabalhadores. Como adverte Leão XIII, "não pode haver capital sem trabalho, nem trabalho sem capital..."[4]. Sem o investimento proveniente do capital não serão criados novos empregos. Há, portanto, necessidade de coexistência pacífica entre o capital e o trabalho, para que, com o emprego do capital, continuem a ser gerados postos de trabalho.

Como leciona Calmon de Passos, "nada suscita no homem maior rebeldia, nem o mobiliza mais para o confronto, do que a frustração resultante da insatisfação de necessidades que lhe afiguram prementes"[5]. Uma dessas necessidades é o emprego, para que a pessoa possa adquirir bens vitais básicos e sustentar sua família. A inexistência de emprego cria rebeldia e insatisfação no homem, dá-lhe um sentimento de inutilidade e frustração, de não poder sustentar a quem mais ama: sua família.

---

2. PAULO II, João. *Encíclica Laborem exercens*. Roma, 1981.
3. SARTORI, Frei Luís Maria A. (org.). *Encíclicas do Papa João Paulo II*. São Paulo: LTr, 1996, p. 117.
4. LEÃO XIII. *Encíclica Rerum Novarum*, Capítulo 28.
5. PASSOS, J. J. Calmon de. A constitucionalização dos direitos sociais. In: *Noções de direito do trabalho*: estudos em homenagem ao professor Elson Gottschalk. São Paulo: LTr, 1995, p. 90.

BIBLIOGRAFIA

ABBAGNANO, Nicola. *Dicionário de filosofia*. São Paulo: Mestre Jou, 1982.

ALONSO GARCÍA, Manuel. *Curso de derecho del trabajo*. 3. ed. Barcelona: Ariel, 1971.

_____. *Derecho del trabajo*. Barcelona: Bosch, 1980.

ALONSO OLEA, Manuel. *Derecho del trabajo*. Madrid: FDUM, 1983.

_____. *El trabajo como bien escaso y la reforma de su mercado*. Madrid: Civitas, 1995.

ALMEIDA, Amador Paes de. *Os direitos trabalhistas na falência e concordata do empregador*. São Paulo: LTr, 1996.

_____. *Curso de falência e concordata*. 16. ed. São Paulo: Saraiva, 1998.

ANDRADE, Everaldo Gaspar Lopes de. *Curso de direito do trabalho*. 2. ed. São Paulo: Saraiva, 1992.

_____. *Direito do trabalho*: ensaios filosóficos. São Paulo: LTr, 1995.

ANTUNES, Carlos Alberto Lourenço Morais; GUERRA, Amadeu Francisco Ribeiro. *O despedimento*. Coimbra: Almedina, 1984.

ARAÚJO, Francisco Rossal de. *A boa-fé no contrato de emprego*. São Paulo: LTr, 1996.

AUTIÉ, Daniel. *La rupture abusive du contrat du travail*. Paris: Dalloz, 1955.

BARASSI, Lodovico. *Il diritto del lavoro*. Milano: Giuffrè, 1949. v. II.

BARBAGELATA, Hector Hugo. *Derecho del trabajo*. Montevideo: Fundación de Cultura Universitaria, 1978.

BARBOSA, Rui. Réplica – Separata das Pandectas Brasileiras.

_____. *Oração aos moços*. Rio de Janeiro: Casa de Rui Barbosa, 1956.

BARLETT, Ronald; STEELE, James B. *America*: "what went wrong"? Kansas City: Andrews and MacMeel, 1972.

BARRETO, Amaro. Os prós e os contras do Fundo de Garantia do Tempo de Serviço. *LTr* 40/10.

_____. *Teoria e prática do FGTS*. São Paulo: Ed. Trabalhistas, 1974.

BARROS JR., Cassio Mesquita. Flexibilização no direito do trabalho. *Revista Trabalho & Processo*, São Paulo: Saraiva, n. 2, set. 1994.

_____. Modernização e desemprego. In: MARTINS, Ives Gandra da Silva (coord.). *Desafios do século XXI*. São Paulo: Pioneira, 1997.

_____. Impacto das novas tecnologias no âmbito das relações individuais do trabalho. *LTr*, São Paulo, 51-9/1.045, set. 1987.

_____. *Perspectivas do direito do trabalho no Mercosul*. São Paulo: edição do autor, 1993.

_____. A Convenção n. 158: Proteção contra a despedida injustificada. *Trabalho & Doutrina*, São Paulo: Saraiva, n. 11, dez. 1996.

_____. Perspectivas do direito do trabalho no Mercosul. *Trabalho & Doutrina*, São Paulo: Saraiva, n. 7, dez. 1995.

_____. *Transferência de empregados e a Lei 6.203, de 17.4.75*. São Paulo: Editoras Unidas, 1977.

BASTOS, Celso; MARTINS, Ives Gandra da Silva. *Comentários à Constituição do Brasil*. São Paulo: Saraiva, 1990. v. 7.

BERNARDES, Hugo Gueiros. *Direito do trabalho*. São Paulo: LTr, 1989.

_____. Estabilidade e Fundo de Garantia na Constituição. In: *Estabilidade e Fundo de Garantia*. São Paulo: LTr, 1979.

BOBBIO, Norberto. *Teoria dell'ordinamento giuridico*. Turim: Giappichelli, 1960.

BOISSONNAT, Jean. *2015*: horizontes do trabalho e do emprego: relatório da comissão presidida por Jean Boissonnat. São Paulo: LTr, 1998.

_____. Outra maneira de trabalhar. *LTr*, São Paulo, 62-03/321.

BORGES, José Souto Maior. *Obrigação tributária*: uma introdução metodológica. São Paulo: Saraiva, 1984.

BOULANGER, Jean. Principes généraux du droit positif et droit positif – Le droit privé français au milieu du XX siècle. In: *Etudes offertes a Georges Ripert*. Paris: LGDJ, 1950.

BRIDGES, William. *Um mundo sem empregos*. São Paulo: Makron Books, 1995.

BRONSTEIN, Arturo. La flexibilidad del trabajo: panorama general. In: ALVAREZ, Oscar Hernandez (coord.). *La flexibilización del trabajo*: un estudio internacional. Caracas: Universidade Centro Ocidental Lisandro Alvarado, 1990.

_____. La flexibilización del trabajo: panorama general. In: *La flexibilización del trabajo*: un estudio internacional. Barquisimeto: Diario de Tribunales, 1990.

BRUN, André; GALLAND, H. *Droit du travail*. Paris: Sirey, 1958.

CABANELLAS, Guillermo. *Contrato de trabajo*. Buenos Aires: Omeba, 1964. v. III.

CALDERA, Rafael. Discurso. *Anais do XII Congresso Internacional de Direito do Trabalho e Seguridade Social*. Caracas, 1985. v. I.

CAMERLYNCK, G. H.; LYON CAEN, Gérard. *Derecho del trabajo*. Madrid: Aguilar, 1974.

CARRAZZA, Roque Antonio. *Curso de direito constitucional tributário*. 3. ed. São Paulo: Revista dos Tribunais, 1991.

CARRIÓ, Genaro. *Notas sobre derecho y lenguaje*. Buenos Aires: Abeledo-Perrot, 1986.

CARRO IGELMO, Alberto Jose. *La suspensión del contrato de trabajo*. Barcelona: Bosch, 1959.

CARVALHO, Paulo de Barros. *Curso de direito tributário*. 4. ed. São Paulo: Saraiva, 1991.

CATHARINO, José Martins. *Em defesa da estabilidade*. São Paulo: LTr, s.d.p.

_____. *Estabilidade e Fundo de Garantia*. São Paulo: LTr, 1979.

_____. FGTS e a nova Constituição. *Repertório IOB de Jurisprudência*, n. 1/89, jan. 1989, texto 2/2073.

_____. *Neoliberalismo e sequela*. São Paulo: LTr, 1997.

CESARINO JR., A. F. Princípios fundamentais da Consolidação das Leis do Trabalho. *Revista do TST*, 1983.

_____. *Estabilidade e Fundo de Garantia*. Rio de Janeiro: Forense, 1968.

_____. *Direito social*. 6. ed. São Paulo: Saraiva, 1970. v. 2.

CHIARELLI, Carlos Alberto Gomes. *Trabalho na Constituição*: direito individual. São Paulo: LTr, 1989. v. I.

CORDEIRO, António Menezes. *Manual de direito do trabalho*. Coimbra: Almedina, 1991.

COSMOPOLIS, Mario Pasco. Extinción de la relación laboral en el Perú. In: COSMOPOLIS, Mario Pasco (coord.). *La extinción de la relación laboral*. Lima: Aele Editorial, 1987.

_____. La flexibilización en América Latina. In: *Direito e processo do trabalho*: estudos em homenagem a Octávio Bueno Magano. São Paulo: LTr, 1996.

COSTA, Orlando Teixeira da. O trabalho e a dignidade do trabalhador. *LTr*, São Paulo, 59-05/591.

_____. Os princípios do direito do trabalho e sua aplicação pelo juiz. *Revista do TRT da 8ª Região*, Belém, 1968.

COUTURE, Eduardo J. *Vocabulário jurídico*. Montevideo, 1960.

COUTURIER, Gérard. *Droit du travail*. Paris: Presses Universitaires de France, 1993. v. 1.

COX, Archibald; CURTIS, Bok. *Labor law*: cases and material. Brooklyn: Foundation Press, 1962.

CRETELLA JR., José. *Comentários à Constituição de 1988*. 2. ed. Rio de Janeiro: Forense Universitária, 1993. v. VIII.

_____. Os cânones do direito administrativo. *Revista de Informação Legislativa*, Brasília, ano 25, n. 97.

DÄUBLER, Wolfgang. *Direito do trabalho e sociedade na Alemanha*. São Paulo: LTr, 1997.

_____. *Derecho del trabajo*. Madrid: Ministerio del Trabajo y Seguridad Social, 1994.

_____; LE FRIANT. Un recént exemple de flexibilization législative: la loi allemande pour la promotion de l'emploi du 26 de abril de 1985. *Revista Droit Social, Librarie Sociale et Économique*, Paris, v. 9-10, 1986.

DE BUEN, Nestor. La extinción de la relación de trabajo en México. In: COSMOPOLIS, Mario Pasco (coord.). *La extinción de la relación laboral*. Lima: Aele Editorial, 1987.

DE PLÁCIDO E SILVA. *Vocabulário jurídico*. Rio de Janeiro: Forense, 1990.

DELGADO, Maurício Godinho. Princípios do direito do trabalho. *LTr*, São Paulo, n. 59-04/472, abr. 1995.

DESJARDINS, Bernadete et al. *Le noveau du Travail anotté*. Paris: La Villeguérin Editions, 1994.

DEVEALI, Mario. *Lineamientos del derecho del trabajo*. Buenos Aires: Ed. Argentina, 1948.

_____. *Lineamientos del derecho del trabajo*. Buenos Aires: T.E.A., 1956.

DIEGUEZ, Gonzalo. *Lecciones de derecho del trabajo*. 2. ed. Madrid: Civitas, 1988.

DI MARTINO, Vittorio; WIRTH, Linda. Teletrabajo: un nuevo modo de trabajo y de vida. *Revista Internacional del Trabajo*, Ginebra:, OIT, 1990.

DRUCKER, Peter. The new society of organization. *Harvard Business Review*, 1992.

DUARTE, Bento Herculano. Princípios de direito do trabalho. In: *Manual de direito do trabalho*: estudos em homenagem ao prof. Cassio Mesquita Barros. São Paulo: LTr, 1998.

DUPRILOT, Jean-Pierre; FIESCHI-VIVET, Paulo. *Droit du travail*. 2. ed. Presses Universitaires de France, 1985.

DWORKIN, Ronald. *Taking right seriously*. London: Duckworth, 1987.

FALCHETTI, Roberto. *El contrato de trabajo*. Montevideo: Fundación de Cultura Universitaria, 1975.

FARIA, José Eduardo Campos de Oliveira. *O direito na economia globalizada*. São Paulo: edição do autor, s.d.p.

FERNANDES, Antonio de Lemos Monteiro. *Direito do trabalho*. Coimbra: Almedina, 1992.

FERRARI, Francisco de. *Derecho del trabajo*. 2. ed. Buenos Aires: Depalma, 1969.

FERRARO, Giuseppe. *Il contrati di lavoro*. Padova: Cedam, 1991.

FERREIRA, Aurélio Buarque de Holanda. *Novo dicionário Aurélio da língua portuguesa*. 2. ed. Rio de Janeiro: Nova Fronteira, 1996.

FERREIRA, Pinto. *Comentários à Constituição brasileira*. São Paulo: Saraiva, 1992. v. 5.

FERREIRA, Waldemar. *História do direito brasileiro*. São Paulo: Saraiva, 1962. v. 1.

FRANCO FILHO, Georgenor de Sousa. *Globalização & desemprego* (mudanças nas relações de trabalho). São Paulo: LTr, 1998.

FREITAS JR., Antônio Rodrigues de. *Globalização, Mercosul e crise do Estado-Nação*. São Paulo: LTr, 1997.

FORRESTER, Viviane. *O horror econômico*. São Paulo: Unesp, 1997.

FURTADO, Emmanuel Teófilo. *Terminação do contrato de trabalho*. São Paulo: LTr, 1997.

FURTADO, Sebastião Antunes. Crise econômica e flexibilização do mercado de trabalho. *LTr*, São Paulo, 51-9/1.063, set. 1987.

GAMA, Ruy. *A tecnologia e o trabalho na história*. São Paulo: Nobel-USP, 1986.

GARCÍA MURCIA, Joaquín. A reforma de 1997 da legislação trabalhista espanhola. *LTr*, São Paulo, 62-03/302.

GARCÍA SOLANO, Álvaro. *Derecho del trabajo*. Bogotá: Temis, 1981.

GHERA, Edoardo. *Diritto del lavoro*. Bari: Cacucci, 1985.

_____. Art. 33 (Collocamiento). In: GIUGNI, Gino (dir.). *Lo Statuto dei Lavoratori Commentario*. Milano: Giuffrè, 1979.

GIGLIO, Wagner. *Direito processual do trabalho*. 8. ed. São Paulo: LTr, 1994.

GODOI, Luiz Carlos Gomes de. Trabalho permanente e trabalho precário. In: *Direito e processo do trabalho*: estudos em homenagem a Octávio Bueno Magano. São Paulo: LTr, 1996.

GOMES, Orlando; GOTTSCHALK, Elson. *Curso de direito do trabalho*. 4. ed. Rio de Janeiro: Forense, 1995.

_____. *Curso de direito do trabalho*. 12. ed. Rio de Janeiro: Forense, 1991.

GONÇALES, Odonel Urbano. *Curso de direito do trabalho*. São Paulo: Atlas, 1994.

GONÇALVES, Nair Lemos. Natureza jurídica dos depósitos do Fundo de Garantia por Tempo de Serviço. *Revista LTr*, São Paulo, n. 41, jan. 1977.

GOTTSCHALK, Elson. Natureza jurídica da indenização da lei do FGTS. *LTr*, São Paulo, n. 38/819, jan. 1974.

GUITTON, Henri. *Economia política*. 2. ed. São Paulo: Fundo de Cultura, 1961. v. 3.

GURVITCH, George. *Sociologia jurídica*. Rio de Janeiro: Livraria Kosmos, 1946.

GRAU, Eros. *Direito, conceitos e normas jurídicas*. São Paulo: Revistas dos Tribunais, 1988.

_____. *A ordem econômica na Constituição de 1988* (interpretação e crítica). 2. ed. São Paulo: Revista dos Tribunais, 1991.

HENKOFF, Ronald. Where will the jobs come from? *Fortune*, 1992.

HUECK, Alfred; NIPPERDEY, H. C. *Compendio de derecho del trabajo*. Madrid:

Editoria Revista de Derecho Privado, 1963.

KEYNES, John Maynard. *The general theory of employment, interests and money, Essays in Persuasion*. New York: Macmillan, 1931.

LA CUEVA, Mario de. *El nuevo derecho mexicano del trabajo*. México: Porrúa, 1977.

_____. *Derecho mexicano del trabajo*. 4. ed. México: Porrúa, 1954.

LAFER, Celso. Dumping social. In: *Direito e comércio internacional*: tendências e perspectivas: estudos em homenagem a Irineu Strenger. São Paulo: LTr, 1994.

LAMARCA, Antonio. *Contrato individual do trabalho*. São Paulo: Revista dos Tribunais, 1967.

LEÃO XIII. *Encíclica Rerum Novarum*.

LEFRANC, Georges. *Histoire du travail et des travailleurs*. Paris: Flammarion, 1957.

LEITE, Celso Barroso. *O século do desemprego*. São Paulo: LTr, 1994.

LIMA, Francisco Meton Marques de. *Os princípios de direito do trabalho na lei e na jurisprudência*. 2. ed. São Paulo: LTr, 1997.

KANT, Imannuel. *Crítica da razão pura*. Dialética, II, A.

KELSEN, Hans. *Teoria pura do direito*. São Paulo: Martins Fontes, 1987.

MACHADO FILHO, Aires da Mata. *Novíssimo dicionário ilustrado*. 22. ed. Urupês: AGE, s.d.p.

MACIEL, José Alberto Couto. *Desemprego ou supérfluo?* Globalização. São Paulo: LTr, 1998.

MAGANO, Octávio Bueno. O FGTS e a nova Constituição. *Repertório IOB de Jurisprudência*, São Paulo: IOB, n. 24, dez. 1988, texto 2/2020.

_____. Fundo de Garantia do Tempo de Serviço. *Repertório IOB de Jurisprudência*, São Paulo: IOB, n. 2. jan. 1990.

_____. *Política do trabalho*. São Paulo: LTr, 1992.

_____. *Política do trabalho*. São Paulo: LTr, 1995. v. II.

_____. *Manual de direito do trabalho*: direito individual do trabalho. São Paulo: LTr, 1984.

_____. *Manual de direito do trabalho*: direito individual do trabalho. 2. ed. São Paulo: LTr, 1986.

_____. *Manual de direito do trabalho*: direito individual do trabalho. 4. ed. São Paulo: LTr, 1993.

_____. *As novas tendências do direito do trabalho*. São Paulo: LTr, 1974.

_____; MALLET, Estevão. *O direito do trabalho na Constituição*. Rio de Janeiro: Forense, 1993.

MAGARELLI, Cristina. Responsabilidad laboral y ley civil. In: *Derecho laboral*, 1989. t. XXXII.

MANUS, Pedro Paulo Teixeira. Estabilidade e garantia de emprego: estabilidade provisória. In: *Manual de direito do trabalho*: estudos em homenagem ao prof. Cassio Mesquita Barros. São Paulo: LTr, 1998.

MANS PUIGARNAU, Jaime M. *Los principios generales del derecho*. Barcelona: Bosch, 1947.

MARTIN VALVERDE, Antonio; RODRIGUES-SAÑEDO GUTIÉRREZ, Fermín; GARCÍA MÚRCIA, Joaquim. *Derecho del trabajo*. Madrid: Tecnos, 1996.

MARTINS, Ives Gandra da Silva. O desemprego estrutural e conjuntural. *LTr*, São Paulo, 60-05/591.

MARTINS, Nei Frederico Cano. *Estabilidade provisória no emprego*. São Paulo: LTr, 1995.

MARTINS, Sergio Pinto. *Introdução ao estudo do direito*. São Paulo: Saraiva, 2018.

_____. *Direito do trabalho*. 40. ed. São Paulo: Saraiva, 2024.

_____. *Terceirização e o direito do trabalho*. 15. ed. São Paulo: Saraiva, 2018.

_____. *Flexibilização*: flexibilização das condições de trabalho. 6. ed. São Paulo: Saraiva, 2020.

MAXIMILIANO, Carlos. *Hermenêutica e aplicação do direito*. 8. ed. Rio de Janeiro: Freitas Bastos, 1965.

MAZZONI, Giuliano. *Manuale di diritto del lavoro*. 6. ed. Milano: Giuffrè, 1988. v. I.

_____. Contineni il diritto del lavoro principi propri. In: *Atti del Primo Congresso Internazionale Generali Propri, Interno di Diritto del Lavoro*. Universitád Trieste, 1952.

MCLEALLAN, David. *Marx's Grundrisse der Kritik der Politscehn Ökonomie*. New York: Harpers, 1977.

MELLO, Celso Antônio Bandeira de. *Curso de direito administrativo*. 7. ed. São Paulo: Malheiros, 1995.

MELLO, Marco Aurélio Mendes de Farias. Contrato de trabalho: resilição: ônus da prova: Enunciado 212 da Súmula do Tribunal Superior do Trabalho. *Revista LTr*, n. 52-1/24, jan. 1988.

MESQUITA, Luiz José de. *Direito disciplinar do trabalho*. São Paulo: LTr, 1991.

MONTOYA MELGAR, Alfredo. *Derecho del trabajo*. 5. ed. Madrid: Tecnos, 1984.

MORAES FILHO, Evaristo. *Tratado elementar de direito do trabalho*. Rio de Janeiro/São Paulo: Freitas Bastos, s.d. v. I.

MURGAS TORRAZA, Rolando. La terminación de la relación de trabajo en el derecho panameño. In: COSMOPOLIS, Mario Pasco (coord.). *La extinción de la relación laboral*. Lima: Aele Editorial, 1987.

NASCIMENTO, Amauri Mascaro. *Iniciação ao direito do trabalho*. São Paulo: LTr, 14. ed., 1989; 21. ed., 1994; 24. ed., 1998.

_____. *Teoria jurídica do salário*. São Paulo: LTr, 1994.

_____. *Comentários às leis trabalhistas*. São Paulo: LTr, 1991.

_____. *Direito do trabalho na Constituição de 1988*. São Paulo: Saraiva, 1989.

_____. *Curso de direito do trabalho*. 13. ed. São Paulo: Saraiva, 1997.

_____. O problema da nulidade e o contrato individual do trabalho. *Trabalho & Doutrina*, São Paulo: Saraiva, n. 14. set. 1997.

_____. Tendências de flexibilização das normas reguladoras das relações de trabalho no Brasil. In: *Estudos de direito do trabalho e processo do trabalho em homenagem a José Luiz Ferreira Prunes*. São Paulo: LTr, 1998.

_____. *Curso de direito processual do trabalho*. 17. ed. São Paulo: Saraiva, 1997.

NIPPERDEY, H. C. Evolución del derecho laboral en la República Federativa de Alemania desde 1945, II. *Revista Internacional del Trabajo*, Genebra, OIT, 1954.

_____; HUECK, Alfred. *Compendio de derecho del trabajo*. Madrid: Editorial Revista de Derecho Privado, 1963.

OLIVEIRA, Fabio Leopoldo de. *Curso expositivo de direito do trabalho*. São Paulo: LTr, 1991.

_____. *Introdução elementar ao estudo do salário social no Brasil*. São Paulo: LTr, 1974.

OLIVEIRA, Francisco Antonio de. *Comentários aos enunciados do TST*. 3. ed. São Paulo: Revista dos Tribunais, 1996.

OLLIER, Pierre Dominique. *Le droit du travail*. Paris: Armand Colin, 1972.

OUCHI, William. *Teoria Z*. 4. ed. Editora Fundo Educativo Brasileiro, 1982.

PASHERSTNIK, A. Derecho laboral soviético. In: ROMASHKIN, P. (coord.). *Fundamentos do direito soviético*. Trad. José Echinique. Moscou: Ed. en Lenguas Extranjeras, 1962.

PASSOS, J. J. Calmon de. O princípio de não discriminação. In: *Curso de direito constitucional do trabalho*: estudos em homenagem ao professor Amauri Mascaro Nascimento. São Paulo: LTr, 1991. v. 1.

_____. A constitucionalização dos direitos sociais. In: *Noções de direito do trabalho*: estudos em homenagem ao professor Elson Gottschalk. São Paulo: LTr, 1995.

PASTORE, José. Relações do trabalho numa economia que se abre. *LTr*, São Paulo, 59-01/20.

_____. A agonia dos empregos: investimentos de menos e regulamentos de mais. *Revista LTr* 60-01/18.

_____. O "custo Brasil" na área trabalhista (propostas de modernização das relações de trabalho). In: *Direito e processo*: estudos em homenagem a Octávio Bueno Magano. São Paulo: LTr, 1996, p. 34.

_____. Flexibilização dos mercados de trabalho: a resposta moderna para o aumento da competição. *LTr*, São Paulo, 58-4/402-3.

_____. *A agonia do emprego*. São Paulo: LTr, 1997.

_____. *Encargos sociais*: implicações para o salário, emprego e competitividade. São Paulo: LTr, 1997.

_____. *Relações do trabalho no Japão*. 2. ed. São Paulo: LTr, 1994.

_____. *Flexibilização dos mercados de trabalho e contratação coletiva*. São Paulo: LTr, 1994.

_____. *Tecnologia e emprego*. Brasília: Confederação Nacional do Transporte, 1997.

_____. *O desemprego tem cura?* São Paulo: Makron Books, 1998.

_____; MARTINS, Ives Gandra da Silva. A dimensão tributária dos encargos sociais. In: MARTINS, Ives Gandra da Silva. *Desafios do século XXI*. São Paulo: Pioneira, 1997.

PEREIRA, José Luciano de Castilho. O FGTS sobre parcelas salariais prescritas. *Revista Anamatra*, Belo Horizonte: Anamatra, ago. 1985.

PEREZ DEL CASTILLO, Santiago. Desocupación y seguro de paro. In: RODRIGUEZ, Americo Plá (coord.). *La seguridad social en el Uruguay*. Montevideo: F.C.U., 1984.

PÉREZ LEÑERO, José. *Teoría general del derecho español del trabajo*. Madrid: Espasa-Calpe, 1948.

_____. *Instituciones del derecho español del trabajo*. Madrid: Espasa-Calpe, 1949.

PERONE, Gian Carlo; SCHIPANI, Sandro. *Princípios para um código-tipo de direito do trabalho para a América Latina*. São Paulo: LTr, 1996.

PERROUX, François. *Salaire et rendement*. Paris: Presses Universitaires de France, 1947.

PINTO, Mario. Trabalho temporário e política de emprego. *Revista Española de Derecho del Trabajo*, Madrid: Civitas, n. 21, jan./mar. 1985.

_____. Garantia do emprego e a crise econômica. *Leopoldianum, Revista de Estudos e Comunicações*, Santos: Loyola, n. 37, 1986.

PRADO, Ney. Relações trabalhistas no Brasil: velhas práticas e novas realidades. Encarte especial de relações trabalhistas no Brasil, Instituto Liberal.

_____. *Economia informal e o direito no Brasil*. São Paulo: LTr, 1991.

_____. *Os notáveis erros dos notáveis*. Rio de Janeiro: Forense, 1987.

PLÁ RODRIGUEZ, Américo. *Los principios del derecho del trabajo*. 2. ed. Buenos Aires: Depalma, 1990.

_____. *Princípios de direito do trabalho*. 2. tir. São Paulo: LTr, 1993.

POCHMANN, Marcio. *Políticas do trabalho e de garantia de renda no capitalismo em mudança*. São Paulo: LTr, 1995.

POTOBSKY, G. Von. La recomendación de la OIT sobre la terminación de la relación de trabajo. In: *Estudios sobre derecho individual de trabajo en homenaje al Prof. Mario L. Deveali*. Buenos Aires: Editorial Heliasta, 1979.

PRUNES, José Luiz Ferreira. O Fundo de Garantia do Tempo de Serviço na Nova Constituição. *Repertório IOB de Jurisprudência*, n. 5/89, texto 2/2278, mar. 1989.

RASO DELGUE, Juan. Flexibilización: desregulación o adaptación del derecho del trabajo. *Revista de la Facultad de Ciencias Jurídicas Políticas*, Caracas: Universidad Central de Venezuela, n. 87, 1993.

REALE, Miguel. *Lições preliminares de direito*. 23. ed. São Paulo: Saraiva, 1996.

_____. *Filosofia do direito*. São Paulo: Saraiva, 1972.

RECASÉNS SICHES, Luis. *Nueva filosofia de la interpretación del derecho*. México: Porrúa, 1973.

RIFKIN, Jeremy. *O fim dos empregos*. São Paulo: Makron Books, 1995.

ROBORTELLA, Luiz Carlos Amorim. *O moderno direito do trabalho*. São Paulo: LTr, 1994.

ROCHA, Valdir de Oliveira. A nova Constituição e o alcance do Fundo de Garantia do Tempo de Serviço. *Repertório IOB de Jurisprudência*, São Paulo: IOB, n. 10/89, texto 2/2549, maio 1989.

RODRIGUES, Silvio. *Direito civil*. São Paulo: Max Limonad, 1962.

_____. *Direito civil*: parte das obrigações. São Paulo: Saraiva, 1985. v. II.

ROMITA, Arion Sayão. *Os direitos sociais na Constituição e outros estudos*. São Paulo: LTr, 1991.

_____. A flexibilização e os princípios do direito do trabalho. In: *Noções atuais de direito do trabalho*: estudos em homenagem ao Professor Elson Gottschalk. São Paulo: LTr, 1995, p. 112.

_____. *Globalização da economia e direito do trabalho*. São Paulo: LTr, 1997.

_____. A estabilidade e outros meios de integração do trabalhador na empresa. *LTr*, São Paulo, 45-1/23.

_____. Fundo de Garantia e estabilidade: coexistência. *LTr*, São Paulo, 44/23.

_____. Contrato de trabalho por tempo determinado e trabalho temporário: Espanha, Itália, Brasil. *LTr*, São Paulo, 62-04/449.

_____. *Sindicalismo, economia, Estado democrático, Estudos*. São Paulo: LTr, 1993.

_____. Proteção contra a despedida arbitrária. *Trabalho & Processo*, São Paulo: Saraiva, n. 1, jun. 1994.

_____. *Contrato de trabalho*. Rio de Janeiro: Edições Trabalhistas, 1978.

RUPRECHT, Alfredo J. *Os princípios do direito do trabalho*. São Paulo: LTr, 1995.

_____. *Contrato de trabajo*. Buenos Aires: Lemer, 1974.

RUSSEL, Bertrand. *In praise of idleness and other essays*. London, 1935.

RUSSOMANO, Mozart Victor. Contratação temporária e política de emprego. *Revista Trabalhista Brasileira*, ano I, set. 1983.

_____. *Comentários à CLT*. 13. ed. Rio de Janeiro: Forense, 1990.

_____. *A estabilidade do trabalhador na empresa*. s.l.p. Editora Científica, 1972.

SAAD, Eduardo Gabriel. *Comentários à Lei do Fundo de Garantia do Tempo de Serviço*. 3. ed. São Paulo: LTr, 1995.

SAMPAIO, Aluysio Mendonça. *Fundo de Garantia do Tempo de Serviço e estabilidade com indenização*. São Paulo: Revista dos Tribunais, 1971.

SANTOS, Roberto. Estabilidade e FGTS no Brasil: repercussões econômicas e sociais. In: *Estabilidade e Fundo de Garantia*. São Paulo: LTr, 1979.

_____. *Trabalho e sociedade na lei brasileira*. São Paulo: LTr, 1993.

SANSEVERINO, Luisa Riva. *Curso de direito do trabalho*. São Paulo: LTr, 1976.

SARTORI, Frei Luís Maria A. *O desemprego mundial*: causas e soluções. São Paulo: LTr, 1998.

SAVATIER, Jean. La requalification des contrat à durée determiné irreguliers. *Droit Social*, n. 5, maio 1987.

SILVA, Antônio Álvares da. *Prescrição das contribuições do FGTS*. Rio de Janeiro: Aide, 1987.

_____. Indenização ou Fundo de Garantia equivalente. *LTr*, São Paulo, 44/309.

_____. *Proteção contra a dispensa na nova Constituição*. 2. ed. São Paulo: LTr, 1992.

SILVA, Ciro Pereira da. *A terceirização responsável*. São Paulo: LTr, 1997.

SILVA, Elias Norberto da. *A automação e os trabalhadores*. São Paulo: LTr, 1996.

SILVA, Floriano Corrêa Vaz da. O princípio da continuidade da relação de emprego e a utilização abusiva dos contratos de experiência. *Revista de Direito do Trabalho*, São Paulo: Revista dos Tribunais, n. 59, jan./fev. 1986.

SILVA, José Afonso da. *Aplicabilidade das normas constitucionais*. São Paulo: Revista dos Tribunais, 1968.

SILVA, Luiz de Pinho Pedreira da. *Principiologia do direito do trabalho*. São Paulo: LTr, 1997.

SINZHEIMER, Hugo. *Crisis económica y derecho del trabajo*. Madrid: Ministerio de Trabajo y Seguridad Social, 1984.

SOTO, Hernando de. *Economia subterrânea*. Rio de Janeiro: Globo, 1986.

SOUZA, Sérgio Alberto de. *Direito, globalização e barbárie*. São Paulo: LTr, 1998.

STOURM, René. *Systèmes généraux d'impôts*. 3. ed. Paris: M. Giard & Brieère, 1912.

SÜSSEKIND, Arnaldo. Contratos provisórios de trabalho: constitucional e eficaz? *LTr*, São Paulo, 62-04/446.

_____. A atualização do direito do trabalho e o malogro dos contratos provisórios. *Suplemento Trabalhista LTr*, São Paulo, n. 161/97.

_____. *Convenções da OIT*. São Paulo: LTr, 1994.

_____. *Direito internacional do trabalho*. 2. ed. São Paulo: LTr, 1987.

_____; MARANHÃO, Délio; VIANNA, José de Segadas. *Instituições de direito do trabalho*. 15. ed. São Paulo: LTr, 1995.

TEIXEIRA, Sergio Torres. Fundo de Garantia do Tempo de Serviço. In: *Manual de direito do trabalho*: estudos em homenagem ao prof. Cassio Mesquita Barros. São Paulo: LTr, 1998.

VALVERDE, Trajano de Miranda. *Comentários à Lei de Falências*. Rio de Janeiro: FoDrense, 1953. v. II.

VAZQUEZ VIALLARD, Antonio. *Tratado del derecho del trabajo*. Buenos Aires: Astrea, 1982.

VERDIER, Jean Maurice. *Droit du travail*. Paris: Dalloz, 1978.

VILHENA, Paulo Emílio Ribeiro de. *Direito do trabalho & FGTS*. São Paulo: LTr, 1978.

_____. Princípios de direito, princípio jurídico. Direito do trabalho. In: *Curso de direito do trabalho*: estudos em memória de Célio Goyatá. 3. ed. São Paulo: LTr, 1997. v. I.

_____. O novo FGTS. In: *Curso de direito do trabalho*: estudos em memória de Célio Goyatá. 3. ed. São Paulo: LTr, 1997. v. II.

_____. Modelo de sistema de garantia de emprego no Brasil. In: *Estabilidade e Fundo de Garantia*. São Paulo: LTr, 1979.

WALRAT, Luís Alberto. *A definição jurídica*. Porto Alegre: Atrium, 1977.

WRÓBLEWSKI, Jerzy. Principes du droit. *Dictionaire encyclopédique de théorie et de sociologie du Droit*. Paris: LGDJ, 1988.

XAVIER, Bernardo da Gama Lobo. O direito do trabalho na crise. Temas de direito do trabalho. *Anais das IV Jornadas Luso-hispano-brasileiras de Direito do Trabalho.* Coimbra: Coimbra Ed., 1990.

ÍNDICE DE PALAVRAS

A

Acidente do trabalho, II, 13.4

Alemanha, I, 2.3.1

Alternativas para a continuidade do contrato de trabalho, V, 2

Argentina, I, 2.3.2

Aposentadoria por invalidez, II, 13.5

Automação, III, 3

Aviso prévio, II, 17

Auxílio doença, II, 13.6

B

Bélgica, I, 2.3.3

Bolívia, I, 2.3.4

C

Canadá I, 2.3.5

Chile, I, 2.3.6

China, I, 2.3.8

Colômbia, I, 2.39

Contrato de prazo determinado, II, 9

Convenção n. 158 da OIT I, 2.2.1.1

Custo do trabalho e encargos sociais, III, 2

Cuba, I, 2.3.7

D

Desemprego, IV, 4

E

Empregados eleitos diretores de sociedade cooperativa, II, 15.6

Encargos públicos, II, 13.9

Equador, I, 2.3.10

Estabilidade, II, 14

Espanha, I, 2.3.11

Estados Unidos, I, 2.3.12

F

Flexibilização, V, 1

França, I, 2.3.13

Função dos princípios, II, 3

FGTS, II, 18

G

Garantia de emprego, II, 15

Globalização, III, 4

H

Holanda, I, 2.3.14

I

Indenização, II, 16

Inglaterra, I, 2.3.15

Itália, I, 2.3.16

J

Job sharing, V, 2.12

Japão, I, 2.3.17

L

Lay off, V, 2.9

M

México, I, 2.3.18

Mudança na estrutura, II, 10

N

Nulidades, II, 8

O

OIT I, 2.2.1

P

Panamá, I, 2.3.19

Paraguai, I, 2.3.20

Peru, I, 2.3.21

Princípio da continuidade, II, 6

Princípios do Direito do Trabalho, II, 5

Programa seguro-emprego, V, 2.14

Portugal, I, 2.3.22

R

República Dominicana, I, 2.3.23

Riscos econômicos, II, 11

S

Suíça, I, 2.3.24

Serviço militar, II, 13.17

Suspensão e interrupção, II, 13

T

Terceirização, IV, 3

Trabalho informal, IV, 2

Trabalho a tempo parcial, V, 2.18

Trabalho intermitente, V, 2.15

Transferência, II, 12

U

Uruguai, I, 2.3.25

União Europeia, I, 2.2.3

URSS, I, 2.3.26

V

Venezuela, I, 2.3.27